AP® Spanish

José M. Díaz

Preparing for the Language and Culture Examination

SAVVAS
LEARNING COMPANY

Copyright © 2024 by Savvas Learning Company LLC. All Rights Reserved. Printed in the United States of America.

This publication is protected by copyright, and permission should be obtained from the publisher prior to any prohibited reproduction, storage in a retrieval system, or transmission in any form or by any means, electronic, mechanical, photocopying, recording, or otherwise. For information regarding permissions, request forms, and the appropriate contacts within the Savvas Learning Company Rights Management group, please send your query to the address below.

Savvas Learning Company LLC, 15 East Midland Avenue, Paramus, NJ 07652

Cover: Wagon Wheel, Costa Rica. Hali Sowle/500Px/Getty Images.

Attributions of third party content appear on pages 309–312, which constitute an extension of this copyright page.

Savvas® and **Savvas Learning Company**® are the exclusive trademarks of Savvas Learning Company LLC in the U.S. and other countries.

Savvas Learning Company publishes through its famous imprints **Prentice Hall**® and **Scott Foresman**® which are exclusive registered trademarks owned by Savvas Learning Company LLC in the U.S. and/or other countries.

Savvas Realize® is the exclusive trademark of Savvas Learning Company LLC in the U.S. and/or other countries.

Advanced Placement®, Advanced Placement Program®, and AP® are registered trademarks of the College Board, which was not involved in the production of, and does not endorse, this product.

Unless otherwise indicated herein, any third party trademarks that may appear in this work are the property of their respective owners, and any references to third party trademarks, logos, or other trade dress are for demonstrative or descriptive purposes only. Such references are not intended to imply any sponsorship, endorsement, authorization, or promotion of Savvas Learning Company products by the owners of such marks, or any relationship between the owner and Savvas Learning Company LLC or its authors, licensees, or distributors.

SAVVAS
LEARNING COMPANY

ISBN-13: 978-1-4285-1818-6
ISBN-10: 1-4285-1818-5

Contents

Preface iv

Acknowledgments / About the Author vi

Section I: Multiple Choice 1

    Part A Interpretive Communication: Print Texts 2

    Strategies 2

    Actividades 1–46 5

    Part B-1 Interpretive Communication:
    Print and Audio Texts (Combined) 107

    Strategies 107

    Actividades 1–22 109

    Part B-2 Interpretive Communication: Audio Texts 167

    Strategies 167

    Actividades 1–25 170

Section II: Free Response 195

    Part C Interpersonal Writing: E-mail Reply 197

    Strategies 197

    Actividades 1–25 200

    Part D Presentational Writing: Argumentative Essay 225

    Strategies 225

    Actividades 1–13 229

    Part E Interpersonal Speaking: Conversation 259

    Strategies 259

    Actividades 1–20 261

    Part F Presentational Speaking: Cultural Comparison 281

    Strategies 281

    Actividades 1–40 283

Appendices 291

Source Acknowledgments 309

Preface

Introduction

AP® Spanish: Preparing for the Language and Culture Examination is a comprehensive test preparation manual to accompany an Advanced Placement® Spanish Language and Culture course based on the College Board's Curriculum Framework. The following chart shows the organization of the exam.

Section		Number of Questions	Percent of Final Score	Time
Section I: Multiple Choice				**95 minutes**
Part A	Interpretative Communication: Print Texts	30 questions	**23%**	40 minutes
Part B	Interpretative Communication: Print and Audio Texts (Combined)	35 questions	**27%**	55 minutes
	Interpretative Communication: Audio Texts			
Section II: Free Response				**88 minutes**
Interpersonal Writing: E-mail Reply		1 prompt	**12.5%**	15 minutes
Presentational Writing: Argumentative Essay		1 prompt	**12.5%**	55 minutes
Interpersonal Speaking: Conversation		5 prompts	**12.5%**	18 minutes
Presentational Speaking: Cultural Comparison		1 prompt	**12.5%**	

(Table courtesy of the College Board's *AP® Spanish Language and Culture Course and Exam Description*.)

AP® Spanish: Preparing for the Language and Culture Examination provides extensive test practice in sections that reflect the same organization.

Section I: Multiple Choice

   Part A Interpretive Communication: Print Texts—46 activities

   Part B-1 Interpretive Communication: Print and Audio Texts (Combined)—22 activities

   Part B-2 Interpretive Communication: Audio Texts—25 activities

Section II: Free Response

   Part C Interpersonal Writing: E-mail Reply—25 activities

   Part D Presentational Writing: Argumentative Essay—13 activities

   Part E Interpersonal Speaking: Conversation—20 activities

   Part F Presentational Speaking: Cultural Comparison—40 activities

Each "Part" in the test manual begins with an introductory section that explains how that part of the exam is organized and provides strategies for taking it successfully.

The AP® Exam and the Standards for Foreign Language Learning

The Advanced Placement Spanish Language and Culture Course and Examination is informed by the principles outlined in the ACTFL *World-Readiness Standards for Learning Languages*. Key principles of these standards are interwoven throughout the exam.

Three Modes of Communication

The core of the AP® Spanish Language and Culture Course and Examination focuses on six groups of learning objectives based upon the three modes of communication (interpersonal, interpretive, and presentational) outlined in Goal 1 of the *World-Readiness Standards for Learning Languages*. These learning objectives are:

Spoken Interpersonal Communication
Written Interpersonal Communication
Audio, Visual, and Audiovisual Interpretive Communication
Written and Print Interpretive Communication
Spoken Presentational Communication
Written Presentational Communication

These learning objectives guide student expectations and are reflected in the various parts of the examination. As students use each mode of communication within a learning objective, they are also tested on various combinations of the following skills, among others: their comprehension of content; their critical and analytical skills; their understanding and use of vocabulary and language structures; their ability to implement strategies; their awareness and knowledge of cultural products, practices and perspectives; and their skill at making connections and comparisons.

- **Interpersonal Communication** is the active negotiation of meaning among speakers in both spoken and written exchanges. This mode is practiced in Part C (Interpersonal Writing: E-mail Reply) and Part E (Interpersonal Speaking: Conversation).
- **Interpretive Communication** is the appropriate interpretation of written and spoken language where there is no active negotiation of meaning with the speaker or writer. This mode is practiced primarily in Part A (Interpretive Communication: Print Texts), Part B-1 (Interpretive Communication: Print and Audio Texts Combined) and Part B-2 (Interpretive Communication: Audio Texts), It is also practiced in combination with other modes in Part C (Interpersonal Writing: E-mail Reply), Part D (Presentational Writing: Argumentative Essay), and Part E (Interpersonal Speaking: Conversation).
- **Presentational Communication** is the creation of messages that can be interpreted by members of the target culture without active negotiation of meaning. This mode is practiced in Part D (Presentational Writing: Argumentative Essay) and Part F (Presentational Speaking: Cultural Comparison).

Cultures, Connections, and Comparisons

While taking the exam, students weave in additional Goals from the *World-Readiness Standards for Learning Languages* that include Cultures (Goal 2), Connections (Goal 3), and Comparisons (Goal 4). Students are tested on their knowledge and understanding of cultural products, practices, and perspectives from across the Spanish-speaking world. Students make connections to other content areas and make comparisons between other cultures and their own through the six Themes and the accompanying Essential Questions outlined in the Course and Exam Description. The six over-arching curricular themes are *Los desafíos mundiales, La ciencia y la tecnología, La vida contemporánea, Las identidades personales y públicas, Las familias y las comunidades,* and *La belleza y la estética*. Each theme also includes several recommended contexts that explore the theme in greater depth. Throughout, students demonstrate their ability to interact with these themes using each (or a combination) of the three communicative modes and their knowledge and understanding of the cultures throughout the Spanish-speaking world.

Although this book is intended primarily to guide and assist students preparing to sit for the AP® Spanish Language and Culture Examination, teachers may find it as an effective component in other advanced courses.

For Additional Test Preparation

Teachers preparing students for the AP® Spanish Language and Culture Examination may wish to use another highly recommended two-volume Savvas series: *Abriendo paso*. *Abriendo paso: Temas y lecturas* is a collection of authentic readings, both literature and informational texts, that provides complete coverage of the themes, recommended contexts, and learning objectives outlined in the College Board's *AP® Spanish Language and Culture Course and Exam Description*. *Abriendo paso: Gramática* provides thorough grammar review, featuring explanations of key forms in English followed by a variety of controlled and open-ended practice opportunities.

Visit Savvas.com for more information.

Acknowledgments

This fifth edition would not have been possible without the invaluable help of several people who showed a great deal of dedication and commitment to produce a book as successful as previous editions.

I am deeply indebted to Megan Burnett, Editorial Director, Humanities who was instrumental in overseeing the entire project. Her attention to detail and her excellent and efficient contributions were always outstanding. Ann McNally, Senior Editor, World Languages assisted in various aspects of the preparation of this edition; I am very grateful for her hard work. Mónica E. Reichard Cara, Editor, Humanities deserves a special thank you for her assistance at various stages of the production, and for creating some of the material included in the book. Her flexibility and assistance were invaluable. My thanks to Adam Velthaus, World Languages Product Marketing Manager, Humanities for his continued effort in promoting the book.

I am also particularly grateful to the reviewers, Lourdes Rodríguez-Von Vogt, University of Southern Maine and Gustavo Fares, Lawrence University who offered many valuable insights and suggestions. Their thorough review of the manuscript was extremely helpful, and their constructive criticism has proven invaluable. Finally, I'm thankful to Kristin Swanson for her encouragement, insightful comments, and suggestions that were extremely helpful in selecting and organizing the material for the book.

There are not enough words to show my appreciation to the Savvas team and the reviewers for their hard work, support, and commitment to the success of the book.

Academic Reviewers

Gustavo Fares, Ph.D. has more than two decades of experience in the AP Spanish Language and Culture and AP Spanish Literature and Culture programs. He has been a reader, member, and chairperson of the AP Development Committee. In addition, he has served as an AP Consultant, Chief Reader (2009–2013), and Senior Audit Reviewer for the programs.

Lourdes Rodríguez-Von Vogt taught AP Spanish Language and Culture at Lincoln Academy in Newcastle, Maine, and currently is a Spanish Lecturer at the University of Southern Maine in Portland, Maine. In addition, she is an AP Consultant, serves in leadership at the AP Reading, and was a member of the AP Test Development Committee for the Spanish Language and Culture Examination.

About the Author

José M. Díaz was a Spanish teacher at Hunter College High School in New York City. He has served as Chair of the AP® Spanish Language and Literature Development Committee and as Table Leader, Question Leader for the scoring of the examination. He has led workshops throughout the United States and Europe and continues to act as a consultant for the College Board. He has also written guides and articles for several College Board publications. He is the co-author of *Abriendo paso: Temas y lecturas* and *Abriendo paso: Gramática, Listening Comprehension Skills for Intermediate Students* and *¡En marcha!,* among others. He has a B.A. in Spanish Literature from Hunter College and an M.A. from Teacher's College, Columbia University.

SECTION I
MULTIPLE CHOICE

Part A
Interpretive Communication: Print Texts

In this portion of the AP® Spanish Language and Culture Examination, you will be tested on your ability to comprehend and interpret an authentic reading passage selected for its linguistic, cultural, or literary value as well as for its varied themes and topics. These types of readings consist of literary passages, journalistic articles, letters, and promotional pieces. In some cases, a journalistic selection is combined with a second source—a chart, table, or graph that is somehow related to the content of the reading passage. The content of these reading selections and visuals relates to the curricular themes as set forth in the Course and Exam Description for the AP Spanish Language and Culture Examination.

In the multiple choice questions that follow the passages (and, in some cases, visuals), you will be asked not only to identify the written texts' main points and significant details, but also to read critically, recognize vocabulary in context, identify the point of view of the author, and to make inferences and predictions.

When taking this portion of the exam, you will have forty minutes to read a fixed number of passages and answer the questions that follow. Once you see the number of passages you will be reading, you can budget your time accordingly.

Because the AP exam emphasizes honing your reading skills, take the time to study and apply the following reading strategies. They will also be useful when taking several other parts of the exam: Part B-1, Part C, and Part D.

Strategies

1. **As you read, make connections to what you already know and to other subjects and content areas.** The more you know about a subject and the richer your vocabulary is, the better you will understand the passage. As you practice your reading skills, try to determine how the main idea, the purpose of the passage, and specific key words connect to the knowledge you have learned in other classes: science, art, social studies, psychology, geography, and others. You will then be able to transfer this knowledge to the reading passage. It may be a cliché, but it is applicable: "Knowledge is power," and this power will make you a more successful reader. Fiction writers and newspaper journalists write for an educated audience. You are a member of that audience.

2. **Look for the main idea and activate background knowledge about it.** All readings will have an introduction with information about the source. This introduction usually includes the author's name and some brief information about the passage. It sometimes includes other facts, such as the novel or short story from which the passage comes and the nationality of its author. Get as much information as you can from this introduction. This will trigger ideas about what you already know regarding the subject matter and similar situations you have read or heard about. Use this to make connections to what you expect to read in the passage.

3. **Use context to derive meaning.** In some cases you may not be sure of a word or an expression. In those cases, look at the context of the entire sentence and paragraph in order to help you figure out its meaning. Avoid the bilingual dictionary and remember you do not have to know every word to

understand the passage. Use your ability to make inferences, recognize cognates and words of the same family, break up prefixes and suffixes and, if necessary, make educated guesses.

4. **Study the visuals.** Some of the reading passages are paired with a second source that is an informational graphic, such as a chart, table, or graph. In these cases, establish the relationship between these visuals and the ideas or objects mentioned in the passage. Then look at the visual to see what additional information it provides. You will answer multiple-choice questions that relate to both the reading passage and the visual, so it will help you if you highlight, circle, or underline the source of the question (**fuente escrita, artículo, gráfico,** etc.). This way you will know exactly the source you need to consult in order to answer the questions.

Keep in mind that these visual elements present information in a way that combines text with images. You must analyze the parts and then see how they work together as a whole in order to understand all the information they are presenting.
- Read carefully any titles or captions in order to understand exactly what type of information is being shown.
- With charts and tables, pay close attention to the column and row heads. Note any use of extra rules, spacing, or shading that helps to group items into subcategories.
- With line and bar graphs, note that there are normally two axes (at the left and at the bottom). Make sure you understand what information is being presented on each axis. Then look to see how the point on the line or the top of the bar shows the intersection of these two kinds of information. Analyzing that intersection will help you interpret the information being presented.
- Pie charts show percentages of a whole ("slices" of a "pie"). These percentages add up to 100%, or the whole "pie." Usually the percentages are listed on each "slice," but sometimes they are not. In those cases, look at the relative size of the "slices" to determine rough percentages.
- For further support, review Appendix A: Vocabulary for Reading Tables and Graphs.

5. **Make inferences, compare facts and ideas, and draw conclusions.** Some questions in this section of the exam will test your ability to make cultural inferences. For example, suppose you are asked to read an article printed in a newspaper from Colombia. If the article describes a tradition, a custom, or a holiday celebrated in that country, that is a cultural practice in that culture that may be different from yours. If the article discusses a type of food, a piece of art, or some other object that is well known to the audience for whom the passage is intended, that is a cultural product that you may not be familiar with. If, as you read, you come to the conclusion (you infer) that the passage reflects the way the ideas are viewed in that culture, this is a cultural perspective, a view different from your own.

Your ability to make inferences will be tested in several ways.
- Some questions may require that you interpret linguistic cues to infer social relationships. Does the article talk about a specific sociocultural group? Does it discuss different ethnic groups and their contributions to society? Does it present ideas about religion, government, or education? Does it include a dialogue that allows you to focus on how people use formal or informal language to address each other?
- At times, you may be asked to identify the tone of a selection. Look for cues that will help you identify if the passage is funny, romantic, pessimistic, nostalgic, objective, etc. What point of view is the author expressing and how does the tone contribute to that point of view?
- You may also be asked to infer for whom the selection was intended, who would most benefit from this information. For example, does the article present statistics that are mostly geared to professionals in that field? Does it present step-by-step information for someone learning a task for the first time?

6. **Follow a three-step reading process.** As you start practicing for the exam, use the following reading process: pre-reading, reading, and post-reading. As you become more proficient in the language and reading, you will be able to go through the process more quickly.
    - **Pre-reading:** Organize yourself before you start to read.
        — Look at the curricular theme that is associated with the reading to preview its content. As noted above, there are six curricular themes used throughout the exam: **Los desafíos mundiales, La ciencia y la tecnología, La vida contemporánea, Las identidades personales y públicas, Las familias y las comunidades, and La belleza y la estética.**
        — Read the title and any other information that precedes the selections and make predictions about what it might contain.
        — It is always a good idea to read the questions before you read the passage; that way you will know what information you need to find.
    - **Reading:** Start connecting the passage's content and main ideas to what you already know about the subject.
        — Read the first paragraph and continue to make predictions.
        — Focus on details and language.
        — Visualize the passage content as you read.
        — Focus on associations and connections (background knowledge) triggered by the text.
        — Watch out for false cognates.
        — Check the tense in which the passage is written.
        — Pay attention to word order. Sometimes the sentences may not have the order you are used to seeing, for example, a subject followed by a verb.
        — Take notes and mark key words or ideas. Circle, underline, or place checks or other marks next to facts or key words you noticed when you previewed the questions before reading. Although you will not be allowed to use a highlighter the day of the exam, you should use a different color pen to underline the main idea of each paragraph.
    - **Post-reading: After reading the entire passage, make sure you do the following:**
        — Synthesize what you have learned from the text. Were you able to make successful connections to what you already know and to the different kinds of information included in the reading (and visual)?
        — Be strategic when answering the questions. In some exams, you lose 1/3 of a point for incorrect answers. On the AP® exam you do not, so you can guess any time you are not sure about the answer.

The following practice activities are arranged in order of increasing difficulty and are designed to give you practice in reading and interpreting print texts and visuals.

| You will read several selections. Each selection is accompanied by a number of questions. For each question, choose the response that is best according to the selection and mark your answer on your answer sheet. | Vas a leer varios textos. Cada texto va acompañado de varias preguntas. Para cada pregunta, elige la mejor respuesta según el texto e indícala en la hoja de respuestas. |

ACTIVIDAD 1
Tema curricular: Las identidades personales y públicas

Introducción
Este texto trata de las condiciones en el frente durante la Guerra Civil Española. La carta original fue escrita en catalán, el idioma que se habla en Cataluña en 1938.

Sra. Rosa Campanyá
Calle Jaume Piquet no 26
Sarriá, Barcelona

1 de agosto de 1938

Línea   Querida Rosa:

    No he podido escribirte antes pues hemos pasado dos días trasladándonos de un puesto a otro, y al llegar a este puesto aún no habían organizado el correo. Pero ahora todo está arreglado y te escribo rápidamente porque me imagino lo preocupada que debes estar. Te tengo que decir, sin embargo, que
(5) no tienes que sufrir porque estoy perfectamente y en este lugar estoy completamente seguro.
    A pesar de que no me falta nada, estar lejos de ti y de nuestro hijito me deja un vacío tan grande en el corazón que, más de una vez, lloraría como un niño. La verdad es que aquí, junto con los compañeros, también pasamos ratos distraídos. Pero vaya, si estoy un momento solo, sobre todo por la noche cuando el silencio y la oscuridad se extienden, sobre todo, os extraño de tal manera
(10) que lo daría todo por correr a vuestro lado y abrazaros. Ahora es cuando veo más claro lo bien que estábamos los tres en nuestro pisito. ¿Te acuerdas, Rosa? ¡Qué felices éramos! Pero no te preocupes, ya que esta separación servirá para hacer más honda nuestra estima, y todo lo que ahora sufrimos después lo recuperaremos con creces. La carta que me enviaste con los retratos tuyo y de nuestro hijo la he leído por centésima vez, y al leerla me da la sensación de que estás a mi lado hablándome, y
(15) entonces soy el más feliz de los hombres.
    En este lugar hacemos vida completamente de campo y, como la temperatura de momento es agradable, estamos bien. Imagínate si estoy bien, que no he tenido ni un solo día dolor de cabeza, cosa inusual en mí, como ya sabes. En cuanto a mi trabajo, me han nombrado oficial observador de la Agrupación y estoy a cargo de observar la trayectoria de la artillería. El trabajo fuerte fue
(20) en los primeros días, pues tuve que encontrar la mejor ubicación para el observatorio y enseñar a mis ayudantes la forma de observar y registrar la información. Ahora que todos han aprendido sus obligaciones, mi trabajo consiste en vigilar que todo vaya bien.
    Hoy no te escribo nada más. Se me está acabando el aceite de la luz, que me habrá durado justo para terminar la carta. Solo te recomiendo que no estés triste y no sufras por mí, porque como ya te he

(25) dicho, estoy bien y en un lugar seguro. Cuando me escribas, por favor explícame muchas cosas de ti y del niño, de la vida que hacéis en Barcelona, y de cómo estáis.

Da recuerdos a toda la familia, y recibe un fuerte abrazo para ti y para nuestro hijo.

Enric

1. ¿Cuál es el propósito principal de la carta?
   (A) Informar a su familia de su recuperación
   (B) Responder a la correspondencia de su esposa
   (C) Darle noticias a su familia desde el frente
   (D) Averiguar la razón de la preocupación de su esposa

2. ¿Por qué no había podido escribir Enric?
   (A) Porque él no se sentía seguro
   (B) Porque él no estaba organizado
   (C) Porque estaban cambiando de lugar
   (D) Porque estaban ocupados por dos días

3. ¿Cómo podemos decir que se siente Enric?
   (A) Cómodo
   (B) Optimista
   (C) Preocupado
   (D) Inquieto

4. ¿Qué significa "me deja un vacío…" al principio del segundo párrafo?
   (A) Que se siente satisfecho
   (B) Que su hijo ha crecido mucho
   (C) Que tiene problemas con el corazón
   (D) Que les echa de menos

5. ¿Qué recuerda Enric sobre su vida con Rosa?
   (A) Que su vida era muy agradable
   (B) Que siempre estaba preocupado
   (C) Que habían sufrido mucho
   (D) Que se sentía extraño a veces

6. ¿Para qué servirá la separación entre Enric y Rosa?
   (A) Para recuperar los recuerdos
   (B) Para olvidar el pasado
   (C) Para conocerse mejor
   (D) Para apreciarse mejor

7. ¿Cuál es el trabajo de Enric ahora?
   (A) Asegurarse de que todo vaya bien con la artillería
   (B) Construir un observatorio para observar a los ayudantes
   (C) Transmitir información al observador de la Agrupación
   (D) Encontrar vivienda apropiada para sus ayudantes

8. ¿Por qué deja de escribir Enric?
   (A) Porque tiene que trasladarse a otro lugar
   (B) Porque pronto estará en la oscuridad
   (C) Porque se siente muy triste
   (D) Porque percibe que hay riesgos

9. Si tuvieras la dirección de Rosa, ¿cuál sería una pregunta adecuada para ella?
   (A) ¿Qué sucedió una vez que regresó Enric?
   (B) ¿Por qué se mudaron a otra casa cuando Enric regresó?
   (C) ¿Cómo es posible que Enric tenga oportunidad de escribir?
   (D) ¿Por qué no le leía las cartas al niño?

ACTIVIDAD 2
Tema curricular: Los desafíos mundiales
Fuente número 1

Introducción

Este texto trata de algunos efectos de la construcción de nuevos edificios en algunos barrios chilenos. Se publicó por primera vez en la revista *ECOS*.

Mi Comuna

Ser "verde" está de moda. Por eso, en Chile, todo el mundo se declara verde, es decir, ecológico. Pero, visto de cerca, puede ser un verde oscuro, muy oscuro.

Voy a contar lo que sucede en mi comuna, sin dar nombres. En ella viven muchos profesionales, técnicos e intelectuales, aunque no dueños de industrias ni personas con grandes fortunas. Desde hace poco hay también muchas oficinas —demasiadas—, en edificios infinitamente altos.

Mi comuna está dirigida por una mujer. Milita en un partido que ha tenido un papel importante en Chile, aunque hoy, con los cambios políticos recientes, ese partido ha perdido influencia. A algunas personas les gusta y a otras no, pero no se puede negar que la alcaldesa es una mujer inteligente y que se adapta a lo nuevo, no para cambiar, sino para seguir igual.

Hace un par de décadas, los alcaldes de todo Chile se tomaban fotos delante de una calle recién pavimentada, de un nuevo rascacielos de oficinas, de una modernísima autopista urbana. Ahora, eso está mal visto. Muchas veces, se siguen haciendo las mismas cosas, pero en las fotos de hoy, las autoridades siempre aparecen al lado de un parque, de una ciclovía, de un pequeño negocio de barrio.

Rápida para pensar, la alcaldesa detectó que lo verde atrae votantes. Entonces, ordenó que todos los vehículos para la limpieza de calles y de mobiliario urbano fueran pintados de verde, con motivos vegetales. Además, en la publicidad y apariciones en las redes sociales, siempre hay un fondo verde.

Para nosotros, simples ciudadanos, no siempre es fácil saber si, detrás de la apariencia, hay hechos de fondo. A simple vista, mi comuna es de las más verdes de Chile. ¿Pero es así? Los vecinos no están convencidos.

La comuna favorece la destrucción de edificios residenciales para ser sustituidos por torres con miles de oficinas. Y, según estadísticas del gobierno, es la comuna más ruidosa de Chile. Las máquinas de mantención urbana fueron pintadas de verde, pero hacen ruidos que impiden toda comunicación y a veces pasan de madrugada, impidiendo dormir. Se construye un edificio y, apenas una década después, es demolido para hacer otro más grande.

Hay sectores donde las familias ya no pueden comunicarse, ni trabajar, ni estudiar, ni descansar por el ruido continuo de máquinas municipales, demoliciones y construcciones. Por los ruidos, esas familias tuvieron que cerrar las ventanas, pero incluso así, muchos no logran la paz necesaria para vivir. Los habitantes no quieren irse, pero los ruidos son tan insoportables que a veces se van. ¿Puede una comuna ser sustentable si las familias que viven en ella, para comunicarse, deben tener siempre las ventanas cerradas, soportando treinta o más grados, sin ventilación?

(65) Por eso, surgió un movimiento llamado Ventanas Abiertas. ¿Qué buscan? Que en la comuna se pueda tener las ventanas abiertas. Parece poco, pero es mucho. El movimiento pidió una audiencia ante las autoridades, pero les fue negada. La alcaldesa, tan hábil en tantas cosas, no sabe qué hacer. A veces, mantener las ventanas abiertas es toda una revolución.

Fuente número 2

Introducción

Esta selección muestra datos sobre la construcción de nuevos edificios en Chile. Proviene del Instituto Nacional de Estadísticas en Chile.

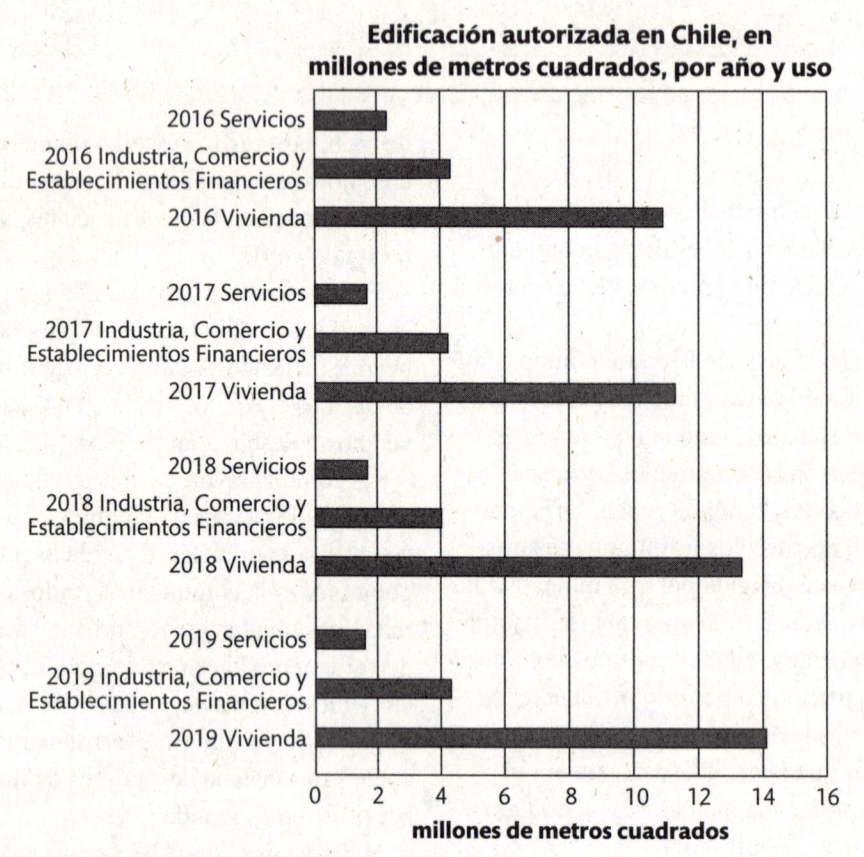

Edificación autorizada en Chile, en millones de metros cuadrados, por año y uso

Año y uso	millones de metros cuadrados
2016 Servicios	~2
2016 Industria, Comercio y Establecimientos Financieros	~4
2016 Vivienda	~11
2017 Servicios	~1.5
2017 Industria, Comercio y Establecimientos Financieros	~4
2017 Vivienda	~11
2018 Servicios	~1.5
2018 Industria, Comercio y Establecimientos Financieros	~4
2018 Vivienda	~13
2019 Servicios	~1.5
2019 Industria, Comercio y Establecimientos Financieros	~4
2019 Vivienda	~14

Datos de: Elaborado con información del Instituto Nacional de Estadísticas, Chile

1. ¿Cuál es el propósito principal del artículo?
   (A) Explicar las intenciones del gobierno chileno
   (B) Presentar el éxito de una comuna chilena
   (C) Describir la situación de una comuna en Chile
   (D) Criticar las nuevas leyes para la construcción en Chile

2. Según el artículo, ¿por qué usa el autor la frase "verde oscuro, muy oscuro" al final del primer párrafo?
   (A) Para criticar la falsedad de mucha gente sobre la conservación ecológica
   (B) Para exaltar el progreso de los ciudadanos sobre la conservación ecológica
   (C) Para que el lector se pueda identificar con los esfuerzos ecológicos
   (D) Para que el lector tenga en mente la popularidad del color verde

3. Según el artículo, ¿cómo podemos caracterizar las fotos que toman las autoridades de Chile?
   (A) No son genuinas.
   (B) No son extraordinarias.
   (C) No son impresionantes.
   (D) No son toleradas.

4. Según el artículo, ¿qué tratan de mostrar las autoridades en las fotos que se toman ahora?
   (A) Sus éxitos en los proyectos industriales
   (B) Sus aportaciones económicas a las comunas
   (C) Su interés por enfrentar los retos de las comunas
   (D) Su preocupación por asuntos ambientales

5. Según el artículo, ¿con qué propósito ordenó pintar los vehículos la alcaldesa?
   (A) Para modernizar el parque de la comuna
   (B) Para persuadir a los votantes
   (C) Para evitar confusión en las calles
   (D) Para atraer más negocios al área

6. Según el artículo, ¿a qué se han visto obligadas las familias de la comuna?
   (A) A protestar los nuevos reglamentos
   (B) A cambiar la fabricación de sus hogares
   (C) A aceptar los ruidos de las construcciones
   (D) A mudarse fuera de la comuna

7. Tomando en consideración las opiniones expresadas en el artículo, ¿cuál tendencia veríamos en el futuro?
   (A) La autorización de edificación disminuirá en todos los sectores.
   (B) La construcción de edificios de vivienda disminuirá.
   (C) La construcción de edificios de servicios continuará aumentando.
   (D) La autorización de edificación tendrá poco efecto en todos los sectores.

8. ¿Qué información presenta el gráfico?
   (A) El área dedicada a la construcción de edificios con diferentes usos
   (B) La reducción del área de fabricación de los edificios autorizados
   (C) Los diferentes usos de edificios autorizados a través de los años
   (D) La falta de autorización para edificios designados como vivienda

9. Según el gráfico, ¿qué cambio es más evidente en el periodo mostrado?
   (A) Los edificios de vivienda muestran un aumento constante.
   (B) Los edificios de industria y comercio se han visto beneficiados.
   (C) Los edificios de servicios han dominado la edificación autorizada.
   (D) Los edificios de servicios han aumentado considerablemente.

ACTIVIDAD 3
Tema curricular: La vida contemporánea

Introducción
El siguiente fragmento trata de los sentimientos de una esposa hacia su esposo. Proviene del cuento "El asco" de Silvina Ocampo.

Línea En los primeros tiempos de su vida de casada,
Rosalía mantenía la casa como una casa de
muñecas. Todo estaba ordenado y limpio.
Para su marido, preparaba comidas muy
(5) complicadas. En la puerta de la calle, ahí no
más, se tomaba olor a frituras apetitosas. Que
una mujer tan delicada como ella, sin mayor
conocimiento de lo que es manejar una casa,
supiera desenvolverse, causaba admiración.
(10) El marido, embobado, no sabía qué regalos
hacerle. Le regaló un collar de oro, una
bicicleta, un abrigo de piel y finalmente, como
si no fuera bastante, un reloj, engarzado con
pequeños brillantes, muy costoso.
(15)   Rosalía sólo pensaba en una cosa: en cómo
perder el asco y la repulsión por el hombre.
Durante días imaginó maneras de volverlo
más simpático. Trataba de que sus amigas se
enamoraran de él, para poder de algún modo llegar
(20) al cariño a través de los celos, pero dispuesta a
abandonarlo, eso sí, a la menor traición.
    A veces cerraba los ojos para no verle la cara,
pero su voz no era menos odiosa. Se tapaba las
orejas, como alisándose el pelo, para no oírlo: su
(25) aspecto le daba náuseas. Como una enferma que
no puede vencer su mal, pensó que no tenía cura.
Durante mucho tiempo, como pan que no se
vende, anduvo perdida, con los ojos extraviados.
Para sufrir menos, la pobrecita comía siempre
(30) caramelos, como esas criaturas que se consuelan
con pavadas. Mi socia me decía:
    —¿Qué le pasa a esa señora? El marido anda
loco por ella, ¿qué más quiere?
    —Ser amada no da felicidad, lo que da
(35) felicidad es amar, señora —yo le respondía.

1. ¿Cómo se puede describir la manera en que Rosalía manejaba la casa?
    (A) Ejemplar
    (B) Juguetona
    (C) Dictatorial
    (D) Despreocupada

2. Por el comportamiento del esposo, ¿cómo se sentía él?
    (A) Muy agradecido
    (B) Muy poderoso
    (C) Muy desanimado
    (D) Muy delicado

3. ¿Cómo demostraba sus sentimientos el esposo?
    (A) Dejándola reunirse con sus amigas
    (B) Dándole objetos valiosos
    (C) Felicitándola por su apariencia
    (D) Fingiendo que le daba asco

4. ¿Qué trataba de hacer Rosalía?
    (A) Aprender a cocinar bien
    (B) Conseguir amar a su esposo
    (C) Recibir el perdón de su marido
    (D) Mostrar el cariño que sentía

5. ¿Qué le permitirían los celos a Rosalía?
    (A) Sentirse una esposa ideal
    (B) Apreciar más a sus amigas
    (C) Empezar a querer a su esposo
    (D) Volverse más fascinante

6. ¿Qué no le permitiría Rosalía a su esposo?
    (A) Mentiras
    (B) Insultos
    (C) Humildad
    (D) Infidelidad

7. ¿Por qué comía caramelos Rosalía?
    (A) Para aumentar de peso
    (B) Para aliviar su angustia
    (C) Para premiar el amor de su esposo
    (D) Para evitar las náuseas

8. ¿Qué podemos deducir sobre Rosalía a través de la selección?
    (A) Que estaba locamente enamorada
    (B) Que estaba mejorando de salud
    (C) Que estaba descontenta con su situación
    (D) Que estaba luchando con sus celos

ACTIVIDAD 4
Tema curricular: La ciencia y la tecnología

Introducción

Este artículo, escrito por Von Hernán Neira, apareció en la revista *Ecos*. Trata del uso frecuente de máquinas en nuestra vida.

Hablar con máquinas

Línea

"Hablar" con máquinas es un hecho cada día más frecuente. Cierto es que los procedimientos automáticos comenzaron a invadir la vida hace dos generaciones, pero "hablar" con máquinas es nuevo. Y engaña mucho más.

¿Se puede, de verdad, "hablar" con una máquina? Escribo el verbo entre comillas porque tiene un

(5) significado especial, incluso contrario al sentido común.

Hace unas semanas se estropeó la conexión de internet de mi casa, la conexión que llega físicamente a mi casa. No me preocupé, porque también tenía el celular. Lo tomé y con él entré al sitio web del proveedor de internet de mi hogar. Allí encontré un anuncio: que planteara mi queja por el chat, que fácilmente solucionaría mis problemas. Entré al chat. Pronto apareció en la pantalla

(10) una imagen que decía abajo: "Soy Elisa, estoy para ayudarle". Escribí que tenía una falla. Recibí la respuesta en unos diez segundos. Se abrió una ventana que me daba cuatro opciones para clasificar mi falla y me pedía que marcara una. Ninguna correspondía exactamente a lo que me había sucedido, pero marqué la que más se parecía. Esta me llevó a nuevas opciones para clasificar el problema. Al final, vi un mensaje que decía: "Lo siento, no puedo ayudarle".

(15) Llamé, entonces. Marqué un número. Segundos más tarde, una voz sintetizada me ofrecía nuevas opciones. Me pedía que yo dijera un número. El uno, para tal cosa. El dos, para otra. El tres, para una nueva. El cuatro, para... Eran cinco posibilidades. Dije la tercera. ¡Abracadabra! La voz sintetizada me daba no una solución, sino nuevas posibilidades. Ahora eran solo tres. Al final de mi recorrido, escuché una voz. ¡Humana! ¡No podía creerlo! ¡Un milagro! –pensé–. Pero pronto vino el desaliento.

(20) Me dijo que me había equivocado de opción.

Vivimos en un mundo de máquinas que "responden" automáticamente. Pero no nos engañemos: las máquinas no hablan, solo transmiten las decisiones de quienes las programaron, reflejando la justicia y la injusticia que existe en todas partes. Alguien las diseñó, alguien previó qué quejas recibir, cuáles rechazar. Estoy convencido de que, en muchos casos, fueron programadas para que los usuarios

(25) desistan de exigir algún derecho, para que hablar y comunicarse quede en el olvido.

1. ¿Cuál es el propósito principal del artículo?
   (A) Discutir un modo de comunicación frecuente
   (B) Analizar las ventajas del internet
   (C) Defender el uso de máquinas automáticas
   (D) Sugerir nuevos modos de comunicación

2. ¿Por qué dice el autor que "hablar" con máquinas "engaña mucho más"?
   (A) Porque no existe un programa para hacerlo
   (B) Porque no parece tener sentido común
   (C) Porque ha afectado negativamente nuestras vidas
   (D) Porque la idea ha sido interpretada erróneamente

3. ¿Por qué no se preocupó el autor al no tener conexión de internet?
   (A) Porque tenía otro medio para comunicarse
   (B) Porque ya había terminado su trabajo
   (C) Porque recibió un anuncio explicándole la solución
   (D) Porque confiaba en el proveedor de internet

4. Según el artículo, ¿quién es Elisa?
   (A) Una contestadora virtual
   (B) Una compañera de trabajo del autor
   (C) Una de las consumidoras de internet
   (D) Una de las personas que contesta el teléfono

5. ¿Qué dificultad tuvo el autor cuando recibió opciones para describir su problema?
   (A) La descripción de la situación no estaba clara.
   (B) El problema no se podía resolver por mucho tiempo.
   (C) Ninguna de las personas entendía su problema.
   (D) Ninguna de las opciones describía su problema.

6. ¿Cuándo cree el autor que ha ocurrido un milagro?
   (A) Cuando consigue conectarse al internet
   (B) Cuando oye que una persona ha contestado
   (C) Cuando le dan más opciones para solucionar el problema
   (D) Cuando la voz sintetizada le dio una solución

7. ¿De qué parece estar convencido el autor?
   (A) De que hablar y comunicarse son cosas del pasado
   (B) De que los usuarios necesitan exigir sus derechos
   (C) De que existen otros medios para comunicarse con las máquinas
   (D) De que las decisiones que transmiten las máquinas son injustas

8. ¿Qué se puede deducir sobre el autor de este artículo?
   (A) Está listo para cambiar el proveedor de internet.
   (B) Está seguro de que las quejas de los usuarios dan resultado.
   (C) Está frustrado por los procedimientos automáticos.
   (D) Está esperanzado de que vengan cambios positivos.

ACTIVIDAD 5
Tema curricular: Las familias y las comunidades

Introducción
Este texto trata de información que afecta a los estudiantes. La carta fue escrita por el Secretario de Educación y va dirigida a los estudiantes estadounidenses y a sus familias.

Del Secretario Miguel Cardona: Una carta a padres y estudiantes

PARA LA DIVULGACIÓN

3 de marzo, 2021

A los padres y estudiantes de nuestra nación:

Les escribo por la primera vez como el nuevo Secretario de Educación de EE.UU. para reconocer lo difícil que ha sido este año pasado para ustedes y las muchas dificultades que han tenido que sobrevivir. Entre la crisis de salud, las dificultades económicas, la profunda división nacional y la (5) lucha por aprender lejos de maestros y compañeros, el impacto de la pandemia sigue siendo muy real y se seguirá sintiendo en los próximos años.

A pesar de esto, ustedes han seguido adelante. Como padre de dos hijos que han sufrido estas mismas preocupaciones e incertidumbres, y un educador que se ha sentido conmovido por la capacidad de recuperación de los estudiantes y las familias que he conocido, permítanme decirles: (10) ustedes merecen reconocimiento y tienen mi más profundo agradecimiento.

Se aproximan mejores días. Estamos progresando. Más escuelas por todo el país abren de nuevo sus puertas al aprendizaje presencial, y lo están haciendo con la orientación clara y científica de expertos en este tema. El Departamento ha publicado la primera parte de un Manual de COVID-19 para ayudar a las escuelas a implementar las normas de los Centros para el Control y la Prevención de (15) Enfermedades, y estamos en proceso de elaborar el segundo volumen. Estas dos guías proporcionarán estrategias reconocidas para que las escuelas minimicen las interrupciones causadas por el cierre de escuelas, especialmente para los estudiantes y comunidades más vulnerables, y abordarán el impacto de COVID-19 en la enseñanza a través de las varias comunidades.

Los desafíos que enfrentamos no son nuevos. Desde que comencé a enseñar hace más de 20 años, (20) siguen existiendo brechas de oportunidad. Todavía existen disparidades inaceptables en las tasas de graduación de escuela secundaria, y la educación superior aún está fuera del alcance de muchos estudiantes, incluidos los de color, de familias de bajos ingresos y aquellos como yo que son los primeros de su familia en asistir a la universidad.

Estas desigualdades no solo impiden que nuestros niños alcancen su máximo potencial, también (25) impiden el progreso de nuestra nación. Todos nos beneficiamos cuando nuestros niños tienen oportunidades de alta calidad para desarrollar sus habilidades y conocimientos para luego compartir sus dones y talentos con el mundo.

Nuestra primera prioridad es que los estudiantes regresen al aprendizaje presencial en el aula, pero sabemos que hay más que hacer una vez que hemos logrado ese objetivo. También trabajamos para (30) crear mejores oportunidades profesionales, hacer la universidad más asequible, garantizar que todos los estudiantes tengan acceso a escuelas de alta calidad con cursos equilibrados que incluyan las artes y las ciencias, respaldar la calidad y diversidad de los maestros, garantizar que los maestros reciban el apoyo y respeto que necesitan y merecen, ampliar el acceso al preescolar de alta calidad y apoyar la educación técnica y profesional de alta calidad.

(35)   Los planes del presidente Biden son audaces, pero coinciden con la urgencia de la situación actual. Y como Secretario, siempre mantendré a los estudiantes y su éxito como el principal objetivo del Departamento.

Sabemos que, con el apoyo, los recursos y las oportunidades adecuadas nuestro potencial no tiene límite. A pesar de nuestras preocupaciones como padres, este año hemos visto nuevas pruebas del
(40)   ingenio, optimismo y capacidad de nuestros hijos para superar las circunstancias más difíciles.

Si todos nos comprometemos a enfrentar el resto de este año escolar y los años próximos con ese mismo criterio de posibilidad, dedicación e innovación, podemos cumplir y cumpliremos con nuestra promesa a los estudiantes estadounidenses. Como educador y padre, me comprometo a proteger y promover los sueños de sus hijos, igual que lo he hecho con los de mi propio hijo e hija.

(45)   Los estudiantes de nuestra nación se merecen y obtendrán nuestros mejores esfuerzos, nuestros pensamientos más colaborativos y nuestra confianza más profunda en sus habilidades. Juntos podemos construir a un futuro lleno de promesa y oportunidad sin excepción.

Atentamente,

Miguel Cardona
(50)   Secretario de Educación de EE.UU.

1. ¿Cuál es el propósito principal de la carta del Secretario Cardona?
   (A) Anunciar cambios en los programas educacionales
   (B) Solicitar ayuda financiera de los padres en las escuelas
   (C) Expresar solidaridad y apoyo a los padres y estudiantes
   (D) Ofrecer recursos y dinero para promover la enseñanza

2. ¿Qué podemos inferir sobre la información del primer párrafo?
   (A) Que el país ha pasado por una etapa dificultosa
   (B) Que el país enfrenta un descenso en servicios médicos
   (C) Que las dificultades económicas han mejorado
   (D) Que las clases continuarán en las escuelas

3. ¿Qué información nos da el artículo sobre el Secretario Cardona?
   (A) Que ha pasado por las mismas circunstancias que otros padres
   (B) Que ha trabajado en varias escuelas durante este período
   (C) Que agradece el trabajo que su familia ha hecho por él
   (D) Que le preocupa la inseguridad de su puesto

4. ¿Cómo van a tratar de desarrollar estrategias para evitar las interrupciones escolares?
   (A) Con manuales con consejos para las escuelas
   (B) Con más ayuda monetaria a las escuelas
   (C) Con la prohibición del cierre de las escuelas
   (D) Con consejos para mantener saludable al estudiantado

5. Según el Secretario, ¿cuál es uno de los desafíos existentes?
   (A) Reconocer que las disparidades solo afectan a familias con altos ingresos
   (B) Hacer disponible el número de instituciones de estudios superiores
   (C) Proveer más asistencia económica para los estudios superiores
   (D) Aumentar el índice de estudiantes que se gradúan

6. ¿A qué se refiere el Secretario al decir que las escuelas abren sus puertas "al aprendizaje presencial" (línea 12)?
   (A) A la presencia de estudiantes en las escuelas
   (B) A la presencia de estudiantes en cursos equilibrados
   (C) A la variedad de cursos en las aulas
   (D) A la garantía de acceso a estudios preescolares

7. ¿A qué conclusión llega el Secretario?
   (A) Que los estudiantes todavía se sienten exitosos
   (B) Que los estudiantes pueden vencer los obstáculos
   (C) Que los recursos disponibles son suficientes
   (D) Que los educadores cumplen sus promesas

8. ¿Qué les expresa el Secretario a los estudiantes y padres?
   (A) Que con dedicación los educadores pueden avanzar profesionalmente
   (B) Que las innovaciones influirán en el éxito de los estudios
   (C) Que con esperanza los sueños se pueden convertir en realidad
   (D) Que las promesas expresadas serán llevadas a cabo inmediatamente

ACTIVIDAD 6
Tema curricular: La belleza y la estética

Introducción
El siguiente fragmento proviene de la exitosa novela La sombra del viento de Carlos Ruiz Zafón. La narración establece la relación entre un padre y su hijo. La novela fue publicada por primera vez en 2001.

El Cementerio de los Libros Olvidados

Línea Todavía recuerdo aquel amanecer en que mi padre me llevó por primera vez a visitar el Cementerio de los Libros Olvidados. Desgranaban los primeros días del verano de
(5) 1945 y caminábamos por las calles de una Barcelona atrapada bajo cielos de ceniza y un sol de vapor que se derramaba sobre la Rambla de Santa Mónica en una guirnalda de cobre líquido.
(10)   —Daniel, lo que vas a ver hoy no se lo puedes contar a nadie —advirtió mi padre—. Ni a tu amigo Tomás. A nadie.
    —¿Ni siquiera a mamá? —inquirí yo, a media voz.
(15)   Mi padre suspiró, amparado en aquella sonrisa triste que le perseguía como una sombra por la vida.
    —Claro que sí —respondió cabizbajo—. Con ella no tenemos secretos. A ella puedes
(20) contárselo todo.
    Poco después de la guerra civil, un brote de cólera se había llevado a mi madre. La enterramos en Montjuïc el día de mi cuarto cumpleaños. Sólo recuerdo que llovió todo el
(25) día y toda la noche, y que cuando le pregunté a mi padre si el cielo lloraba le faltó la voz para responderme. Seis años después, la ausencia de mi madre era para mí todavía un espejismo, un silencio a gritos que aún no había
(30) aprendido a acallar con palabras. Mi padre y yo vivíamos en un pequeño piso de la calle Santa Ana, junto a la plaza de la iglesia. El piso estaba situado justo encima de la librería especializada en ediciones de coleccionista y
(35) libros usados heredada de mi abuelo, un bazar encantado que mi padre confiaba en que algún día pasaría a mis manos. Me crie entre libros, haciendo amigos invisibles en páginas que se deshacían en polvo y cuyo olor aún conservo en las manos. De niño aprendí a conciliar el (40) sueño mientras le explicaba a mi madre en la penumbra de mi habitación las incidencias de la jornada, mis andanzas en el colegio, lo que había aprendido aquel día... No podía oír su voz o sentir su tacto, pero su luz y su calor ardían (45) en cada rincón de aquella casa y yo, con la fe de los que todavía pueden contar sus años con los dedos de las manos, creía que si cerraba los ojos y le hablaba, ella podría oírme desde donde estuviese. A veces, mi padre me escuchaba (50) desde el comedor y lloraba a escondidas.
    Recuerdo que aquel alba de junio me desperté gritando. El corazón me batía en el pecho como si el alma quisiera abrirse camino y echar a correr escaleras abajo. Mi padre acudió (55) azorado a mi habitación y me sostuvo en sus brazos, intentando calmarme.
    —No puedo acordarme de su cara. No puedo acordarme de la cara de mamá —murmuré sin aliento. (60)
    Mi padre me abrazó con fuerza.
    —No te preocupes, Daniel. Yo me acordaré por los dos.
    Nos miramos en la penumbra, buscando palabras que no existían. Aquélla fue la primera (65) vez en que me di cuenta de que mi padre envejecía y de que sus ojos, ojos de niebla y de pérdida, siempre miraban atrás. Se incorporó y descorrió las cortinas para dejar entrar la tibia luz del alba. (70)
    —Anda, Daniel, vístete. Quiero enseñarte algo —dijo.
    —¿Ahora? ¿A las cinco de la mañana?
    —Hay cosas que sólo pueden verse entre tinieblas —insinuó mi padre blandiendo una (75) sonrisa enigmática que probablemente había tomado prestada de algún tomo de Alejandro Dumas.

1. ¿Cómo es la actitud del padre al principio del pasaje?
   (A) Desafiante
   (B) Insultante
   (C) Misteriosa
   (D) Tranquilizante

2. ¿A qué se refiere la frase "le perseguía como una sombra" [línea 16]?
   (A) A los enemigos que lo buscaban
   (B) A la constante aflicción que sentía
   (C) A los secretos que escondía de la madre
   (D) A la explicación que no podía darle a su hijo

3. ¿Cómo le parecía la muerte de su madre al hijo?
   (A) Consoladora
   (B) Irritante
   (C) Oportuna
   (D) Irreal

4. ¿Qué papel jugaría el negocio que estaba debajo de su piso en el futuro?
   (A) Sería un impedimento para su éxito.
   (B) Sería suyo algún día.
   (C) Sería la causa de su nostalgia.
   (D) Sería su único escape.

5. ¿Dónde había hecho amistades el narrador?
   (A) En la iglesia
   (B) En los libros
   (C) En las calles
   (D) En los colegios

6. ¿Qué hacía el narrador para dormirse?
   (A) Hablaba con su madre.
   (B) Escribía sus experiencias.
   (C) Leía por varias horas.
   (D) Sujetaba la mano de su madre.

7. ¿Qué sentía en su habitación el narrador?
   (A) Una tentación irresistible
   (B) Una soledad opresiva
   (C) La presencia de su madre
   (D) La voz de su padre

8. ¿Cuál es una posible razón por la que el padre lloraba?
   (A) Le echaba de menos a su esposa.
   (B) Le preocupaban las aventuras de su hijo.
   (C) Le inquietaba la falta de alimento.
   (D) Les temía a las palabras de su hijo.

9. ¿Por qué se despertó gritando el narrador?
   (A) Porque le daba lástima su padre
   (B) Porque pensaba que su padre lo había abandonado
   (C) Porque le preocupaban las palpitaciones del corazón
   (D) Porque parecía haber olvidado el rostro de la madre

10. ¿Qué vio el narrador en los ojos del padre?
    (A) Una sensación de duda
    (B) Una gran nostalgia
    (C) Una actitud de desprecio
    (D) Una curiosidad alarmante

ACTIVIDAD 7
Tema curricular: La ciencia y la tecnología

Introducción

Este texto trata de un anuncio para una serie de talleres para toda la familia. El anuncio original apareció en la página web de El Museo de los Niños.

Archivo	Editar	Ver	Ir a	Favoritos	Ayuda

| ← Regresar | → Siguiente | ★ Inicio | ⟳ Recargar | ⌕ Buscar | ✕ Detener | ✓ Favoritos |

¡Conviértanse en una familia de científicos!

El Museo de los Niños da la bienvenida a familias de todo tipo y tamaño a participar en nuestros nuevos talleres de ciencia.

¿Una naranja flotante?

Explora el concepto de flotabilidad con esta demostración sorprendente. Los niños se sorprenderán al saber que, aunque una naranja se siente pesada, flota (hasta que le quitas la piel)

- **Edades recomendadas:** 4-6 años
- Miércoles y viernes, 15:00 h.
- Salón Mario Molina, Sala 303

Tu propia lámpara de lava

Ayude a su pequeño a hacer su propia lámpara de lava con ingredientes simples y no tóxicos. Este experimento explora dos principios científicos: densidad y polaridad.

- **Edades recomendadas:** 6-8 años
- Martes y jueves, 15:00 h.
- Salón Mario Molina, Sala 304

Vidrio comestible

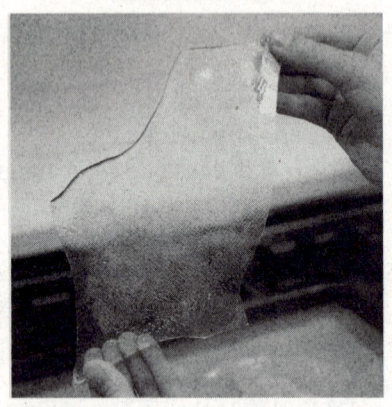

Al igual que el vidrio real, el vidrio de azúcar está hecho de pequeños granos opacos que, cuando se derriten y se dejan enfriar, se transforman en un tipo especial de sustancia llamada sólido amorfo (¡y en un postre delicioso!).

- **Edades recomendadas:** 8-10 años
- Lunes y jueves, 15:00 h.
- Salón Mario Molina, Sala 303

Estos talleres familiares tienen una duración de 45 minutos a una hora y promueven desafíos prácticos diseñados para fomentar el aprendizaje intergeneracional y brindar oportunidades para el pensamiento y la expresión creativa. El espacio es limitado; primero en llegar, primero en ser atendido. Puede inscribirse frente al laboratorio 'Yo Soy Científico' en el tercer piso de la sucursal este del museo.

*Todas las instrucciones y materiales serán proporcionados por el museo. No hace falta traer nada. Las cámaras están permitidas.

1. ¿Cuál es el propósito de este anuncio?
   (A) Pedir ayuda para financiar unos talleres científicos en el museo
   (B) Promover unos cursillos para aprender a hacer experimentos científicos
   (C) Anunciar los últimos descubrimientos científicos
   (D) Invitar a las familias a diseñar artículos de artesanía para la venta

2. ¿Cuál es uno de los experimentos que se describe?
   (A) Cómo hacer que una naranja no se hunda
   (B) Cómo proporcionar electricidad a una lámpara
   (C) Cómo diseñar lámparas portátiles de diferentes colores
   (D) Cómo usar azúcar para hacer flotar una naranja

3. ¿Qué tipo de información obtenemos en la descripción de los experimentos?
   (A) El peligro de usar sustancias toxicas en los experimentos
   (B) La importancia del uso de vidrio en objetos comestibles
   (C) Los diferentes usos de la lava en experimentos
   (D) El apoyo científico detrás de cada experimento

4. ¿Qué necesita hacer quien desee participar en uno de los talleres?
   (A) Informarse sobre los experimentos antes de la visita
   (B) Escoger un taller de cuarenta y cinco minutos o una hora
   (C) Matricularse en el taller tan pronto llegar al museo
   (D) Adquirir todos los materiales de antemano

5. Conseguiste la dirección electrónica del museo, ¿cuál sería una pregunta pertinente que les podría hacer?
   (A) ¿Es posible pagar con una tarjeta de crédito?
   (B) ¿A qué hora son los talleres para los adultos?
   (C) ¿En qué piso se llevarán a cabo los talleres?
   (D) ¿Deberíamos llevar gafas protectoras?

ACTIVIDAD 8
Tema curricular: Las identidades personales y públicas

Introducción
Este texto trata de un curso que ofrece la Universidad Central del Estado. El anuncio original apreció en el portal de la universidad.

Hablar en público: el arte de la retórica efectiva

La Universidad Central del Estado brinda acceso gratuito* a su curso en línea sobre el arte de hablar en público. Obtenga habilidades críticas de comunicación oral con este curso introductorio, en su propio horario y a su propio ritmo.

Lo que aprenderá:		
• **Cuándo y cómo emplear una variedad de técnicas retóricas**	**Duración**	10 semanas**
• **Cómo diferenciar entre lenguaje argumentativo y retórico**	**Compromiso**	2 - 4 horas por semana
• **Cómo evaluar la fuerza de un argumento**	**Tema**	Humanidades
• **Cómo identificar las falacias lógicas en los argumentos**	**Idioma**	Español
	Dificultad	Introducción
	Costo	Asistencia como oyente gratis
	Plataforma	en línea (web universitario)

Descripción del curso: Este curso es una introducción a la práctica de la retórica, el arte del discurso público persuasivo. Utilizaremos discursos estratégicos seleccionados de figuras históricas prominentes para explorar y analizar sus impresionantes estructuras y estilos retóricos. A través de este análisis, aprenderá cómo los oradores efectivos persuaden a su audiencia.

Este curso lo ayudará a aplicar una estructura clara y un estilo convincente en sus propios discursos, a apreciar la relevancia de la comunicación persuasiva y a comprender cómo persuadir. Si tiene dificultades encontrando su voz, ¡este curso es perfecto para usted!

* Cualquier persona puede asistir como oyente a este curso de forma gratuita, independientemente de su afiliación con la universidad. Sin embargo, si toma esta clase específicamente para cumplir con el requisito de graduación de la universidad, se aplicará una pequeña tarifa.

** El tiempo previsto para realizar este curso es de 10 semanas. Sin embargo, este curso es a su propio ritmo y se puede acceder por el tiempo que sea necesario.

1. ¿Cuál es el propósito del anuncio?
   (A) Invitar al público a una conferencia sobre las humanidades
   (B) Promover un curso para expresarse frente al público
   (C) Informar sobre los avances en el campo de la retórica
   (D) Anunciar un curso en línea para hablar en público

2. ¿Qué beneficios se pueden obtener al tomar esta clase?
   (A) Aprender los conocimientos básicos para hacer publicidad
   (B) Recibir un certificado una vez terminado el curso
   (C) Desarrollar habilidades avanzadas para comunicarse oralmente
   (D) Explorar los métodos usados para perfeccionar cursos en línea

3. ¿Cuál es uno de los métodos que utilizan en el curso?
   (A) Dan ejemplos de personajes históricos.
   (B) Traen invitados con mucha experiencia.
   (C) Practican semanalmente delante de un público.
   (D) Presentan argumentos difíciles de defender.

4. ¿Quiénes se beneficiarían más de esta clase?
   (A) Personas interesadas en la historia de la retórica
   (B) Personas responsables de escribir discursos
   (C) Personas con poca fluencia en el idioma
   (D) Personas que tienen que presentar delante de un público

5. ¿Cuál sería una pregunta apropiada si a usted le interesa esta clase?
   (A) ¿Cómo puedo cambiar las horas del curso?
   (B) ¿Cuántos créditos recibiré por el curso?
   (C) ¿Para qué fecha tengo que completar el curso?
   (D) ¿Puedo tomar todos los exámenes en línea?

ACTIVIDAD 9
Tema curricular: La vida contemporánea

Introducción
El siguiente es un fragmento del cuento "Amor secreto", de Manuel Payno. Nos relata el primer encuentro de dos personajes.

Línea La primera noche que la vi fue en un baile; ligera, aérea y fantástica como las sílfides, con su hermoso y blanco rostro lleno de alegría y de entusiasmo. La amé en el mismo momento,
(5) y procuré abrirme paso entre la multitud para llegar cerca de esa mujer celestial, cuya existencia me pareció de ese momento que no pertenecía al mundo, sino a una región superior; me acerqué temblando, con la respiración
(10) trabajosa, la frente bañada en un sudor frío... ¡Ah!, el amor, el amor verdadero es una enfermedad bien cruel. Decía, pues, que me acerqué y procuré articular unas palabras, y yo no sé lo que dije; pero el caso es que ella con una
(15) afabilidad indefinible me invitó a que me sentase a su lado; lo hice, y abriendo sus pequeños labios pronunció algunas palabras indiferentes sobre el calor, el viento, etcétera; pero a mí me pareció su voz musical, y esas palabras insignificantes
(20) sonaron de una manera tan mágica a mis oídos que aún las escucho en este momento. Si esa mujer en aquel acto me hubiera dicho: *Yo te amo, Alfredo*; si hubiera tomado mi mano helada entre sus pequeños dedos de alabastro y me la
(25) hubiera estrechado; si me hubiera sido permitido depositar un beso en su blanca frente... ¡Oh!, habría llorado de gratitud, me habría vuelto loco, me habría muerto tal vez de placer.
   A poco momento, un elegante invitó a bailar
(30) a Carolina. El cruel, arrebató de mi lado a mi querida, a mi tesoro, a mi ángel. El resto de la noche Carolina bailó, platicó con sus amigas, sonrió con los libertinos pisaverdes; y para mí, que la adoraba, no tuvo ya ni una sonrisa, ni
(35) una mirada, ni una palabra. Me retiré cabizbajo, celoso, maldiciendo el baile. Cuando llegué a mi casa me arrojé en mi lecho y me puse a llorar de rabia.

1. ¿Qué piensa el narrador sobre Carolina cuando la ve por primera vez?
   (A) Que es una gran artista
   (B) Que es una criatura casi celestial
   (C) Que es bastante insignificante
   (D) Que es bastante orgullosa

2. ¿Cómo se siente el narrador al acercarse a la muchacha?
   (A) Triste
   (B) Celoso
   (C) Magnánimo
   (D) Agitado

3. ¿Qué quiere decir "el amor verdadero es una enfermedad bien cruel" [líneas 11–12]?
   (A) Que el amor es contagioso
   (B) Que mucha gente muere de amor
   (C) Que el amor nos hace sufrir
   (D) Que el amor y la crueldad son indefinibles

4. ¿Cómo reacciona la muchacha a las palabras del narrador?
   (A) Cortésmente
   (B) Cruelmente
   (C) Avergonzadamente
   (D) Emocionalmente

5. ¿Qué le ha impresionado más al narrador?
   (A) La apariencia de Carolina
   (B) La multitud que había en el baile
   (C) La manera en que cantaba Carolina
   (D) La amabilidad de los invitados

6. ¿A qué se refiere la frase "El cruel, arrebató de mi lado a mi querida..." [líneas 30–31]?
   (A) A un poeta muy conocido
   (B) A un caballero bien vestido
   (C) A un amor imposible
   (D) A un inalcanzable tesoro

7. ¿Por qué lloró de rabia el narrador?
   (A) Carolina no le había hecho caso el resto de la noche.
   (B) Carolina no le dijo que era una mujer comprometida.
   (C) Carolina le había hablado de temas inoportunos.
   (D) Carolina se mostró extremadamente celosa.

8. ¿Qué nos comunica el narrador a través del pasaje?
   (A) El presente que Carolina lo ama.
   (B) No le gustan los bailes.
   (C) El se enamora a primera vista.
   (D) No admira a los que bailan.

9. ¿De qué tipo de cuento parece provenir este fragmento?
   (A) De ciencia ficción
   (B) De misterio
   (C) De espías
   (D) De romance

10. ¿Cuál de los siguientes títulos sería más apropiado para este fragmento?
    (A) Un amor sin límites
    (B) Un amor no correspondido
    (C) La crueldad de falsos amigos
    (D) La intriga no deseada

PART A | ACTIVIDAD 9 | Multiple Choice

ACTIVIDAD 10
Tema curricular: La vida contemporánea

Introducción
Este texto trata de unas celebraciones navideñas en Colombia. Proviene del sitio web de *BBC Mundo*.

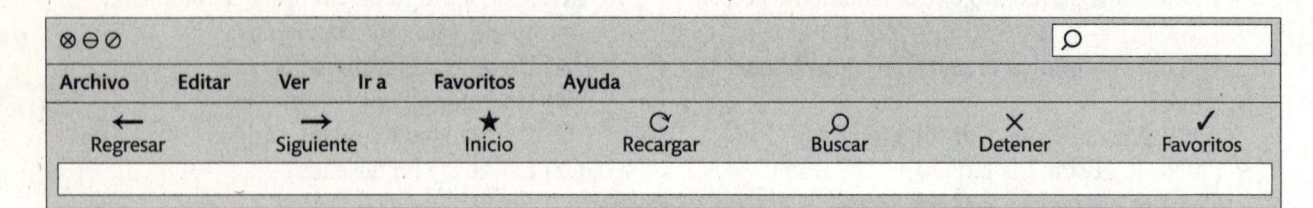

El pueblo de Colombia que celebra la Navidad en febrero y con un Niño Dios negro

Línea

Los habitantes del pueblo de Quinamayó, departamento del Valle del Cauca, en la costa del Pacífico de Colombia, celebran la Navidad en febrero con una procesión que incluye un muñeco de un Niño Dios negro.

(5) Los lugareños afrodescendientes dicen que la tradición se remonta a las épocas de la esclavitud, cuando a sus ancestros les era prohibido conmemorar la Navidad el 24 de diciembre. Ellos escogieron una fecha a mediados de febrero —el tercer sábado del mes— una tradición que se ha preservado desde entonces.

Las celebraciones se llevan a cabo con teatralidad, disfraces de gran colorido, fuegos artificiales, música y danza.

(10) "Las personas que nos esclavizaron celebraban en diciembre y a nosotros no se nos permitía tener ese día libre, pero nos dijeron que escogiéramos otro", contó el coordinador del evento Holmes Larrahondo.

"En nuestra comunidad creemos que una mujer debe hacer ayuno durante 45 días después de dar a luz, así que celebramos la Navidad no en diciembre sino en febrero, para que María pueda bailar con (15) nosotros", añadió Larrahondo.

Balmores Viáfara, un profesor de 54 años dijo al diario *El Colombiano* que, como resultado, el 24 de diciembre para él es "como cualquier otro día", mientras que las Adoraciones del Niño Dios, como se conocen las celebraciones, son "una fiesta" en la que "los negros celebramos adorando a nuestro Dios, a nuestra manera".

(20) Combinan creencias católicas, fruto de la evangelización, con otras formas de expresión y de ritualidad que los esclavos trajeron de África.

Son "festejos de resistencia", resaltó Viáfara a *El Colombiano*.

Como parte de las celebraciones, los lugareños van de casa en casa en romería "en busca" del Niño Dios —que está representado por un muñeco de madera— cantando y bailando.

(25) Una vez se encuentra la estatua, es llevada en procesión por todo el pueblo por participantes de todas las edades vestidos de ángeles y soldados, que finalmente lo colocan en el pesebre.

Bailarines interpretan una danza llamada la fuga, en la que se imitan los pasos arrastrados de los esclavos encadenados.

Las festividades —que incluyen recitaciones conocidas como loas, baile y bebida— continúan (30) hasta altas horas de la madrugada.

Durante el resto del año, el muñeco del Niño Dios está bajo custodia en la casa de una de las aldeanas.

(35)   Esa responsabilidad recae sobre Mirna Rodríguez, una matrona de 55 años, que heredó la tarea de su madre fallecida de conservar el muñeco en perfectas condiciones.

"Los niños desde que están pequeños los utilizamos en el evento. Los ángeles, los soldados, las madrinas, los padrinos, todos son niños, entonces yo creo que nunca se va a acabar la tradición", expresó Rodríguez al diario *El Colombiano*.

1. ¿Cuál es el propósito principal del artículo?
    (A) Presentar datos históricos sobre la Navidad
    (B) Describir una celebración singular en Colombia
    (C) Informar sobre las tradiciones de los evangelizadores
    (D) Refutar el propósito de ciertas fiestas navideñas

2. ¿Por qué celebran los afrodescendientes la Navidad en febrero?
    (A) Porque les era inconveniente el día escogido
    (B) Porque existían otras celebraciones en ese mes
    (C) Porque trabajaban durante esa época
    (D) Porque se les impedía celebrarla en diciembre

3. ¿Cuándo comenzó la tradición de los afrodescendientes que presenta el artículo?
    (A) Durante la época cuando eran subyugados
    (B) Durante la época cuando fueron emancipados
    (C) Cuando sus ancestros quisieron preservar sus costumbres
    (D) Cuando los evangelizadores llegaron a Colombia

4. ¿Qué no les permitían a los esclavos?
    (A) Participar en ritos ancestrales
    (B) Disfrutar del día de Navidad sin trabajo
    (C) Celebrar fiestas en sus días libres
    (D) Continuar las costumbres de sus ancestros

5. ¿Por qué escogieron febrero para la celebración?
    (A) Para que pudieran organizar la celebración adecuadamente
    (B) Para que no coincidiera con otra celebración
    (C) Para que las condiciones climáticas fueran mejores
    (D) Para que ocurriera después de que María terminara su ayuno

6. ¿Cómo es el 24 de diciembre para Balmores Viáfara?
    (A) Un día normal
    (B) Un día de reflexión
    (C) Un día de celebración
    (D) Un día de reminiscencia

7. ¿Cómo podríamos caracterizar la celebración?
    (A) Una fusión de diferentes creencias
    (B) Una ceremonia solemne
    (C) Una celebración insignificante
    (D) Una ceremonia controversial

8. ¿Qué responsabilidad tiene Mirna Rodríguez?
    (A) Organizar la procesión del Niño Dios
    (B) Proveer vestidos para la próxima procesión
    (C) Proteger el muñeco del Niño Dios
    (D) Enseñar a los niños la historia de la celebración

ACTIVIDAD 11
Tema curricular: Las identidades personales y públicas

Introducción
El siguiente texto es un fragmento del cuento "Un mendigo", de Manuel Rojas. A veces, las apariencias engañan.

Línea

Anduvo aún dos cuadras más. El número y la casa deseada no aparecieron. Se detuvo en una esquina y miró hacia lo lejos, dejando correr su nublada pupila por la alta hilera de focos
(5) que parpadeaban en la noche. Sentía ganas de llorar, de dejarse caer al suelo, irreflexivamente, abandonándose.

Cerca de donde estaba parado había un restaurante con dos focos a la puerta y una gran
(10) vitrina iluminada, a través de la cual se veía, en medio de un resplandor rojizo, cómo los pollos se doraban a fuego lento, ensartados en un asador que giraba, chorreando gruesas gotas de doradas grasas.

(15) Se abrió la puerta y un caballero alto, gordo, enfundado en grueso sobretodo, salió; se detuvo en la puerta mirando al cielo, subiose el cuello del abrigo y echó a andar. En ese momento lo vio Lucas Ramírez; no lo había visto salir del
(20) restaurante sino que se dio vuelta al sentir pasos en la acera. Se le ocurrió una idea: preguntar a ese señor que venía tan de prisa, por lo que buscaba. El transitar por ahí indicaba que tal vez vivía en la misma calle o en las inmediaciones y
(25) bien pudiera ser que conociera a su amigo.

Con un gesto sencillo, con el gesto que cualquiera hace al detener a una persona para preguntarle algo, lo detuvo. El caballero se paró en seco y lo miró de arriba abajo, con
(30) mirada interrogadora, y lo vio tan miserable, tan vacilante, tan deshecho, que cuando Lucas Ramírez empezó a decir:

—Señor, por favor...

Sin dejarlo terminar la frase, contestó:
(35) —Cómo no, amigo...

Se desabrochó el sobretodo y por la abertura metió la mano en dirección a un bolsillo, de donde recogió algunas monedas y en la mano que Lucas Ramírez había extendido y abierto
(40) para detenerlo, las dejó caer con voluptuosidad, diciendo:

—Tome, compañero.

Y se fue, abrochándose rápidamente el sobretodo.

Lucas Ramírez se quedó como si hubiera (45) recibido una bofetada sin motivo alguno y estuvo un instante sin saber qué hacer, qué pensar ni qué decir. Después le dio rabia, y se volvió como para llamar a aquel hombre, pero el otro iba ya a media cuadra de distancia y si lo (50) hubiera llamado no habría vuelto la cabeza; tal vez habría pensado: "¡Qué mendigo fastidioso! Le di casi todo el sencillo que llevaba y todavía me llama".

1. ¿Dónde estaba Lucas al empezar la narración?
   (A) En un restaurante elegante
   (B) En la casa de un amigo
   (C) En el pueblo de su familia
   (D) En un lugar poco familiar

2. ¿Cómo se dio cuenta Lucas de la presencia del hombre?
   (A) Lo vio cuando entraba al restaurante.
   (B) Oyó que caminaba por la calle.
   (C) Lo vio cuando el hombre lo saludó.
   (D) Enfrentó al hombre cara a cara.

3. ¿Qué esperaba Lucas al dirigirse al señor?
   (A) Que le ayudara a encontrar a alguien
   (B) Que lo invitara a comer en el restaurante
   (C) Que lo llevara a su casa
   (D) Que le diera el dinero que necesitaba

4. ¿Por qué reaccionó un poco brusco el caballero al ver a Lucas?
   (A) Por la apariencia de Lucas
   (B) Por la mirada de Lucas
   (C) Por haber reconocido su cara
   (D) Por haberse sentido insultado

5. ¿Qué hizo el caballero cuando Lucas trató de hablarle?
   (A) Le extendió la mano amistosamente.
   (B) Le respondió groseramente.
   (C) Le regaló un poco de dinero.
   (D) Le dio el abrigo que llevaba.

6. ¿Por qué se quedó perplejo Lucas al final de la narración?
   (A) Porque obtuvo lo que buscaba
   (B) Porque se sintió humillado
   (C) Porque el señor desapareció
   (D) Porque recibió poco dinero

7. ¿Cuál de las siguientes frases comunica la misma intención que "le dio rabia" [línea 48]?
   (A) Se sorprendió.
   (B) Se quedó.
   (C) Se enfureció.
   (D) Se enfermó.

8. ¿Qué palabra indica la misma idea que la palabra "el sencillo" [línea 53]?
   (A) El medicamento
   (B) Las monedas
   (C) Los cargamentos
   (D) El polvo

9. ¿Cómo nos presenta el narrador a Lucas al final del fragmento?
   (A) Optimista
   (B) Aliviado
   (C) Engañado
   (D) Indignado

ACTIVIDAD 12
Tema curricular: La ciencia y la tecnología

Introducción
Este anuncio trata de una exhibición que tendrá lugar en el Museo de Ciencias del Estado. El anuncio original apareció en el portal del museo.

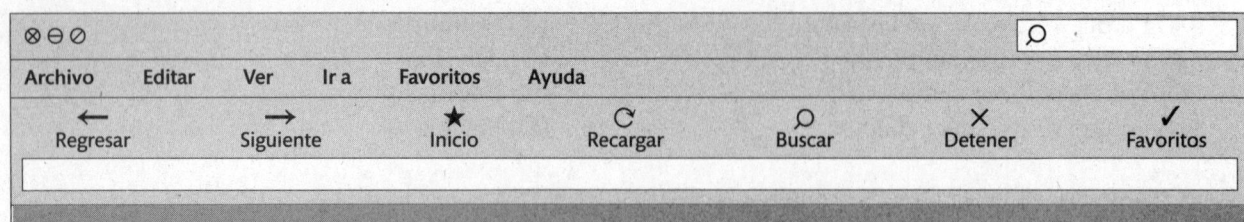

Inventos Innovadores

Una exposición interactiva de los 10 inventos científicos más importantes que cambiaron la historia de la humanidad

El Museo de Ciencias del Estado se enorgullece en presentar su nueva exhibición: Inventos Innovadores. Esta exposición cuenta con una selección de los diez inventos más importantes de todos los tiempos, junto con la ciencia detrás de cada invento y cómo surgieron. Desde el momento en que alguien golpeó una piedra contra el suelo para hacer la primera herramienta afilada, hasta el desarrollo de la rueda, la creación de los rovers de Marte y el Internet, varios avances clave se destacan como particularmente revolucionarios.

Los visitantes disfrutarán de una experiencia interactiva multisensorial mientras se sumergen en el tiempo, el lugar y las circunstancias en las cuales los grandes innovadores de nuestro pasado desarrollaron inventos que cambiaron para siempre la trayectoria de la humanidad. Estos inventos incluyen el desarrollo de la rueda, la imprenta, el teléfono y la penicilina, entre otros.

Acompáñenos del 11 de febrero al 29 de mayo durante el horario habitual del museo para disfrutar de esta exposición. Por favor note que los boletos se venden por separado y deben comprarse en línea en el sitio web del museo o en persona. Infórmenos con anticipación si necesitará asistencia con silla de ruedas.

Precio de boleto para Inventos Innovadores:
- **Adulto (12+):** 70.000 pesos
- **Niño (0-12):** 45.000 pesos
- **Mayor (60+):** 30.000 pesos

Horas del museo:
Lunes	9:00 a 17:00
Martes	9:00 a 17:00
Miércoles	9:00 a 17:00
Jueves	9:00 a 19:00
Viernes	9:00 a 21:00
Sábado	9:00 a 21:00
Domingo	9:00 a 17:00

1. ¿Cuál es el propósito de este anuncio?
   (A) Invitar a estudiantes para que muestren sus invenciones
   (B) Promocionar el estreno de una exhibición en una galería de arte
   (C) Promover una exhibición sobre científicos premiados por su trabajo
   (D) Informar sobre una exhibición de invenciones de gran importancia

2. ¿Qué podemos aprender al visitar el museo?
   (A) Los resultados de experimentos sobre los hábitos sensoriales
   (B) La explicación científica de la historia de los inventos
   (C) La experiencia y los fracasos de un grupo de científicos
   (D) La evolución de diez inventos ganadores de una competencia

3. ¿Qué técnica usa el anuncio para desarrollar interés en la muestra?
   (A) Describe cómo la exhibición afecta los sentidos.
   (B) Da información sobre el nuevo horario del museo.
   (C) Menciona algunos de los inventos innovadores.
   (D) Ofrece descuentos a los estudiantes de ciencia.

4. ¿Para qué sería necesario contactar al museo?
   (A) Si necesitáramos ayuda para personas con dificultades de caminar
   (B) Si tenemos planes de llevar un grupo de varias personas
   (C) Si deseáramos escoger la hora de visita para ir a la exhibición
   (D) Si quisiéramos hacer reservaciones para la experiencia multisensorial

5. ¿Cuál sería una pregunta adecuada si usted quiere asistir a la exhibición?
   (A) ¿Existe la posibilidad de organizar una visita con una guía del museo?
   (B) ¿Por qué cierra el museo tan temprano los viernes y sábados?
   (C) ¿Por qué no podemos estacionar cerca del museo?
   (D) ¿Estarán en persona todos los científicos participantes?

ACTIVIDAD 13
Tema curricular: Las identidades personales y públicas

Introducción
Este texto trata de los planes de los hijos de Gabriel García Márquez para las cenizas de sus padres. El artículo original apareció en el diario *El País*.

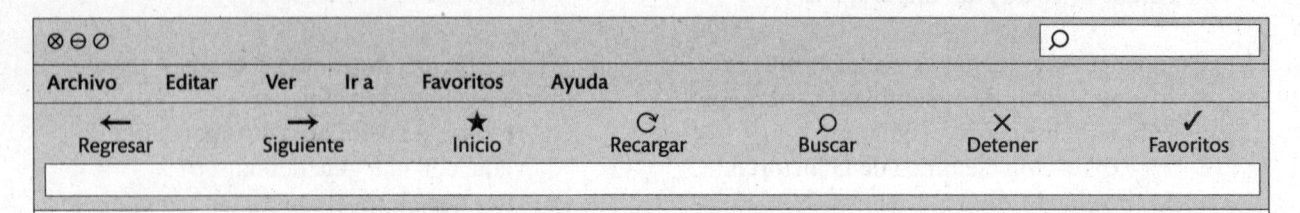

El reencuentro póstumo de los Gabos en Cartagena

Línea

Los hijos de García Márquez han solicitado que los restos de su madre, fallecida en 2020 en México, puedan reunirse con los del premio Nobel en un claustro de Cartagena.

En septiembre del 2021, los dos hijos del escritor Gabriel García Márquez, Gonzalo y Rodrigo, firmaron una carta con una petición especial: "Queremos llevar las cenizas de nuestra madre junto
(5) a las de nuestro padre", le dijeron entonces al rector de la Universidad de Cartagena, Colombia. Desde 2016, los restos del premio Nobel de literatura colombiano reposan en La Merced, un claustro manejado por esta universidad del Caribe. "Ellos formaron una hermosa pareja, un equipo en vida que deseamos se preserve en la eternidad", añaden los dos hijos en la carta que se conoció recientemente. "Para tal fin, respetuosamente le solicitamos su autorización para dicho procedimiento". Las cenizas
(10) de Mercedes Barcha, su madre fallecida en agosto del 2020, se reunirán con las de Gabo a finales de marzo este año en este claustro de Cartagena.

García Márquez falleció en 2014 y, aunque había vivido principalmente en México desde los años sesenta, había compartido su deseo de ser enterrado en el Caribe colombiano. Pero no en Aracataca, su pueblo natal, sino en su ciudad favorita, Cartagena, donde tenía una hermosa casa en el centro
(15) histórico. Dos años después de su muerte, sus dos hijos y su esposa llevaron sus restos al claustro La Merced y los colocaron dentro de la base de un busto en un patio de color blanco y amarillo.

"A ella le agradaba el enfoque cultural de dicho lugar, que a su vez estaba bajo la tutela de la universidad donde nuestro padre cursó estudios de derecho", dicen los dos hijos en la carta. El padre de Gabo –después de que fuera asesinado el líder liberal Jorge Eliecer Gaitán en 1948 y el evento
(20) desencadenara un ciclo de violencia– envió al joven escritor que residía en Bogotá a terminar sus estudios de derecho en Cartagena.

En 2016, cuando las cenizas de Gabo llegaron a La Merced, en la ceremonia hubo familiares, periodistas, amigos, políticos, vallenatos y cocteles. Alrededor de unas 500 personas celebraron entonces la vida del Nobel. "Mi madre se aseguró de que hubiera música en vivo hasta altas horas de
(25) la noche", recuerda Rodrigo García en el libro *Gabo y Mercedes: una despedida* (2021) sobre la fiesta que duró varios días. En la carta al rector, los dos hijos dicen que esta vez, para su madre, quisieran una ceremonia pequeña y privada, donde asistan solo familiares y amigos.

La peregrinación de las cenizas de Barcha son el último de un número de gestos que la familia García Márquez ha hecho para conmemorar y despedirse del enorme legado de sus padres. A
(30) finales del año pasado pusieron a la venta buena parte del armario de los Gabos, cuyas ganancias se destinarían a una fundación que combate la desnutrición en niños.

> "Me detuve temprano en la mañana para darle una última mirada al lugar de descanso de las cenizas", escribe en su libro Rodrigo García sobre la muerte de su padre y el lugar en Cartagena donde su madre escogió depositar los restos de los dos. "Me impresionó pensar que estarían allí, que él estaría allí, durante mucho tiempo, siglos tal vez, hasta mucho después de que todos los que estábamos vivos nos hubiéramos ido".

(35)

1. ¿Cuál es el propósito principal del artículo?
   (A) Refutar los rumores sobre la separación de sus padres
   (B) Expresar agradecimiento a los habitantes de Cartagena
   (C) Describir los esfuerzos de los hijos de García Márquez para reunir a sus padres después de sus muertes
   (D) Presentar las ideas de los hijos de García Márquez sobre la muerte de sus padres y su estancia en Cartagena

2. ¿Qué intentaban conseguir los hijos de García Márquez con la carta al rector de la Universidad de Cartagena?
   (A) Que se les permitiera trasladar los restos de su padre a México
   (B) Que pudieran llevar las cenizas de su madre a Cartagena
   (C) Que se organizara una celebración para honrar a sus padres
   (D) Que pudieran organizar una ceremonia alegre para celebrar la vida de su padre

3. ¿Dónde quería ser enterrado García Márquez?
   (A) En su pueblo natal, Aracataca
   (B) En un pequeño pueblo cerca del Caribe
   (C) En su ciudad favorita, Cartagena
   (D) En un centro histórico en México

4. ¿A qué se refiere el autor del artículo cuando dice "bajo la tutela de la universidad" (líneas 17-18)?
   (A) Bajo la financiación de la universidad
   (B) Bajo la política de la universidad
   (C) Bajo la publicidad de la universidad
   (D) Bajo la protección de la universidad

5. ¿Qué conexión existe entre García Márquez y la Universidad de Cartagena?
   (A) Sirvió de presidente allí.
   (B) Formó parte del profesorado allí.
   (C) Fue estudiante de derecho allí.
   (D) Conoció a su esposa allí.

6. ¿Cómo fue la ceremonia cuando llevaron los restos de García Márquez a Cartagena?
   (A) Demasiado fúnebre
   (B) Un poco violenta
   (C) Completamente privada
   (D) Con un ambiente festivo

7. ¿Qué quiere decir el autor cuando dice "hasta altas horas de la noche" (líneas 24-25)?
   (A) Hasta muy temprano en la tarde
   (B) Hasta muy tarde en la noche
   (C) Hasta la madrugada
   (D) Hasta el día siguiente

8. ¿Con qué propósito querían recaudar fondos los hijos de García Márquez con sus propiedades?
   (A) Para financiar el traslado de los restos de su madre
   (B) Para contribuir a proyectos en la universidad
   (C) Para luchar contra la nutrición infantil inadecuada
   (D) Para apoyar los esfuerzos de erradicar la violencia

9. ¿Cómo podemos decir que se sentiría su hijo Rodrigo si aceptaran su petición?
   (A) Alarmado
   (B) Satisfecho
   (C) Resentido
   (D) Optimista

ACTIVIDAD 14
Tema curricular: La vida contemporánea

Introducción
Este texto trata de un evento que tendrá lugar en la Escuela Secundaria de San Jorge. Es una carta del director a los padres de los estudiantes.

Ernesto Carbonell, Director
Escuela Secundaria de San Jorge
1224 Avenida Canaria
San Juan, Puerto Rico

Estimados padres:

Es un honor para mí dirigirme a ustedes en calidad de director de la Escuela Secundaria de San Jorge. Como educadores, nuestra principal prioridad es brindar a sus hijos una educación integral y de calidad, y parte de eso incluye prepararlos para su futuro.

(5) Es por eso que me complace invitarlos a participar en nuestro próximo Día de Carreras, que tendrá lugar el 12 de diciembre. Este evento es una oportunidad única para que sus hijos conozcan de primera mano sobre diferentes profesiones y carreras, y para que puedan hacer preguntas y obtener consejos valiosos de profesionales (padres y madres) en esos campos.

Entendemos que su tiempo es valioso, pero estamos seguros de que su participación en este evento (10) será muy beneficiosa para sus hijos. Al asistir, podrán compartir su experiencia y conocimiento sobre su profesión, y brindar a los estudiantes una visión realista de lo que es trabajar en ese campo.

Además, esta será una oportunidad para que los estudiantes vean el valor de una educación sólida y cómo se relaciona con sus futuros objetivos profesionales. También les ayudará a tomar decisiones informadas sobre sus estudios y carrera, y a desarrollar un plan de acción para alcanzar sus metas.
(15) Con sus palabras de apoyo, no solo queremos brindarles a los estudiantes motivación académica, también queremos que realmente crean que son capaces de lograr cualquier cosa que se propongan.

Le pedimos que se comunique con nosotros si está interesado en participar en el Día de Carreras. Le proporcionaremos toda la información necesaria, incluyendo los horarios y la forma en que puede participar. Las formas de participación pueden incluir realizar presentaciones de dos a cinco minutos, (20) participar junto a otros padres en un panel de preguntas y respuestas o incluso liderar discusiones individuales con estudiantes interesados en su profesión.

Puede visitar nuestro sitio web de la escuela (bajo "eventos" en el menú principal) para obtener más información sobre el evento.

Esperamos contar con su presencia en el Día de Carreras. Juntos, podemos ayudar a preparar a sus (25) hijos para un futuro exitoso.

Atentamente,

Ernesto A. Carbonell

Director
Escuela Secundaria de San Jorge

1. ¿Cuál es el propósito principal de la carta?
   (A) Reconocer la contribución de los padres en el Día de Carreras
   (B) Invitar a los padres para que compartan sus experiencias
   (C) Conocer a varios representantes de universidades
   (D) Presentar el trabajo de los estudiantes para el Día de Carreras

2. Según la carta, ¿con qué fin se ha diseñado el Día de Carreras?
   (A) Para que los estudiantes se informen sobre diferentes profesiones
   (B) Para que los estudiantes escojan los cursos de su preferencia
   (C) Para que los estudiantes tengan la oportunidad de hacer presentaciones a los padres
   (D) Para que los estudiantes definan sus metas con respecto a su educación

3. ¿A qué se refiere el autor de la carta cuando dice "de primera mano" (líneas 6-7)?
   (A) Que no es anticuado
   (B) Que no es genuino
   (C) Que proviene directamente de los participantes
   (D) Que proviene principalmente de los estudiantes

4. ¿Cómo pueden participar los padres en ese día?
   (A) Ayudando a organizar las presentaciones
   (B) Aconsejando a los hijos sacar buenas notas
   (C) Hablando de sus experiencias laborales
   (D) Enseñando una clase sobre su interés profesional

5. ¿Qué les ofrece la escuela a los padres para ese día?
   (A) Diferentes maneras de participar en el evento
   (B) Oportunidades para conducir una clase
   (C) Acceso a las presentaciones en línea después del evento
   (D) Oportunidad de hablar con representantes de universidades

6. Si uno de los padres quisiera comunicarse con el director, ¿cuál sería la pregunta más adecuada?
   (A) ¿Sería posible realizar mi presentación virtualmente?
   (B) ¿Habrá oportunidades para conseguir un puesto?
   (C) ¿Por qué está prohibido llevar a niños pequeños?
   (D) ¿Dónde podría encontrar más información sobre el evento?

ACTIVIDAD 15
Tema curricular: Las identidades personales y públicas

Introducción

El siguiente artículo apareció en la revista *Américas* y presenta el nuevo galardón que recibió Perú de la Organización de Estados Americanos (OEA).

Gastronomía peruana: "Patrimonio cultural de las Américas"

En ocasión del inicio oficial del Año Interamericano de la Cultura, la OEA declaró la gastronomía peruana "Patrimonio cultural de las Américas". El galardón fue entregado (5) por el Secretario General José Miguel Insulza al Ministro de Comercio y Turismo peruano, Eduardo Ferreyros.

Dicho reconocimiento procura "destacar las expresiones culturales que mejor representan (10) el patrimonio de los países de este hemisferio", aseguró el Secretario General Insulza, quien además expresó su complacencia de poder honrar a la gastronomía peruana, ya que "se ha convertido en un enorme embajador y atractivo (15) para este hermoso país y sigue siendo una representación viva de su acervo cultural".

La gastronomía, destacó el máximo representante de la OEA, "no es solo la suma de sabores y productos, es el reflejo de la relación (20) que nace entre el hombre y su medio, entre el hombre, su tierra, su historia, su geografía, su gente, es el reflejo de los vínculos que crean los individuos con su tierra, sus frutos, sus colores y sus costumbres".

(25) Al recibir el premio, el ministro Ferreyros recordó que la gastronomía del Perú "se enriqueció a lo largo de la historia con las tradiciones culinarias de las distintas colonias afincadas en el territorio peruano, como la (30) italiana y la francesa, lo que dio lugar a nuevas recetas que expresan toda la creatividad de los peruanos en su comida" y continuó diciendo que "nos sentimos muy honrados de tener un lugar en el marco cultural de las Américas, de que la gastronomía sea reconocida como nuestra (35) contribución regional al mundo".

En la ceremonia, que se realizó en la sede principal de la OEA en Washington, DC y en la que participaron altos funcionarios y representantes de los países miembros de la (40) organización, reconocidos *chefs* peruanos ofrecieron muestras de la cocina tradicional de su país. El Perú es el primer país de la región que recibe dicho galardón, que ha sido creado por la OEA con el fin de (45) difundir el aporte cultural de las Américas al mundo y de reafirmar su presencia en el escenario internacional, desde una perspectiva dinámica, viva y en constante evolución. En adelante el reconocimiento se otorgará a otras (50) manifestaciones culturales del continente.

1. ¿Cuál es el propósito principal del artículo?
   (A) Discutir el rechazo de las tradiciones gastronómicas europeas
   (B) Explicar la contribución de la OEA a la gastronomía peruana
   (C) Reconocer el impacto cultural de la gastronomía peruana
   (D) Honrar a los funcionarios contribuidores a la gastronomía peruana

2. ¿Qué papel juega la gastronomía peruana según el señor Insulza?
   (A) Evoca la memorias culinarias de un Perú colonial.
   (B) Sirve de excelente emisario para beneficio del país.
   (C) Representa los éxitos que ha tenido la gastronomía en el extranjero.
   (D) Trata de eliminar sus vínculos con el arte culinario de otros países.

3. Además de los sabores y los productos, ¿qué manifiesta la gastronomía peruana?
   (A) La relación del hombre con su entorno y la cultura
   (B) El nacimiento de una nación en busca de sus antepasados
   (C) Los éxitos recientes de la economía
   (D) La gran variedad de la flora y la fauna

4. Según el ministro Ferreyro, ¿cuál es uno de los factores que caracteriza la gastronomía peruana?
   (A) La variedad de comidas según la región
   (B) El uso exclusivo de productos indígenas
   (C) La conservación intacta de las recetas de la antigüedad
   (D) La influencia del arte culinario de otros países

5. ¿Qué distinción tiene Perú entre los otros países de las Américas?
   (A) Ningún otro país posee la variedad gastronómica.
   (B) Ha participado en certámenes internacionales.
   (C) Ningún otro país ha recibido todavía este honor.
   (D) Ha creado una gastronomía inigualable.

6. Imagina que puedes entrevistar a José Miguel Insulza. ¿Cuál de las siguientes preguntas sería más oportuna?
   (A) ¿Qué reconocimientos está planeando la OEA para los otros países de las Américas?
   (B) ¿Cuáles son los lugares donde se pueden probar los platos que reflejan la verdadera gastronomía tradicional de Perú?
   (C) ¿Por qué se mantienen en secreto las recetas de la cocina tradicional y las que representan innovaciones?
   (D) ¿Cuántas colonias participaron a lo largo de la historia en el arte culinario de Perú?

ACTIVIDAD 16
Tema curricular: La vida contemporánea

Introducción
Este texto trata del uso de diminutivos en México. Fue publicado en la revista digital *México desconocido*.

¿POR QUÉ LOS MEXICANOS USAMOS TANTOS DIMINUTIVOS?

Línea Ahorita, casita, frijolitos, Diosito... Te contamos la razón por la que los mexicanos usamos tantos diminutivos y por qué es importante preservarlos.
Los diminutivos en México tienen un valor
(5) especial no sólo por provenir del náhuatl, sino por el cariño, amor o respeto que expresan.
Los mexicanos somos conocidos mundialmente por nuestra amabilidad al momento de hablar, la cual puede parecer un
(10) vicio derivado del sometimiento colonial. Sin embargo, no todas las expresiones del español mexicano se derivan de una timidez frente al interlocutor. Este es el caso de los diminutivos, los cuales podrían ser una herencia del náhuatl.
(15) De acuerdo con el artículo "Posible influencia del náhuatl en el uso y abuso del diminutivo en el español de México" del gran especialista en culturas mesoamericanas José Ignacio Dávila Garibi, el uso del diminutivo en
(20) el español de México podría ser semejante a las formas lingüísticas del diminutivo en náhuatl. Es común escuchar casi de forma abusiva palabras como "frijolitos", "casita", "esposita", etcétera, incluso cuando no corresponden con la
(25) realidad física del objeto de referencia.
El uso del diminutivo es tal, que se llega a aplicar a los adverbios, generando palabras como "adiosito", "favorcito" o "apenitas". Incluso palabras de mucho respeto como Dios
(30) ("Diosito") o madre ("madrecita") son llevadas al diminutivo sin que ello implique una falta de respeto o disminución. Por el contrario, son formas que reflejan una mayor veneración, cariño y familiaridad.

(35) **Ahorita que lleguemos a casita vamos a descansar un ratito y a comernos unos frijolitos con tortillitas calientitas y una salsita bien picosita que preparó mi madrecita.**

De acuerdo con Dávila Garibi, este uso excesivo del diminutivo –sin paralelo en otros (40) países– se deriva del intercambio cultural durante los primeros años de la Nueva España. Sobre ello menciona:
"El uso del diminutivo en México es algo así como el pan de cada día. ¿Por (45) *qué? Indudablemente –creo yo– debido a la influencia del náhuatl en que tan profusamente se usa el diminutivo y que necesariamente tuvieron que hablarlo los conquistadores españoles para comunicarse con los indios."* (50)

El uso de diminutivos en el náhuatl
El náhuatl es una lengua donde el uso del diminutivo tiene una vital importancia con distintas formas y sentidos. Generalmente a las palabras se les agregaba un sufijo que cambiaba (55) la significación, a la vez que volvía la voz un diminutivo. Por ejemplo, para *mázatl*, cuyo significado es venado, podían generarse las siguientes opciones:

- A un venadito recién nacido o por (60) lo menos de corta edad, se le llama *mazaconetl* (cervatillo).
- Mientras que un venado enano sería *mazatepito*.
- Si a cualquiera de ellos se le menciona (65) respetuosamente o con amor: *mazatzin*.
- Si se trata de un animal mimoso: *mazápil*.

La aplicación de los diminutivos es tan común en este idioma prehispánico, que se aplica a topónimos. Por ejemplo: *Mazapilco* (70) (lugar de los venaditos).
Aunque en el español actual utilizamos los diminutivos en contexto de familiaridad, en el náhuatl no es así, ya que existen palabras que siempre son usadas con esta forma. Ejemplo (75) de ello son los vocablos *etzintli*, frijolitos, *mimizton*, gatito, *tepitzin*, tantito, etc.

Debido a la influencia que naturalmente tuvieron los pueblos nahuas sobre los
(80) conquistadores, es lógico que se mantuvieran formas de expresión que trascendieron el idioma. Cabe señalar que la mayoría de los evangelizadores y educadores tuvieron que hacerse bilingües para emprender sus labores,
(85) lo mismo que aquellos que se adaptaban a su nueva realidad.

1. ¿Cuál es el propósito principal del artículo?
   (A) Presentar los cambios en el lenguaje de los mexicanos
   (B) Informar sobre el renacimiento de un idioma prehispánico
   (C) Discutir los efectos negativos del uso de diminutivos
   (D) Explicar una característica del español mexicano

2. Según el artículo, ¿qué demuestra el uso de diminutivos en palabras de mucho respeto?
   (A) Formalidad
   (B) Reverencia
   (C) Subordinación
   (D) Rebelión

3. ¿Qué quiere decir Dávila Garibi cuando usa la frase "es algo así como el pan de cada día" refiriéndose a los diminutivos (líneas 44-45)?
   (A) Que su uso es común
   (B) Que su uso es atractivo
   (C) Que su uso es exagerado
   (D) Que su uso es menospreciado

4. ¿Por qué usaron los conquistadores los diminutivos?
   (A) Para mostrarles respeto a los indios
   (B) Para venerar a los ancestros
   (C) Para hablar con los indígenas
   (D) Para manifestar su familiaridad con ellos

5. ¿Qué importancia tiene el uso del diminutivo en náhuatl?
   (A) Contribuye a preservar la lengua.
   (B) Ayuda a cambiar el significado de palabras.
   (C) Expresa su respeto a los animales salvajes.
   (D) Enfatiza el intercambio cultural entre grupos.

6. Al escribir un informe sobre el tema del artículo, ¿cuál de las siguientes publicaciones podría formar parte de la bibliografía?
   (A) *Cultura Mixteca - Historia, ubicación, política y características*
   (B) *La lengua náhuatl para democratizar la energía*
   (C) *Por qué dicen que los poblanos hablan cantado*
   (D) *El náhuatl, una lengua con historia y muchas huellas*

ACTIVIDAD 17
Tema curricular: Los desafíos mundiales
Fuente número 1

Introducción
Belén Palanco, la autora del siguiente artículo, describe una manera alternativa para evitar el consumismo en la Navidad. Proviene de la Agencia EFE, un portal de noticias en español.

Regalos solidarios en Navidad, una alternativa válida al consumismo que nos inunda

Línea

Apadrinar a un niño en Mozambique, adoptar un animal abandonado, pagar una escuela o un pozo de agua en Sudán o comprar un vestido tejido por mujeres maltratadas son solo algunas de las alternativas solidarias al consumismo que nos inunda en Navidad.

(5) Por Navidad, las diversas ONG[1] lanzan originales campañas, como regalar vacunas contra enfermedades mortales o bienes de primera necesidad como vacas, cabras, material escolar y pruebas médicas a quien realmente lo necesita: los pobres del Tercer Mundo y muy especialmente los niños.

Subirse al tren de la solidaridad siempre es posible y, sobre todo, en Navidad. La forma de viajar en ese tren tan especial es única: sentirse solidario y aceptar el reto de serlo, como ya lo hicieron famosos como la actriz Audrey Hepburn, que durante tanto tiempo colaboró con UNICEF.

(10) El primer paso es decidir qué tipo de billete de tren se va a adquirir, si el que conduce a ser el representante de una organización, o el que lleva a contribuir de manera puntual por Navidad de diversas maneras: donando, regalando productos del denominado comercio justo o, incluso, apadrinando a un niño o una familia.

En este especial tren no existen compartimentos de turista y primera clase, todos los viajeros son

(15) iguales, desde el voluntario anónimo hasta los famosos que colaboran desinteresadamente, como la reina Rania de Jordania, los futbolistas Leo Messi y David Beckham, la cantante Shakira, o los actores Orlando Bloom, Mia Farrow, Whoopi Goldberg y Susan Sarandon, entre otros.

Cada uno a su manera pelea por conseguir un mundo mejor. En la actualidad, cada hora mueren más de 900 niños (menores de cinco años), lo que supone que en un año han muerto 7,6 millones de

(20) pequeños, según informes de la Organización Mundial de la Salud.

En Navidad, las organizaciones no gubernamentales lanzan nuevos productos con la sana finalidad de recaudar dinero. Todas siguen la fórmula tradicional, que es la venta por Internet o en tiendas de objetos marcados con el logo de la institución de la que se trate.

Entre esos artículos podremos adquirir, desde bolígrafos, gorras, tazas y camisetas, hasta productos

(25) de alimentación, ropa y complementos, la mayor parte de ellos fabricados en países en vías de desarrollo y que se venden con la etiqueta de "Comercio Justo".

[1]Organizaciones No Gubernamentales

Fuente número 2

Introducción

Estos datos provienen de un análisis de 2021 titulado "Informe de Donaciones Benéficas" del Instituto BlackBaud. El informe destaca las tendencias generales de los donantes estadounidenses.

Distribución general de donaciones mensuales de 2021

Subsector	Enero	Febrero	Marzo	Abril	Mayo	Junio	Julio	Agosto	Septiembre	Octubre	Noviembre	Diciembre
Bienestar de los animales	5.7%	5.0%	7.0%	7.3%	6.6%	8.0%	6.9%	6.3%	6.8%	9.9%	9.9%	20.5%
Medioambiente	6.6%	4.3%	4.4%	7.7%	5.3%	8.6%	7.1%	4.8%	10.0%	7.7%	11.4%	22.2%
Educación K–12	5.3%	4.3%	15.5%	5.7%	6.3%	11.1%	5.3%	4.7%	6.6%	6.5%	8.4%	20.1%
Investigaciones médicas	6.2%	5.6%	8.8%	8.2%	5.7%	9.0%	5.4%	7.4%	6.7%	7.0%	12.4%	17.7%

Datos de: Instituto BlackBaud, *2021 Charitable Giving Report*

---

1. ¿Cuál es el propósito del artículo?
   - (A) Dar a conocer las acciones de personas que se preocupan por otros
   - (B) Ilustrar los fracasos de diferentes organizaciones para mejorar la salud pública
   - (C) Criticar cómo el consumismo afecta a las organizaciones benéficas
   - (D) Demostrar las mejoras de los pobres en el Tercer Mundo

2. ¿Qué técnica usa la autora para corroborar sus ideas?
   - (A) Amplía comentarios de representantes de organizaciones.
   - (B) Da ejemplos de los posibles regalos solidarios en la época navideña.
   - (C) Explica la razón por las que muchos contribuyen para erradicar la pobreza.
   - (D) Menciona a los famosos que viajan por los países del Tercer Mundo.

3. ¿Cuál de las siguientes frases transmite la misma idea que "Subirse al tren de la solidaridad siempre es posible" [línea 7], tal como se usa en el artículo?
   - (A) Los trenes tratan de fomentar la fraternidad.
   - (B) La solidaridad requiere compromiso.
   - (C) Viajar a un país en necesidad es aconsejable.
   - (D) Animarse a cooperar es realizable.

4. ¿A qué se refiere la frase "El primer paso es decidir qué tipo de billete de tren se va a adquirir" [línea 10]?
   - (A) Al tipo de organización que una persona quisiera representar
   - (B) A la clase de aportación que una persona está dispuesta a dar
   - (C) A la localidad donde le gustaría adoptar a un niño
   - (D) A la clase de comercio con el que le gustaría trabajar

5. ¿Por qué declara la autora que "todos los viajeros son iguales" [líneas 14–15]?
   - (A) Todos ayudan con el mismo propósito.
   - (B) Todos trabajan de manera anónima.
   - (C) Todos escogen las mismas organizaciones.
   - (D) Todos pertenecen a la misma organización.

6. Según el artículo, ¿por qué llaman a la venta de productos "Comercio Justo"?
   - (A) Los precios son razonables.
   - (B) Las ventas favorecen inmensamente la economía.
   - (C) Su propósito es ayudar a los necesitados.
   - (D) Su finalidad es solamente emplear a los pobres.

7. ¿Qué describe mejor lo que muestra este gráfico?
   (A) Cómo se dividen donaciones mensuales por el individuo promedio a través del año
   (B) Cómo se dividen donaciones mensuales entre los negocios extranjeros
   (C) Cómo se dividen donaciones mensuales a través del año para cada subsector
   (D) Cómo se dividen donaciones mensuales según la necesidad de cada subsector

8. Según el gráfico, ¿qué puedes concluir?
   (A) En diciembre se da la mayor cantidad de donaciones para todos los subsectores.
   (B) En marzo se da la mayor cantidad de donaciones para el subsector de educación.
   (C) En febrero se da la menor cantidad de donaciones para todos los subsectores.
   (D) En mayo se da la menor cantidad de donaciones para el subsector médico.

9. ¿Qué dos meses son los más populares para donar al subsector ambiental, además de diciembre?
   (A) Noviembre y junio
   (B) Septiembre y noviembre
   (C) Junio y septiembre
   (D) Octubre y noviembre

10. ¿Qué muestra este gráfico que complementaría el tema del artículo?
    (A) Las personas están dispuestas a donar durante las festividades.
    (B) Las donaciones cerca de las festividades no son muy comunes.
    (C) Las donaciones a solo algunos tipos de subsectores son populares durante las festividades.
    (D) Las personas no donarían más durante las festividades de lo que donan ahora.

ACTIVIDAD 18
Tema curricular: La vida contemporánea
Fuente número 1

Introducción
Este texto trata de Debora Fadul, chef guatemalteca. El artículo original fue publicado en el diario *El País*.

Volver a la tierra: la revolución de los nuevos chefs de América Latina.

Debora Fadul (Guatemala): la chef que habla con los ingredientes

Línea Entrar al restaurante de Debora Fadul en Ciudad de Guatemala es meterse en una especie de templo donde los alimentos ocupan los altares, y el maíz es la deidad principal. Allí,
(5) además de degustar un menú de entre seis y ocho tiempos en el que nada es lo que parece —por un costo de entre 54 y 64 dólares—, al comensal se le invita a reflexionar sobre lo que come, de dónde viene y qué impacto tiene en
(10) su entorno. Situado en la azotea de un antiguo edificio industrial en la zona 4 de la capital, un área emergente con bares y negocios *hipster*, el culto empieza desde el nombre: Diacá. "De acá —Guatemala— y de acá", explican la chef
(15) o los miembros de su cocina, llevándose una mano al corazón, cuando se les pregunta por su significado.

Al frente del negocio está una mujer de 36 años con más de 15 de experiencia en la
(20) gastronomía que cree firmemente en el poder restaurador de la cocina en uno de los países con los mayores índices de desnutrición de América Latina. "La cocina, así como repara, puede arruinar mucho si no la usas
(25) conscientemente", asegura la chef de Diacá. El restaurante busca conectar a los comensales con los productores y poner sobre la mesa la riqueza gastronómica de Guatemala y el valor del campo. Por eso, sus clientes no reciben
(30) una carta, sino un agricultorio: una lista de los productos estacionales con los que renueva el menú cada dos meses, donde se informa de qué parte del país vienen y quién los produce.

Fadul cuenta que desde pequeña es capaz de
(35) ver aromas y sabores y que cada vez que prueba un alimento se le disparan decenas de notas de sabor, de matices. "El problema es que nos han educado de forma programada", explica. Un tomate, para ella, puede saber a whiskey, a tomillo y a romero. El proceso que la llevó a (40) sistematizar esa sensibilidad tuvo como aliado clave a su esposo, un empresario gastronómico con quien incursionó en el mundo del café. Entonces se dio cuenta de que, como en las catas, los sabores de los alimentos también (45) se podían categorizar, y creó lo que llama "el ecosistema sensorial" de los productos que estudia con su equipo.

"El ingrediente te habla y te cuenta a qué sabe y en base a eso tú creas", explica, mientras (50) recoge hierbas aromáticas en su finca de San Jerónimo Miramar, cerca del lago Atitlán, de donde viene parte de lo que sirve en su restaurante. El resto llega de productores de todo el país, con quienes dialoga para adaptar (55) sus ingredientes al menú. La sustentabilidad es un concepto clave en Diacá, que usa vasos, servilletas, delantales y bolsas hechos con materiales reciclados. "Pero la sostenibilidad no funciona si no es bueno para toda la cadena: (60) desde la naturaleza, la comunidad, el productor, la cocina y el consumidor", dice Fadul.

Para ella, los cocineros son "como los baristas", el último eslabón de esa cadena, un mensaje en el que cree firmemente su equipo, (65) seis veinteañeros que se van intercambiando los roles en el restaurante y que explican a los clientes los procesos de cultivo y producción de la comida. "Cuando hablas con ellos, te das cuenta cómo la gente se transforma. Aprenden, (70) por ejemplo, cuánto se tarda en procesar para hacer una tortilla, de dos a tres días", reflexiona José Alberto Cal Morales, subchef de Diacá, de 26 años. En los menús de esta temporada, la de inicio del invierno, uno de los platos lleva (75) un mumus, un humus de maíz blanco hecho con una bebida de ajonjolí, semillas de papaya deshidratadas y un aceite de amaranto, que puede tardar en macerarse entre cinco y siete (80) meses.

"A veces veo reflejado lo que mi abuelita me decía cuando sembraba la milpa. Me mostraba una mazorca y me decía: 'Mirá las maravillas que nos da la tierra'. Por eso tenemos que cuidar a los productores y transmitirles a las (85) personas la importancia que tienen ellos y la tierra", dice Sindy López, la jefa de cocina de Diacá, una joven de 27 años originaria de Amatitlán. "Es lindo ver las reacciones de las personas y lo llenos que se sienten y hacer (90) conciencia de lo que tenemos".

Fuente número 2

Introducción

Esta selección muestra los resultados de un estudio sobre la agricultura en Guatemala. Se publicó en el sitio web *Agrinotas*.

Producción en toneladas de los vegetales de Guatemala (2016)

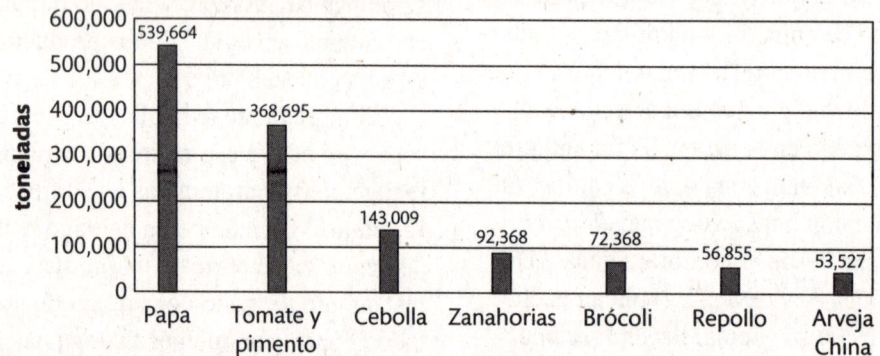

Vegetal	toneladas
Papa	539,664
Tomate y pimento	368,695
Cebolla	143,009
Zanahorias	92,368
Brócoli	72,368
Repollo	56,855
Arveja China	53,527

Datos de: Agrinotas, Maga.gob.gt

1. ¿Cuál es el propósito principal del artículo?
   (A) Describir la experiencia que se disfruta en un restaurante
   (B) Presentar los retos de cocinar con productos nutritivos
   (C) Informar a los clientes sobre cómo deben ordenar sus platos
   (D) Enumerar los cambios en la gastronomía guatemalteca

2. Según el artículo, ¿cómo podemos describir una visita al restaurante de Debora Fadul?
   (A) Como una ceremonia ancestral
   (B) Como una experiencia religiosa
   (C) Como una celebración notable
   (D) Como una experiencia inquietante

3. Según el artículo, ¿a qué se refiere la palabra "comensal" en la segunda frase del primer párrafo?
   (A) A los clientes del restaurante
   (B) A los críticos de gastronomía
   (C) A los camareros del restaurante
   (D) A los cocineros del restaurante

4. Según el artículo, ¿por qué se llevan una mano al corazón los empleados de su cocina?
   (A) Por su respeto a la chef
   (B) Por su lealtad a su profesión
   (C) Por su sentido de orgullo
   (D) Por su notable modestia

5. Según el artículo, ¿qué le permite al cliente recibir un "agricultorio" en lugar de una carta?
   (A) Conocer el costo de los alimentos
   (B) Conocer cómo se cosechan los ingredientes
   (C) Conocer cómo se preparan los platos
   (D) Conocer el origen de los alimentos

6. Según el artículo, ¿cómo crea los platos Debora Fadul?
   (A) Recibiendo recetas de los productores
   (B) Comunicándose con los ingredientes
   (C) Usando los ingredientes que tiene a mano
   (D) Utilizando las ideas de su esposo

7. Según el artículo, ¿cuál es un área que tiene importancia el restaurante de Debora Fadul?
   (A) Servir al cliente platos a buen precio
   (B) Ofrecer un menú con gran variedad de platos
   (C) Compensar a sus empleados adecuadamente
   (D) Tratar de proteger el medio ambiente

8. Según el artículo, ¿por qué dice el autor que los clientes se transforman cuando visitan el restaurante?
   (A) Porque se les atiende con mucha atención
   (B) Porque aprenden el proceso para crear la comida
   (C) Porque se les explica la historia del restaurante
   (D) Porque participan en la preparación de la comida

9. Según comenta la abuelita de Debora Fadul en el artículo, ¿a quién debemos proteger?
   (A) A los cocineros de comida tradicional
   (B) A los innovadores gastronómicos
   (C) A los que cultivan la tierra
   (D) A los que mantienen las tradiciones

10. ¿Qué información presenta el gráfico?
    (A) La cantidad de diferentes verduras cosechadas en Guatemala
    (B) La cantidad de diferentes verduras servidas en restaurantes en Guatemala
    (C) La cantidad de diferentes verduras exportadas desde Guatemala
    (D) La cantidad de diferentes vegetales importados a Guatemala

11. Según el gráfico, ¿qué podemos concluir sobre los vegetales en Guatemala?
    (A) Se produce más brócoli que zanahorias.
    (B) Se produce más tomates y pimiento que papas.
    (C) Se produce una cantidad casi igual de cebolla y repollo.
    (D) Se produce una cantidad casi igual de repollo y arveja china.

12. Según el gráfico, ¿cuál puede ser una conclusión razonable sobre la producción de vegetales?
    (A) La cebolla se produce en grandes cantidades.
    (B) La arveja china es un ingrediente común.
    (C) El consumo de la papa parece ser muy popular.
    (D) El brócoli supera la producción de zanahorias.

13. ¿Cómo complementa este gráfico al artículo?
    (A) El gráfico puede sugerir los tipos de verduras que se usan en *Diacá*.
    (B) El gráfico puede sugerir que *Diacá* necesita usar productos importados.
    (C) El gráfico puede sugerir que existe una escasez de vegetales en Guatemala.
    (D) El gráfico puede sugerir la necesidad de más variedad de vegetales en Guatemala.

ACTIVIDAD 19
Tema curricular: Las familias y las comunidades

Introducción
Esta carta, que fue escrita por el director regional de la Oficina del Censo de los Estados Unidos, anuncia una nueva iniciativa de la agencia.

DEL DIRECTOR
OFICINA DEL CENSO DE LOS EE.UU.
OFICINA DEL DIRECTOR
Washington, DC 20233-0001
DEPARTAMENTO DE COMERCIO DE EE.UU.
Oficina del Censo de los EE.UU.
Administración de Economía y Estadística

Estimado Residente:

    La Oficina del Censo de los Estados Unidos está llevando a cabo una encuesta de gran importancia conocida como la Encuesta sobre Fuentes de Ingreso y Participación en Programas de Asistencia Económica (SIPP) y necesitamos su ayuda para asegurar que los datos que recopilemos sea

(5) información precisa. En las próximas semanas, un Representante de campo de la Oficina del Censo se comunicará con su hogar con respecto a esta encuesta. Quiero hacerle saber que la participación de su hogar en esta encuesta es extremadamente valiosa y le estamos muy agradecidos.

    Esta encuesta produce datos que ayudan en la toma de decisiones sobre los programas gubernamentales que atañen a millones de personas en los Estados Unidos. Por ejemplo, los que

(10) establecen las normas en el gobierno utilizan los resultados de la encuesta para evaluar las necesidades futuras del Sistema de Seguro Social; evaluar los cambios y la efectividad de programas, tales como el Programa de Asistencia Nutricional Suplementaria; y evaluar el efecto de los cambios en los seguros de salud y el costo de servicios médicos. La Oficina del Censo necesita su ayuda para proveer información precisa a sus funcionarios electos y para apoyar las mejoras a estos programas importantes.

(15)   La participación de su hogar es esencial para asegurar que los datos de este estudio estén completos y sean precisos. Se ha escogido su dirección para que represente a miles de hogares como el suyo. Aunque no se le penaliza por no contestar alguna pregunta en este estudio voluntario, cada pregunta que no conteste reduce sustancialmente la precisión de los resultados.

    La Sección 182 del Título 13 del Código de los Estados Unidos nos autoriza a realizar este estudio.

(20) La Sección 9 del Título 13 estipula que toda la información sobre usted y su familia se mantenga en estricta confidencialidad. Todo empleado de la Oficina del Censo, desde el Director hasta cada Representante de campo, se compromete bajo juramento a mantener esta confidencialidad. Si un empleado divulga alguna información que pueda identificarlo a usted o a su hogar, está sujeto a una pena de cárcel, multa, o ambas.

(25)   Encontrará información adicional al dorso de esta carta. Aprenda aún más en nuestro sitio en la Red: www.sipp.census.gov/sipp/. Muchas gracias por su participación. Le estoy muy agradecido por su ayuda.

Un mensaje del director

Para más información, comuníquese con:

(30) DIRECTOR REGIONAL
OFICINA DEL CENSO DE EE.UU.
15350 SHERMAN WAY STE 400
VAN NUYS, CA 91406–4203

1. ¿Cuál es el propósito principal de la carta del director del censo?
   (A) Ofrecer un nuevo programa de asistencia pública
   (B) Anunciar un estudio a nivel nacional
   (C) Informar sobre las ayudas disponibles a la población
   (D) Explicar el aumento en pagos del seguro social

2. ¿Con cuál de las siguientes palabras se podría reemplazar: "atañen" (línea 9)?
   (A) Afectan
   (B) Atraen
   (C) Animan
   (D) Admiran

3. ¿Para qué van a servir los datos que van a recolectar?
   (A) Para informar a los programas del gobierno
   (B) Para incrementar la ayuda a los servicios médicos
   (C) Para evaluar los cambios en la nutrición de familias
   (D) Para determinar el costo de los alimentos

4. ¿Qué sucede si las personas no contestan alguna pregunta?
   (A) Reduce la exactitud de la información.
   (B) Recibirán una sanción temporal.
   (C) El pago del seguro social será reducido.
   (D) La visitará un representante del censo.

5. ¿De qué no se tienen que preocupar los participantes?
   (A) De que tengan que visitar una oficina del censo
   (B) De que el costo de servicios médicos aumentará
   (C) De que la información será divulgada
   (D) De que recibirán más de un formulario

6. ¿A qué se ven obligados los empleados de la Oficina del Censo?
   (A) A agradecer a las familias que participan en el programa
   (B) A reportar cualquier irregularidad con las respuestas
   (C) A identificar a las personas que participan
   (D) A prometer mantener la información secreta

7. ¿Qué pregunta sería más apropiada para formular al Director Regional?
   (A) ¿Es posible recibir los resultados de la encuesta?
   (B) ¿Cuánto hay que pagar para participar en la encuesta?
   (C) ¿Por qué no puedo conseguir información en el sitio del departamento?
   (D) ¿Cuántas personas necesitan responder la encuesta en mi pueblo?

ACTIVIDAD 20
Tema curricular: Las identidades personales y públicas

Introducción
Este texto trata de Gilberto Bosques, un diplomático mexicano, y sus éxitos durante la Segunda Guerra Mundial.

Gilberto Bosques, el Schindler mexicano

Línea   Te contamos la historia de Gilberto Bosques, diplomático mexicano que salvó la vida de más de 40,000 perseguidos durante la Segunda Guerra Mundial.

Conocido como el Schindler mexicano, Gilberto Bosques Saldívar fue un importante diplomático, profesor, periodista y político mexicano reconocido por haber salvado la vida de más de 40 mil
(5) personas durante la Segunda Guerra Mundial y el franquismo en España.

Nació en Chiautla de Tapia, Puebla, el 20 de julio de 1892. Su labor como diplomático en Europa le permitió otorgar visas mexicanas a miles de personas de más de 30 países europeos que huían de la persecución política. La vida y obra de Gilberto Bosques ha sido inspiración y motivo de distintas investigaciones y filmes como el documental *Visa al Paraíso*.

(10)   **Gilberto Bosques, gran ejemplo de cónsul mexicano durante la Segunda Guerra Mundial**

Corría el año de 1939, la República Española caía y la guerra continuaba por todo el resto de Europa. En México, el entonces presidente Lázaro Cárdenas nombró a Gilberto Bosques cónsul general en París. Poco tiempo después de ocupar su puesto en el extranjero, Bosques fue obligado a salir de la ciudad debido a la ocupación alemana.

(15) Con la instrucción de establecer el consulado mexicano en donde no corriera peligro y pudiera seguir operando, viajó al sur y después a la costa norte. Lo restableció primero en Bayona, pero cuando el ejército nazi ocupó la zona, tuvo que trasladarse una vez más con su familia y el consulado entero a Marsella, en el Mediterráneo, dentro de la zona del gobierno francés de Vichy.

Gilberto Bosques y las visas al paraíso

(20) En un inicio la misión de Gilberto era proteger a los mexicanos residentes en la Francia no ocupada. Sin embargo, también protegió a otros grupos como a mexicanos de origen libanés y a refugiados españoles que huían del régimen franquista.

Eran tantas las personas refugiadas que buscaban una visa mexicana que Bosques tuvo que alquilar dos castillos (el de Reynarde y el de Montgrand), los cuales servían como centros de asilo para los
(25) perseguidos mientras se tramitaban sus salidas hacia México. Además de recibir la protección del gobierno mexicano, les fue ofrecida la nacionalidad mexicana y las puertas de este noble país se abrieron para resguardarlos.

Gilberto Bosques: Defensor de mexicanos, republicanos españoles, antinazis, antifascistas y judíos

Bosques amplió su apoyo a diferentes sectores e instituyó una oficina jurídica para defender a los
(30) republicanos perseguidos. A los refugiados antinazis y antifascistas les concedió visas mexicanas

que les permitían abandonar el país. En este caso el gobierno francés no se oponía a su salida pues consideraban que se deshacían de un problema político. Por su parte el caso de los judíos fue más complicado, pues a pesar de que el cónsul les otorgaba visas, no era fácil sacarlos de Francia debido a la persecución de los Escuadrones de Protección nazis (*Schutzstaffel*).

(35) **Persecución y retorno a México: Gilberto Bosques vuelve a casa**

Poco después México rompe relaciones diplomáticas con el gobierno de Vichy, y el consulado mexicano es tomado por tropas de la Gestapo. Gilberto Bosques, su familia y el personal del consulado (43 personas en total) fueron detenidos y trasladados a la comunidad de Amélie-les-Bains. De ahí fueron enviados al pueblo Bad Godesberg, en Alemania, donde se les recluyó en un hotel
(40) prisión. Esta acción violaba todas las normas diplomáticas.

Al fin, poco después de un año, fueron liberados gracias a un acuerdo que entabló el entonces presidente Manuel Ávila Camacho. Gilberto Bosques y el resto de los prisioneros regresaron a México el 24 de marzo de 1944. Al término de la guerra, Bosques fue nombrado embajador de México en Portugal, Finlandia y Suecia. Además de 1953 a 1964 ocupó la sede diplomática de México en Cuba.

(45) **El legado de vida de Gilberto Bosques**

Miles son las personas a las que Gilberto Bosques salvó la vida, dentro de esa enorme lista se encuentran algunos personajes como: María Zambrano, Carl Aylwin, Manuel Altolaguirre, Julio Álvarez del Vayo, Luis Nicolau d'Olwer, Max Aub, Wolfgang Paalen, Walter Reuter, Friedrich Katz, Marietta Blau, Egon Erwin Kisch, Ernst Röemer y Walter Gruen, entre otros.

(50) Ya en su retiro, cuando el maestro Bosques era entrevistado y cuestionado por su intervención en el rescate de miles de perseguidos políticos, él respondía de forma muy humilde: "No fui yo… fue México". Finalmente, a los 102 años de edad, Gilberto Bosques, el Schindler mexicano, falleció el 4 de julio de 1995 en la Ciudad de México.

---

1. ¿Cuál es el propósito principal del artículo?
   (A) Enumerar los sacrificios de refugiados durante la Segunda Guerra Mundial
   (B) Dar a conocer los esfuerzos de un diplomático mexicano para proteger a perseguidos
   (C) Describir los efectos del franquismo a la población mexicana de España
   (D) Discutir las diferentes investigaciones sobre un diplomático mexicano

2. ¿Qué le permitió hacer a Bosques por ser diplomático?
   (A) Propagar información sobre las injusticias durante la guerra
   (B) Establecer varios consulados en las zonas ocupadas por los nazis
   (C) Darles visas a los militares mexicanos que luchaban en la guerra
   (D) Darles documentos oficiales a los refugiados para vivir en México

3. ¿Qué tuvo que hacer Bosques cuando estaba en París?
   (A) Tuvo que irse a otra ciudad.
   (B) Tuvo que renunciar a su cargo.
   (C) Fue obligado a viajar a Alemania.
   (D) Fue obligado a modificar su puesto.

4. ¿Por qué tuvo que mudarse a Marsella?
   (A) Porque la zona donde estaba fue invadida
   (B) Porque su familia no estaba a gusto
   (C) Porque le temía al gobierno francés
   (D) Porque el consulado mexicano lo obligó

5. ¿Cómo cambió la misión de Bosques?
   (A) Ayudó a otros grupos en peligro.
   (B) Se hizo residente de Francia.
   (C) Regresó a México inesperadamente.
   (D) Huyó del régimen franquista.

6. ¿Por qué tuvo que alquilar dos castillos Bosques?
   (A) Porque tenía que proteger a su familia
   (B) Porque había demasiados refugiados
   (C) Porque necesitaba un lugar para esconderse
   (D) Porque así se lo ordenó el presidente

7. ¿Por qué fue más difícil para los judíos conseguir visas?
   (A) Francia se lo prohibía.
   (B) El cónsul les negaba las visas.
   (C) Eran perseguidos por los escuadrones nazis.
   (D) El gobierno francés querían que se quedaran.

8. Según el artículo, ¿qué violaban las normas diplomáticas?
   (A) Que lo encarcelaran a él y a su familia
   (B) Que Bosque ayudara a los judíos
   (C) Que fueran perseguidos por los españoles
   (D) Que se quedaran en una ciudad alemana

9. ¿Qué demuestra la frase "No fui yo… fue México" al final del artículo?
   (A) Que fueron los mexicanos quienes lo rescataron
   (B) Que él no merecía todo el crédito por lo que había hecho
   (C) Que no pudo hacer nada por México
   (D) Que no le permitieron regresar a México

ACTIVIDAD 21
Tema curricular: La vida contemporánea

Introducción
El siguiente artículo presenta información sobre las ruinas incas de Machu Picchu. El artículo fue publicado en la revista *Ecos*.

Imaginar América Latina

Línea ¿Qué hace un viajero cuando no puede viajar? Imagina paisajes, escucha historias y se deja llevar por los sonidos, los olores y los sabores de un mundo por conocer. El filósofo
(5) Immanuel Kant nunca salió de Königsberg, pero conoció el mundo a través de sus lecturas y de los relatos de los viajeros que recibía en su casa. A continuación, les presentamos un relato latinoamericano para que vean, oigan
(10) e imaginen América Latina sin moverse de su casa.

Machu Picchu: alta ciudad de piedras

A las ruinas incas de Machu Picchu siempre se viaja primero con la imaginación. Su
(15) popularidad es tan grande que todos las hemos visitado ya a través de una foto, un libro o un reportaje en Internet. Solo posteriormente, si tenemos suerte, cumplimos el sueño de estar ahí en cuerpo y alma. De hecho, su descubridor
(20) oficial, el profesor norteamericano Hiram Bingham, soñó también con Machu Picchu antes de ver por primera vez la ciudad en 1911. Estando en Estados Unidos, Bingham soñaba con descubrir Vilcabamba, la "ciudad perdida
(25) de los incas". Se la imaginaba cubierta por la maleza, entre las montañas y la selva. No sabía que medio siglo antes (en 1867) un ingeniero alemán ya la había descubierto, de casualidad: Rudolph August Berns, que se rebautizó a
(30) sí mismo, en español, Augusto; aunque su descubrimiento pasó casi inadvertido.

Machu Picchu no defrauda. Siempre excita y rebasa nuestra imaginación. Lo primero que nos deja sin aliento (y no solo por la falta
(35) de oxígeno) es el vertiginoso paisaje. Machu Picchu está ubicado en una cima, a 2350 metros de altura, entre los Andes y la selva. Alrededor solo vemos montañas cubiertas de vegetación y abismos. Dos montañas dominan el paisaje, como centinelas de la ciudad-santuario: el (40) Huayna Picchu ("Pico Nuevo") y el Machu Picchu ("Pico Viejo"). El poeta chileno Pablo Neruda, en su poema *Alturas de Machu Picchu*, escribió versos que describen bien la sensación que invade al viajero: "Alta ciudad de piedras (45) escalares", "Madre de piedra, espuma de los cóndores", "Alto arrecife de la aurora humana". A Neruda lo sobrecogió lo que a cualquier viajero sobrecoge: la altura, el paisaje y la ciudad de piedra, que parece mitológica. (50)

Machu Picchu tuvo su época de esplendor en el siglo XV, bajo el dominio del emperador inca Pachacútec. Formaba parte de la serie de pucarás (fortalezas) y tambos (posadas) que se hallaban a lo largo de la red de caminos incas, (55) y sirvió como lugar de retiro del inca. Quizá su inaccesibilidad lo salvó de la destrucción de los conquistadores españoles.

En una de las elevaciones de la ciudad, se halla el famoso intihuatana, un reloj solar de (60) piedra de 1,80 metros de altura. Es quizá la construcción más llamativa de las ruinas. Parece un altar (¿para sacrificios u ofrendas?) o tal vez una plataforma para que despeguen los famosos *new age*, como Shirley MacLaine o (65) Cameron Díaz, ambas reconocidas adoradoras de los poderes mágicos de Machu Picchu. Precisamente la fama de Machu Picchu ha sido su talón de Aquiles. En el año 2000, mientras se filmaba un anuncio, una grúa cayó sobre el reloj (70) solar y partió el gnomon o indicador de piedra. Restaurado, ha vuelto a amarrar (huatana) el sol (inti), ahora con una visible grieta.

1. ¿Cuál es el propósito principal del artículo?
   (A) Describir detalladamente a una ciudad desconocida
   (B) Informar sobre cómo visitar a Machu Picchu
   (C) Explicar el encanto de una ciudad histórica inca
   (D) Invitar a que el público lea los poemas de Pablo Neruda

2. Según la selección ¿qué hace un viajero cuando no puede viajar?
   (A) Escucha programas sobre los lugares que quiere visitar.
   (B) Sueña con los lugares que le gustaría visitar.
   (C) Lee libros escritos por el filósofo Kant.
   (D) Se reúne con viajeros con experiencia.

3. ¿A qué se refiere el texto cuando dice que todos hemos visitado Machu Picchu?
   (A) A que es un destino turístico
   (B) A que nos hemos imaginado estar allí
   (C) A que tenemos programado un viaje
   (D) A que es muy accesible a todos

4. ¿De qué no estaba consciente Hiram Bingham?
   (A) De que la selva le impediría el paso hasta la cumbre de Machu Picchu
   (B) De que los incas le prohibirían la llegada a Machu Picchu
   (C) De que otro explorador ya había estado en Machu Picchu
   (D) De que Augusto Berns ya le había dado nombre a Machu Picchu

5. En el contexto del texto, ¿qué quiere decir "se rebautizó" (línea 29)?
   (A) Se convirtió
   (B) Se sorprendió
   (C) Se descubrió
   (D) Se nombró

6. ¿Qué pasó inadvertido sobre Machu Picchu?
   (A) Sus inicios
   (B) Su descubrimiento
   (C) Su localidad
   (D) Sus habitantes

7. Según el artículo, ¿por qué nos deja sin aliento Machu Picchu?
   (A) Por la innovadora construcción
   (B) Por la cantidad de visitantes
   (C) Por la buena condición de sus templos
   (D) Por la magnitud de sus vistas

8. Según la información, ¿qué permitió salvar Machu Picchu de su destrucción?
   (A) La falta de conocimientos arqueológicos
   (B) La protección por parte del emperador
   (C) La dificultad de poder llegar allí
   (D) La falta de transporte disponible

9. ¿Qué le sucedió al reloj solar en el año 2000?
   (A) Fue dañado durante una filmación.
   (B) Fue trasladado a otro lugar.
   (C) Fue modernizado para filmar un anuncio.
   (D) Fue designado una reliquia auténtica.

10. ¿Quiénes estarían más interesados en este artículo?
    (A) Futuros artistas
    (B) Futuros turistas
    (C) Diseñadores de carreteras
    (D) Diseñadores de iglesias

11. Si necesitas más información y dispones de la dirección del departamento de turismo, ¿cuál de las siguientes preguntas sería más apropiada para formular?
    (A) ¿Por qué destruyeron las ruinas los conquistadores españoles?
    (B) ¿Dónde podemos hacer planes para visitar las ruinas?
    (C) ¿A qué altura se encuentra Machu Picchu?
    (D) ¿Dónde se encuentra el famoso reloj solar?

ACTIVIDAD 22
Tema curricular: La vida contemporánea

Introducción
Este texto trata de un producto mexicano de gran popularidad. Fue publicado en *Aderezo, placer inteligente*.

Dulces picositos, otra aportación mexicana al mundo: En distintas partes del planeta se maravillan de que comamos estas golosinas

Línea

El mexicano le pone chile a todo, hasta a sus dulces. Tamarindos, chamoy, chile piquín en polvo con limón, chicles picantes, gomitas, frituras y salsas agridulces son parte del menú de golosinas que disfrutamos chicos y grandes en México, que sin embargo, al ser llevados a otros países provocan miradas de extrañeza y hasta repulsión, incluso antes de llegar a probarlos.

(5) Basta darse una vuelta por el canal React en YouTube, en el que en uno de sus videos dan a un grupo de niños diferentes bocadillos hechos en México y su reacción al probar los productos con chiles es hilarante.

"Oh no, bro… esto luce picante" o "Tengo miedo de comer esto" son las primeras impresiones de los niños extranjeros al enfrentarse a un plato de Takis, un Pulparindo o una paleta de mango cubierta (10) con chile.

Sin embargo, hay quienes han logrado posicionar estos dulces entre los consumidores estadounidenses. Paty Pérez nació en el Estado de México y se fue a radicar a Anaheim, California, hace casi 20 años. Su fascinación por el Miguelito y los dulces de pulpa de tamarindo la hacían regresar año con año a México para surtirse.

(15) "Allá se pueden encontrar algunos dulces de chile, pero no saben igual. No hay como los tamarindos de acá… Sobre todo los de Acapulco. No sé qué tienen pero me encantan. También el Miguelito, allá se consigue uno envasado pero sabe a pura azúcar con sal", cuenta en entrevista telefónica con *El Sol de México*.

Paty cuenta que a los pocos meses de llegar a Estados Unidos, a la dueña de la casa en la que (20) trabajaba le entró curiosidad sobre los dulces que comía. Se trataba de un Pulparindo que con gusto le compartió y desde ese momento la mujer estadounidense quedó enganchada.

"Primero puso cara como de asco, pero lo saboreó bien y le gustó tanto que cada vez que venía a México o pedía que mi familia me mandara dulces, la señora pedía una caja para ella".

Los dulces con chile se están haciendo de tanta popularidad que los dueños de restaurantes de (25) comida mexicana incluyen como postre dulces típicos de chile y en algunos de sus locales hasta los venden.

En México, el menú de dulces con chile no es estático. Cada vez más se suman variedades de postres con este ingrediente, como la nieve de picafresa, barras de chocolate con chile, mermeladas de fruta con chipotle o chile habanero y un largo etcétera que lo mismo se pueden consumir solos o (30) como ingredientes de platillos más elaborados.

Incluso algo tan universal como las palomitas de maíz adquiere otra dimensión cuando se le pone chile. Eduardo Arcos, CEO de Hipertextual de origen ecuatoriano que radicó en México y ahora vive en España, contó en un tuit uno de sus placeres gastronómicos que cuando lo cuenta en España lo miran raro: palomitas de maíz con salsa Valentina y limón.

1. ¿Cuál es el propósito principal del artículo?
   (A) Presentar diferentes maneras de preparar dulces
   (B) Describir el uso de un ingrediente en ciertos dulces
   (C) Explicar la importancia de la exportación de dulces
   (D) Informar sobre la reacción de los mexicanos a ciertos dulces

2. ¿Cómo reaccionan al principio las personas a los dulces mexicanos en otros países?
   (A) Con satisfacción
   (B) Con imparcialidad
   (C) Con indiferencia
   (D) Con repugnancia

3. Según el artículo, al probar los dulces, ¿cuál es la reacción de los niños?
   (A) Extraña
   (B) Preocupante
   (C) Cómica
   (D) Indiferente

4. ¿Con qué propósito viajaba Paty Pérez a México?
   (A) Para comprar dulces
   (B) Para visitar a Miguelito
   (C) Para buscar consumidores
   (D) Para ver a su familia

5. ¿Qué opinión tiene Paty Pérez sobre los dulces en los Estados Unidos?
   (A) Los ingredientes no son los mismos.
   (B) Contienen demasiado chile.
   (C) El sabor no es el mismo.
   (D) Tienen poco azúcar.

6. ¿Cuál es el significado de la palabra "enganchada" (al final del sexto párrafo)?
   (A) Aficionada
   (B) Sospechosa
   (C) Curiosa
   (D) Disgustada

7. Según el artículo, ¿cómo se nota la popularidad de los dulces con chile?
   (A) Lo venden en grandes cantidades.
   (B) Lo sirven en restaurantes mexicanos.
   (C) Lo incluyen en libros de recetas.
   (D) Lo discuten en las redes sociales.

8. ¿Por qué miran raro a Eduardo Arcos en España?
   (A) Porque él piensa que el chile se originó en Ecuador
   (B) Porque él considera el chile un desastre gastronómico
   (C) Porque él les pone chile a las palomitas de maíz
   (D) Porque a él le desagrada el sabor a limón

9. Al final del artículo, ¿qué técnica usa el autor para enfatizar la popularidad del chile?
   (A) Enumera los ingredientes de los dulces.
   (B) Explica la elaboración de los postres.
   (C) Explica el menú de algunos restaurantes.
   (D) Enumera nuevos tipos de dulces.

ACTIVIDAD 23
Tema curricular: Las identidades personales y públicas

Introducción
"La casa de azúcar" es un cuento de Silvina Ocampo. El siguiente fragmento relata un incidente extraño entre un esposo, que es el narrador, y su esposa.

Línea

Una mañana sonó el timbre de la puerta de la calle. Yo estaba afeitándome y oí la voz de Cristina. Cuando concluí de afeitarme, mi mujer ya estaba hablando con la intrusa. Por la (5) abertura de la puerta las espié. La intrusa tenía una voz tan grave y los pies tan grandes que eché a reír.
  —Si usted vuelve a ver a Daniel, lo pagará muy caro, Violeta.
(10) —No sé quién es Daniel y no me llamo Violeta —respondió mi mujer.
  —Usted está mintiendo.
  —No miento. No tengo nada que ver con Daniel.
(15) —Yo quiero que usted sepa las cosas como son.
  —No quiero escucharla.
  Cristina se tapó las orejas con las manos. Entré en el cuarto y dije a la intrusa que se (20) fuera. De cerca le miré los pies, las manos y el cuello. Entonces advertí que era un hombre disfrazado de mujer. No me dio tiempo de pensar en lo que debía hacer; como un relámpago desapareció dejando la puerta (25) entreabierta tras de sí.
  No comentamos el episodio con Cristina; jamás comprenderé por qué; era como si nuestros labios hubieran estado sellados para todo lo que no fuese besos nerviosos, (30) insatisfechos o palabras inútiles.
  En aquellos días, tan tristes para mí, a Cristina le dio por cantar. Su voz era agradable, pero me exasperaba, porque formaba parte de ese mundo secreto, que la alejaba de mí. ¡Por (35) qué, si nunca había cantado, ahora cantaba noche y día mientras se vestía o se bañaba o cocinaba o cerraba las persianas!

Un día en que oí a Cristina exclamar con un aire enigmático:
  —Sospecho que estoy heredando la (40) vida de alguien, las dichas y las penas, las equivocaciones y los aciertos. Estoy embrujada —fingí no oír esa frase atormentadora. Sin embargo, no sé por qué empecé a averiguar en el barrio quién era Violeta, dónde estaba, todos (45) los detalles de su vida.

1. ¿Qué reacción tuvo el narrador cuando vio a la intrusa?
   (A) Le irritó su presencia.
   (B) Le trajo malos recuerdos.
   (C) Empezó a temer un enfrentamiento.
   (D) Encontró su apariencia cómica.

2. ¿Qué podemos deducir de la conversación que tenían las dos mujeres?
   (A) La intrusa estaba celosa.
   (B) Violeta le debía dinero.
   (C) El narrador era infiel.
   (D) Daniel era amigo del narrador.

3. ¿De qué se dio cuenta el narrador cuando se acercó a la intrusa?
   (A) De que era alguien a quien conocía
   (B) De que era algo imaginario
   (C) De que no era tan antipática
   (D) De que no era lo que aparentaba

4. ¿Qué significa la frase "era como si nuestros labios hubieran estado sellados para todo lo que no fuese besos nerviosos, insatisfechos o palabras inútiles" [líneas 27–30]?
   (A) Estaban verdaderamente enamorados.
   (B) Temían revelar al culpable del crimen.
   (C) Evitaban hablar del incidente.
   (D) Se sentían aliviados por el incidente.

5. ¿Por qué pasaba días tristes el narrador?
   (A) Porque el secreto de él había sido descubierto
   (B) Porque sospechaba que Cristina ocultaba algo
   (C) Porque la música le hacía revivir el pasado
   (D) Porque detestaba el mensaje de las canciones

6. ¿Qué sospechaba Cristina?
   (A) Que se convertía en otra persona
   (B) Que su esposo le mentía
   (C) Que estaba viviendo su pasado de nuevo
   (D) Que la intrusa regresaría más de una vez

7. ¿En qué estaba interesado el narrador al final del fragmento?
   (A) En casarse con Violeta
   (B) En conocer la identidad de Violeta
   (C) En expresarle sus sentimientos a Cristina
   (D) En descubrir el pasado de Cristina

8. ¿Cómo parece sentirse el narrador como resultado de los eventos que él describe?
   (A) Ensimismado
   (B) Decepcionado
   (C) Perturbado
   (D) Insultado

ACTIVIDAD 24
Tema curricular: Los desafíos mundiales

Introducción
Este texto trata de la situación de unos chimpancés en un santuario en Liberia, Africa. La carta fue escrita por la Dra. Jane Goodall y se dirige al Dr. Christopher D. Hillyer, presidente del Centro de Sangre de Nueva York (NYBC).

Carta de la Dra. Jane Goodall (29/5/2015):

"Estimado Dr. Christopher D. Hillyer:

Me dirijo a usted con relación al cese del apoyo comprometido por el Centro de Sangre de Nueva York (NYBC) a los 66 chimpancés residentes en el santuario Vilab II en Liberia, individuos que han sido utilizados para sus investigaciones. Recientemente me informaron de la situación y entiendo que estos chimpancés no habrían recibido alimentos ni agua si no fuera por las contribuciones de personas preocupadas por su bienestar y la devoción de los cuidadores de chimpancés. Me resulta totalmente sorprendente e inaceptable que el NYBC abandone a estos chimpancés y suspenda la asistencia, incluso para sus necesidades básicas. Le insto encarecidamente a que reconsidere su decisión, y le exhorto a jugar un papel importante en la planificación de su cuidado a largo plazo, junto con las organizaciones de protección animal y expertos en chimpancés.

Los chimpancés son una especie increíblemente inteligente y social que está en peligro crítico en toda su área de distribución en Africa. Viven en grandes y complejos grupos de estructura social multi-macho/multi-hembra. Se estima que hace sólo 100 años había más de un millón de chimpancés en 24 países de Africa. Hoy apenas quedan unos 150.000/200.000 individuos, y la especie ha desaparecido por completo en tres países. La investigación con chimpancés que fueron sacados de la naturaleza (lo cual siempre implica matar a la madre) ha contribuido a la disminución de su número.

Entendemos que entre la coalición de organizaciones que trabajan para abordar esta cuestión, algunos, como la Sociedad Protectora de Animales de los Estados Unidos (HSUS), han comprometido sus fondos de emergencia para atender las necesidades inmediatas de estos chimpancés, pero no se puede ni se debe contar con esos fondos indefinidamente. SU empresa fue responsable de la adquisición de estos chimpancés, algunos incluso sacados de la naturaleza, y por lo tanto tiene la obligación moral de seguir cuidando de ellos por el resto de sus vidas.

El Instituto Jane Goodall ha proporcionado informes sobre las condiciones en Vilab desde 2006, que incluían asesoramiento sobre la mejora de esas instalaciones. Hasta la fecha, parece que la mayoría de los consejos han sido ignorados. Por ejemplo, fue la Humane Society de EE.UU. la que proporcionó fondos para reparar el sistema de agua cuando se descubrió que los cuidadores tenían que dar agua a los chimpancés a mano. Una solución a largo plazo tiene que ser encontrada y, de nuevo, los insto a renovar su apoyo a estos chimpancés utilizados para sus investigaciones, y a unirse a los que estamos trabajando para garantizar su atención a largo plazo y proveer para su bienestar a perpetuidad.

Atentamente,
Jane Goodall, Ph.D., DBE
Fundadora del Instituto Jane Goodall
Mensajera de la Paz de la ONU"

1. ¿Cuál es el propósito principal de la carta?
   (A) Que el NYBC traslade a los chimpancés a un lugar más apropiado
   (B) Que el NYBC emplee a más expertos especializados en el estudio de chimpancés
   (C) Que el NYBC abandone las investigaciones que usan chimpancés en sus estudios
   (D) Que el NYBC considere de nuevo su falta de ayuda a los chimpancés en su custodia

2. ¿Qué ha contribuido a la reducción en el número de chimpancés?
   (A) El traslado fuera de la naturaleza
   (B) La pérdida de chimpancés machos
   (C) La desaparición de su protección
   (D) Los cambios en su medio ambiente

3. ¿Qué parece preocuparle a la Dra. Goodall sobre la Sociedad Protectora de Animales de los Estados Unidos?
   (A) Que su contribución financiera es provisional
   (B) Que su contribución financiera es demasiado baja
   (C) Que sus fondos no beneficiarán a los chimpancés
   (D) Que sus fondos no llegarán a tiempo

4. ¿Cuál es la obligación moral de la empresa que adquirió los chimpancés?
   (A) Recaudar fondos para adquirir más chimpancés
   (B) Proteger los animales que están en su custodia
   (C) Trabajar con organizaciones protectoras de animales
   (D) Aconsejar a los guardianes de los chimpancés

5. ¿A qué se refiere la expresión, "a perpetuidad" al final de la carta?
   (A) Durante unos años
   (B) Para siempre
   (C) Por un corto tiempo
   (D) Hasta una fecha determinada

6. ¿Cuál es el tono de la carta?
   (A) Amenazante
   (B) Animado
   (C) Serio
   (D) Humorístico

7. ¿Cuál sería la pregunta más pertinente para la Dra. Goodall?
   (A) ¿Qué papel juega el Dr. Hillyer en la extracción de chimpancés de su medio ambiente?
   (B) ¿Cuántos chimpancés existen actualmente en el mundo?
   (C) ¿Qué podría hacer el público para mejorar la situación de los chimpancés?
   (D) ¿Se ha informado al NYBC de las condiciones actuales en Vilab?

ACTIVIDAD 25
Tema curricular: La belleza y la estética

Introducción
El siguiente anuncio proviene del portal de la Liga Profesional de Improvisación. Su primera temporada tuvo lugar en el año 1987.

Novedades

INFORMES E INSCRIPCIÓN:
www.lpi.com.ar
secretarialpi@gmail.com

TALLER INTERNACIONAL CON EL MAESTRO JUAN CRISTÓBAL BOTERO (COLOMBIA) viernes 12 de abril. 11 a 13 h y 14 a 16 h La SEDE Teatro. (Sarmiento 1495) descuento con la entrada de IMPREVISIBLES DEL VIERNES

El Taller Intensivo impartido por el director colombiano Juan Cristóbal Botero abordará la estructura del Teatro Playback, técnicas de impro para la narración de historias reales, espontaneidad, escucha, aceptación, exteriorización de los sentimientos, construcción física de espacios.

El Teatro Playback es una forma de improvisación teatral basado en historias reales, sentimientos, sueños, recuerdos de los espectadores. Emergió desde el movimiento de teatro experimental, el psicodrama y la tradición oral. Este es un teatro fundamentado en la idea de que es necesario escucharnos a niveles profundos para lograr una transformación personal y social.

Informes e inscripción: secretarialpi@gmail.com

MATCH INTERNACIONAL
Humor improvisado en competencia
ARGENTINA vs. COLOMBIA

IMPROGOL, el nuevo formato de la Impro Nacional, se estrena en la tradicional calle Corrientes de Buenos Aires con un partido internacional. Una cancha de fútbol, dos equipos vestidos como futbolistas, un divertido árbitro y el público decidiendo al ganador son los condimentos de este espectáculo.

Las clásicas improvisaciones con estilo combinadas con los juegos de impro, en cuya investigación fuimos pioneros a partir de 2002, dan por resultado un formato único que es una combinación perfecta entre los clásicos Match de Impro y Theatresports. Una función especial del elenco de lujo de IMPREVISIBLES, que en esta ocasión será Selección Nacional: Los experimentados Cachi Bratoz, Gustavo Sosa, Jorgelina Uslenghi y Caro Chande como invitada especial. En el otro banco jugará el grupo **La Solución Impro de Colombia** dirigido por Juan Cristóbal Botero. Dirección e histriónico arbitraje: Ricardo Behrens.

3 BENEFICIOS PARA NUESTROS SEGUIDORES:

1. 2 × 1 ($30 c/u) para todas las funciones enviando un mail a **secretarialpi@gmail.com**, ya no tenés excusas... vení a divertirte este fin de semana.

2. Si venís al show del viernes Argentina vs. Colombia, llevando esa entrada tenés un 50% descuento (pagás solo $50) en el Taller Internacional del maestro colombiano Juan Cristóbal Botero. **Viernes 12 de abril.**
11 a 13 h y 14 a 16 h.
También acceso a clases gratis de la LPI.

3. Si venís al show del viernes Argentina vs. Colombia, también podés pedirnos 1 entrada gratis a cualquiera de los espectáculos de La Solución Impro de Colombia en
La SEDE Teatro, Sarmiento 1495:
"Ritus"
Sábado 13 de abril 21 h
"Improvisaciones desCLOWNtroladas"
Domingo 14 de abril 20 h
Todas las reservas, aclarando la solicitud en: **secretarialpi@gmail.com**

---

1. ¿Cuál es el propósito principal del anuncio?
   (A) Informar los cambios del formato de una función teatral
   (B) Anunciar un taller de improvisación teatral innovador
   (C) Promocionar un partido de fútbol al aire libre
   (D) Reproducir un partido de fútbol clásico

2. ¿Qué oportunidad ofrece la Liga Profesional de Improvisación?
   (A) Acudir a obras de teatro clásico
   (B) Asistir a clases con un personaje reconocido
   (C) Escuchar narraciones de hoy en día
   (D) Participar en escribir obras de teatro

3. ¿Cómo se podría caracterizar el Teatro Playback?
   (A) Escandaloso
   (B) Tradicional
   (C) Nostálgico
   (D) Auténtico

4. En el Match Internacional, ¿cómo será el escenario donde actuarán los participantes?
   (A) Como un campo deportivo
   (B) Como una plaza tradicional
   (C) Como un estadio destruido
   (D) Como una pista de patinaje

5. ¿Qué tarea tendrán las personas que asistan a la presentación?
   (A) Escoger a los futbolistas de cada equipo
   (B) Investigar quién es el árbitro
   (C) Seleccionar el equipo vencedor
   (D) Decidir cuánto dura la presentación

6. ¿Qué beneficio recibirán las personas que asisten al *show* del viernes?
   (A) La mitad de precio para el taller
   (B) Descuentos en viajes internacionales
   (C) Entrada gratis a todas las presentaciones
   (D) Reservas por adelantado a cualquier *show*

7. Si necesitas más información sobre el taller que ofrecen, ¿cuál sería la pregunta más apropiada para enviarle a la persona cuya dirección de correo electrónico aparece en el anuncio?
   (A) ¿Por qué no podemos hacer reservaciones de antemano?
   (B) ¿Puedo asistir al taller aunque no sea uno de sus seguidores?
   (C) ¿Se necesita algún tipo de experiencia en el teatro para participar?
   (D) ¿Dónde puedo encontrar un uniforme de futbolista para el *show*?

ACTIVIDAD 26
Tema curricular: La vida contemporánea

Introducción
Este fragmento nos describe las dificultades que enfrenta un joven estudiante cuando llega a la ciudad de Barcelona. Proviene del cuento "Antes de la cita con los Linares" de Alfredo Bryce Echenique.

Línea

Llegó a Barcelona en la noche del veintisiete de julio y llovía. Bajó del tren y al ver en su reloj que eran las once de la noche, se convenció de que tendría que dormir en la calle. Al salir (5) de la estación empezaron a aparecer ante sus ojos los letreros que anunciaban las pensiones, los hostales, los albergues. Se dijo "No hay habitación para usted" en la puerta de cuatro pensiones, pero se arrojó valientemente sobre (10) la escalera que conducía a la quinta pensión que encontró. Perdió y volvió a encontrar su pasaporte antes de entrar, y luego avanzó hasta una especie de mostrador donde un recepcionista lo podría estar confundiendo con (15) un contrabandista. Quería, de rodillas, un cuarto para varios días porque en Barcelona se iba a encontrar con los Linares, porque estaba muy resfriado y porque ahora tenía que dormir bien esa noche. El recepcionista le comentó que él era el propietario de esa pensión, el dueño de (20) todos los cuartos de esa pensión, de todas las mesas del comedor de esa pensión y después le dijo que no había nada para él, que sólo había un cuarto con dos camas para dos personas. Sebastián inició la más grande requisitoria (25) contra todas las pensiones del mundo: a él que era un estudiante extranjero, a él que estaba enfermo, resfriado, cansado de tanto viajar, a él que tenía su pasaporte en regla (lo perdió y lo volvió a encontrar), a él que venía en busca de (30) descanso, de sol y del Quijote, se le recibía con lluvia y se le obligaba a dormir en la intemperie. "Calma, calma, señor", dijo el propietario-recepcionista, "no se desespere, déjeme terminar: voy a llamar a otra pensión y le voy a (35) conseguir un cuarto".

1. ¿Qué problema tiene Sebastián al llegar a Barcelona?
    (A) No puede encontrar a sus amigos.
    (B) No tiene donde hospedarse.
    (C) Ha llegado después de la medianoche.
    (D) Tiene mucha hambre.

2. ¿A qué se refieren las palabras "las pensiones, los hostales, los albergues" [líneas 6–7]?
    (A) A los lugares que quiere visitar
    (B) A los lugares donde se puede hospedar
    (C) A los tipos de habitaciones que están disponibles
    (D) A los malestares que lo están afectando

3. ¿Cómo se siente Sebastián al llegar a la quinta pensión?
    (A) Entusiasmado
    (B) Avergonzado
    (C) Agotado
    (D) Ensimismado

4. ¿Por qué no le quiere alquilar la habitación a Sebastián el recepcionista?
    (A) Porque Sebastián es un estudiante extranjero
    (B) Porque Sebastián está enfermo y de mal humor
    (C) Porque cree que Sebastián es contrabandista
    (D) Porque el cuarto que tiene es para más de una persona

5. Entre otras cosas, ¿con qué motivo ha venido Sebastián a Barcelona?
    (A) Para reunirse con una familia
    (B) Para buscar su pasaporte
    (C) Para concluir unos negocios
    (D) Para recobrar la salud

6. ¿Qué técnica usa el autor para enfatizar los ruegos del estudiante?
   (A) Da una lista de los contratiempos que tiene.
   (B) Compara la situación a un episodio de *Don Quijote*.
   (C) Muestra la indiferencia del propietario-recepcionista.
   (D) Menciona el placer que encontrará en Barcelona.

7. ¿Qué parece sentir el propietario hacia Sebastián?
   (A) Rencor
   (B) Cariño
   (C) Miedo
   (D) Lástima

8. Finalmente, ¿qué decide hacer el dueño de la pensión?
   (A) Ayudar a Sebastián
   (B) Darle a Sebastián un cuarto
   (C) Echar a Sebastián a la calle
   (D) Llamar a un médico

9. ¿Cuál sería la conducta más apropiada del joven al final del fragmento?
   (A) Abandonar todos sus planes
   (B) Ofrecer una recompensa
   (C) Mostrar su agradecimiento
   (D) Buscar un hospital cercano

ACTIVIDAD 27
Tema curricular: Los desafíos mundiales
Fuente número 1

Introducción

Este texto trata de los planes para la construcción de un tren en México. Fue escrito por Fernando Briones para la revista *Ecos*.

El controvertido tren maya

Línea

(5)   El sureste mexicano es la región más turística del país y, paradójicamente, es una de las más pobres también. Las playas azul turquesa de la Riviera Maya están entre los diez primeros destinos turísticos a nivel mundial. Sin embargo, después de 50 años, los beneficios no terminan por verse reflejados en la economía de la mayoría de la población, a pesar de que el turismo es uno de los sectores más importantes de la economía. Para el presidente de México, Andrés Manuel López Obrador, la clave para reducir la pobreza es la inversión del Estado en proyectos de desarrollo regional. No obstante, para sus críticos, los llamados "megaproyectos" están diseñados en base a un modelo económico y social inspirado en el México del siglo pasado.

(10)   También el proyecto del tren maya es controvertido. Algunas de las preguntas de la opinión pública son: ¿necesita el sureste mexicano un tren?, ¿qué impactos sociales y territoriales tendrá?, ¿qué impacto ambiental provocará en una región famosa por su biodiversidad, reservas de agua y suelos frágiles?, ¿será un tren rápido que utilizará energías limpias? En México, el transporte público más utilizado es el terrestre. Las diferentes compañías de autobuses cubren gran parte del

(15) país, monopolizan el mercado y no utilizan energías renovables. Las líneas ferroviarias en México están enfocadas al transporte de carga. El proyecto del tren maya, llamado así porque en el sureste mexicano los grupos indígenas mayas son los más representativos, se comenzó a construir en 2018 y busca conectar, a partir de 2024, la región desde la ciudad de Palenque (en Chiapas), rodeando la península de Yucatán y pasando por ciudades importantes como Mérida y Cancún en un recorrido

(20) de 1525 kilómetros. Diseñado como transporte público, turístico y de carga, el proyecto es una representación de la polarización del país.

   Por una parte, es una idea justificable. Por otra, el diseño y la forma de ejecución del proyecto responde al estilo propio del presidente. Las opiniones y críticas de las comunidades, los grupos ambientalistas y los científicos son ignoradas: la península de Yucatán contiene las mayores reservas de agua subterránea del país y un suelo poroso famoso por los cenotes. El tren también atraviesa

(25) enormes áreas de selvas tropicales, como la reserva de la biosfera de Calakmul (Campeche), y cruza comunidades indígenas que se oponen al proyecto. Los trenes híbridos funcionarán con diésel y energía eléctrica, lo que reduce las expectativas de reducción de emisiones. Para los grupos ambientalistas y planificadores urbanos, el tren agregará más presión a un territorio ya bastante intervenido. La flora y fauna de la región, donde el jaguar es el mamífero más representativo, verán su

(30) ecosistema más limitado. Otros riesgos son el aumento de la deforestación y la expansión urbana. Para otros analistas, nombrar al proyecto "Tren Maya" es un eufemismo, es la explotación del concepto indígena ancestral para un plan que responde a la visión y a los intereses de un grupo dominante.

El tren maya se enfrenta actualmente a procesos legales para la continuidad de su construcción. Sin embargo, tarde o temprano el presidente construirá su proyecto y la pregunta será: ¿valió la pena?

Fuente número 2

Introducción
Este gráfico muestra las opiniones de las personas afectadas por la construcción de un tren en México.

Con la construcción del Tren Maya, ¿usted considera que los siguientes sectores serán beneficiados o serán perjudicados?

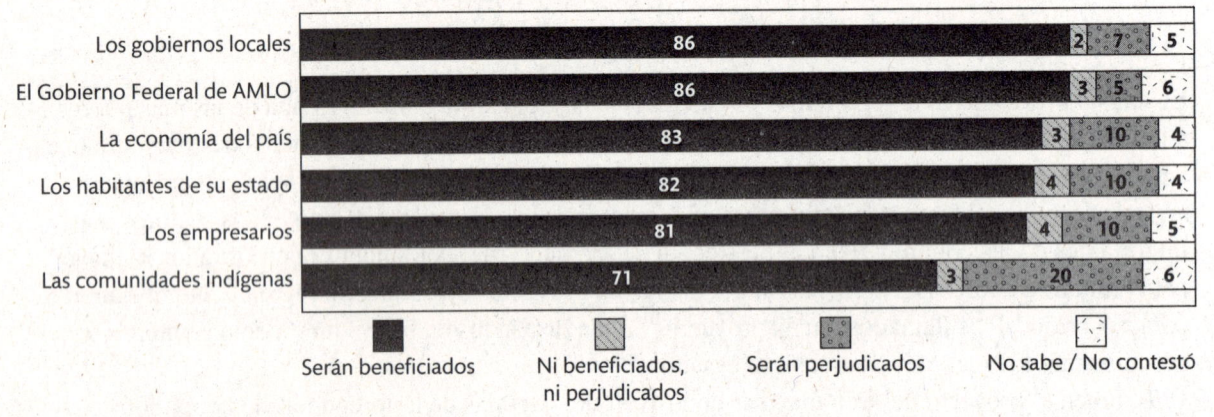

Sector	Serán beneficiados	Ni beneficiados, ni perjudicados	Serán perjudicados	No sabe / No contestó
Los gobiernos locales	86	2	7	5
El Gobierno Federal de AMLO	86	3	5	6
La economía del país	83	3	10	4
Los habitantes de su estado	82	4	10	4
Los empresarios	81	4	10	5
Las comunidades indígenas	71	3	20	6

Datos de: La Agencia Enkoll

1. ¿Cuál es el propósito principal del artículo?
   (A) Describir las controversias de la construcción de un tren
   (B) Presentar las razones por las que la población se empobrece
   (C) Discutir los esfuerzos de los indígenas para apoyar la construcción de un tren
   (D) Aclarar el impacto ambiental existente a causa de la construcción de un tren

2. Según el artículo, ¿qué contradicción existe en el sureste mexicano?
   (A) A pesar de ser popular con los turistas, no beneficia a la población económicamente.
   (B) A pesar de ser popular con los turistas, no ofrece las comodidades necesarias.
   (C) El turismo es popular con los habitantes, pero desconocido a nivel mundial.
   (D) El desarrollo regional está presente, pero ha aumentado la pobreza.

3. Según el artículo, ¿qué opinan los críticos sobre los planes del presidente de México?
   (A) Que ayudan solo a la clase alta
   (B) Que los resultados serán insignificantes
   (C) Que están basados en modelos anticuados
   (D) Que los planes afectarán la industria turística

4. Según el artículo, ¿cómo podríamos caracterizar el proyecto del tren maya?
   (A) Lucrativo
   (B) Desastroso
   (C) Alabado
   (D) Polémico

5. Según el artículo, ¿por qué parece estar preocupado el público?
   (A) Por el costo excesivo de la construcción del proyecto
   (B) Por los obstáculos que presenta la ejecución del proyecto

(C) Por la cantidad de energía que necesitará el tren constantemente
(D) Por las consecuencias ambientales que traerá la construcción del tren

6. ¿Cuál es una de las opiniones y críticas que menciona el artículo sobre el proyecto?
   (A) El rápido aumento de turistas en el área
   (B) La limitación del uso de la energía eléctrica
   (C) El aumento excesivo de los impuestos de la zona
   (D) La falta de consulta con los grupos ambientalistas

7. Según lo que dicen algunos analistas en el artículo, ¿por qué no es exacto denominar el proyecto "Tren Maya"?
   (A) Porque lo ven como una explotación del ancestro indígena
   (B) Porque representa una visión errónea de los gobernantes
   (C) Porque lo consideran un obstáculo a la expansión urbana
   (D) Porque ignora los intereses del grupo dominante

8. Según el artículo, ¿qué sugiere la pregunta que hace el autor al final del artículo?
   (A) Que el verdadero objetivo del proyecto es ignorado
   (B) Que la construcción del proyecto está en duda
   (C) Que las ganancias para el presidente serán mínimas
   (D) Que el éxito del proyecto se desconoce

9. Según el artículo ¿cuál sería una inferencia válida sobre el proyecto?
   (A) Que su futuro es inseguro
   (B) Que continuará siendo controversial
   (C) Que los grupos ambientalistas tendrán éxito
   (D) Que los habitantes de la región se beneficiarán

10. ¿Qué información presenta el gráfico?
    (A) Si la construcción del tren empleará a personal de diferentes sectores
    (B) Si el tren atenderá adecuadamente a las necesidades de diferentes sectores
    (C) Si los ciudadanos creen que el tren beneficiará a diferentes sectores
    (D) Si los diferentes sectores podrán contribuir a la construcción del tren

11. Según el gráfico, ¿qué podemos concluir acerca de las opiniones de los participantes en la encuesta?
    (A) Que los empresarios serán los más perjudicados de todos los sectores
    (B) Que las comunidades indígenas y los empresarios serán igualmente perjudicados
    (C) Que los gobiernos locales recibirán menos beneficios que el gobierno federal
    (D) Que las comunidades indígenas serán las que menos se beneficiarán

12. Según el gráfico, ¿cuál es la opinión pública en general sobre el tren?
    (A) Será perjudicial para la economía.
    (B) Será ventajoso para todos los sectores.
    (C) Será ineficaz para las necesidades de la población.
    (D) Será más perjudicial que beneficioso para el área.

13. ¿Cuál de las siguientes afirmaciones sería apropiada acerca del gráfico?
    (A) El gráfico rechaza las preocupaciones de los grupos en el artículo.
    (B) El gráfico acentúa las preocupaciones de los grupos en el artículo.
    (C) Las opiniones expresadas en el gráfico están basadas en información incorrecta.
    (D) Las opiniones expresadas en el artículo han sido influenciadas por el gobierno.

14. Al escribir un informe sobre el mismo tema tratado en el artículo y el gráfico, ¿qué título podrías poner a tu informe?
    (A) El impacto del transporte público en las economías locales
    (B) La importancia del transporte público en las elecciones de gobiernos locales
    (C) Los beneficios de la privatización del transporte público
    (D) El rol de los empresarios en la construcción del transporte público

ACTIVIDAD 28
Tema curricular: Las identidades personales y públicas

Introducción
El siguiente es un fragmento del cuento "La paciente y el médico", de Silvina Ocampo. En él, la narradora explica la relación que tenía con su médico.

Línea
Mi vida transcurría monótonamente, pues tengo un testigo constante que me prohíbe la felicidad: mi dolencia. El doctor Edgardo es la única persona que lo sabe.
(5) Hasta el momento de conocerlo viví ignorando que algo dentro de mi organismo me carcomía. Ahora conozco todo lo que sufro: el doctor Edgardo me lo ha explicado. Es mi naturaleza: Algunos nacen con ojos negros,
(10) otros con ojos azules.
Parece imposible que siendo tan joven sea tan sabio; sin embargo, me he enterado de que no se precisa ser un anciano para serlo. Su piel lisa, sus ojos de niño, su cabellera rubia, ensortijada,
(15) son para mí el emblema de la sabiduría.
Hubo épocas en que lo veía casi todos los días. Cuando yo estaba muy débil venía a mi casa a verme. En el zaguán al despedirse me besó varias veces. Desde hace un tiempo me
(20) atiende sólo por teléfono.
—Qué necesidad tengo de verla si la conozco tanto: es como si tuviera su organismo en mi bolsillo, como el reloj. En el momento en que usted me habla puedo mirarlo y contestar a
(25) cualquier pregunta que me haga.
Le respondí:
—Si no necesita verme, yo necesito verlo a usted.
A lo que replicó:
(30) —¿Mi retrato y mi voz no le bastan?

1. ¿Qué le ha explicado el doctor Edgardo a la narradora?
   (A) Que no le debe confiar su dolencia a nadie
   (B) Que el color de sus ojos pudiera cambiar
   (C) Que no puede cambiar su manera de ser
   (D) Que la naturaleza modifica lo que somos

2. ¿Qué le parece imposible a la narradora?
   (A) Que el doctor se sintiera tan joven
   (B) Que el doctor fuera tan viejo
   (C) Que el doctor rehusara tratar su mal
   (D) Que el doctor supiera tanto

3. ¿De qué se ha enterado la narradora?
   (A) De que la edad no afecta los conocimientos
   (B) De que los ancianos saben mucho
   (C) De que su apariencia lo hace lucir más viejo
   (D) De que la juventud se debe disfrutar

4. ¿Qué le trata de comunicar el doctor a la narradora?
   (A) Que ella debe quedarse en su casa
   (B) Que ella funciona como un reloj
   (C) Que él necesita tenerla cerca siempre
   (D) Que él puede tratarla sin verla

5. ¿Con qué propósito usa el doctor el ejemplo del reloj?
   (A) Para exigirle que se aleje de él
   (B) Para describir el efecto de su voz
   (C) Para demostrar lo familiarizado que él está con ella
   (D) Para convencerla de que está perdiendo el tiempo

6. ¿Qué trata de hacer el doctor al final del fragmento?
   (A) Darle esperanza a la narradora
   (B) Buscar una excusa para no verla
   (C) Poner un final a su matrimonio
   (D) Animar a la narradora para que lo vea

7. ¿Cuál parece ser el propósito del autor en este fragmento?
   (A) Explicar las dificultades de una diagnosis
   (B) Mostrar una relación complicada
   (C) Poner a prueba la importancia de la edad
   (D) Describir lo que representa la felicidad

ACTIVIDAD 29
Tema curricular: Los desafíos mundiales

Introducción
Este es un fragmento del artículo "Chupa Chups" por Lola Tanibo, publicado en la revista *Ecos*. Trata de un caramelo muy conocido a nivel mundial.

Chupa Chups

¿Quién no ha chupado un "chupa chups"? Creo que nadie en Europa, Estados Unidos y gran parte de Latinoamérica, pues la empresa española produce cuatro millones de chupa chups al año en todo el mundo, de más de 40 sabores diferentes, incluido uno de chile para el mercado mexicano.

Chupa Chups fue el primer caramelo con palo que se consumió en el espacio, saboreado por los cosmonautas de la estación espacial Mir, en 1995, y es el de mayor venta en el mundo. Su inventor, Enric Bernat Fontlladosa, murió el pasado 27 de diciembre en su casa de Barcelona a los 80 años de edad, retirado de los negocios tras padecer una grave enfermedad.

La prensa española e internacional se hizo eco de la noticia con la publicación de biografías y notas necrológicas dedicadas al creador del caramelo con palo más vendido del mundo.

El inventor

Enric Bernat, el arquetipo de hombre de negocios hecho a sí mismo y con gran carisma de vendedor, nació el 20 de octubre de 1923, y estudió hasta cuarto de Bachillerato y, posteriormente, tres cursos de Comercio.

A finales de los 50, a Bernat, hijo de una familia de confiteros catalanes, se le ocurrió crear un caramelo redondo con palo (*lollipops*), después de ver cómo los niños se ensuciaban los dedos comiendo los dulces de aquella época.

El empresario catalán patentó este invento, que en un primer momento fabricó y comercializó a través de la compañía Granja Asturias, S.A. (1958) con el nombre de Chups.

Bernat introdujo en los años sesenta un sistema de autodistribución innovador, con la financiación de unos Seat 600 decorados con la imagen del chupa chups, con la que creó una amplia red de vendedores que distribuían, vendían y facturaban la mercancía en el momento.

En 1969, Salvador Dalí diseña el logotipo de la marca Chupa Chups, por una suma millonaria, y los dulces salen al mercado al precio de una peseta, mucho dinero para aquella época en la que la economía de España trataba de despegar y el nivel salarial medio era muy bajo.

A la conquista del mercado

La internacionalización de Chupa Chups se llevó a cabo en los años setenta y ochenta, con exportaciones a Alemania, Italia, EE.UU., Japón y Australia, y el establecimiento de nuevas filiales comerciales en el extranjero.

El éxito de Chupa Chups, que emplea en la actualidad a 1.700 personas en todo el mundo, se debe también al éxito de la estrategia comercial aplicada por su fundador, que en sus comienzos se remitió al eslogan: "es redondo y dura mucho, Chupa Chups", y a su apuesta por el mercado internacional.

Enric Bernat creó un imperio con una simple idea: poner un palo a un caramelo para adaptarlo mejor a sus mejores clientes, los niños, para evitar que se ensuciaran los dedos. "Sería como comerse un caramelo con tenedor", pensó.

1. ¿Cuál es el propósito del artículo?
   (A) Detallar los inicios de un producto
   (B) Evaluar el error de muchos empresarios
   (C) Presentar una estrategia malograda
   (D) Discutir la preparación de un empresario

2. Según el primer párrafo del artículo, ¿qué podemos deducir sobre la producción de los Chupa Chups?
   (A) La producción ha disminuido en España.
   (B) La producción es mayormente en Latinoamérica.
   (C) Se trata de satisfacer todos los gustos.
   (D) Se trata de limitar los países productores.

3. ¿Con qué propósito menciona la autora la estación espacial Mir?
   (A) Para mostrar la durabilidad del producto
   (B) Para burlarse de la obsesión por el producto
   (C) Para aplaudir el arquetipo de un innovador
   (D) Para destacar la universalidad del producto

4. ¿Qué relación existe entre la estación espacial Mir y los Chupa Chups?
   (A) Sirvieron de alimento para los cosmonautas.
   (B) Se hicieron experimentos para mejorar el sabor del producto.
   (C) La compañía patrocinó parte del vuelo.
   (D) Se hicieron varios anuncios publicitarios en la estación.

5. ¿A causa de qué se publicaron artículos sobre Enric Bernat?
   (A) Su jubilación
   (B) Su muerte
   (C) La venta de la compañía
   (D) La enfermedad que padecía

6. ¿De dónde le surgió a Bernat la idea para la invención de los Chupa Chups?
   (A) Al recordar su placentera niñez
   (B) Al ver la falta de competencia en la industria
   (C) Al descubrir un método fácil para hacer caramelos
   (D) Al querer una manera más limpia de comer caramelos

7. ¿Por qué fueron importantes los años sesenta para la compañía?
   (A) Porque se decidió mantener el diseño original del producto
   (B) Porque se modificó el modelo de hacer negocios
   (C) Porque se compensó a las familias de los vendedores con coches Seat
   (D) Porque se cambiaron los sabores de los caramelos

8. ¿Cuál fue una de las características que contribuyó al éxito de los Chupa Chups?
   (A) Que no se consumían rápidamente
   (B) Que no se encontraban fácilmente en el mercado
   (C) Que los vendedores recibían grandes recompensas
   (D) Que la economía española mejoraba mucho

9. Según el artículo, ¿qué circunstancias existían en España cuando salieron los Chupa Chups al mercado?
   (A) Los patentes se conseguían fácilmente.
   (B) El costo de la producción era muy alto.
   (C) La economía intentaba prosperar.
   (D) La población estaba interesada en un nuevo producto.

ACTIVIDAD 30
Tema curricular: La belleza y la estética

Introducción
La revista *Américas* publicó el siguiente artículo sobre el Museo de la Música Puertorriqueña. Nos describe las muestras que podemos encontrar para disfrutar de las tradiciones musicales de la isla.

Museo de la Música Puertorriqueña

Aunque tanto en prestigio como en tamaño está eclipsado por el internacionalmente renombrado Museo de Arte de Ponce, en Puerto Rico, el Museo de la Música Puertorriqueña (5) no debe ser pasado por alto por los visitantes que llegan a la segunda ciudad de la isla. Quienes desean obtener una perspectiva de las entrañables tradiciones musicales de esta isla caribeña, que se extienden desde las épocas (10) precolombinas hasta el presente, se verán plenamente recompensados al experimentar las vistas y los sonidos que se exhiben en el museo. Las muestras temáticas incluyen una amplia colección de instrumentos musicales antiguos, (15) fotografías históricas, afiches y manuscritos musicales, videos y exhibiciones audiovisuales.

Situado en el centro histórico de la ciudad, el museo se halla en un edificio de principios del siglo XX y da una idea del elegante estilo de (20) vida de épocas pasadas. La mansión neoclásica fue construida en 1912, diseñada por un arquitecto local para Félix Juan Serrallés, nieto del fundador de la destilería de ron Serrallés, una de las más importantes industrias de Ponce. (25) Desde 1990, cuando el edificio se restauró y se inauguró el museo, todos los espacios interiores, desde las salas hasta el comedor formal, se han utilizado para documentar diferentes períodos de la historia de la música de Puerto Rico.

(30) La sala dedicada a la cultura indígena de los taínos sienta las bases de la evolución experimentada, desde el momento en que Puerto Rico fuera colonizada por los españoles y más tarde con la llegada de los esclavos (35) africanos. La exhibición de los taínos contiene una diversidad de instrumentos rudimentarios, desde flautas de bambú y palma hasta un gran tambor construido con el tronco de un árbol. Las costumbres cortesanas de la alta sociedad de mediados del siglo XIX están (40) representadas en la exhibición de danza, que incluye instrumentos europeos como el violín, el violoncelo y el corno francés. El museo asimismo rinde homenaje a los no demasiado conocidos compositores, músicos y directores (45) clásicos puertorriqueños, y a su notable tradición operística.

Los aficionados a los estilos musicales puertorriqueños más contemporáneos como la bomba, la plena y la salsa, encontrarán (50) una amplia gama de objetos que les permitirá ampliar su conocimiento de algunos de los más conocidos músicos, cantantes y compositores de la isla. No debe sorprender que Enrique Arsenio Lucca Quiñónez, más conocido como Pappo (55) Lucca, pianista, compositor, arreglista y director del famoso conjunto la Sonora Ponceña, ocupe un lugar prominente.

Es particularmente interesante la amplia colección de cuatros, la pequeña guitarra que (60) se ha convertido en un símbolo de la música folclórica de la isla después de avivar la escena musical puertorriqueña por espacio de más de cuatro siglos. Los más preciados cuatros son aquellos fabricados por Carmelo (65) Martel Luciano, consumado artesano cuyos instrumentos hechos a mano se consideran obras maestras del arte folclórico. Entre sus creaciones más notables se encuentran cuatros en la forma de un gallo, un pato, un pez y el (70) mapa de Puerto Rico. Todos ellos son diseños sumamente complejos, con profusión de colores y detalles microscópicos.

Después de recorrer el museo, el guía Ángel Luis Dávila suele preguntar a los visitantes si quieren poner en práctica sus nuevos conocimientos tocando ritmos tropicales en congas, bongós y claves. El museo, ubicado en la intersección de las calles Isabel y Salud, está abierto al público de martes a domingos.

1. ¿Cuál es el propósito principal del artículo?
   (A) Notificar al público sobre el estreno de una nueva exposición
   (B) Discutir el impacto de la música en la historia de Puerto Rico
   (C) Anunciar la inauguración de un nuevo museo de la música
   (D) Describir los diferentes artículos relacionados con la música puertorriqueña

2. ¿Qué podemos inferir sobre las declaraciones del autor al principio del artículo?
   (A) Que las tradiciones musicales no reciben la atención que merecen
   (B) Que los sonidos de la música puertorriqueña se aprecian mejor en el museo
   (C) Que el museo parece ser pasado por alto por los visitantes a la isla
   (D) Que la colección de instrumentos solo representa la música de hoy

3. ¿Cómo son los instrumentos usados por los taínos?
   (A) Primitivos
   (B) Revolucionarios
   (C) Innovadores
   (D) Defectuosos

4. ¿Qué ofrece el museo para los amantes de la música de hoy?
   (A) Una comparación con la música tradicional
   (B) Lo más moderno en el ámbito musical
   (C) Los grandes representantes de la tradición operística
   (D) La crónica de las influencias musicales de otros países

5. ¿Qué es el cuatro?
   (A) Un estilo de música tradicional que ha llegado hasta hoy
   (B) La artesanía representada en los instrumentos musicales
   (C) Los músicos que han revivido la música folclórica
   (D) El instrumento que es insignia de la música tradicional

6. ¿Qué caracteriza los instrumentos fabricados por Carmelo Martel Luciano?
   (A) Sus diseños únicos
   (B) Sus formas geométricas
   (C) Los materiales que usa
   (D) Las escenas típicas que ilustran

ACTIVIDAD 31
Tema curricular: La vida contemporánea

Introducción
En el siguiente fragmento del cuento "A través de las ondas" de Soledad Puértolas, un hombre, el narrador, anda en busca de algo o alguien aparentemente muy deseado.

Línea

Anduve un largo trecho del angosto pasillo y me detuve frente a la puerta de su cuarto. No se filtraba luz por debajo, ni se percibía ningún ruido. La golpeé suavemente y, al
(5) no obtener respuesta, aumenté la fuerza de mis golpes. Pero ella ya no estaba allí. La cerradura era simple y se abrió sin demasiadas dificultades para darme paso a la habitación vacía y levemente desordenada donde aún
(10) flotaba el olor de su perfume. Excepto ese olor, no había dejado nada. Revolví el cuarto con obstinación y deshice la cama en busca de un objeto olvidado, convencido de que la gente siempre olvida algo en los hoteles, sobre
(15) todo si sale de ellos huyendo. Bajé al vestíbulo de mal humor porque el tiempo corría a más velocidad que yo. Los inquilinos que minutos antes se quejaban de la tormenta con el conserje habían desaparecido. Se habían refugiado en
(20) sus pequeñas habitaciones o habían decidido andar bajo la lluvia. Me dirigí al conserje con la cartera en la mano.

Mientras la abría, le pregunté:
—La chica del cuarto piso, de cabello oscuro y corto, buena figura... ¿Cuándo salió? (25)
El hombre miró el billete que sobresalía de la cartera.
—Me gustaría ayudarle —dijo—. Siempre me gusta ayudar en estos casos. Pero no la vi. No vi a ninguna chica esta tarde. (30)
—Al menos, debió verla entrar —indiqué—. Yo estaba afuera cuando ella entró aquí. Haga un esfuerzo, debió de salir hace poco, con una maleta.
—Pagó la cuenta esta mañana —dijo el (35) hombre, encogiéndose de hombros—. Le dije que podía quedarse un día más. Me gusta ayudar, ya se lo he dicho. Pero no la he visto esta tarde.
Me alejaba, desesperado por su colaboración, (40) cuando me hizo un gesto.
—Pudo salir por la puerta de atrás —susurró—. No es lo normal, pero...

---

1. ¿Por qué aumentó la fuerza de sus golpes el narrador?
   (A) Porque nadie le contestaba
   (B) Porque le molestaba el silencio
   (C) Porque quería hacerle daño a alguien
   (D) Porque hacía falta más luz en el cuarto

2. ¿Qué buscaba el narrador cuando entró en la habitación?
   (A) Una botella de perfume
   (B) Algo que él había olvidado
   (C) Algún rastro de la mujer
   (D) La llave de la puerta

3. ¿Qué trata de comunicar el autor cuando dice "aún flotaba el olor de su perfume" [líneas 9-10]?
   (A) Que la mujer había estado allí hacía poco
   (B) Que la habitación olía mal
   (C) Que el perfume era demasiado desagradable
   (D) Que el perfume había asustado a la gente

4. ¿Qué insinúa el narrador sobre la mujer cuando dice "sobre todo si se sale de ellos huyendo" [líneas 14–15]?
   (A) Que ella está completamente confundida
   (B) Que ella pronto llegará a su destino
   (C) Que ella está molesta con la gente
   (D) Que ella quiere escapar de alguien o algo

5. ¿Por qué estaba de mal humor el narrador?
   (A) Porque estaba perdiendo demasiado tiempo
   (B) Porque le molestaba que hubiera una tormenta
   (C) Porque el olor del perfume lo estaba afectando
   (D) Porque había demasiadas personas en el vestíbulo

6. ¿Qué podemos deducir cuando el narrador dice "Me dirigí al conserje con la cartera en la mano" [líneas 21-22]?
   (A) Que iba a pagar la cuenta
   (B) Que iba a pagar por la información
   (C) Que iba a perder todo su dinero
   (D) Que iba a alquilar otra habitación

7. ¿Cuál es la actitud del narrador mientras habla con el conserje?
   (A) Despreocupada
   (B) Insistente
   (C) Insolente
   (D) Complaciente

8. ¿Por qué hace un gesto el conserje al final del fragmento?
   (A) Quería que el narrador se alejara.
   (B) Estaba en un estado de desesperación.
   (C) Iba a darle más información al narrador.
   (D) Trataba de acompañar al narrador.

ACTIVIDAD 32
Tema curricular: La vida contemporánea

Introducción
El siguiente es un fragmento del cuento "El viaje de Lucio" de María Esther Vázquez que aparece en la colección *Cuentos fantásticos argentinos*.

Línea
Un día Ana, la mujer que lo atendía, fue al cuarto a llevarle el almuerzo. La puerta estaba cerrada, pero ella oyó voces vagas, un fragmento de conversación deshilvanada. Pensó
(5) que Nora habría llegado sin que ella lo notara. Cuando golpeó la puerta, las voces, del otro lado, cesaron. Dentro del cuarto, Lucio, solo, sentado frente a su cuadro, lo miraba fijamente.
Llegó el invierno. Las palmeras altas y frías
(10) anunciaban el viento. Desde la muerte de la abuela, Lucio había adelgazado mucho; sus manos habían tomado el color del marfil viejo. Nora, preocupada, había querido llevárselo al campo, pero él se había negado en forma
(15) rotunda, porque —agregó— estaba preparando un viaje más importante. No quiso dar más detalles. En realidad, no hacía nada, no dibujaba, no pintaba, no leía, casi no comía, parecía no vivir. Sus horas se iban frente al
(20) cuadro, mirando la tela. A veces no se daba cuenta de que en el cuarto no había luz; del crepúsculo pasaba a la oscuridad y a la noche, sentado, inmóvil, hablando en voz baja o sin hablar. Nora se dio cuenta de que ya ni siquiera
(25) había variantes en la tela.
Una mañana de agosto, como a las diez, Ana, agitadísima, llamó a Nora por teléfono. Dijo que pasaba algo muy raro. Nora llegó a la casa en menos de veinte minutos; era un día lluvioso
(30) y frío. Subió al cuarto de Lucio seguida por Ana, que lloraba grandes lágrimas silenciosas. Entró. Lucio no estaba. La cama, deshecha, conservaba aún la huella y el calor de su cuerpo. El cuadro, como siempre, sobre el caballete y,
(35) apoyadas contra la tela, Nora vio las muletas y la manta. Un aire extraño e irreal había invadido la habitación. Todo estaba como siempre, pero nada era igual. Entonces Nora miró el cuadro y notó un cambio: la ventana del primer piso
(40) había sido cerrada y ya no se veía la mano delicadísima que la abría apenas. Algo más había variado: la puerta, la hermética puerta cerrada, estaba entreabierta. Nora supo, todavía confusa pero inexorablemente, que Lucio había iniciado el viaje. (45)
Nadie volvió a verlo y, años después, cuando vendieron la casa de Belgrano, advirtieron que el cuadro también había desaparecido. Las muletas, la manta, los lápices, los óleos, los dibujos, todo, estaban en el cuarto donde había (50) vivido Lucio.

1. ¿Qué pensó Ana cuando fue a llevarle el almuerzo a Lucio?
   (A) Que Lucio ya había almorzado
   (B) Que había otra persona con él
   (C) Que Nora la había oído entrar
   (D) Que su presencia no era bienvenida

2. ¿Qué supo Ana una vez que entró al cuarto?
   (A) Que Nora ya había llegado
   (B) Que Lucio no la podía ver
   (C) Que las voces venían de otro cuarto
   (D) Que solamente había una persona en el cuarto

3. ¿Por qué no quiso Lucio ir al campo?
   (A) Porque pensaba ir a otro lugar
   (B) Porque Nora lo molestaba
   (C) Porque el campo le desagradaba
   (D) Porque el viaje lo cansaba mucho

4. Por la descripción del narrador, ¿qué podemos deducir sobre Lucio?
   (A) Que estaba obsesionado con el cuadro
   (B) Que estaba satisfecho con el cuadro
   (C) Que estaba enojado con el cuadro
   (D) Que estaba acostumbrado al cuadro

5. ¿De qué se dio cuenta Nora cuando subió al cuarto de Lucio seguida por Ana?
   (A) De que la lluvia había entrado
   (B) De que Lucio lloraba
   (C) De que Lucio acababa de irse
   (D) De que la cama ya no estaba

6. ¿Qué ambiente trata de crear el autor con la frase "Todo estaba como siempre, pero nada era igual" [líneas 37–38]?
   (A) Romántico
   (B) Sofocante
   (C) Relajado
   (D) Misterioso

7. ¿Qué vio Nora en el cuadro cuando entró en el cuarto?
   (A) Que Lucio lo había cambiado
   (B) Que Lucio aparecía en él ahora
   (C) Que la puerta en el cuadro estaba completamente cerrada
   (D) Que los colores en el cuadro le daban otra perspectiva

8. Un lector quisiera saber más sobre el final del cuento. ¿Cuál de las siguientes preguntas probablemente tendría en mente?
   (A) ¿Cuánto habrán pagado por los cuadros?
   (B) ¿Por qué decidió cancelar el viaje Lucio?
   (C) ¿Qué le habría pasado a Lucio?
   (D) ¿Por qué estarían las posesiones de Lucio a la venta?

ACTIVIDAD 33
Tema curricular: La vida contemporánea

Introducción
El artículo a continuación fue publicado en *México Desconocido*, una revista que tiene como objetivo dar a conocer la variedad de lugares que se pueden visitar en plan turístico a través del país.

Feria de la Piñata de Acolman

Línea

Vive en Acolman, Pueblo con Encanto del Estado de México, la Feria de la Piñata, una de las fiestas más coloridas dedicadas a una de las artesanías más populares de México.

(5) Es casi imposible imaginar una Navidad en México sin la tradicional piñata, hoy considerada una de las artesanías más bellas del país.

La primera piñata de México fue elaborada (10) en el Pueblo con Encanto de Acolman, Estado de México, bajo el mismo propósito que muchas de las tradiciones mexicanas fueron desarrolladas: el de la evangelización.

La tradición de la piñata llegó a México (15) a través de los españoles durante el siglo XVI. Se dice que surgió en Italia donde se regalaban ollas llenas de regalos a los trabajadores durante las fiestas de Cuaresma. Sin embargo, los europeos una vez en la (20) Nueva España, adaptaron dicha práctica a las fiestas decembrinas para atribuirle un nuevo significado: el del demonio y los siete pecados capitales.

Fue en el exconvento de San Agustín (25) de Acolman donde, según la tradición, se elaboró la primera piñata tal y como hoy la conocemos. Ahí, a la olla de barro traída por los misioneros, se le agregó el papel de China para hacerla más vistosa en representación de (30) los placeres superfluos, así como los picos que simbolizarían los siete pecados capitales que serían destruidos con los ojos vendados, pues recordemos que la fe es ciega, ayudados de un palo como símbolo de la virtud que destruye las (35) tentaciones.

Hoy por hoy, es posible conseguir una piñata en la mayor parte de México, pero Acolman es aún el lugar ideal para obtener una elaborada tradicionalmente, sobre todo en su ya tradicional Feria de la Piñata que está por (40) realizar su XXVI edición.

La Feria de la Piñata se celebra con bailes populares y concursos donde varias comunidades participan con su propia piñata para premiar a la más grande y original; (45) también se llevan a cabo las tradicionales posadas que, por cierto, también surgieron en Acolman. Este Pueblo con encanto te espera con gran variedad de actividades (grupos musicales, jaripeos, carreras de caballos, (50) gastronomía local) y atractivos coloniales para pasar un fin de semana navideño al estilo Acolman.

XXVI Feria de la Piñata
Acolman, Estado de México (55)
del 15 al 20 de diciembre 2011.
Conoce más de Acolman, Pueblo con Encanto.

Cómo llegar: Desde la Ciudad de México toma la avenida de los Insurgentes con rumbo (60) a Indios Verdes hasta llegar a Ecatepec. De ahí, continúa por la autopista núm. 132 hacia Tulancingo–Pirámides y sigue hasta encontrar el poblado de Acolman. Desde Pachuca puedes tomar la carretera núm. 105 con rumbo a (65) Venustiano Carranza y sigue por la carretera núm. 132 hasta llegar al entronque a Santiago Tolman y de ahí a Acolman.

1. ¿Cuál es el propósito principal del artículo?
   (A) Describir la historia y celebración de una artesanía popular
   (B) Presentar los cambios en la celebración de una tradición
   (C) Informar sobre la nueva localidad de una celebración
   (D) Anunciar una celebración de carácter religioso tradicional

2. ¿Con qué propósito se elaboraron las piñatas originalmente?
   (A) Artístico
   (B) Comercial
   (C) Religioso
   (D) Defensor

3. ¿Qué resultado se obtiene al golpear la piñata?
   (A) Engañar a la persona con los ojos vendados
   (B) Celebrar las virtudes de la persona que la golpea
   (C) Representar las virtudes de los creyentes
   (D) Purificar a las personas de sus pecados

4. ¿Qué distingue a las piñatas de Acolman?
   (A) Son decoradas con material de mucho valor.
   (B) Son fabricadas como eran originalmente.
   (C) Sus colores son únicos.
   (D) Sus tamaños son impresionantes.

5. ¿Para quién son las instrucciones para llegar a Acolman?
   (A) Para las personas con coches
   (B) Para las personas que les gusta caminar
   (C) Para los que prefieren el metro
   (D) Para los que viajan en autobús

6. ¿Cuál de las siguientes preguntas sería más apropiada si quisieras visitar Acolman para la Feria de la Piñata?
   (A) ¿Existen lugares donde me pueda hospedar a un costo razonable?
   (B) ¿Puede usted enviarme varios estilos de piñata para decidir si quiero ir?
   (C) ¿Hay otra época del año cuando se celebre la feria además de diciembre?
   (D) ¿Dónde exhiben los artesanos las obras de arte basadas en las piñatas?

ACTIVIDAD 34
Tema curricular: Las identidades personales y públicas

Introducción
El siguiente fragmento trata de lo que le ocurrió a un profesor y cómo los eventos afectaron a su ayudante, Celina Vallejo. Proviene del cuento "Las palabras del mundo", del autor español José María Merino.

Línea

El profesor se dejó caer sentado en su sillón, con ademán de abatimiento. Ella insistía en su gesto de alargarle el cuaderno y el bolígrafo, pero él tardó un rato en responder. Tomó al fin
(5) el bolígrafo y el cuaderno y ella comprendió que aquel hombre había sufrido —estaba sufriendo— una nueva transformación. Pues en lugar de escribir con la precisión y rapidez a que acostumbraba, comenzó a hacerlo con
(10) torpeza y lentitud que recordaba el esfuerzo de un escolar que elaborase sus primeros palotes.

Al cabo de un tiempo, le mostró el mensaje, hecho con letras deformes y temblequeantes: «Me cuesta mucho», decía. Como si recuperase
(15) el aliento y reuniese sus fuerzas, esperó un tiempo antes de continuar. Se inclinó por fin otra vez sobre el cuaderno: «Olvido las letras. Es el fin», escribió.

La ayudante Vallejo se fue de allí muy
(20) afectada. Aquella misma semana, el profesor se ausentó sin dejar señal alguna. Y casi un mes más tarde llegó la noticia de su extraña desaparición en la llamada Costa de la Muerte, al borde de una playa apartada, donde había
(25) sido localizado su automóvil y, dentro de él, ropas y objetos que le pertenecían.

Cuando la policía tuvo testimonios de la peculiar conducta del profesor Souto en los últimos meses, supuso que él mismo había sido
(30) el causante de su desaparición, posiblemente dando fin a su vida entre aquellas olas turbulentas, aunque su cuerpo no hubiese sido localizado todavía entonces, como no lo ha sido hasta la fecha.

(35) La noticia desazonó tanto a Celina Vallejo, que emprendió de inmediato el largo viaje a las tierras gallegas. Recuperar los cuadernos que el desaparecido llevaba consigo le costó algunos prolijos trámites, pero al fin se los entregaron.
(40) En cuanto a la cartera y los cheques de gasolina, así como la ropa —arrebujada en una bolsa de plástico— deben esperar, para su entrega, una tramitación más compleja.

1. ¿Qué trataba la ayudante Vallejo que hiciera el profesor al principio del fragmento?
   (A) Que se comunicara con ella
   (B) Que se sentara a su lado
   (C) Que se entusiasmara un poco
   (D) Que se preparara para el viaje

2. ¿Con quién compara la manera de escribir del profesor el narrador?
   (A) Con una ayudante
   (B) Con una policía
   (C) Con un niño
   (D) Con un escritor

3. ¿Cómo sabemos que el profesor había sufrido una transformación?
   (A) Por la manera en que le hablaba
   (B) Por la manera en que escribía
   (C) Por la rapidez con que le contestó
   (D) Por la manera con que le miraba

4. ¿Qué podemos inferir sobre el profesor en el segundo párrafo?
   (A) Que no quería gastar su dinero
   (B) Que no recordaba el mensaje
   (C) Que no comprendía a la mujer
   (D) Que no podía hablar

5. Según el fragmento, ¿qué había sucedido esa misma semana?
   (A) El profesor no quiso ir más a la playa.
   (B) El profesor no aparecía por ninguna parte.
   (C) La ayudante Vallejo se fue a una playa desierta.
   (D) La ayudante Vallejo se llevó sus pertenencias.

6. ¿A qué conclusión había llegado la policía?
    (A) Que el profesor actuaba como de costumbre
    (B) Que el profesor ocultaba un pasado turbulento
    (C) Que el profesor se había mudado
    (D) Que el profesor se había ahogado

7. ¿Por qué fue Celina Vallejo a las tierras gallegas?
    (A) Quería obtener las pertenencias del profesor.
    (B) Quería alejarse de la Costa de la Muerte.
    (C) Necesitaba recuperarse.
    (D) Necesitaba hablar con el profesor.

ACTIVIDAD 35
Tema curricular: La belleza y la estética

Introducción
Este fragmento es del artículo "La narrativa dominicana empieza a ser conocida", escrito por Juana Vera y publicado en la revista *Ecos*.

La narrativa dominicana empieza a ser conocida

Línea El año pasado, la Dirección General del Libro, la Casa de América y la Editorial Siruela publicaron "Cuentos dominicanos", una antología en la que participan ocho autores de
(5) ese país. Cada autor escribió tres cuentos; con ellos se formó este libro que nos muestra la realidad de la República Dominicana a lo largo del siglo XX.

"Rítmicos, sincréticos, onomatopéyicos,
(10) nostálgicos, románticos, insólitos, cálidos, híbridos, eclécticos, acuáticos, atléticos, gastronómicos, mágicos, oníricos, líricos...," fueron algunos de los adjetivos esdrújulos que el escritor Manuel Llibre Otero utiliza para
(15) definir a los dominicanos.

Los autores y su país

Ángela Hernández Núñez, otra de las autoras de la antología, definió así su país: "El 50% de la población dominicana es analfabeta. Por ello,
(20) aprender a escribir y a leer fue un privilegio para mí. Nací en Buena Vista, un lindo valle entre montañas. Allí no había libros pero sí provocaciones para la imaginación. Las aguas eran voluptuosas y también terribles. No había
(25) reloj, y la televisión, que tampoco había, se sustituía por las tertulias. No había libros, pero sí una realidad para leer: los ciclones doblaban las casas, los apellidos eran, en su mayoría, malditos, porque Trujillo, el dictador, los había
(30) condenado a muerte. A pesar de todo, había sueños y un firme hilo de sabor en la memoria".

Dentro y fuera de la isla

Metamorfosis, magia, lirismo, psicoanálisis y la realidad putrefacta de la dictadura, que asoló el
(35) país durante años, se mezclan con las palabras llenas de resonancias en este libro y nos abren una ventana que nos acerca a la literatura dominicana, una de las más ricas del Caribe insular, junto con la cubana y la de Puerto Rico. Pero si estas dos últimas literaturas son bien (40) conocidas en el mundo, la dominicana es la gran olvidada, la gran desconocida. Esta situación ha comenzado a cambiar, gracias a iniciativas como las de Danilo Manera, responsable de esta antología, que también apareció en lengua (45) italiana.

Hoy, más de un millón de dominicanos viven en Nueva York, donde se ha creado una colonia tan grande que se puede encontrar casi todo lo que hay en la isla, desde música hasta los más (50) autóctonos platos de la gastronomía tradicional. Allí viven también Julia Álvarez y Junot Díaz, autores dominicanos que escriben en inglés. Pero, ¿son de verdad dominicanos? Este asunto crea gran polémica en la República Dominicana (55) y las opiniones son diversas.

"Para mejorar el país necesitamos inversión y educación. Hoy todavía hay funcionarios del tiempo de Trujillo en las escuelas. Esto es terrible, porque transmiten visiones (60) xenófobas del haitiano, nuestro vecino y ciudadano de uno de los países más pobres del mundo. Esta realidad se refleja en 'Cuentos dominicanos', pero la literatura no basta para solucionarla. Con respecto al problema con (65) Haití, tienen que intervenir las instituciones internacionales. Con respecto a la educación y al fin del analfabetismo en nuestro país, solo nosotros podemos hacerlo luchando contra la corrupción", comenta Marcio Veloz, el autor (70) más veterano de esta antología, un intelectual de gran talla en Latinoamérica y un cuentista por antonomasia, pues, como él bien dice, "yo solo escribo cuentos".

1. Según el artículo, ¿cuál es el propósito de esta antología?
   - (A) Presentar la situación dominicana del siglo pasado
   - (B) Compensar con dinero a los nuevos autores
   - (C) Reconocer los errores del pasado dominicano
   - (D) Definir lo que significa ser un autor dominicano

2. ¿Qué inspiró a Angela Hernández Núñez a escribir?
   - (A) La lectura a una temprana edad
   - (B) El deseo de ayudar a los analfabetos
   - (C) El ambiente donde nació
   - (D) La situación política de su país

3. Entre los temas que encontramos en la antología, ¿qué tema es recurrente en los cuentos?
   - (A) La importancia de las tertulias
   - (B) La influencia de la literatura de otras islas
   - (C) El excesivo aumento del analfabetismo
   - (D) La horrible situación política

4. ¿En qué se diferencia la literatura dominicana de la de Cuba y Puerto Rico?
   - (A) Es más lírica.
   - (B) Es más profunda.
   - (C) Es menos conocida.
   - (D) Es menos realista.

5. ¿Qué problema existe hoy día con respecto a la literatura dominicana?
   - (A) Algunos consideran que las obras en inglés no son dominicanas.
   - (B) Los libros escritos fuera de la isla son demasiado dogmáticos.
   - (C) Los escritores fuera de la isla no comprenden la realidad dominicana.
   - (D) Algunos piensan que no presenta la diversidad de ideas existentes.

ACTIVIDAD 36
Tema curricular: La ciencia y la tecnología
Fuente número 1

Introducción

Este texto, que se publicó originalmente en *El Sol de México*, trata de una colaboración multinacional para mejorar el medio ambiente.

¿Satélites que rastrean basura? Conoce el proyecto que busca limpiar los océanos de la Tierra

Cada año se vierten al océano unos 10 millones de toneladas de plástico, por lo que este desarrollo podría ser parte de la solución a este tipo de contaminación

Línea

Uno de los problemas más graves en cuanto al medio ambiente se refiere es la contaminación por plásticos en los mares que desde hace ya varios años se han desencadenado a lo largo del planeta, provocando la muerte de miles de especies. Cada año se vierten al océano unos 10 millones de toneladas de plástico, pero los científicos solo saben qué ocurre con aproximadamente el 1%.

(5) **¿Quién creó el proyecto de rastrear plásticos con satélites?**

La Agencia Espacial Europea (ESA) en colaboración con la Universidad Politécnica de Cataluña (UPC) están desarrollando un nuevo proyecto, que busca usar los satélites para poder rastrear estos contaminantes y así empezar a limpiar los océanos de la Tierra. El desafío es resolver si el seguimiento por satélite podría ayudar a rastrear el alcance de los plásticos y saber hacia dónde se dirigen.

(10) **Primera fase del proyecto**

Anton de Fockert, ingeniero hidráulico de Holanda, explicó por medio de un comunicado de la ESA que el proyecto ha pasado su primera fase y se están analizando los datos.

Las pruebas tuvieron lugar en una gigantesca instalación de 650 metros cuadrados, que reproduce las condiciones de la cuenta atlántica, en el Instituto de Investigación Deltares, Holanda. La zona

(15) fue equipada con generadores de olas para recrear de forma realista las que se producen en las aguas profundas de los océanos. En dicha instalación se introdujeron los tipos de plásticos más habituales como bolsas, botellas, redes y cuerdas marinas, cubiertos y bolas de espuma de poliestireno. También se añadieron elementos no plásticos para imitar mejor la distribución real que se encuentra en el mar, como colillas de cigarrillos.

(20) **Diferentes técnicas para rastrear los plásticos en el mar**

Los grupos científicos participantes emplearon diferentes técnicas por satélite para establecer si son válidas y, en ese caso, cuál es la mejor en la localización y seguimiento de plásticos. La UPC usó la reflectometría GNSS, basada en las señales que emiten los satélites de navegación; el Instituto de Telecomunicaciones de Portugal y la Universidad de Stirling de Escocia utilizaron la teledetección

(25) por radar y un grupo de la Universidad de Oldenburg, Alemania desplegó instrumental óptico.

A cierta altura de la instalación, los equipos participantes, junto con su instrumental especializado, intentaron simular las observaciones desde el espacio. De acuerdo con Peter de Maagt, ingeniero de la ESA, que supervisa la campaña, los datos se están procesando y los *"resultados iniciales parecen prometedores"*.

Fuente número 2

Introducción

Estos datos provienen de un estudio de *Our World in Data*, una publicación científica digital que se enfoca en problemas globales como la pobreza, el cambio climático y la desigualdad. El estudio proporciona una estimación de las emisiones de plástico.

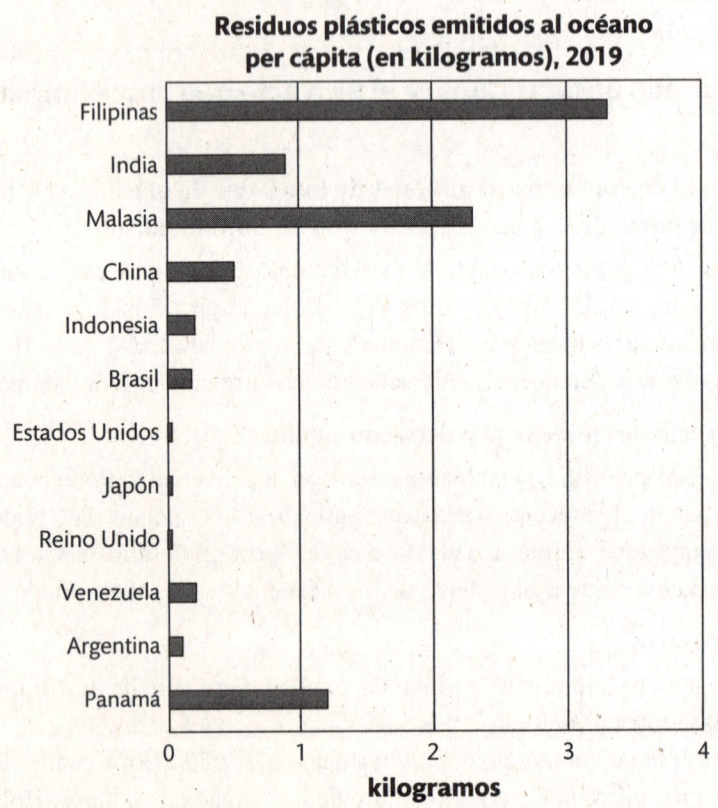

Residuos plásticos emitidos al océano per cápita (en kilogramos), 2019

País	Kilogramos
Filipinas	~3.3
India	~0.9
Malasia	~2.3
China	~0.5
Indonesia	~0.2
Brasil	~0.2
Estados Unidos	~0.05
Japón	~0.05
Reino Unido	~0.05
Venezuela	~0.2
Argentina	~0.1
Panamá	~1.2

Datos de: Our World in Data

1. ¿Cuál es el propósito del artículo?
   (A) Presentar los resultados de un estudio que beneficia los océanos
   (B) Destacar la importancia del plástico para limpiar los océanos
   (C) Informar sobre diferentes técnicas para proteger miles de especies
   (D) Describir un proyecto para mejorar el medio ambiente

2. Según el artículo, ¿qué ha provocado la desaparición de miles de especies?
   (A) El aumento de experimentos científicos
   (B) La presencia de contaminantes químicos
   (C) El aumento de productos plásticos en los océanos
   (D) La presencia de desperdicios creados por satélites

3. Según el artículo, ¿qué propone el nuevo proyecto?
   (A) Aumentar la variedad de especies en los océanos
   (B) Usar satélites para ubicar generadores de olas
   (C) Mejorar la producción de plásticos inofensivos
   (D) Identificar dónde se encuentran los plásticos

4. Según el artículo, ¿cuál es uno de los desafíos del proyecto?
   (A) Introducir los tipos de plásticos habituales adecuados
   (B) Identificar la trayectoria de los plásticos en el océano
   (C) Construir una instalación similar a las condiciones oceánicas del Pacífico
   (D) Controlar la intensidad de las olas en medio del océano

5. Según el artículo, ¿qué se trata de hacer con la gigantesca instalación?
   (A) Reproducir fielmente las características de los océanos
   (B) Destinarla al depósito de los plásticos descubiertos
   (C) Investigar técnicas para mejorar el funcionamiento de los mecanismos hidráulicos
   (D) Convertir los plásticos en productos con fines beneficiosos

6. Según el artículo, ¿cómo caracteriza el proyecto Peter de Maagt?
   (A) Favorable
   (B) Innovador
   (C) Peligroso
   (D) Complicado

7. ¿Qué quiere decir el autor cuando dice "los resultados iniciales parecen prometedores" al final del artículo?
   (A) Que la campaña tendrá éxito
   (B) Que la campaña ayudará a muchos
   (C) Que la campaña prometerá ganancias
   (D) Que la campaña terminará a tiempo

8. ¿Qué información presenta el gráfico?
   (A) El porcentaje de plástico usado y reciclado cada en año en diferentes países
   (B) La cantidad de emisiones de plástico diseminada por persona en diferentes países
   (C) La cantidad de plástico que exportan cada año diferentes países
   (D) El porcentaje de plástico que fabrican cada año diferentes países

9. ¿Qué se puede concluir sobre la información del gráfico?
   (A) Que las Filipinas se deshace más de dos veces más plástico per cápita que Panamá
   (B) Que Brasil se deshace de más plástico per cápita que la India
   (C) Que las Filipinas y Malasia se deshacen aproximadamente la misma cantidad de plástico
   (D) Que Venezuela y China juntos se deshacen de más plástico per cápita que Panamá

10. Según el gráfico, ¿cuáles son los dos países que contribuyen más al problema discutido en el artículo?
    (A) Filipinas y Panamá
    (B) Filipinas y Venezuela
    (C) Filipinas y Malasia
    (D) Filipinas y China

11. ¿Cómo complementa el gráfico el artículo?
    (A) Detalla cuáles son los países que tienen leyes para eliminar la contaminación de plástico.
    (B) Detalla cuáles son los países que descargan más contaminación de plástico.
    (C) Muestra que para disminuir la contaminación de plástico requiere más esfuerzo de los Estados Unidos.
    (D) Resalta que países están contribuyendo más para minimizar la contaminación de plásticos.

ACTIVIDAD 37
Tema curricular: La belleza y la estética

Introducción
El siguiente artículo de Luisa Moreno, que fue publicado en la revista *Ecos*, explica la tradición del traje flamenco.

El traje flamenco

Una tradición llena de sensualidad

Volantes cortos, estampados de flores, mangas largas, talles bajos... el vestido flamenco es posiblemente el único atuendo folclórico tradicional en el que hay modas que van cambiando cada temporada. Pueden llegar a ser tan diversos, que tal vez el único rasgo común que los identifica como vestidos de flamenca sean sus volantes.

Ya desde el inicio de la primavera, muchas mujeres andaluzas preparan sus vestidos, los sacan de los armarios, los lavan y los planchan; llegada la ocasión, se disponen a lucirlos en las ferias y fiestas que hasta el final del verano se celebran por todo el sur de España.

El origen del vestido de flamenca tiene más de un siglo y se remonta a los primeros años de la Feria de Abril, de Sevilla, que se inició como feria de ganado. A ella acudían los tratantes de ganado —muchos de ellos, gitanos— acompañados de sus mujeres, que solían vestir sencillas y alegres batas de percal rematadas con volantes. La gracilidad que estos humildes vestidos proporcionaban al cuerpo de la mujer y la vivacidad de sus colores hizo que las mujeres de clases más pudientes imitaran la forma de vestir de las gitanas y campesinas, y se vistieran de este modo para acudir a las fiestas y romerías populares.

Para ir vestida de flamenca no basta con llevar un vestido de volantes, es necesario lucir los complementos apropiados: la flor en el pelo, los zarcillos de aro o de estilo lágrima de coral. El pelo de una flamenca debe ir recogido en un moño. Los zapatos que se llevan con el vestido de flamenca deben ser de tacón no muy alto.

Los vestidos de flamenca que se usan para las ferias son diferentes de los vestidos y faldas rocieros (propios para las romerías) y difieren también de los vestidos de volantes que se emplean en los espectáculos y en las academias de baile flamenco. Las diferencias entre esos tres atuendos flamencos se basan en el uso al que cada uno de ellos está destinado: el vestido de feria está más pensado para lucirse socialmente paseando por la feria a pie o en coche de caballos, bailando en las casetas o montando a la grupa de un caballo.

Los vestidos o batas rocieras son modelos para lucir en la romería, mucho más sencillos que los de feria, con pocos volantes, pensados para andar muchos kilómetros por el campo, haciendo el camino hasta El Rocío.

1. ¿Cuál es el propósito principal del artículo?
   (A) Describir la trayectoria de la moda campesina española
   (B) Aclarar los orígenes de la Feria de Abril
   (C) Examinar la influencia del traje flamenco en la moda contemporánea
   (D) Presentar los cambios del traje flamenco a través de los años

2. ¿Qué distingue el vestido flamenco, según el artículo?
   (A) Se caracteriza por los estampados de lunares.
   (B) Cambia de tiempo en tiempo.
   (C) Tiene dos modalidades.
   (D) Se usa todo el año.

3. ¿Dónde nace el traje flamenco?
   (A) Entre campesinos
   (B) Entre burgueses
   (C) Entre militares
   (D) Entre mendigos

4. Según la selección, ¿qué contribuyó a la popularidad del traje flamenco?
   (A) Aliviaba el calor.
   (B) Favorecía la figura.
   (C) Les encantaba a las gitanas.
   (D) Les agradaba a los ganaderos.

5. ¿Cuál es un complemento del traje flamenco que no menciona el artículo?
   (A) El calzado adecuado
   (B) El adorno para el cabello
   (C) El peinado apropiado
   (D) El abanico adornado

6. ¿Por qué es variado el atuendo flamenco femenino hoy?
   (A) Por las épocas del año en que se usa
   (B) Por el capricho de quien lo escoge
   (C) Por las actividades en que lo usan las mujeres
   (D) Por los quehaceres laborales que se realizan en el campo

7. Según la selección, ¿por qué son simples los vestidos o batas rocieras?
   (A) Porque es importante controlar el costo
   (B) Porque se usan para guiar el ganado
   (C) Porque permiten bailar sin dificultad
   (D) Porque permiten caminar con más facilidad

8. ¿Qué podemos inferir acerca del traje flamenco?
   (A) Representa un símbolo de la cultura.
   (B) Inspira la feria de ganado de Sevilla.
   (C) Indica la jerarquía de la mujer que lo usa.
   (D) Manifiesta el último grito de la moda invernal.

9. De acuerdo con la historia del traje flamenco femenino, ¿qué podemos predecir acerca de su futuro?
   (A) Disminuirá la demanda.
   (B) Tendrá usos limitados.
   (C) Surgirán otras variedades.
   (D) Reducirán más los precios.

ACTIVIDAD 38
Tema curricular: La belleza y la estética

Introducción
El siguiente texto es un ensayo escrito por el autor Arturo Pérez-Reverte para la publicación *El Semanal*. Presenta sus ideas sobre los libros viejos.

Libros viejos

Línea   No sé si a ustedes les gustan los libros viejos y antiguos. A mí me gustan más que los nuevos, tal vez porque a su forma y contenido se añade la impronta de los años; la historia conocida o
(5) imaginaria de cada ejemplar. Las manos que lo tocaron y los ojos que lo leyeron. Recuerdo cuando era jovencito y estaba tieso de viruta, cómo husmeaba en las librerías de viejo con mi mochila al hombro y maneras de cazador;
(10) la alegría salvaje con que, ante las narices de otro fulano más lento de reflejos que yo, me adueñé de los *Cuadros de viaje* de Heine, en su modesta edición rústica de la colección Universal de Calpe; o la despiadada firmeza
(15) con que, al cascar mi abuela, me batí contra mi familia por la preciosa herencia de la primera y muy usada edición de obras completas de Galdós en Aguilar, donde yo había leído por primera vez los *Episodios nacionales*.
(20)   Siempre sostuve que no hay ningún libro inútil. Hasta el más deleznable en apariencia, hasta el libro estúpido que ni siquiera aprende nada de quien lo lee, tiene en algún rincón, en media línea, algo útil para alguien. En realidad
(25) los libros no se equivocan nunca, sino que son los lectores quienes yerran al elegir libros inadecuados; cualquier libro es objetivamente noble. Los más antiguos entre ellos nacieron en prensas artesanas, fueron compuestos a mano,
(30) las tintas se mezclaron cuidadosamente, el papel se eligió con esmero: buen papel hecho para durar. Muchos fueron orgullo de impresores, encuadernadores y libreros. Los echaron al mundo como a uno lo arrojan a la vida al nacer;
(35) y, como los seres humanos, sufrieron el azar, los desastres, las guerras. Pasó el tiempo, y los que habían nacido juntos de la misma prensa y la misma resma de papel, fueron alejándose unos de otros. Igual que los hombres mismos, vivieron suertes diversas; y en la historia de (40) cada uno hubo gloria, fracaso, derrota, tristeza o soledad. Conocieron bibliotecas confortables e inhóspitos tenderetes de traperos. Conocieron manos dulces y manos homicidas, o bibliocidas. También, como los seres humanos, tuvieron (45) sus héroes y sus mártires: unos cayeron en los cumplimientos de su deber, mutilados, desgastados y rotos de tanto ser leídos, como soldados exhaustos que sucumbieran peleando hasta la última página; otros fallecieron estúpida (50) y oscuramente, intonsos, quemados, rotos, asesinados en la flor de su vida. Sin dar nada ni dejar rastro. Estériles.

1. ¿Por qué le gustan más los libros viejos al autor?
   (A) Porque le recuerdan su niñez
   (B) Porque su legado es más respetable
   (C) Porque le alegra descubrir ediciones perdidas
   (D) Porque llevan las huellas de su pasado

2. ¿Por qué se considera el autor como un cazador en su juventud?
   (A) Porque así lo llamaba su abuela
   (B) Porque había heredado esa distinción
   (C) Porque se apoderaba de ediciones únicas
   (D) Porque le apasionaban los cazadores

3. ¿Qué opinión tiene el autor sobre los libros?
   (A) Que todo libro es honorable
   (B) Que muchos no enseñan nada
   (C) Que cada uno encierra la verdadera realidad social
   (D) Que un mensaje erróneo puede ser dañino para el lector

4. Según el autor, ¿quién es responsable de los libros inútiles?
   (A) Los autores
   (B) Los lectores
   (C) Las editoriales
   (D) Las librerías

5. ¿Con qué compara los libros el autor?
   (A) Con los impresores
   (B) Con las guerras
   (C) Con los seres humanos
   (D) Con los desastres naturales

6. ¿A qué se refiere el autor cuando dice "Conocieron manos dulces y manos homicidas, o bibliocidas" [líneas 43–44]?
   (A) A los libros
   (B) A los escritores
   (C) A las librerías
   (D) A las bibliotecas

7. ¿Qué frase resume mejor la idea principal del artículo?
   (A) Solo los libros antiguos tienen un verdadero valor.
   (B) Solo un héroe puede sobrepasar el valor de un libro.
   (C) El futuro de los libros es cuestionable.
   (D) El valor de los libros es indiscutible.

8. ¿Qué técnica usa el autor para apoyar sus ideas sobre los libros en el segundo párrafo?
   (A) Describe sus faltas.
   (B) Hace comparaciones con los hombres.
   (C) Enumera sus errores.
   (D) Detalla la evolución de los libros.

ACTIVIDAD 39
Tema curricular: Las familias y las comunidades
Fuente número 1

Introducción

El siguiente artículo presenta uno de los numerosos grupos étnicos y lingüísticos de México. Apareció en el portal de las Naciones Unidas.

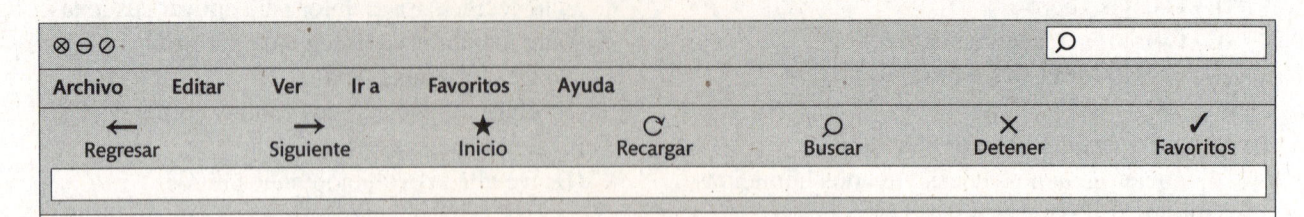

Una comunidad protege el idioma indígena en México

Línea   "Somos una comunidad muy orgullosa. Ser cucapá es algo de lo que uno puede sentirse orgulloso".
—Nicolás

Nicolás miembro de los indios cucapás de México, habla orgulloso de los orígenes de sus antepasados: "La historia de los cucapás comienza cuando Cepa y Commat estaban bajo el agua.
(5) Mientras pensaban cómo salir, Commat comenzó a fumar y salieron del agua transportados por el humo. Empezaron a crear todo y secaron esta tierra. Cepa creó el sol, pero no brillaba. Commat dijo que eso sería la luna y creó el sol que tenemos".

    La reserva de los cucapás en la que vive Nicolás tiene 178 habitantes y está situada en San Luis Río Colorado. Los cucapás solían navegar por el difícil río Colorado en balsas de juncos. Hablando
(10) de la vida de los cucapás, Nicolás dice: "Nuestros antepasados no trabajaban los campos, únicamente pescaban y cazaban. Pero ahora el río se ha secado, está cerrado. De manera que plantamos cilantro y perejil para venderlo".

    Desgraciadamente, el río no es lo único que se ha secado, ya que el idioma de los cucapás también se está evaporando. Se estima que 93 idiomas indios han desaparecido completamente. Sin embargo,
(15) los miembros más jóvenes del grupo tienen programas para ayudar a conservar su idioma. La narración de cuentos es muy popular y se mantiene cuidadosamente la costumbre de que los ancianos enseñen a los jóvenes maneras de conservar el idioma. "Soy muy feliz siendo cucapá y enseñando a los niños nuestro idioma para que puedan enseñarlo a los demás", dice Margarita.

    Históricamente, los cucapás vivían en cuatro grupos, que creían que habían sido asignados por
(20) los dioses: wiahwir, mat skuri, kwakwarsh y hwanyak. La tierra de los cucapás se dividió cuando se estableció la frontera entre México y Estados Unidos. Como resultado, en la actualidad los cucapás viven en cuatro comunidades que hablan inglés o español y su idioma cucapá ancestral.

    La comunidad tiene ricas creencias y costumbres, que contienen su propio concepto del más allá y la creación del hombre. Los antiguos cucapás basaban sus creencias religiosas en la naturaleza,
(25) y tomaban parte en ritos como la adoración del sol, el océano e incluso los relámpagos. Poseían enormes conocimientos de hierbas medicinales y empleaban plantas del desierto, como mesquite y agave, para varios usos.

    México tiene entre 8 y 10 millones de indios divididos en 56 grupos étnicos y lingüísticos que hablan más de 100 dialectos diferentes, algunos únicamente por un pequeño número de personas.
(30) Algunos grupos, como los nahuas, mayas, zapotecas y mixtecas ascienden a cientos de miles, mientras que otros, como los cucapás, lacandones, kiliwas y paispais, han quedado reducidos a unas cuantas docenas de familias.

Fuente número 2

Introducción

La tabla a continuación presenta los municipios con población indígena originarios del Estado de México. Apareció en el portal del Consejo Estatal para el Desarrollo Integral de los Pueblos Indígenas del Estado de México.

Pueblo - Mazahua

MUNICIPIO	POBLACIÓN TOTAL	POBLACIÓN HABLANTE DE LENGUA INDÍGENA ORIGINARIA DE CINCO AÑOS Y MÁS	%
Almoloya de Juárez	137,274	840	0.6
Atlacomulco	92,402	12,634	13.7
Donato Guerra	29,789	6,927	23.3
El Oro	34,269	4,789	14.0
Ixtapán del Oro	3,902	61	1.6
Ixtlahuaca	14,122	19,973	14.2
Jocotitlán	60,111	1,696	2.8
San Felipe del Progreso	121,194	33,646	27.8
San José del Rincón	90,357	11,191	12.4
Temascalcingo	51,080	9,766	19.1
Valle de Bravo	52,695	614	1.2
Villa de Allende	42,706	3,299	7.7
Villa Victoria	83,690	4,933	5.9
Subtotal en comunidades	**813,591**	**110,369**	**11.7**
Otros municipios		5,871	
TOTAL		116,240	

Datos de: INEGI

1. ¿Cuál es el propósito principal del artículo?
   (A) Informar sobre la creación de escuelas de idiomas indígenas
   (B) Describir los retos presentes para proteger un idioma
   (C) Rechazar los esfuerzos de los grupos indígenas para salvar el idioma
   (D) Documentar los esfuerzos del gobierno para salvar un idioma

2. Según el artículo, ¿quiénes son Cepa y Commat?
   (A) Arqueólogos
   (B) Historiadores
   (C) Jefes
   (D) Dioses

3. Según el artículo, ¿qué le sucedió al primer sol?
   (A) Lo quemaron.
   (B) Lo iluminaron.
   (C) Lo transformaron en luna.
   (D) Lo pusieron bajo el agua.

4. Según el artículo, ¿por qué se tuvieron que dedicar a la agricultura los cucapás?
   (A) No ganaban lo suficiente.
   (B) No sabían nada sobre los cultivos.
   (C) No les gustaba la pesca.
   (D) No podían pescar más.

5. Según el artículo, ¿cómo tratan de preservar el idioma los cucapás?
   (A) A través de escuelas de idiomas
   (B) A través de los relatos orales
   (C) A través de grabaciones
   (D) A través del análisis lingüístico

6. Según el artículo, ¿quiénes determinaron los diferentes grupos de los cucapás?
   (A) Los jefes de tribus
   (B) Los seres divinos
   (C) Los líderes ancianos
   (D) Los cuerpos celestes

7. Según el artículo, ¿qué se enfatiza al final del artículo?
   (A) La desaparición de los estudios de grupos lingüísticos
   (B) La homogeneidad de los grupos étnicos
   (C) La diversidad en el número de integrantes de grupos étnicos
   (D) La abundancia de creencias y ritos religiosos

8. ¿Qué tipo de información presenta la tabla?
   (A) El número de habitantes que habla una lengua indígena en cada municipio
   (B) El número de indígenas que forma parte de la población total
   (C) El porcentaje de la población indígena que vive en varios municipios
   (D) El porcentaje de comunidades y municipios con una población indígena mayoritaria

9. ¿Cuál de las siguientes declaraciones sobre la información que presenta la tabla es la más acertada?
   (A) Valle de Bravo tiene el menor número de hablantes de lengua indígena.
   (B) Donato Guerra tiene el porcentaje más alto de hablantes de lengua indígena.
   (C) Ixtapán del Oro tiene el porcentaje más bajo de hablantes de lengua indígena.
   (D) San Felipe del Progreso tiene el mayor número de hablantes de lengua indígena.

ACTIVIDAD 40
Tema curricular: Los desafíos mundiales
Fuente número 1

Introducción

Este texto alerta sobre la presencia de pingüinos en costas uruguayas debido a una migración anticipada. Se publicó en el *Diario Correo* de Punta del Este, Uruguay.

Alertan sobre presencia de pingüinos en costas uruguayas debido a una migración anticipada

Se trata de Pingüinos de Magallanes o Patagónicos, que según explicó Richard Tesore deberían pasar por esta zona en mayo

Línea   Desde hace un par de semanas están apareciendo pingüinos en las costas de Canelones, Maldonado y Rocha, producto de una migración anticipada que debería darse a partir de mayo, informó este martes el centro de rehabilitación de Punta Colorada.

(5)   Richard Tesore, su fundador, explicó que se trata de Pingüinos de Magallanes (o Patagónicos) que anidan en las costas e islas de la Patagonia argentina y migran hacia el norte en el invierno, nadando a través de aguas uruguayas hasta llegar al sur de Brasil. En esta ocasión, se trata de pingüinos juveniles que están haciendo su primer viaje.

     Según datos a los que el director del centro de rehabilitación accedió a través de colegas en la Patagonia, como este año hubo mayor disponibilidad de alimento en la región, muchas parejas de (10) pingüinos criaron a sus dos pichones en vez de a uno, como es usual. Eso podría haber generado superpoblación de pichones en las colonias, por lo cual los adultos comenzaron a reclamar espacio, desalojándolos al agua. Al partir antes de tiempo, los sorprendió su muda de plumas en mitad de camino.

     Las plumas cumplen un papel vital, actúan como aislante, permitiéndoles nadar incluso en aguas (15) muy frías. Al perder su plumaje y su impermeabilidad, ya no pueden regular su temperatura, por lo cual padecen de hipotermia. Por otro lado, los pingüinos jóvenes nadan más cerca de la costa, lo cual los deja más expuestos a la contaminación costera o a quedar atrapados en las redes de pesca.

     La rehabilitación de estos animales consiste en tratarlos con suero fisiológico y multivitamínico, alimentarlos y curar sus heridas si presentan lastimaduras. Si todo marcha bien, una vez que (20) recuperan su peso (~4 kg) e impermeabilizan su nuevo plumaje, pueden retomar su ruta. El proceso tarda alrededor de 20 días.

¿Qué debes hacer si encuentras un pingüino en la costa?

1. NO devolverlo al mar.
2. ALEJAR a los animales domésticos (sobre todo perros). Si es posible hacer una zona vallada para (25) evitar el amontonamiento de gente.
3. NO ALIMENTARLOS NI DARLES AGUA.

(30) 4. NO MOJARLOS, ya que posiblemente estén con hipotermia.
5. Comunícate con SOS Rescate Fauna Marina al 094 330 795, e indica su ubicación.
6. NO TOCARLOS ni moverlos antes de consultar con personal especializado. En caso de tener que hacerlo procura tomarlos con una toalla seca y lo más limpia posible: y tapando los ojos para evitar que se siga estresando. (Sugerir a otras personas en la playa no tocarlos y sacar fotos desde una distancia prudente. Hay que tener en cuenta que es un ave que necesita ayuda y por lo tanto debemos evitar aumentar su grado de estrés, el cual puede llevar a empeorar su estado de salud).

(35) 7. No quitar ningún elemento incrustado o alojado en el animal, ya que en caso de ser necesario lo harán los veterinarios.
8. En caso de que se determine que el animal está con hipotermia se deberá mantener la temperatura corporal, (uso de manta seca y limpia, colocarlo en un lugar cálido, colocar entre la manta y el animal una botella con agua caliente, etc.). Realizar este paso solo ante las instrucciones de personal especializado.

(40) 9. ACOMPAÑAR AL ANIMAL en todo momento hasta que llegue la asistencia y observar cualquier cambio en el mismo.

Fuente número 2

Introducción:

Esta selección trata de los resultados de un estudio sobre pingüinos Adelia en la Península Antártica Occidental. Fue publicada en la revista *Annals of Marine Science*.

Parejas reproductoras de pingüinos Adelia (1993-2013)

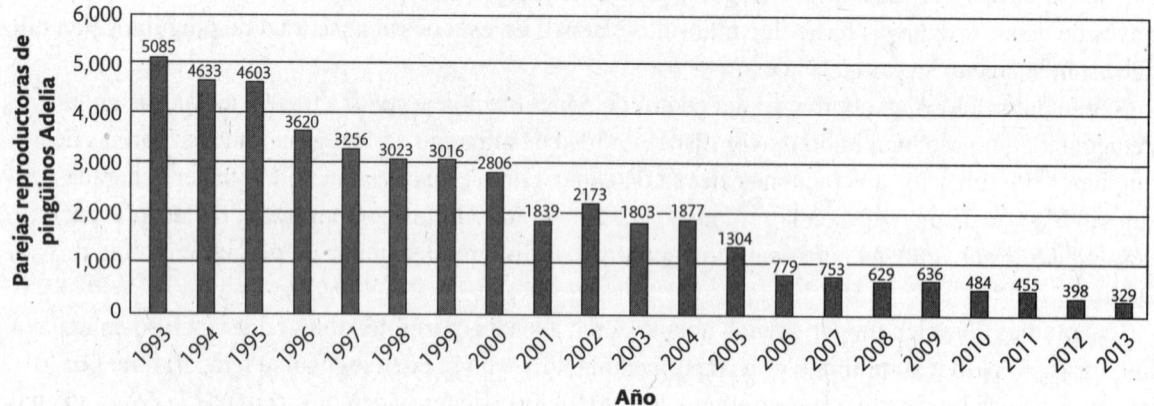

Año	Parejas reproductoras de pingüinos Adelia
1993	5085
1994	4633
1995	4603
1996	3620
1997	3256
1998	3023
1999	3016
2000	2806
2001	1839
2002	2173
2003	1803
2004	1877
2005	1304
2006	779
2007	753
2008	629
2009	636
2010	484
2011	455
2012	398
2013	329

Datos de: Christopher Gallacher, Peertechz: *Annals of Marine Science*

1. ¿Cuál es el propósito principal del artículo?
   (A) Analizar el proceso de rehabilitación de algunos pingüinos
   (B) Presentar el método de reproducción de ciertos pingüinos
   (C) Discutir la ruta migratoria de algunos pingüinos
   (D) Explicar el aumento de pingüinos en la Patagonia

2. ¿Cuál parece ser el problema que se discute en el artículo?
   (A) Los pingüinos llegan al sur del Brasil demasiado tarde.
   (B) Los pingüinos se mueren en las aguas uruguayas.
   (C) Los pingüinos salen de la Patagonia demasiado temprano.
   (D) Los pingüinos pasan el invierno en la Patagonia.

3. Según el artículo, ¿qué sucede cuando los pingüinos jóvenes pierden las plumas?
   (A) Nadan demasiado lejos de la costa.
   (B) Recuperan la impermeabilidad.
   (C) Pueden viajar con más facilidad.
   (D) Sufren a causa de las bajas temperaturas.

4. Según el artículo, ¿por qué corren peligro los pingüinos jóvenes?
   (A) Por la caza
   (B) Por la polución
   (C) Por la alta temperatura
   (D) Por la falta de alimentos

5. Según el artículo, ¿qué proceso dura alrededor de 20 días?
   (A) La recuperación de peso y el plumaje
   (B) El cambio de temperatura en las costas
   (C) El viaje de regreso a la Patagonia argentina
   (D) El viaje hacia el sur de Brasil

6. ¿Cuál es una de las recomendaciones que da el artículo para que no empeore el estado de salud del pingüino?
   (A) Darle un poco de comida
   (B) Mantenerlo calmado
   (C) Mojarlo con una toalla
   (D) Ayudarlo a caminar

7. Según el artículo, ¿qué se puede hacer si el pingüino está con hipotermia?
   (A) Tocarlo suavemente
   (B) Darle agua caliente
   (C) Abrigarlo con una manta
   (D) Limpiarle el cuerpo

8. ¿Qué información indica el gráfico?
   (A) La tendencia a la baja de la población de parejas reproductoras
   (B) El aumento constante de las parejas reproductoras cada año
   (C) La disminución de parejas reproductoras en ciertas áreas de la Patagonia
   (D) La desaparición total de las parejas reproductoras

9. ¿Qué afirmación se puede concluir acerca del gráfico?
   (A) Se vio el cambio anual más grande de parejas reproductoras entre 1995 y 1996.
   (B) Se vio una caída constante en las parejas reproductoras desde el año 2000.
   (C) Se vio el mayor número de parejas reproductoras del siglo XX en 1994
   (D) Se vio el mayor número de parejas reproductoras del siglo XXI en 2004.

10. ¿Qué tienen en común las dos fuentes?
    (A) Relacionan eventos que afectan a los pingüinos patagónicos.
    (B) Notan la disminución en el índice de natalidad de pingüinos.
    (C) Presentan una tasa creciente de mortalidad de pingüinos.
    (D) Señalan cambios extraordinarios en las poblaciones de pingüinos.

ACTIVIDAD 41
Tema curricular: Las familias y las comunidades

Introducción
El siguiente fragmento viene del cuento corto "El lobizón" de Silvina Bullrich. Trata de una conversación entre miembros de una familia que discuten algunos cambios en su vida.

Línea Aquella tarde mi padre entró en el comedor como todos los días al regresar de la oficina. Besó a mi madre en la frente y luego dijo con ese acento categórico de amo que usan todos los
(5) empleados humildes dentro de su casa:
    —Ya está todo resuelto; a principios de mes nos vamos a Entre Ríos.
    El ruido de la máquina de coser de mi madre cesó bruscamente:
(10) —¡No! —exclamó mi madre—. ¿Lo dices en serio? ¡No es posible!
    —¿Por qué no va a ser posible? Tus hermanos son unos incapaces y no me inspiran fe; quiero ir yo mismo a regir tu campo. Ya
(15) verás cómo lo hago rendir.
    —Pero es una extensión muy chica —arguyó mi madre—, y si pierdes tu empleo, a la vuelta no encontrarás otro. Recuerda que este te lo dio el padrino cuando bautizamos a Diego, pero
(20) ahora las cosas no están fáciles para el partido.
    —¿Y crees que voy a seguir pudriéndome en una oficina por cuatrocientos miserables pesos? Ni siquiera me alcanzan para mantener a mi familia, y eso que nunca voy al café. Ya estoy
(25) harto de ahogar entre cuatro paredes los mejores años de mi vida.
    —Pero antes era peor. El taller sólo daba gastos…
    —Bueno; pediré licencia sin goce de sueldo
(30) y después veremos. Pero tengo confianza en el campo. El tuyo es alto, rico…
    —La casa es casi un rancho…
    —¿Acaso esto es un palacio?
    Entonces mi madre pronunció la frase
(35) decisiva, sorprendente. Resistiendo por primera vez a una orden del marido, exclamó:
    —No, yo no me voy. No quiero irme… No puedo… por Diego.
    ¿Por mí? ¿Por qué podía ser yo un
(40) impedimento para ese viaje? ¡Si nadie tenía tantas ganas como yo de vivir en el campo! Quería correr el día entero al aire libre, como los chicos ricos durante los meses de vacaciones.
    —No puedo admitir que una leyenda (45) estúpida destruya nuestras vidas —rugió mi padre—. Sería completamente absurdo…
    —Pero ¿de qué se trata? —inquirió mi tía.
    Mis padres parecieron titubear; por fin mi madre contestó: (50)
    —Diego es el menor de siete hermanos varones…
    —¿Y…?
    —Tengo miedo —sollozó mi madre—, miedo de las noches de luna llena. (55)

1. ¿Qué anunció el padre al llegar a su casa una tarde?
   (A) Que había perdido su empleo
   (B) Que la familia se iba a mudar
   (C) Que nunca estuvo a gusto en su casa
   (D) Que le molestaba la máquina de coser

2. ¿Cuál era una razón por la que el padre quería ir a Entre Ríos?
   (A) Echaba de menos a los hermanos de su esposa.
   (B) Quería bautizar a Diego.
   (C) No se llevaba bien con su esposa.
   (D) No les tenía confianza a sus cuñados.

3. ¿Qué parecía preocuparle a la esposa con respecto a su esposo?
   (A) Que el padrino se enojara con él
   (B) Que perdiera su puesto para siempre
   (C) Que no pudiera vender el rancho
   (D) Que no pudiera unirse al partido en el futuro

4. Según el fragmento, ¿cómo consiguió el padre el empleo que tenía ahora?
   (A) Una persona cercana a la familia se lo dio.
   (B) Un colega de su esposa se lo ofreció.
   (C) El partido lo asignó específicamente a ese puesto.
   (D) Recibió una merecida promoción.

5. ¿A qué se debía la opinión que tenía el padre sobre su empleo?
   (A) A que no ganaba lo suficiente
   (B) A que no era un reto para él
   (C) A que no respetaban sus ideas
   (D) A que no estaba en un lugar conveniente

6. ¿Qué opina el padre sobre la vida que lleva?
   (A) Se siente intranquilo.
   (B) Le parece estable.
   (C) Se siente insatisfecho.
   (D) Le parece envidiable.

7. ¿Cómo reaccionó la madre a la sugerencia de su esposo?
   (A) La aceptó con ciertos reparos.
   (B) Le dio varias opciones posibles.
   (C) Se entusiasmó mucho.
   (D) Estuvo en contra de la sugerencia.

8. ¿Qué opinión tenía el narrador sobre la mudanza?
   (A) Le daba miedo mudarse lejos.
   (B) Le gustaría conocer a un chico rico.
   (C) Le importaba apoyar a su madre.
   (D) Le gustaría vivir en el campo.

9. ¿Qué podemos deducir sobre la madre por lo que expresó al final del fragmento?
   (A) Que era débil
   (B) Que era indecisa
   (C) Que era supersticiosa
   (D) Que era vengativa

ACTIVIDAD 42
Tema curricular: La vida contemporánea

Introducción
El siguiente artículo trata de un reciente fenómeno que se está observando en Alemania. Apareció en un portal de noticias de Chile.

Alemania comenzó a producir sus propias telenovelas

Línea *Varias cadenas de televisión del país europeo están interesadas en dar vida con sus actores a un género propiamente latinoamericano.*

(5) La televisión alemana ha importado el género típicamente latinoamericano de la telenovela y entre los diversos canales ha empezado ya una carrera por sacar al mercado sus primeras producciones para que los televidentes sufran durante meses y al final se alegren con un final (10) feliz.

Bianca —la "primera telenovela alemana", como la anuncia la cadena pública ZDF utilizando la palabra española para definir el género— empieza a emitirse. La cadena privada (15) SAT 1 saldrá al mercado con una telenovela propia en la próxima primavera —se llamará *Todo por amor*— y RTL está trabajando en otro proyecto.

El súbito descubrimiento del género resulta (20) sorprendente, pues, como lo han recordado algunos críticos, su origen data de hace 45 años, cuando llegó a las pantallas mexicanas la primera versión de *El derecho de nacer*, con la historia de Albertico Limonta, que hizo llorar a (25) generaciones de latinoamericanos.

En la telenovela de la ZDF, Bianca, una mujer de 28 años, sale de la cárcel en la que ha pasado cuatro años por un crimen que no ha cometido y encuentra al hijo de un banquero (30) rico, Oliver, que se convierte en el amor de su vida. Sin embargo, el destino, las diferencias de clase y una prima intrigante se interponen en el "camino hacia la felicidad" de los enamorados. Siguiendo las exigencias tradicionales del (35) género, es de esperar que al final superen todas las dificultades que atraviesan.

Bianca se emitirá de lunes a viernes y los sábados la ZDF presentará un resumen de los capítulos de la semana. "200 capítulos de dolor del corazón", ha escrito el diario *Bild* (40) en su página de televisión para presentar a *Bianca*. La ZDF cree haber descubierto con *Bianca* una "nueva dimensión de la televisión sentimental" y que los espectadores, y ante todo las espectadoras, estarán agradecidos de (45) tener una alternativa a los múltiples espacios dramatizados que representan querellas judiciales y que dominan el programa de televisión de las tardes.

Según la crítica del diario *Berliner Zeitung*, (50) Klaudia Brunst, el descubrimiento de la telenovela por parte de la televisión alemana puede ser enmarcado dentro de una tendencia a hacer renacer cierto tipo de romanticismo de otros tiempos. Esa tendencia se ve en Alemania (55) en los éxitos que han tenido las versiones televisadas de los libros de una escritora como Rosamunde Pilcher, que, sin embargo, no responden a las exigencias del género telenovelístico, pues se reducen a unos pocos (60) capítulos.

La salida al aire de *Bianca* ha hecho posible además que se piense en general en lo que ha significado el género para Latinoamérica y en cómo Mario Vargas Llosa, con *La tía Julia* (65) *y el escribidor*, hizo un homenaje irónico a su antecedente más directo, la radionovela. También se ha recordado cómo el género nacido en Latinoamérica tiene otro antecedente mucho más ilustre: la novela por entregas, típica del (70) siglo XIX europeo.

1. ¿Cuál es el propósito principal del artículo?
   (A) Hacer la campaña publicitaria de la telenovela *Bianca*
   (B) Comentar una novedad en la televisión alemana
   (C) Analizar el tema de *Bianca*
   (D) Publicar un horario de programas alemanes

2. ¿Qué le llama la atención al autor del artículo?
   (A) Que los alemanes vean *La tía Julia y el escribidor*
   (B) Que el canal privado proyecte lanzar una telenovela
   (C) Que la telenovela sea un producto nuevo en Alemania
   (D) Que la telenovela cause ansiedad en el público alemán

3. Según la información acerca de las telenovelas alemanas, ¿qué podemos inferir del artículo?
   (A) Van a pasar de moda en muy poco tiempo.
   (B) Van a ser más populares que las mexicanas.
   (C) Van a presentar una nueva versión de *El derecho de nacer*.
   (D) Van a ofrecer más opciones a los televidentes alemanes.

4. ¿Cómo justifica la ZDF la producción de la telenovela *Bianca*?
   (A) Los televidentes alemanes se aburren fácilmente.
   (B) Los telespectadores alemanes desconocen el género.
   (C) El público alemán prefiere sufrir con las telenovelas.
   (D) La audiencia busca identificarse con los personajes.

5. Según la descripción, ¿qué podemos deducir acerca de la trama de *Bianca*?
   (A) Que será dogmática
   (B) Que será violenta
   (C) Que será complicada
   (D) Que será intelectual

6. Según el artículo, ¿qué trata de comunicar el diario *Bild* con la frase "200 capítulos de dolor del corazón" [líneas 39–40]?
   (A) El efecto que tendrá la telenovela en los televidentes
   (B) El tema de la próxima producción que se planea
   (C) La pobreza que tendrán que superar los personajes
   (D) La crueldad que presentará el programa en sus capítulos

7. ¿A qué conclusión llega el artículo?
   (A) El género telenovelístico inicia el romanticismo.
   (B) Los libros románticos son más populares que la telenovela.
   (C) Vargas Llosa glorifica las telenovelas latinoamericanas.
   (D) La telenovela tiene precedentes en Europa.

8. De acuerdo con el artículo, ¿qué podemos deducir sobre los telespectadores alemanes?
   (A) Les atraen las historias románticas.
   (B) Les gustan los programas informativos.
   (C) Se benefician al oír actores que hablan español.
   (D) Se enorgullecen de comprender una lengua extranjera.

ACTIVIDAD 43
Tema curricular: La vida contemporánea
Fuente número 1

Introducción
Este texto trata de la literatura y su evolución. El texto original, escrito por Jorge Morla, fue publicado en el diario *El país*.

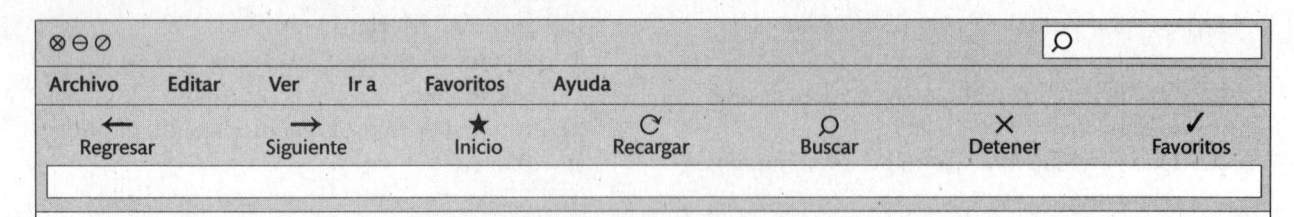

El futuro de la novela está en los videojuegos (o eso dice Pérez-Reverte)

Los formatos cambian, pero la literatura se abre camino en los nuevos soportes

Uno de los *youtubers* con más seguidores de España decide reconvertirse en entrevistador. Desde hace un par de años va consiguiendo invitados cada vez más interesantes. Las preguntas se van haciendo más incisivas, los entrevistados van pasando del ámbito local (celebridades, *twitchers*, (5) luchadores) al global (tecnología, periodismo, ciencias, geopolítica). El último invitado, la semana pasada, es uno de los escritores más vendidos en lengua española. Durante 2 horas 45 minutos hablan de lo divino y de lo humano. El *youtuber* se llama Jordi Wild. El escritor, Arturo Pérez-Reverte.

Más allá de lo que implica esa conexión de mundos y generaciones sin pasar por los medios tradicionales, hay una respuesta del escritor que merece especial atención. Durante el transcurso del (10) programa, Wild, que conduce uno de los *podcast* más amenos y seguidos en lengua española (su mayor influencia es el estadounidense Joe Rogan), suelta una frase que no por repetida deja de sonar como un lamento: "Casi nadie lee".

La respuesta de Reverte —"yo también leo menos ahora"— sorprende menos al entrevistador que la réplica de su entrevistado a la siguiente pregunta:
(15) —"¿Y no es dramático?"—, inquiere Wild.
—"No, no es dramático, Jordi. El mundo evoluciona".

La respuesta deja a Wild descolocado. Reverte, pragmático, se lanza a consignar que el mundo siempre ha necesitado relatos. "Durante mucho tiempo fue la novela", explica, "pero en el siglo XXI el soporte es otro". Y, entonces, justo después de una pequeña pausa, es cuando viene la bomba:
(20) —"Si yo fuera un joven escritor, escribiría guiones para videojuegos".

Ya no hay vuelta atrás. Ya está dicho. Reverte abunda durante unos minutos en la idea ("de aquí a 20 años el libro será un objeto de culto"; "la novela está sentenciada, físicamente y como concepto"), pero la noción principal ha quedado clara: el mundo cambia, los jóvenes buscan nuevos formatos para explicarse su propia existencia, el videojuego ofrece posibilidades narrativas infinitas.

(25) En 2020, en lo que se refiere a la escritura de videojuegos, ocurrieron dos milagros. *Disco Elysium* (ZA/UM) y *Outer Wilds* (Mobius Digital) se convirtieron en dos cumbres narrativas muy distintas entre sí. El primero es una aventura gráfica ambientada en una distopía al estilo soviético que mezcla *thriller*, humor e introspección psicológica. El segundo, una aventura en primera persona de exploración espacial que nos confronta con los orígenes del universo y las implicaciones del ser.
(30) Cada uno reivindica una forma diametralmente opuesta de encarar la escritura de videojuegos. Y es precisamente eso lo que no aclara Reverte: qué tipo de escritor de videojuegos sería.

(35) Con obras como las mencionadas, con las posibilidades que juegos así son capaces de desplegar, hay que dar la razón a Reverte: la Literatura (signifique esa palabra lo que signifique) no corre peligro de cara al futuro. El inconveniente, finaliza el escritor en el *podcast* de Jordi Wild, es el consumidor. "El problema vendrá si el lector no le exige al videojuego, al *podcast*, o al soporte que sea, calidad y contenido con profundidad. El problema vendrá", termina, "si el lector se vuelve idiota y superficial".

Fuente número 2

Introducción

Esta selección trata del número de ventas de videojuegos. La información ilustrada proviene de GamingScan.com y el *C.I.A. Factbook*.

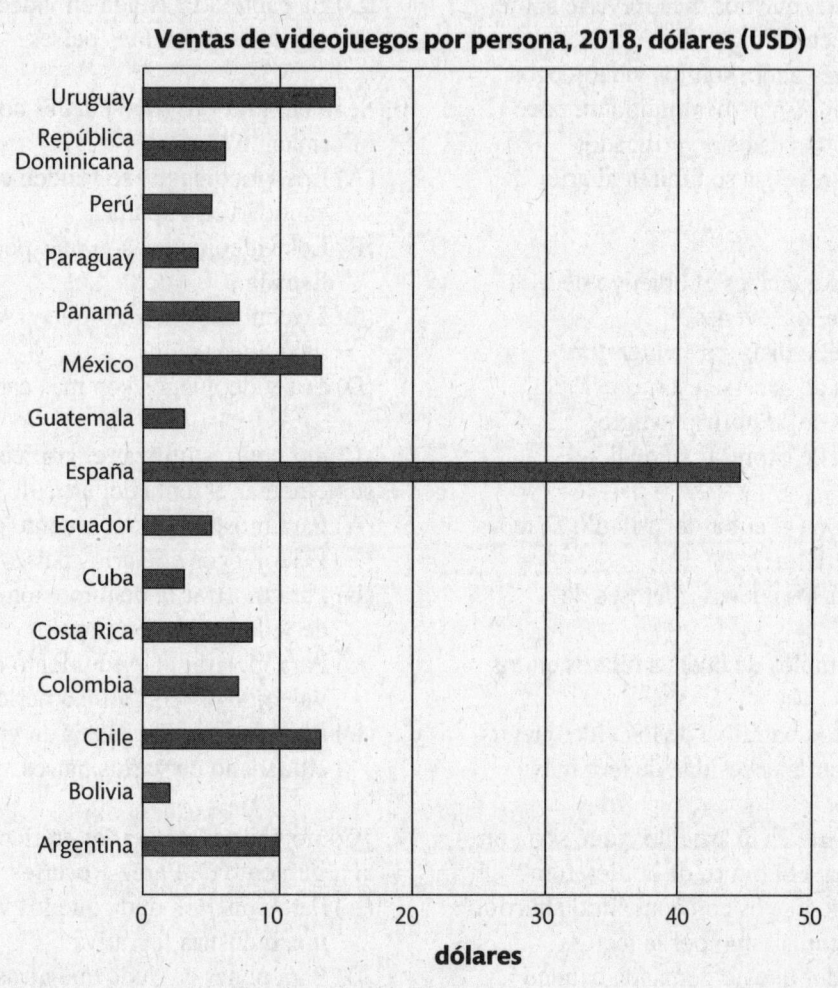

Ventas de videojuegos por persona, 2018, dólares (USD)

País	dólares
Uruguay	~14
República Dominicana	~6
Perú	~5
Paraguay	~4
Panamá	~7
México	~13
Guatemala	~3
España	~45
Ecuador	~5
Cuba	~3
Costa Rica	~8
Colombia	~7
Chile	~13
Bolivia	~2
Argentina	~10

Datos de: Elaborado con información de GamingScan.org, CIA.gov

1. ¿Cuál es el propósito del artículo?
   (A) Ofrecer una alternativa plausible a los videojuegos
   (B) Destacar el papel de los videojuegos en la superficialidad del lector de hoy
   (C) Presentar la actitud de diferentes generaciones hacia la literatura
   (D) Resaltar los efectos negativos de los videojuegos en la lectura

2. Según el artículo, ¿qué podemos decir sobre Jordi Wild?
   (A) Es un autor de novelas muy conocido.
   (B) Es un crítico de la literatura moderna.
   (C) Es un escritor muy frustrado.
   (D) Es un *youtuber* de mucho éxito.

3. Según el artículo, ¿cuál es una de las declaraciones de Jordi Wild sobre la lectura?
   (A) Que la lectura no es muy popular
   (B) Que la lectura no debe ser esencial
   (C) Que la lectura no ha evolucionado
   (D) Que la lectura no entretiene mucho

4. Según el artículo, ¿qué nos dice Reverte sobre sus hábitos de lectura?
   (A) Que su interés ahora son los videojuegos
   (B) Que sus hábitos han disminuido un poco
   (C) Que sus hábitos han sido criticados
   (D) Que sus intereses ya se limitan al arte dramático

5. Según el artículo, ¿cuál es el objetivo de los videojuegos para los jóvenes?
   (A) Una manera de disfrutar la literatura
   (B) Una manera de hacerse escritores
   (C) Una manera de adquirir prestigio
   (D) Una manera de expresar su realidad

6. ¿Por qué menciona el autor del artículo *Disco Elysium y Outer Wilds*?
   (A) Para mostrar los nuevos intereses de Reverte
   (B) Para dar ejemplos de buenos relatos en los videojuegos
   (C) Para criticar la narrativa de los videojuegos
   (D) Para enfatizar la necesidad de leer más

7. Según dice Reverte en el artículo, ¿qué sería un inconveniente para el futuro de la literatura?
   (A) El creador de juegos con contenido aburrido
   (B) La falta de entusiasmo por la lectura
   (C) El consumidor que no demanda calidad
   (D) El lector que no consume libros en línea

8. ¿Cuál sería una pregunta pertinente para Reverte?
   (A) ¿Qué podemos hacer para incrementar el uso de videojuegos?
   (B) ¿Quién es responsable de aumentar el número de relatos literarios?
   (C) ¿Qué tipo de escritor de videojuegos le gustaría ser usted?
   (D) ¿Con qué personaje se identifica usted en el juego *Outer Wilds*?

9. ¿Qué describe mejor lo que muestra el gráfico?
   (A) La cantidad de videojuegos que salen al mercado en diferentes países cada año
   (B) La cantidad total de ventas de videojuegos en diferentes países
   (C) La cantidad de videojuegos por persona en diferentes países
   (D) La cantidad gastada en videojuegos por cápita de diferentes países

10. Según el gráfico, ¿qué puedes concluir sobre la información?
    (A) Los videojuegos se venden en mayor cantidad en España.
    (B) Los videojuegos son más populares fuera de España.
    (C) Los cubanos son los que gastan menos en videojuegos.
    (D) Los videojuegos son más caros en España.

11. ¿Cómo podrías utilizar el gráfico para suplementar el tema del artículo?
    (A) Para mostrar el crecimiento de los gastos en videojuegos en varios países
    (B) Para mostrar la disminución de las ventas de videojuegos en España
    (C) Para mostrar el crecimiento de los gastos en videojuegos en Latinoamérica
    (D) Para mostrar los gastos en videojuegos por ciudadano en varios países

12. ¿Cómo podrías utilizar el gráfico para responder al argumento de Pérez-Reverte?
    (A) Para poner en duda que los videojuegos son una industria lucrativa
    (B) Para poner en duda que otros países comparten el mismo interés por los videojuegos
    (C) Para respaldar que los videojuegos atraen a consumidores en varios países
    (D) Para respaldar que los videojuegos atraen más a las personas jóvenes

ACTIVIDAD 44
Tema curricular: Las familias y las comunidades
Fuente número 1

Introducción

Este artículo, publicado en la revista *Américas*, describe un nuevo destino turístico en Bolivia y los proyectos que tratan de conservarlo.

Chullpas en Bolivia

Línea   Un nuevo destino turístico ha irrumpido en América del Sur. La región del río Lauca, en el departamento boliviano de Oruro, ofrece la posibilidad de ver flamencos andinos, antiguos
(5)   volcanes y culturas que datan de la época precolombina. Ahora, con la restauración de 26 antiguas cámaras mortuorias llamadas chullpas, la región ofrece un tesoro arqueológico único del altiplano sudamericano.
(10)   Las chullpas son sepulturas precolombinas en forma de torre que los aymaras de Bolivia y Perú construían de piedra y adobe. Estas cámaras mortuorias edificadas sobre la superficie se elevaban hasta doce metros y con
(15)   frecuencia estaban decoradas con detalladas y coloridas tallas. Las investigaciones sugieren que estas cámaras albergaban a más de un ocupante y estaban reservadas solo para la elite social de la sociedad aymara. Aunque
(20)   las chullpas más conocidas y más altas se encuentran en Sillustani, en el Perú, Bolivia también cuenta con una impresionante colección que data de los años 1200 a 1300 antes de Jesucristo.
(25)   Con el transcurso del tiempo, el clima ha deteriorado seriamente las cámaras, erosionándolas y produciendo inestabilidad estructural. El proyecto destinado a restaurar las chullpas comenzó en 2008 con el respaldo de
(30)   la Organización de los Estados Americanos y el Ministerio de Cultura de Bolivia.
   El proyecto empleó a miembros de tres comunidades locales —Macaya, Sacabaya y Julo— y tuvo por objeto estabilizar las
(35)   cámaras, eliminar el exceso de vegetación, y restablecer el color de la fachada de las tumbas. Los integrantes de estas tres comunidades ya estaban trabajando en conjunto en un emprendimiento turístico comunitario que les permite exhibir la belleza del lugar y a la (40) vez obtener beneficios financieros directos. El Ministro de Cultura organizó una serie de talleres de trabajo para capacitar a los miembros de las comunidades sobre la forma de conservar las tumbas, dirigir excursiones y administrar (45) actividades turísticas.
   Las 26 cámaras mortuorias —junto con otras diecisiete restauradas en 2004 con una donación del Fondo Mundial para Monumentos— forman parte del Circuito Ecoturístico del Río (50) Lauca. Las excursiones comienzan en Caseta, continúan por el pueblo de Macaya y terminan en la laguna Sakewa. El circuito está junto al Parque Nacional Sajama, destino favorito de los turistas más aventurados. (55)
   La restauración de las chullpas y la asociación entre el gobierno y las poblaciones indígenas locales reflejan el cambio experimentado en Bolivia. Cerca del 50 por ciento de la población habla dialectos indígenas, (60) aunque su voz ha sido durante mucho tiempo ignorada y suprimida por diversos gobiernos bolivianos. Con la elección de un presidente aymara en 2005, sin embargo, esas voces están siendo oídas. En la ceremonia de inauguración (65) de las chullpas, Pablo Groux, Ministro de Cultura de Bolivia, dijo que "su recuperación nos permitirá escribir la historia del siglo XXI sin perder las raíces de nuestra identidad".

Fuente número 2

Introducción:
Este gráfico, que incluye datos del Instituto Nacional de Estadística de Bolivia, muestra las tendencias generales en cuanto a las cifras de turistas extranjeros.

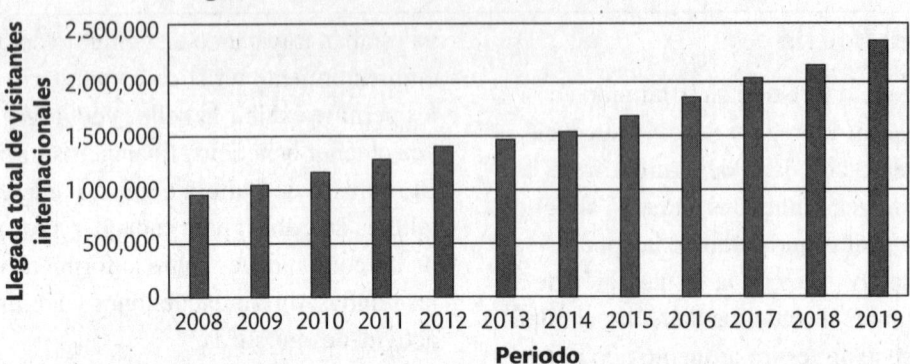

Llegada total de visitantes internacionales a Bolivia, 2008–2019

Año	Llegada total de visitantes internacionales
2008	~950,000
2009	~1,050,000
2010	~1,150,000
2011	~1,300,000
2012	~1,400,000
2013	~1,450,000
2014	~1,550,000
2015	~1,700,000
2016	~1,850,000
2017	~2,050,000
2018	~2,150,000
2019	~2,400,000

Datos de: Instituto Nacional de Estadística

1. ¿Cuál es el propósito principal del artículo?
   (A) Desmentir los misterios de las chullpas de Bolivia
   (B) Presentar el descubrimiento de sepulturas de Bolivia
   (C) Confirmar los descubrimientos de escrituras en las chullpas de Bolivia
   (D) Describir la rehabilitación de unas ruinas arqueológicas en Bolivia

2. ¿Qué son las chullpas?
   (A) Unas edificaciones altas para sepultar cadáveres
   (B) Unas ceremonias secretas para enterrar a los muertos
   (C) Unos sacrificios humanos para glorificar a los dioses
   (D) Unas construcciones en forma de pirámides invertidas

3. ¿Para quiénes estaban destinadas las chullpas?
   (A) Para cualquier persona aymara
   (B) Para los miembros de las comunidades locales
   (C) Para los aymaras de la clase más alta
   (D) Para funcionarios del gobierno

4. ¿Qué se está haciendo para preservar las chullpas?
   (A) Se están restaurando.
   (B) Se limita el número de visitantes.
   (C) Están cubriéndolas con materiales contra la erosión.
   (D) Se reparan con fondos económicos extranjeros.

5. ¿Qué hizo el Ministro de Cultura por los miembros de las comunidades?
   (A) Designó a un administrador reconocido.
   (B) Estableció un programa de entrenamiento.
   (C) Condujo paseos por las ruinas.
   (D) Recaudó fondos para seguir las excavaciones.

6. ¿Qué efecto ha tenido el trabajo que se hace en las chullpas?
   (A) Se le concede más autonomía al gobierno de las comunidades.
   (B) La enseñanza de las lenguas indígenas ha aumentado.
   (C) El gobierno no parece interesado en acelerar el proyecto.
   (D) Se le presta más atención a la población indígena.

7. Al preparar un informe sobre el mismo tema del artículo, quieres buscar información en una fuente adicional. ¿Cuál de las publicaciones a continuación sería más apropiada?
   (A) *Actas del Primer Simposio de la Fundación de Arqueología Social*
   (B) *La presencia andina en los valles de Arica, siglos XVI–XVIII*
   (C) *Arqueología funeraria del señorío aymara Pakasa (postiwanaku)*
   (D) *El estado Inca y los grupos étnicos en el sistema de riego de Socoroma*

8. Según el gráfico, ¿qué puedes concluir sobre el turismo extranjero?
   (A) Se ha más que duplicado en diez años.
   (B) Ha superado a la población de Bolivia desde 2017.
   (C) Ha aumentado la misma cantidad anualmente.
   (D) Ha sido más popular que el turismo local.

9. ¿Qué se puede deducir de la información del gráfico del año 2008 a 2019?
   (A) Bolivia vio un aumento en el turismo como porcentaje de su economía.
   (B) Bolivia se convirtió en el destino turístico sudamericano más popular.
   (C) Bolivia abrió nuevos atractivos turísticos.
   (D) Bolivia se volvió más popular como destino turístico.

10. ¿Cómo complementa este gráfico al artículo?
    (A) Sugiere que hay tensión con la explotación turística y la cultura indígena sagrada.
    (B) Sugiere que hubo un aumento en el turismo de solo ciertas partes de Bolivia.
    (C) Sugiere que la restauración de las chullpas ha provocado un aumento del turismo.
    (D) Sugiere que las chullpas bolivianas son más populares que las peruanas.

11. Imagina que estás escribiendo un ensayo sobre el tema del artículo. ¿Cómo utilizarías la información del gráfico?
    (A) Para complementar
    (B) Para refutar
    (C) Para reiterar
    (D) Para negar

ACTIVIDAD 45
Tema curricular: Las identidades personales y públicas

Introducción
En el siguiente artículo, Elizabeth Coonrod Martínez nos presenta la historia de Rosa Nissán, hija de una familia de inmigrantes judíos. Fue publicado en la revista *Américas*.

Nuevas identidades de mujeres mexicanas

Línea *Nacida en una familia de inmigrantes judíos, Rosa Nissán venció obstáculos culturales y personales, cuestionando el tradicional papel de la mujer en las obras que celebran su*
(5) *identidad.*

Cuando a fines de los años noventa se estrenó la película mexicana *Novia que te vea* en varios festivales de cine latinoamericano en los Estados Unidos, algunos espectadores
(10) reaccionaron con sorpresa. «Yo crecí en México y no sabía que había judíos mexicanos», fue uno de los comentarios que se escucharon con frecuencia. Sin embargo, es obvio que muchos mexicanos sabían que había judíos,
(15) pero también sabían que su herencia étnica no formaba parte de la ideología nacional del mestizo que define al ser mexicano como parte indígena y parte español.

Más de una década antes del estreno de esta
(20) película, Rosa Nissán había comenzado a crear la historia humorística e intensamente viva de una niña sefardí-mexicana (basada en gran parte en su propia vida) en un taller literario dirigido por la distinguida escritora Elena Poniatowska.
(25) La película y su primera novela se publicaron a la vez en 1992, ambas con el título elegido por Nissán, *Novia que te vea*, un dicho sefardí por el que se desea el pronto matrimonio de una joven.

(30) Las protagonistas de la película son dos jóvenes judías, Oshinica, que es sefardí, y Rifke, que es askenazí. Nacidas en la Ciudad de México, llegan a la mayoría de edad en los años sesenta, una época de gran efervescencia
(35) política en el país. Tanto en la película como en la novela de Nissán, la familia de Oshinica habla ladino (una forma arcaica del español usada por los judíos españoles que fueron expulsados de España en 1492) y celebran costumbres tradicionales. Las adolescentes son (40) rebeldes y actúan en contra de los preceptos judíos; una se casa con un gentil y la otra se niega a aceptar el matrimonio arreglado por su familia y elige su propio marido. La popularidad de la película tanto en el ambiente (45) nacional como en el extranjero produjo el reconocimiento inmediato de Nissán como escritora y debe haber ayudado en la venta de sus dos novelas. Fue un gran debut, para Nissán como mujer independiente, para la mujer (50) mexicana y para las minorías étnicas.

Era también un excelente momento para este tipo de descubrimiento o entendimiento en México. Los cambios políticos que tuvieron lugar hacia fines de los años ochenta y (55) principios de los noventa, unidos a la creciente crisis política y económica, provocaron el colapso del antiguo mito de unidad cultural nacional. Florecieron las manifestaciones de los movimientos feministas y de resistencia (60) indígena. Para Nissán, que había nacido en 1939, los años ochenta y noventa fueron sinónimos de libertad, una libertad que se le había negado como mujer, tanto como mexicana, como mujer casada y como miembro (65) de la comunidad judía. Ser innovadora y precursora de un nuevo género no es tarea fácil.

1. ¿Cuál es el propósito principal del artículo?
   (A) Presentar los ritos religiosos del matrimonio en la cultura judía
   (B) Informar sobre la oposición a la cultura de una inmigrante judía
   (C) Describir el argumento e impacto de una película de una escritora judía
   (D) Examinar el desarrollo de un nuevo movimiento literario

2. De acuerdo con el artículo, ¿qué desconocían muchos mexicanos?
   (A) La procedencia de una parte de la población
   (B) La autora de la novela *Novia que te vea*
   (C) El número de mestizos de indígenas y españoles
   (D) El éxito de una película mexicana

3. ¿Qué incluye la película *Novia que te vea* de acuerdo con el artículo?
   (A) Características melodramáticas
   (B) Detalles autobiográficos
   (C) La defensa del matrimonio
   (D) El apoyo al indigenismo

4. ¿Cómo caracteriza Nissán a las protagonistas de la película?
   (A) Pacíficas
   (B) Desafiantes
   (C) Románticas
   (D) Indiferentes

5. ¿Qué podemos inferir acerca del impacto de *Novia que te vea*?
   (A) Censuró el nacionalismo mexicano.
   (B) Provocó una reacción antisemítica.
   (C) Satirizó el carácter nacional.
   (D) Representó una crítica social.

6. ¿Qué contribuyó al éxito de la película a partir de su estreno?
   (A) Los factores económicos eran favorables en México.
   (B) La obra de Nissán había sido popular.
   (C) Reflejó un fenómeno social de la época.
   (D) Recibió el apoyo de los políticos.

7. ¿Qué podemos suponer sobre la obra futura de Nissán?
   (A) Presentará problemas sociales de las mujeres.
   (B) Buscará soluciones pacíficas a problemas complicados.
   (C) Rechazará a sectores marginados.
   (D) Defenderá los moldes tradicionales.

8. ¿Cómo se pueden caracterizar los cambios que ocurrieron en México en los años ochenta y noventa?
   (A) Desafortunados para los indígenas
   (B) Inoportunos para los judíos
   (C) Victoriosos para los políticos
   (D) Favorables para la mujer

9. ¿Cuál de los siguientes temas capta la información del artículo?
   (A) La asimilación total de una mujer judía
   (B) La libertad de los judíos en México
   (C) La creciente independencia de la mujer mexicana
   (D) Un hecho precursor a la aceptación de la comunidad judía

ACTIVIDAD 46
Tema curricular: Las familias y las comunidades
Fuente número 1

Introducción
El siguiente artículo trata de un interesante evento en Huaca Rajada, Perú. Fue publicado en el diario español *El Mundo*.

El mayor tesoro anterior al dominio inca

Línea En 1987, Walter Alva y su equipo de investigadores encontraron el yacimiento arqueológico más rico de la cultura moche conocido hasta la fecha. Sus maravillas
(5) pueden contemplarse en el Museo Reales Tumbas de Sipán, que él mismo dirige, en Lambayeque, desde que se inauguró hace ocho años. Este centro de arte antropológico no se ubicó en la zona de excavaciones porque
(10) no existía corriente eléctrica en esa área. Las primeras piezas fueron depositándose en el Museo Bruning, que también funcionaba bajo sus directrices. La importancia de este hallazgo radica en que el complejo no había
(15) sido saqueado y permanecía intacto desde el siglo IV d. C. Los trabajos en Huaca Rajada nos permiten saber hoy el rito funerario que siguió uno de los reyes más poderosos (llegó a controlar cuatro valles) de las civilizaciones
(20) peruanas prehispánicas: el Señor de Sipán. "Me di cuenta de que habíamos descubierto la tumba de un importante gobernante por la cantidad de objetos con los que estaba enterrado; algunos los había visto representados en restos de
(25) otros yacimientos", expresó el doctor Alva coincidiendo con la visita de la Ruta Quetzal al museo.

No puede evitar indignarse por los saqueos que sufren las pirámides, pues los tesoros
(30) encontrados acabarán en el mercado negro: "Lo peor es que seguirán blanqueando operaciones mientras se permita a los coleccionistas hacerse con estas obras", lamenta el investigador peruano. En este sentido, la clave para acabar
(35) con el expolio de un valiosísimo patrimonio estriba únicamente en la lucha contra los saqueadores y negociadores ilegales: "Tenemos un convenio con EE.UU. para luchar contra estas mafias de forma conjunta. El FBI ha logrado infiltrar agentes en sus redes y hacerse (40) con alguna pieza antes de que se completara una venta. Lo malo es que hay tantos monumentos que haría falta multiplicar por tres nuestro ejército para protegerlos". El Señor de Sipán pudo fallecer hace 1.700 años, a los 45 o 50 (45) años de edad. Sus narigueras (piezas de oro que cubrían la boca desde la nariz), protectores, estandartes y cetros de oro o cobre dorado constituyen la base de un amplísimo tesoro. Además, el museo también contiene bajo sus (50) muros el cadáver de uno de sus ancestros, que ocupó el mismo escalón jerárquico.

Por antigüedad, este último debería haber sido el primero en llamarse Señor de Sipán, pero apareció después y el mundo científico (55) ya se había decantado por su sucesor, por lo que tuvo que incluir el calificativo 'Viejo' junto a esa misma denominación. La leyenda y mitología sobre el oro con el que se fabricaban armas y elementos de decoración hace pensar (60) a muchos vecinos que, de existir El Dorado, estaría en esta zona del norte de Perú: "Yo no lo creo así, eso fue un invento de los incas para alejar a los españoles hacia la selva", sentenció Alva. La realidad es que estos descubrimientos (65) arqueológicos supusieron un impacto a nivel nacional, pues hasta el año 87 su población no se había interesado demasiado por este asunto. Alva espera despertar vocaciones entre los más jóvenes. Para que un buen número de (70) expedicionarios sigan sus pasos se organizaron talleres de cerámica, de dibujo arqueológico, de excavación o de tejidos en algodón nativo junto al campamento, instalado en la parte trasera de las Reales Tumbas. (75)

Fuente número 2

Introducción

Esta línea de tiempo muestra algunas civilizaciones importantes del antiguo Perú. Nota: En español, el término a. C. *(antes de Cristo)* es equivalente al término *B.C.* y d. C. *(después de Cristo)* es equivalente a *A.D.*

Culturas del Antiguo Perú

- INCA: 1000 – 1600 d. C.
- MOCHE: 1 – 800 d. C.
- NAZCA: 200 a. C. – 600 d. C.
- VICUS: 500 a. C. – 500 d. C.
- PARACAS: 700 a. C. – 200 d. C.
- CHAVÍN: 1200 – 500 a. C.
- CARAL: 3000 – 1500 a. C.

3000 a. C.　　2000 a. C.　　1000 a. C.　　1 d. C.　　1000 d. C.　　2000 d. C.

Datos de: Culturas del Antiguo Perú durante más de 4 milenios; (c) 2020, El Brujo

---

1. ¿Cuál es el propósito principal del artículo?
   - (A) Informar sobre un notable hallazgo
   - (B) Documentar el último saqueo de un museo
   - (C) Aconsejar a los coleccionistas sobre el mercado negro
   - (D) Criticar el trabajo de un equipo de investigadores

2. ¿A qué se debe la magnitud de este descubrimiento?
   - (A) No se había descubierto otro igual en todo el continente.
   - (B) No contenía los típicos artefactos encontrados en el área.
   - (C) Su contenido no había sido alterado por nadie.
   - (D) Los artefactos provenían de varias tumbas.

3. ¿Quién parece ser el Señor de Sipán?
   - (A) Un monarca de gran importancia
   - (B) Un director del museo Bruning
   - (C) Un contrabandista del mercado negro
   - (D) Un oficiante de ritos funerales

4. ¿Qué trata de comunicar el autor cuando dice que uno de los cadáveres "ocupó el mismo escalón jerárquico" [línea 52]?
   - (A) Que ocupaba un alto cargo
   - (B) Que pertenecía a otro grupo indígena
   - (C) Que contribuyó a la defensa de su gente
   - (D) Que poseía una cantidad de joyas enorme

5. ¿A qué se refiere el autor cuando usa el calificativo "Viejo" [línea 57]?
   - (A) Al tesoro que encontraron en la tumba
   - (B) Al segundo cadáver que se encontró
   - (C) Al mito que existía sobre el rey
   - (D) Al lugar donde se encontraba El Dorado

6. ¿Con qué propósito menciona el autor la leyenda de El Dorado?
   - (A) Para alabar las creencias religiosas de los incas
   - (B) Para defender la mitología sobre el oro
   - (C) Para alabar la creatividad de los incas
   - (D) Para explicar el lugar del descubrimiento

7. ¿Qué muestra este gráfico?
   (A) La cronología de cuando se fundaron las ciudades peruanas principales
   (B) La duración de las diferentes invasiones a civilizaciones peruanas
   (C) Las guerras más importantes a través de la historia del Perú
   (D) El surgimiento y decadencia de diferentes civilizaciones del Perú

8. Si un arqueólogo encontrara una estructura de 3.000 años de antigüedad, ¿a qué civilización probablemente pertenecería según el gráfico?
   (A) Chavín
   (B) Paracas
   (C) Moche
   (D) Caral

9. Según el gráfico, ¿cuál civilización duró más tiempo?
   (A) Vicus
   (B) Caral
   (C) Paracas
   (D) Nazca

10. ¿Cómo apoya este gráfico la observación del artículo de que el Señor de Sipán, quien falleció hace 1.700 años, precede al dominio inca?
    (A) Nota que la civilización inca solo duró 400 años.
    (B) Nota que la civilización inca sigue presente en la actualidad.
    (C) Nota que la civilización inca surge después del 1000 d. C.
    (D) Nota que la civilización inca deja de existir después del 1000 d. C.

Part B-1
Interpretive Communication: Print and Audio Texts (Combined)

In the AP® Spanish Language and Culture Examination, Part B includes both Print and Audio Texts (Combined) as well as Audio Texts on their own. However, for the purposes of this practice book, the exam's Part B has been divided into two parts, Part B-1: Print and Audio Texts (Combined) and Part B-2: Audio Texts.

In this portion of the AP® Spanish Language and Culture Examination, you will be tested on your ability to comprehend and interpret information from two different sources: print and audio. You will first read a print selection and then listen to an audio selection. After that, you will answer multiple-choice questions that relate to both selections. Both the questions and multiple-choice options appear in print. The content of these reading and listening selections relates to the curricular themes as set forth in the Course and Exam Description for the AP® Spanish Language and Culture Examination.

The print selections are from journalistic sources. The audio segments include news broadcasts, conversations, and podcasts. The multiple-choice questions that follow the selections ask you to identify main ideas as well as to understand and interpret additional ideas, details, facts, conclusions, and inferences. Some questions will ask you what the two sources have in common or to focus on and distinguish specific features of each source. In some cases you will be asked to choose what a person may say or write as a result of the reading or the listening passage, or to choose a topic for further study, based on the information included in the passages.

When taking this portion of the exam, you will have a designated amount of time to read the print selection. You will have additional time to read the introduction to the audio selection and then skim the questions that follow. Then you will listen to the audio selection. After listening, you will have one minute to begin to answer a series of multiple-choice questions that cover information included in both the print and audio selections. You will then listen to the audio selection a second time. After that you will have 15 seconds per question to finish answering the questions.

In this portion of the AP® exam, you will be using both reading and listening strategies. (For a complete review of reading strategies, see Part A. For a complete review of listening strategies, see Part B-2.)

Strategies

1. **Use your time efficiently.** Be aware of the amount of time you have to read or listen to each of the two selections and to answer the questions. As you read or listen to each selection, focus first on getting main ideas, then details.

2. **Look carefully at the introductions to the reading and listening passages and read the questions that follow.** They will provide information that tells you what the passages are about and what information you need to identify. You will also notice key vocabulary related to the topic while skimming these sections.

3. **Take detailed notes while listening.** Remember that while you can always return to the print selection for more information, you will only hear the listening selection twice. The first time you listen, jot down as many key words and ideas as you can. Then, as you listen a second time, underline key ideas in your notes and jot down additional information you didn't get during the first listening.

4. **Look for similarities.** How are the selections connected? What is the unifying theme? Do they both present the same point of view about this theme? Are they on the same side of the issue, or do they take opposing sides?

5. **Look for differences.** How does one selection relate to and expand upon the theme presented in the other selection? Does one passage include information that is not included in the other?

The following practice activities are arranged in order of increasing difficulty and are designed to give you practice in reading and interpreting print texts combined with audio segments.

You have 1 minute to read the directions for this part.	Tienes 1 minuto para leer las instrucciones de esta parte.

You will listen to several audio selections. Each audio selection is accompanied by a reading selection. You will have a designated amount of time to read it.	Vas a escuchar varias grabaciones. Cada grabación va acompañada de una lectura. Vas a tener un tiempo determinado para leerla.
For each audio selection, first you will have a designated amount of time to read a preview of the selection as well as to skim the questions that you will be asked. Each selection will be played twice. As you listen to each selection, you may take notes. Your notes will not be scored.	Para cada grabación, primero vas a tener un tiempo determinado para leer la introducción y prever las preguntas. Vas a escuchar cada grabación dos veces. Mientras escuchas, puedes tomar apuntes. Tus apuntes no van a ser calificados.
After listening to each selection the first time, you will have 1 minute to begin answering the questions; after listening to each selection the second time, you will have 15 seconds per question to finish answering them. For each question, choose the response that is best according to the audio and/or reading selection and mark your answer on your answer sheet.	Después de escuchar cada selección por primera vez, vas a tener 1 minuto para empezar a contestar las preguntas; después de escuchar por segunda vez, vas a tener 15 segundos por pregunta para terminarlas. Para cada pregunta, elige la mejor respuesta según la grabación o el texto e indícala en la hoja de respuestas.

ACTIVIDAD 1
Tema curricular: Las familias y las comunidades
Fuente número 1
Primero tienes 1 minuto para leer la fuente número 1.

Introducción
Esta selección trata de los hábitos de compras de los mexicanos. Fue publicada por Kantar.

¿Qué regalarán los mexicanos para las navidades?

34% de los mexicanos comprará regalos. Ropa o zapatos, juguetes, accesorios, chocolates y perfumes serán los artículos más regalados en esta Navidad.

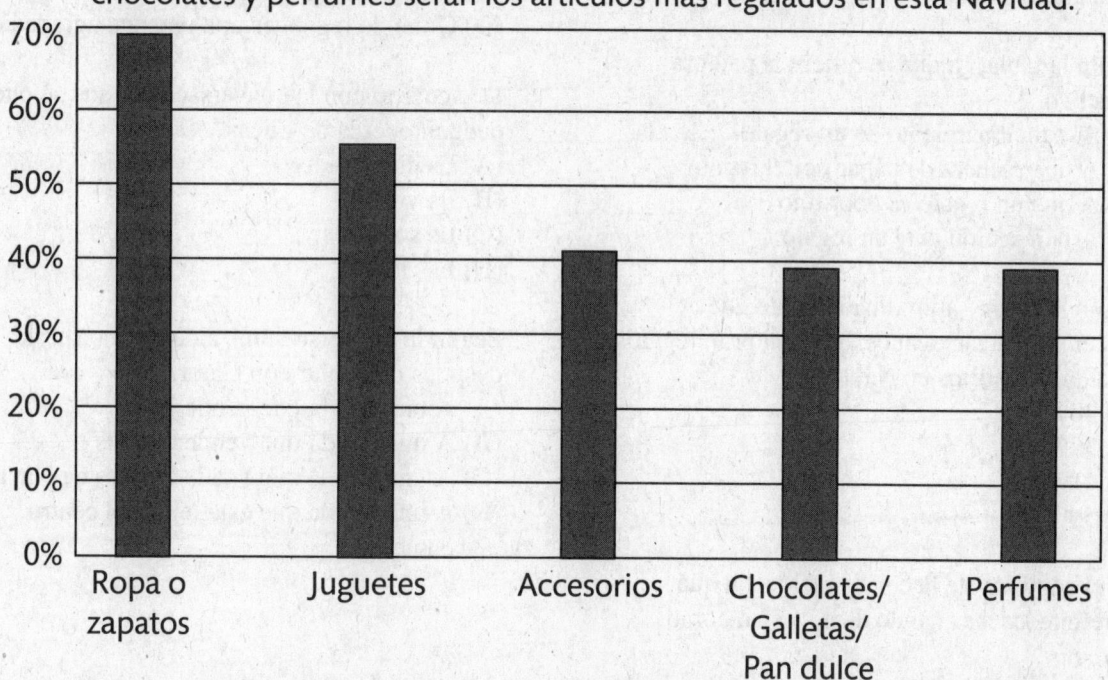

Artículo	Porcentaje
Ropa o zapatos	70%
Juguetes	55%
Accesorios	41%
Chocolates/Galletas/Pan dulce	38%
Perfumes	38%

Los regalos serán en su mayoría para la pareja (71%), madre (68%) e hijos (65%). Los principales métodos de pago serán efectivo, tarjeta de débito y crédito.

Datos de: Elaborado con información de Kantar Group and Affiliates

Fuente número 2

🔊 Tienes 1 minuto para leer la introducción y prever las preguntas.

Introducción

Esta grabación trata de las compras en un centro comercial. Es una conversación entre Clara y Lucas, dos amigos que se encuentran mientras hacen sus compras para las navidades. La grabación dura aproximadamente dos minutos y medio.

1. Según la tabla, ¿para quién es el artículo más regalado por los mexicanos en Navidad?
   (A) Para los padres
   (B) Para sí mismos
   (C) Para la pareja
   (D) Para los hijos

2. Según la tabla, ¿a qué se refiere la palabra "efectivo"?
   (A) Al funcionamiento de un regalo
   (B) A una manera de pagar por el regalo
   (C) A que un regalo es oportuno
   (D) A la reacción ante un regalo

3. Según la tabla, ¿aproximadamente qué porcentaje de mexicanos, que compran regalos, regalan accesorios en Navidad?
   (A) 30%
   (B) 39%
   (C) 41%
   (D) 50%

4. En el contexto de la conversación, ¿a qué se refiere Lucas cuando dice, "están como sardinas"?
   (A) A que a los mexicanos les gusta el pescado
   (B) A que los carros están muy mojados
   (C) A que los carros están muy juntos
   (D) A que los mexicanos compran para el verano

5. Según la conversación, ¿qué ventajas tienen las tarjetas de regalo?
   (A) Quien la recibe puede comprar lo que desea
   (B) Quien la compra puede obtener un descuento
   (C) Quien la recibe la puede volver a regalar
   (D) Quien la regala es una persona agradecida

6. De acuerdo con la conversación, ¿qué se puede deducir acerca de Lucas?
   (A) Es divorciado.
   (B) Es viudo.
   (C) Es soltero.
   (D) Es casado.

7. Según la conversación, ¿a dónde va Lucas después de hablar con Clara?
   (A) A una tienda que vende joyas
   (B) A una tienda que vende tarjetas
   (C) A una tienda que vende árboles de Navidad
   (D) A una tienda que está lejos del centro comercial

ACTIVIDAD 2

Tema curricular: La belleza y la estética

Fuente número 1

Primero tienes 4 minutos para leer la fuente número 1.

Introducción

Este artículo trata del arte mexicano. El artículo apareció en el portal elcafelatino.org.

Del muralismo mexicano al Street Art

Línea
En julio de 2018, en el marco de una campaña de sensibilización al desarrollo sostenible lanzada por la ONU, la Central de Abasto de México (CEDA), el principal mercado de productos de consumo mexicano, fue transformada en una gigantesca galería al aire libre a través de decenas de pinturas murales. Este acontecimiento realza la importancia de la pintura mural como modo de
(5) comunicación privilegiado en la sociedad mexicana moderna.

En México, existe un movimiento pictórico que se origina en los años 1910 después de la Revolución Mexicana, y que ha adquirido una importancia trascendente: el muralismo mexicano. En busca de la autenticidad, es uno de los primeros movimientos pictóricos que legitima la estética latinoamericana. Los muralistas mexicanos inspiraron a unos artistas latinoamericanos que
(10) decidieron comprometerse con la causa de un arte social, político y estético. En efecto, artistas e intelectuales mexicanos participaron en la construcción de una nueva identidad nacional conocida en todo el mundo. Hoy en día, la pintura mural es masiva en México.

El papel particular de la pintura mural en el país es histórico. Este último nació de la fragmentación de ideas políticas y sociales consiguientes a la revolución. Tras el conflicto, el
(15) gobierno decidió buscar la unidad de la nación mexicana. Al ser analfabeta una gran parte de la población, eligió difundir la Historia colectiva del país a través de una política de masificación y valorización de la pintura mural. Las paredes servían entonces para llevar los acontecimientos históricos constitutivos de la identidad nacional a la población. Así, las luchas de los indígenas contra la dominación española y la Revolución Mexicana fueron temas importantes del muralismo
(20) mexicano. Los pintores del movimiento consideraban las obras pictóricas como una nueva representación de la condición mexicana, e insistían en referencias míticas y populares. El objetivo era unir al pueblo mexicano en torno a valores y referencias colectivas.

¿Muralismo y Street Art es lo mismo?

Sin embargo, el muralismo se fue convirtiendo en un arte popular. En los años cincuenta, la
(25) "Generación de la Ruptura", un grupo de artistas opuestos a los valores del muralismo vigente, empezó a inspirarse en nuevas temáticas. Así, este grupo de muralistas rupturistas difundió nuevos valores en su arte, tal como el cosmopolitismo y el apoliticismo. El primer objetivo de esta generación de artistas era alcanzar una universalidad plástica así como una mayor libertad de creación. Fue así como empezó un intercambio creativo en torno al muralismo con Europa.

(30)   Desde el principio del movimiento, las fachadas han estado promoviendo la expresión. El muralismo mexicano fue primero un arte al servicio del gobierno, antes de pasar a las manos de grupos populares que lo utilizaron como medio de expresión, de protesta y de reivindicación social. Hoy, se encuentra el muralismo mexicano en el desarrollo del arte urbano (o "street art") no solo en el continente latinoamericano sino en todo el mundo. En Latinoamérica, surgió como contracultura
(35) y como modo de expresión y de reivindicación mediante la calle. Hoy en día, ha alcanzado tanta importancia que se organizan visitas turísticas de los barrios para ver los murales más famosos de los muralistas modernos.

    El arte urbano sigue evolucionando hacia un modo de expresión artístico que reúne múltiples técnicas, pero que se nutre del alma y de la vitalidad de las ciudades y de sus habitantes. La urbe se
(40) convierte en un lienzo inmenso que permite reinterpretar y reinventar este arte al infinito.

Fuente número 2

🔊 Tienes 2 minutos para leer la introducción y prever las preguntas.

Introducción
Esta grabación trata del arte callejero. La grabación proviene del podcast de AFP Español. Dura aproximadamente dos minutos.

---

1. ¿Cuál es el propósito principal del artículo?
   (A) Destacar diferentes formas de arte en México
   (B) Presentar la historia de una revolución
   (C) Dar a conocer arte político
   (D) Mostrar el arte mexicano en galerías

2. Según el artículo, ¿qué efecto tuvieron los muralistas en los artistas latinoamericanos?
   (A) Abandonaron las antiguas corrientes artísticas.
   (B) Adoptaron las causas de los muralistas mexicanos.
   (C) Usaron el arte para promover el comercio sostenible.
   (D) Reevaluaron la importancia de la estética en sus obras.

3. Según el artículo, ¿cómo fue usado el muralismo después de la Revolución?
   (A) Para informar al público de importantes hechos históricos
   (B) Para impulsar las ideas del gobierno
   (C) Para promover la estética mexicana a la población indígena
   (D) Para enseñar a leer y a escribir a la población analfabeta

4. Según el artículo, ¿cómo puede caracterizarse al "arte urbano"?
   (A) Es un modo de expresión en ciudades.
   (B) Es considerado un arte académico.
   (C) Es promovido por el gobierno mexicano.
   (D) Es rechazado como expresión artística.

5. Según la fuente auditiva, ¿dónde producen sus obras los grafiteros?
   (A) En edificios gubernamentales
   (B) En las paredes de las casas
   (C) En lugares designados por las autoridades
   (D) En galerías y casas abandonadas

6. Según la fuente auditiva, ¿por qué piensa el entrevistado que Valparaíso es la ciudad perfecta para su arte?
   (A) Por el gran número de turistas en el área
   (B) Por la cantidad de lugares disponibles para su arte
   (C) Por la diversidad de artistas que vive allí
   (D) Por la libertad que les proveen las autoridades

7. Según la fuente auditiva, ¿cómo ha cambiado la actitud de los habitantes de Valparaíso sobre los grafiteros?
    (A) Aprecian mucho más su arte y los apoyan.
    (B) Creen que perjudican la industria turística.
    (C) Sienten necesario proteger su propiedad.
    (D) Se muestran indiferentes a este arte.

8. Según la fuente auditiva, ¿cómo ayudan las autoridades a los grafiteros?
    (A) Facilitan la venta de sus obras a los turistas.
    (B) Muestran sus obras en los edificios gubernamentales.
    (C) Facilitan la distribución de los materiales necesarios.
    (D) Les ofrecen lugares para crear sus obras.

9. ¿Qué tienen en común las dos fuentes?
    (A) Destacan el interés internacional en el arte mexicano.
    (B) Discuten el efecto del arte urbano en el turismo.
    (C) Discuten la importancia de las galerías al aire libre.
    (D) Destacan la importancia social del arte urbano.

10. Según la información en las dos fuentes, ¿qué afirmación mejor caracteriza al arte urbano?
    (A) Es un modo de expresión popular que permite libertad creativa.
    (B) Es un instrumento utilizado por el gobierno para promover el turismo.
    (C) Es un negocio muy lucrativo para los muralistas y sus representantes.
    (D) Es un arte apoyado por los gobiernos con propósitos políticos.

ACTIVIDAD 3
Tema curricular: Las familias y las comunidades
Fuente número 1
Primero tienes 4 minutos para leer la fuente número 1.

Introducción
Este artículo trata de temas alimenticios. Apareció en el portal de la BBC Mundo.

El "superalimento" que ha cambiado la vida de los agricultores en Perú

Línea

La quinua o quinoa se ha convertido en un alimento popular a nivel mundial. Su boom sigue beneficiando a los agricultores en Perú, quienes al mismo tiempo están bajo la amenaza de la creciente competencia internacional.

Rodrigo Cisneros mira sus campos de plantas de quinua, que se extienden a lo largo de las laderas

(5) de los Andes. Son de color amarillo brillante. Hace apenas cinco años, Cisneros tenía una pequeña parcela de tierra donde cultivaba alimentos, principalmente para el consumo de su propia familia.

De vez en cuando vendía pequeñas cantidades de papas en la ciudad más cercana. Hoy, gracias a la popularidad mundial de la quinua como "superalimento", Cisneros y sus dos hermanos poseen más de 20 hectáreas de tierra y emplean a 15 trabajadores agrícolas.

(10) "Mis antepasados, mis abuelos y mis padres siempre han cultivado la quinua. Crecí comiéndola, pero nunca la vendimos", dice.

La quinua es rica en proteínas, baja en carbohidratos y no tiene gluten.

La mayoría de los agricultores peruanos que cultivan quinua aún viven en pequeñas parcelas de tierra. Alrededor del 72% de los cultivadores de quinua poseen menos de cinco hectáreas y aun así

(15) en ellas se cultiva el 38% de la quinua del país, según cifras de 2012 aportadas por el Ministerio de Agricultura.

John Bliek, miembro de la Organización Internacional del Trabajo (OIT), dice que la mayoría de estos pequeños agricultores siguen siendo pobres y no han podido aprovechar al máximo el auge de la quinua. Pero él dice que los agricultores que han formado cooperativas han visto mejoras en

(20) su calidad de vida. "Juntos pueden comenzar a producir a mayor escala, aumentar la productividad, acceder a mercados extranjeros y obtener mejores precios para sus cultivos", agrega.

Sin embargo, los agricultores peruanos ahora enfrentan otro problema: el precio de la quinua ha caído un 75%, ya que otros países como Estados Unidos, Canadá y Argentina han comenzado a producirla.

(25) Perú es el mayor productor de este grano y aporta casi la mitad de la oferta mundial. Su vecino Bolivia es el segundo mayor productor, lo que representa poco más de un tercio.

La planta de la quinua prospera en lo alto de las montañas de los Andes. Pero en 2017 se estudió su genoma y actualmente se realizan experimentos con distintas variedades de la planta para que crezca

(30) satisfactoriamente en diferentes climas y hábitats en África, Asia y Europa. Esto podría llevar a una nueva caída de los precios.

A pesar de ello, Bliek dice que los productores peruanos aún tienen ventajas sobre sus competidores, pues la quinua "es un producto peruano que tiene fuertes raíces culturales".

"Hay una historia que dice que hace 3000 o 5000 años, las estrellas regalaron la quinua a los indígenas aymaras", cuenta. "Estas raíces culturales brindan a los agricultores locales enormes (35) beneficios sobre las personas que intentan copiarlos", argumenta. "Y aunque existe la amenaza de que los precios puedan caer, el aumento de la producción en otros países también podría aumentar la conciencia de la quinua en todo el mundo, lo que podría abrir nuevos mercados para los agricultores peruanos".

Fuente número 2

🔊 Tienes 2 minutos para leer la introducción y prever las preguntas.

Introducción

Esta grabación trata de un alimento. La grabación apareció en el portal de la BBC Mundo. Dura aproximadamente dos minutos.

---

1. ¿Cuál es el propósito principal del artículo?
   (A) Presentar información sobre la quinua
   (B) Enseñar a las personas a mejorar su alimentación
   (C) Identificar los problemas económicos de Perú
   (D) Proporcionar medidas exactas para prosperar

2. Según el artículo, ¿qué sabemos sobre la mayoría de los agricultores en Perú?
   (A) Se niegan a vender sus productos típicos.
   (B) Evitan formar cooperativas con otros agricultores.
   (C) Cultivan en pequeñas porciones de tierra.
   (D) Se han enriquecido debido a la popularidad de la quinua.

3. Según el artículo, ¿por qué se llama a este cultivo "superalimento"?
   (A) Puede alimentar a mucha gente.
   (B) Es rico en proteínas y no contiene gluten.
   (C) Produce una sensación de bienestar al consumirse.
   (D) Permite que quienes lo cultivan se enriquezcan.

4. Según el artículo, ¿por qué los productores peruanos tienen una ventaja?
   (A) Por la alta calidad de su tierra fértil
   (B) Por sus prácticas de cultivo sostenible
   (C) Por la larga historia cultural del producto
   (D) Por la gran cantidad de agricultores en Perú

5. ¿Cuál es el propósito principal de la fuente auditiva?
   (A) Informar acerca del cultivo de quinua en Bolivia
   (B) Presentar datos sobre la quinua en el mundo
   (C) Caracterizar la cultura de los agricultores peruanos
   (D) Dar un análisis de costos y beneficios de un cultivo

6. Según la fuente auditiva, ¿cómo es la producción de quinua en Bolivia comparada con la demanda internacional?
   (A) Es demasiado baja.
   (B) Es muy complicada.
   (C) Es bastante estable.
   (D) Es demasiado costosa.

7. Según la fuente auditiva, ¿cómo se prepara la quinua?
   (A) Se prepara como el arroz o la cebada.
   (B) Se prepara asándola a fuego lento.
   (C) Se prepara de la misma manera que las pastas.
   (D) Se prepara friéndola con aceite vegetal.

8. Según la fuente auditiva, ¿en qué país se considera a la quinua un producto exótico?
   (A) Bolivia
   (B) Perú
   (C) Japón
   (D) Argentina

9. ¿En qué coinciden los expertos de las dos fuentes?
   (A) En el aumento de la popularidad de la quinua
   (B) En la necesidad de limitar la producción de quinua
   (C) En la caída de los precios mundiales de la quinua
   (D) En la superioridad de la quinua peruana

10. ¿Cuál de los siguientes puede ser un resumen de las dos fuentes?
    (A) El mercado decide los precios de los alimentos.
    (B) Un cultivo milenario se hace muy popular.
    (C) Bolivia y Perú compiten por exportar sus productos.
    (D) En Estados Unidos se produce quinua de varias maneras.

ACTIVIDAD 4
Tema curricular: Las identidades personales y públicas
Fuente número 1
Primero tienes 4 minutos para leer la fuente número 1.

Introducción
Este artículo trata del aburrimiento y su efecto en los seres humanos. Apareció en el portal de la BBC Mundo.

Dejemos que los niños se aburran

Línea

A los niños se les debe permitir que se aburran para que puedan desarrollar su capacidad innata de ser creativos, dice una experta en educación.

Teresa Belton, investigadora de la Universidad de Educación y Aprendizaje Permanente de la Universidad de East Anglia, en Reino Unido, le dijo a la BBC que las expectativas culturales de que
(5) los niños deben estar siempre activos podrían obstaculizar el desarrollo de su imaginación.

Belton se reunió con la escritora Meera Syal y con el artista Grayson Perry para analizar cómo el aburrimiento había ayudado a su creatividad cuando eran niños. Syal dijo que el aburrimiento la instó a escribir, mientras que Perry dijo que es un "estado creativo". Belton conversó con varios autores, artistas y científicos para descubrir los efectos del aburrimiento. Así escuchó los recuerdos de Syal en
(10) una pequeña aldea minera en la que creció con pocas distracciones.

Belton asegura: "La falta de cosas que hacer la impulsó a hablar con gente que de otra forma no habría conocido y probar actividades que no habría hecho en otras circunstancias, como hablar con vecinos ancianos o aprender a hornear pasteles".

"Pero lo más importante es que el aburrimiento la hizo escribir. Llevaba un diario desde que era
(15) muy joven, lo llenó con sus observaciones, cuentos, poemas y diatribas. Y ella atribuye a estos inicios el que se convirtiera más tarde en una escritora".

'Reflexión'

La comediante, ahora escritora, señala: "La soledad forzada acompañada de una página en blanco es un estímulo maravilloso".
(20) Pero Perry cree que el aburrimiento también era beneficioso para los adultos: "A medida que me hago mayor, agradezco la reflexión y el aburrimiento. El aburrimiento es un estado muy creativo".

'Cortocircuito'

La académica, quien previamente había estudiado el impacto de la televisión y los videos en la escritura de los niños, dice: "Ahora, cuando los niños no tienen nada que hacer, de inmediato
(25) encienden el televisor, la computadora, el teléfono o algún tipo de pantalla. El tiempo que pasan frente a estas cosas se ha incrementado".

"Pero los niños necesitan tener tiempo para 'no hacer nada', tiempo para imaginar y perseguir sus propios procesos de pensamiento o asimilar sus experiencias a través del juego o simplemente observar el mundo que les rodea".

(30) "Ese es el tipo de cosa que estimula la imaginación", agrega, mientras que la pantalla "tiende a hacer un cortocircuito en ese proceso y el desarrollo de la capacidad creativa".

Syal añade: "Uno empieza a escribir porque no hay nada que probar, nada que perder, nada más que hacer".

"Es muy liberador ser creativo no por otra razón que no sea dejarse llevar y matar el tiempo".

(35) Belton concluye: "Por el bien de la creatividad tal vez tengamos que reducir la velocidad y desconectarnos de vez en cuando".

Fuente número 2

🔊 Tienes 2 minutos para leer la introducción y prever las preguntas.

Introducción

Este *podcast* trata de una reflexión personal del narrador sobre sus días escolares. La grabación es de Daniel Canelo Soria, periodista español, y dura aproximadamente tres minutos y medio.

---

1. ¿Cuál es el propósito principal del artículo?
   (A) Presentar las ventajas de ver televisión
   (B) Describir las ventajas del aburrimiento
   (C) Describir los peligros de no hacer nada
   (D) Explicar los riesgos de la productividad

2. Según la fuente escrita, ¿qué afirma Teresa Belton sobre las expectativas culturales de los niños?
   (A) Que la imaginación de los niños raramente encuentra obstáculos
   (B) Que el aburrimiento de los niños incita a mal comportamiento
   (C) Que la constante actividad de los niños podría tener efectos negativos
   (D) Que la creatividad surge aunque no exista la imaginación en la infancia

3. Según la fuente escrita, ¿cómo se explica la manera en que el aburrimiento influye en la imaginación?
   (A) Cuando no hay nada que hacer, la persona tiene la oportunidad de ser creativa.
   (B) Cuando no existen factores que incitan la creatividad, la persona necesita aprenderlos en la niñez.
   (C) Cuando se permite recordar los eventos del pasado, se impulsa la imaginación.
   (D) Cuando se posibilita analizar las distracciones, se impide que la persona use su imaginación.

4. ¿Qué le permitió hacer el aburrimiento a Meera Syal, según la fuente escrita?
   (A) La impulsó en su deseo de ayudar a las personas mayores.
   (B) Le provocó intentar nuevas actividades y conocer a más personas.
   (C) Le permitió diseñar métodos para activar su creatividad.
   (D) La ayudó a superar la constante necesidad de estar sola.

5. Según la fuente escrita, ¿a qué se refiere "la pantalla" (línea 30)?
   (A) A los implementos electrónicos
   (B) A las salas de cinematógrafos
   (C) A los libros y diarios escritos
   (D) A la página en blanco

6. Según la grabación, ¿qué efecto tenía en el narrador asistir a la clase de educación física?
   (A) Lo obligaba a estar alerta.
   (B) Lo motivaba a aprender.
   (C) Lo ayudaba a divertirse por tener tanta energía.
   (D) Lo estimulaba a dejar correr la imaginación.

7. Según la grabación, ¿qué le sucedía al narrador cuando los estudiantes leían en la clase de lengua?
   (A) El profesor le daba ánimo para que fuera creativo.
   (B) Se sentía como si estuviera perdiendo el tiempo.
   (C) Pensaba en otras cosas relacionadas con el texto.
   (D) Se convertía en un crítico de la obra.

8. Según la grabación, ¿qué le hubiera ayudado a interesarse más en la clase de historia?
   (A) Asistir a la clase a una hora más temprana
   (B) Hacer reales a los personajes históricos
   (C) Relacionar a los personajes a su propia vida
   (D) Hacer conexiones con otras asignaturas

9. Según la grabación, ¿cómo se divertía con las matemáticas?
   (A) Creaba personajes misteriosos.
   (B) Escribía poemas con las fórmulas.
   (C) Se aprendía de memoria los resultados.
   (D) Se creía un investigador de crímenes.

10. Según la grabación, ¿a qué se refiere el narrador cuando dice "mis ratos muertos"?
    (A) A los momentos de aburrimiento
    (B) A los incidentes olvidados
    (C) A las clases desagradables
    (D) A las composiciones musicales

11. ¿Qué tienen en común las dos fuentes?
    (A) La inclusión de los peligros de la soledad
    (B) El impacto de la educación en la creatividad
    (C) La afirmación de la importancia del aburrimiento
    (D) El recuerdo de las experiencias contraproducentes

12. ¿A qué tipo de instituciones se refieren las dos fuentes?
    (A) A instituciones educativas
    (B) A oficinas de investigaciones
    (C) A instituciones policiales
    (D) A lugares para hacer gimnasia

ACTIVIDAD 5

Tema curricular: Las familias y las comunidades

Fuente número 1

Primero tienes 4 minutos para leer la fuente número 1.

Introducción

Este artículo trata del café en Colombia. Fue publicado en el portal de la BBC Mundo.

Café en Colombia: por qué es importado y de baja calidad el que se toma en el país cafetero por excelencia

Línea

Juan Manuel Ortiz, un experto en café, toma un sorbo de la bebida nacional en un pocillo blanco que dice "Café de Colombia" y tiene pintada una banderita del país. Y le cuesta, no le gusta.

Ortiz no se lo puede terminar: "La gente me dice que (soy) esnob, pero nos dijeron que teníamos el mejor café del mundo y la realidad es que nuestro mejor grano se exporta y los perjudicados somos
(5) los consumidores y cultivadores".

Colombia, país sinónimo de café, produce 14 millones de sacos de 60 kg al año aproximadamente. De eso, 13 millones (un 93%) de sacos son para exportar, de acuerdo con cifras de la Federación de Cafeteros. Según la organización, la demanda local es de 1,8 millones de sacos, y para satisfacerla el país importa de Ecuador y Perú unos 800.000 sacos de café de baja calidad (o pasilla) para el
(10) consumo interno. Durante las primeras décadas del siglo XX, Colombia se convirtió en el segundo exportador de café en el mundo después de Brasil, puesto que mantuvo hasta 2011, cuando fue alcanzado por Vietnam. Hoy está entre el tercer y cuarto lugar, según la Organización Internacional del Café.

El café, según historiadores, es responsable de la industrialización del país y logró formar una
(15) economía que conectara, al menos parcialmente, a las principales regiones del país. El café permitió el acceso a importaciones, desarrolló el principal río del país (el Magdalena) y dio trabajo a millones de familias. Generó, incluso, una cultura del trabajo.

Con una jornada laboral de 48 horas a la semana, Colombia es uno de los países donde más se trabaja en la región.
(20) Pero una cosa es que el nuevo colombiano resultara ser un gran productor de café, y otra, que fuera un gran bebedor del producto.

"La gente se lo tomaba y se lo sigue tomando más como por costumbre o por la cafeína, pero no por placer (...) Toda esa generación quedó con una codificación de café que no corresponde a la de un café de exportación de alta calidad", asegura Roberto Vélez, gerente general de la Federación de
(25) Cafeteros.

La producción de café en Colombia siempre fue de primera calidad. En parte por eso es que los peores granos se quedaban en el mercado local.

"Acá se desarrolló una cultura de calidad en la producción, aunque no en el consumo. El café colombiano fue el primer café que generó una identidad de marca", dice Luis Fernando Samper,

(30) experto en denominación de origen y responsable de parte de lo que se conoce como la marca *Juan Valdez*.

"Por eso yo digo que nosotros somos los papás del café especial (de alta gama). Hoy hay cientos de marcas de 100% de Vietnam, Costa Rica, Jamaica, etc.", dice Vélez.

En la actualidad, los colombianos en un día toman 21.600.000 tazas de café, según la
(35) Federación, y 12.000.000 de chocolate, de acuerdo con la Nacional de Chocolates. Marco Palacios, probablemente el historiador que más ha estudiado al café colombiano, explica: "En términos históricos, somos un país más chocolatero que cafetero".

El café de baja calidad sigue dominando el mercado, pero, al tiempo, en Colombia es posible beber unos de los mejores cafés del mundo.

Fuente número 2

🔊 Tienes 2 minutos para leer la introducción y prever las preguntas.

Introducción

Esta grabación trata del café. La grabación apareció en el canal de YouTube de Monitor Fantasma. Dura aproximadamente dos minutos y medio.

---

1. ¿Cuál es el propósito principal del artículo?
   (A) Presentar la historia del cultivo de café en Colombia
   (B) Informar acerca del café que se consume en Colombia
   (C) Relatar cómo el café ha influido en la política de Colombia
   (D) Examinar la jornada laboral de campesinos en Colombia

2. Según el artículo, ¿por qué no termina el café Juan Manuel Ortiz?
   (A) El café estaba demasiado caliente.
   (B) El café que pidió no era especial.
   (C) La calidad del café no era de su agrado.
   (D) El café que le sirvieron no era colombiano.

3. Según el artículo, ¿por qué Colombia importa café de Ecuador y Perú?
   (A) Para satisfacer la creciente demanda local de café
   (B) Porque es mucho más barato que el café colombiano
   (C) Porque así lo exige la Federación de Cafeteros
   (D) Porque los colombianos prefieren café importado

4. Según el artículo, ¿qué beneficios ha traído el café a Colombia?
   (A) Ayudó a industrializar y enriquecer el país.
   (B) Logró desarrollar una cultura nacional unida.
   (C) Ayudó a Colombia a ser una sociedad agrícola.
   (D) Creó un sistema de consumo de café local.

5. ¿Cuál es el propósito principal de la fuente auditiva?
   (A) Hablar sobre el café en la economía
   (B) Presentar los orígenes del café
   (C) Informar sobre condiciones del cultivo de café
   (D) Resumir cómo se puede preparar café

6. Según la fuente auditiva, ¿dónde podría haberse originado el café?
   (A) Italia
   (B) Turquía
   (C) Colombia
   (D) Etiopía

7. Según la fuente auditiva, ¿para qué usaban los granos de café las antiguas tribus africanas?
   (A) Para energizar a los soldados en combate
   (B) Para rituales religiosos tradicionales
   (C) Como moneda al comerciar con los árabes
   (D) Para ayudar a los trabajadores a quedarse despiertos

8. Según la fuente auditiva, ¿cómo se introdujo el café en Yemen?
   (A) Mediante la colonización europea
   (B) Por el descubrimiento de agricultores
   (C) A través de prisioneros de guerra
   (D) Mediante el comercio con Etiopía

9. ¿Qué tienen en común las dos fuentes?
   (A) Discuten la historia del café en diferentes países.
   (B) Explican el posible origen de la palabra "café".
   (C) Enumeran a los mayores exportadores de café de hoy.
   (D) Detallan la historia del descubrimiento del café.

10. Si desearas escribir un informe acerca de la información de las dos fuentes, ¿cuál de las siguientes publicaciones consultarías?
    (A) "Cultivos tropicales en América Latina"
    (B) "Café: una bebida internacional"
    (C) "Cómo producir café de mejor calidad"
    (D) "Historia de los implementos para hacer café"

ACTIVIDAD 6
Tema curricular: Las identidades personales y públicas
Fuente número 1
Primero tienes 4 minutos para leer la fuente número 1.

Introducción
Este artículo trata de la lengua aymara. Apareció en el portal de la BBC Mundo.

Aymara: 3 características especiales del idioma y por qué no es el mismo en Perú, Bolivia y Chile

Línea

El idioma aymara (o aimara, según las reglas del español actual) lleva el mismo nombre de la comunidad que lo habla y que vive en una amplia zona de la cordillera de los Andes desde hace unos 10.000 años. Se estima que en la actualidad más de 2 millones de personas hablan aymara en Bolivia, Chile y Perú. También hay registros de una pequeña comunidad en el sur de Ecuador y en el norte de

(5) Argentina.

Sin embargo, a pesar del alto número de hablantes, su situación es frágil, describe la Organización de las Naciones Unidas para la Educación, la Ciencia y la Cultura (Unesco).

"Soy pesimista porque vivo esa realidad. Si hoy el niño no habla aymara, mañana será un joven quien no la hablará. Solo los que hablamos envejeceremos con nuestra lengua", afirma a BBC Mundo

(10) Roger Gonzalo, profesor de lenguas andinas de la Pontificia Universidad Católica del Perú (PUCP). "No hay políticas educativas ni políticas sociales serias. Hay muy buenas leyes, pero con ellas no se resuelven cosas prácticas", reflexiona.

¿Qué hace que el aymara sea un idioma especial? ¿y por qué se habla un aymara diferente en Perú, Bolivia y Chile? Aquí te contamos 3 de sus características principales:

(15) **1. Familia de lenguas**

El aymara no es un solo idioma sino una familia de lenguas. Esto es comparable al término "lenguas romances" de las cuales el español es parte, como también lo son el francés y el portugués, por ejemplo.

"El aymara es una familia de lenguas, pero muchas lenguas aymaras se han extinguido, sobre todo

(20) en el centro y sur de Perú", afirma el profesor Gonzalo. Hoy solo quedan dos lenguas importantes dentro del aymara: el jaqaru y el aymara sureño o simplemente aymara.

2. Palabras kilométricas

Quizás la particularidad más llamativa del aymara es la capacidad para formar palabras que son larguísimas, que pueden superar en algunos casos las 30 letras. Esta formación de palabras tan

(25) extensas se debe a que el aymara es una lengua aglutinante.

"La lengua trabaja con muchos prefijos, sufijos e infijos. Son partículas que se van anexando a una raíz y cada una va indicando género, número, tiempo verbal, sustantivo, etc.", explica Celia González Estay, doctora en Ecolingüística de la Universidad Arturo Prat, en Iquique, Chile.

3. Oralidad

(30) Si hay algo que es típico de las lenguas andinas y muchas otras aborígenes es que la cultura se transmite oralmente. Entonces, la gramática del idioma aymara nunca estuvo escrita.

"El hecho de que hoy día se puede estar escribiendo es un avance para el mundo occidental, pero no es parte del ejercicio lingüístico de la comunidad. Ellos saben muchas cosas que dicen pero no se escriben", sostiene Celia González.

(35) **"Vergüenza de hablar aymara"**

Aprender aymara parece ser todo un desafío. "No es una lengua fácil de aprender, al igual que el quechua o cualquier lengua aglutinante", opina Celia González.

Además de las complejidades gramaticales de la lengua se suma la discriminación que sufren algunos de los hablantes del aymara.

(40) "Cuando se les pregunta si son hablantes, muchos lo niegan, porque hay un sentimiento de inferioridad", describe Roger Gonzalo, cuya lengua materna es el aymara.

"Hay que introducir esta temática en la universidad para que vayamos formando profesionales que tengan también esta mirada o sensibilidad sobre la cultura aymara", asegura.

Y para que no muera.

Fuente número 2

🔊 Tienes 2 minutos para leer la introducción y prever las preguntas.

Introducción

Esta grabación trata de lenguas indígenas. La grabación apareció en el portal de la Radio Naciones Unidas. Dura aproximadamente tres minutos y medio.

---

1. ¿Cuál es el propósito principal del artículo?
   (A) Proponer medidas para mantener una lengua
   (B) Explicar la historia y características de una lengua
   (C) Promocionar la enseñanza de una lengua
   (D) Dar a conocer métodos para aprender una lengua

2. ¿Cómo se podría caracterizar el punto de vista del artículo?
   (A) Desea destacar la importancia de las lenguas indígenas.
   (B) Desea promover la educación escolar en lenguas indígenas.
   (C) Propone estudiar más acerca de la lengua aymara.
   (D) Informa sobre las relaciones entre políticas y lenguas.

3. ¿A qué se refiere el artículo al decir que la lengua aymara es "frágil" [línea 6]?
   (A) Solo hay muy pocos hablantes de la lengua.
   (B) El aymara se resiste a los cambios.
   (C) Las palabras del aymara son muy largas.
   (D) La lengua está en peligro de desaparecer.

4. Según el artículo, ¿con qué otras lenguas se compara el aymara?
   (A) Con el quechua de Perú
   (B) Con las lenguas romances
   (C) Con el idioma jaqaru
   (D) Con las lenguas andinas

5. Según el artículo, ¿por qué algunos hablantes tienen vergüenza de hablar aymara?
   (A) Porque se les discrimina
   (B) Porque no saben hablarla bien
   (C) Porque no saben gramática
   (D) Porque prefieren hablar español

6. ¿Cuál es el propósito principal de la fuente auditiva?
   (A) Destacar la importancia de las lenguas indígenas
   (B) Promover la educación escolar en lenguas indígenas
   (C) Informar sobre campañas para recaudar fondos
   (D) Celebrar el uso de lenguas indígenas en películas

7. Según la fuente auditiva, ¿a qué llamó el presidente de la Asamblea General de la ONU?
   (A) A acabar con la discriminación de idiomas originarios
   (B) A considerar todos los idiomas por igual
   (C) A reconocer la riqueza de los idiomas originarios
   (D) A incluir las lenguas indígenas en la educación

8. Según la fuente auditiva, ¿por qué dice Yalitza Aparicio que sus padres no le enseñaron sus lenguas maternas?
   (A) Porque les enorgullecían sus lenguas
   (B) Para permitirle acceder a la educación
   (C) Para evitar que la discriminaran
   (D) Porque querían que sólo hablara una lengua

9. Según la fuente auditiva, ¿qué propuso la ministra de los Pueblos Indígenas de Venezuela?
   (A) La educación bilingüe de los pueblos originarios
   (B) La inclusión activa de los pueblos originarios
   (C) La creación de proyectos para pueblos originarios
   (D) La creación de conciencia en pueblos originarios

10. ¿Qué tienen en común las dos fuentes?
    (A) Discuten las mejores maneras de enseñar aymara.
    (B) Explican la situación actual de idiomas indígenas.
    (C) Explican por qué hablantes de aymara niegan serlo.
    (D) Detallan decisiones de la ONU sobre lenguas.

11. Si desearas escribir un informe acerca de la información de las dos fuentes, ¿cuál de las siguientes publicaciones consultarías?
    (A) "Políticas educativas actuales en Perú y Bolivia"
    (B) "Gramática actual del aymara peruano"
    (C) "Las familias de las lenguas indígenas"
    (D) "Importancia de preservar lenguas maternas"

ACTIVIDAD 7
Tema curricular: Las identidades personales y públicas
Fuente número 1
Primero tienes 4 minutos para leer la fuente número 1.

Introducción

Este artículo trata de la conservación actual de la cultura maya en varios aspectos de la vida. Apareció en el portal de México Desconocido.

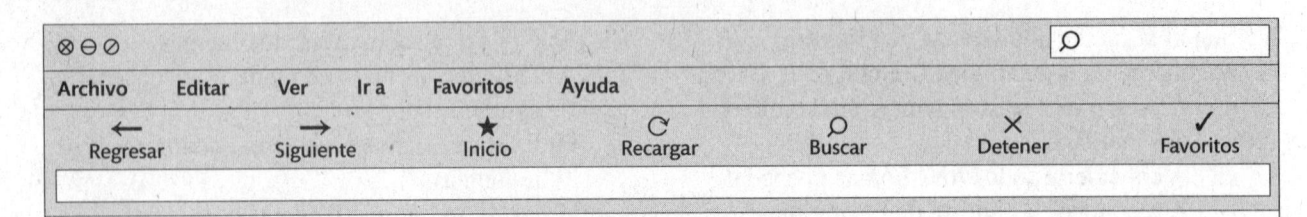

La herencia de un glorioso pasado: los mayas de hoy

Línea   Al igual que la mayoría de los grupos étnicos de México, los mayas sufrieron las imposiciones de la cultura occidental tras la hecatombe que significó la Conquista. Sin embargo, algo identifica a este afamado grupo en particular: la capacidad de conservar sus tradiciones a reserva del devenir de cinco siglos.

(5)   Actualmente, a pesar del proceso de mestizaje, los mayas mantienen vivas algunas costumbres heredadas de sus ancestros, especialmente en los estados de Yucatán, Campeche, Quintana Roo, Chiapas y Tabasco.

¿Cómo son los mayas de hoy?

Economía

(10)   La economía de gran parte de las comunidades mayas en México se basa en la agricultura (sobre todo en la producción y consumo del maíz originarios de la cosmogonía maya). En menor medida, la citricultura, la ganadería y la cría de abejas y aves de corral son parte de su sustento.

No obstante, esta situación varía de acuerdo con la región. Por ejemplo, en el caso de los mayas de la zona central —en especial los de Tabasco—, el soporte económico está en la pesca y en la
(15) elaboración de artesanías a base de palma, jícaras y barro, esta última compartida con los mayas chiapanecos.

Algunos habitantes mayas de Tabasco y Campeche reciben ingresos por su participación en actividades relacionadas con la extracción del petróleo.

Religión

(20)   El maíz es el principio fundamental de la cosmogonía maya y sobre el cual se finca la visión del mundo. Por ello, en lugares como en el estado de Quintana Roo, aún se rinde culto a dioses precolombinos como Chaac, dios de la lluvia, a quien ofrecen ceremonias con el fin de atraer precipitaciones abundantes y, por consecuente, buenas cosechas.

Salud

(25)   Los mayas actuales acuden a curanderos (médicos diagnosticadores) para curar enfermedades de "origen natural" o provocadas por factores externos como envidias, hechizos o seres sobrenaturales. También existe el "gran maestro" que aconseja en caso de conflictos personales, o la comadrona, para asistir a las mujeres durante el parto.

Tradiciones

(30) En cuanto a las celebraciones y fiestas es observable la presencia de ritos tanto europeos como mayas. Sin embargo, aún no se muestra un completo sincretismo como en las regiones centrales del país, debido a que hay manifestaciones de tradición maya, otras únicamente católicas y otras que resultan de la combinación entre ambas.

(35) Ejemplo de ello son las festividades organizadas en honor a los dioses mayas como Chaac; las pertenecientes al santoral católico como las patronales o de Semana Santa; y las relacionadas con la Santa Cruz que coincide con el inicio de la temporada de lluvias, así como el Sábado de Gloria, cuando se enciende el Fuego Nuevo.

Arte

(40) Respecto a la producción artesanal, en los estados de Yucatán y Campeche, se continúan utilizando materiales y técnicas heredadas por los antiguos mayas. Una muestra es la cerámica, la cual todavía se elabora a través del modelado a mano y cocido con hornos hechos de tierra, arcilla y piedra. Asimismo, los mayas también han adoptado otras formas de producción artesanal como la orfebrería y la talabartería.

Fuente número 2

Tienes 2 minutos para leer la introducción y prever las preguntas.

Introducción

Esta grabación de Tamara León, una colaboradora frecuente con el portal Trending Podcast, trata del pueblo tarahumara en el norte de México que se remonta a la era prehispánica. La grabación dura aproximadamente tres minutos.

---

1. ¿Cuál es el propósito principal del artículo?
   (A) Explicar el proceso del mestizaje
   (B) Dar una visión global de los mayas
   (C) Describir las técnicas artesanales mayas
   (D) Presentar la geografía de los mayas

2. Según el artículo, ¿qué se puede afirmar de la economía maya?
   (A) Es variada de acuerdo con los lugares.
   (B) Se basa en un cultivo único.
   (C) Sus productos se exportan al mundo.
   (D) Se basa en la pesca y el petróleo.

3. ¿A qué se refiere la expresión "completo sincretismo" en el artículo [línea 31]?
   (A) A la educación de los mayas
   (B) A la función de la religión maya
   (C) A la función del catolicismo
   (D) A la mezcla de dos tradiciones

4. ¿Qué revela el artículo sobre los mayas de hoy?
   (A) Han abandonado las selvas por las ciudades.
   (B) Renunciaron a su religión por la doctrina católica.
   (C) Mantienen su cultura y muchas de sus tradiciones.
   (D) Han perdido sus conocimientos sobre el cosmos.

5. En la fuente auditiva, ¿cómo se diferencia el pueblo tarahumara de otras culturas prehispánicas?
   (A) Ha sobrevivido a lo largo de muchos años.
   (B) Ha reaparecido después de haber decaído.
   (C) Ha influido en muchas otras culturas.
   (D) Ha cambiado su ubicación a través de los años.

6. Según la fuente auditiva, ¿qué es admirable sobre el pueblo tarahumara?
   (A) Ha resistido la influencia de otras culturas.
   (B) Ha evolucionado para adaptarse al mundo moderno.
   (C) Ha transformado la jerarquía de la familia a través del tiempo.
   (D) Ha reconocido la importancia de la economía en su supervivencia.

7. Según la fuente auditiva, ¿qué es un "siríame"?
   (A) Un médico
   (B) Un gobernante
   (C) Un dios
   (D) Un religioso

8. En la fuente auditiva, ¿qué se puede apreciar en las tradiciones religiosas del pueblo tarahumara?
   (A) El respeto a los sacerdotes
   (B) El rechazo a los sacrificios humanos
   (C) La absolución de los pecados
   (D) El sincretismo de dos religiones

9. ¿Qué tienen en común el artículo y la fuente auditiva?
   (A) Presentan la importancia de la religión para los mayas.
   (B) Describen la originalidad de los idiomas que hablan los mayas.
   (C) Destacan comunidades indígenas que han perdurado por siglos.
   (D) Explican las causas de la disminución de los tarahumaras.

10. Si quisieras saber más sobre un aspecto de las dos fuentes, ¿qué título sería más apropiado consultar?
    (A) "Festividades y celebraciones en la América indígena"
    (B) "Alimentos que consumen los antiguos mayas"
    (C) "Reaparición de antiguas tradiciones perdidas"
    (D) "La selva en la región de los mayas: peligros y belleza"

ACTIVIDAD 8
Tema curricular: La ciencia y la tecnología
Fuente número 1
Primero tienes 4 minutos para leer la fuente número 1.

Introducción
Este artículo trata de misiones espaciales a la Luna. Apareció en el portal de la BBC Mundo.

Por qué 2022 es el año en el que todos quieren ir a la Luna

Línea

Este año veremos una gran cantidad de misiones a la Luna, después de un año en el que no hubo ni un solo aterrizaje lunar. La NASA lanzará su programa Artemis y está patrocinando una serie de misiones para entregar equipos y suministros a la Luna, que serán utilizados por futuros astronautas. India, Japón, Rusia, Corea del Sur y Emiratos Árabes Unidos también lanzarán misiones lunares este

(5) año. Y además de países, varias empresas también se apresurarán a alcanzar el satélite de la Tierra este 2022.

Todas estas misiones serán vuelos espaciales sin tripulación y, en su mayoría, sentarán las bases para una presencia humana sostenible en la superficie de la Luna en menos de una década. Pero ese no es el objetivo final: la creación de una estación espacial lunar es solo un paso en el camino hacia

(10) misiones tripuladas al planeta rojo, Marte.

La Dra. Zoë Leinhardt, astrofísica de la Universidad de Bristol, Reino Unido, cree que este año veremos el comienzo de una nueva carrera espacial que incluye a nuevos países. Si bien muchas de esas misiones tienen como objetivo investigar la Luna en sí, algunas tienen aspiraciones más elevadas. "Algunas misiones tienen miras a largo plazo en un campo más amplio. Las misiones a

(15) la Luna son tanto una prueba de concepto como una oportunidad para probar nuevas tecnologías y colaboraciones", dice Leinhardt.

Misión Nasa Artemis-1 y Capstone

El ambicioso programa espacial Artemis de la NASA tiene como objetivo volver a llevar humanos a la Luna para 2025. La misión Artemis-1 comenzará a sentar las bases para ese ambicioso objetivo.

(20) La misión no estará tripulada, excepto por un "Moonikin" (del inglés "Luna" y "maniquí"), que ocupará el asiento del comandante en Artemis I. Se trata de un maniquí realista que lleva el nombre de Arturo Campos, quien fue clave para traer el Apolo 13 de regreso a la Tierra de manera segura. El papel de Campos será probar el mismo traje espacial que usarán los astronautas de Artemis durante el lanzamiento, la entrada y otras fases dinámicas de sus misiones.

(25) Este año también veremos otro elemento clave del programa Artemis dar un gran paso hacia adelante. La NASA lanzará un satélite del tamaño de un horno de microondas o CubeStat, la nave espacial de Capstone, para probar una órbita centrada en la Luna, que gira junto a ésta mientras orbita la Tierra.

El objetivo es garantizar la seguridad de los astronautas en viajes futuros.

(30) **"El objetivo final es Marte"**
La información que se obtendrá con esta prueba ayudará a validar los modelos operativos para otro componente clave del programa Artemis: el Gateway.

Si todo va según lo planeado, en 2025, Artemis-3 será el primer alunizaje desde la misión Apolo 17, en 1972. La misión también incluirá a la primera mujer astronauta y la primera persona negra en (35) llegar a la Luna.

La Dra. Hannah Sargeant, científica planetaria de la Universidad de Florida Central, EE.UU., señala que este enfoque sobre la Luna es parte de una visión más amplia. "Las misiones robóticas a la Luna son uno de los primeros pasos en esa hoja de ruta, que conducen a una estación espacial lunar, una base lunar y, en última instancia, misiones tripuladas a Marte", explica.

Fuente número 2

🔊 Tienes 2 minutos para leer la introducción y prever las preguntas.

Introducción

Esta grabación trata de la nueva carrera espacial. La grabación original apareció en el sitio web de *El Heraldo de Chihuahua*. La grabación dura aproximadamente dos minutos y medio.

1. ¿Cuál es el propósito principal del artículo?
   (A) Presentar a dos investigadoras astrofísicas
   (B) Contar la historia de la carrera espacial
   (C) Hablar sobre la colaboración de varios países
   (D) Describir misiones futuras al espacio

2. Según el artículo, ¿cuál es el propósito de la misión Artemis?
   (A) Establecer las condiciones propicias para vivir en la Luna
   (B) Identificar equipos listos para el largo viaje espacial
   (C) Establecer mejores relaciones con otros países
   (D) Volver a llevar humanos a la Luna en el futuro cercano

3. Según el artículo, ¿qué es Capstone?
   (A) Un satélite de pequeño tamaño
   (B) Un curso de entrenamiento
   (C) Una unidad de seguridad para vuelos
   (D) Una futura estación espacial

4. ¿Cómo podríamos describir el objetivo de muchas de las misiones?
   (A) Oportunista
   (B) Ambicioso
   (C) Pesimista
   (D) Inconsecuente

5. Según el audio, ¿por qué surgió de nuevo el interés en la exploración espacial en 1986?
   (A) Porque la tripulación incluía a una educadora
   (B) Porque la nave espacial llevaba un nuevo diseño
   (C) Porque el viaje había recibido mucha crítica
   (D) Porque la tecnología había cambiado mucho

6. Según el audio, ¿cuál fue uno de los objetivos del proyecto creado por el presidente Reagan?
   (A) Incrementar la ayuda gubernamental al programa espacial
   (B) Renovar esfuerzos para diseñar naves espaciales
   (C) Estimular el interés en exploraciones espaciales
   (D) Introducir el estudio del espacio en las escuelas del país

7. Según el audio, ¿qué sucedió con el viaje del transbordador espacial Challenger?
   (A) Fue cancelado debido a condiciones climáticas.
   (B) Fue destruido al regresar de su misión.
   (C) Presentaba demasiados riesgos para la tripulación.
   (D) Parecía tener provisiones insuficientes.

8. ¿Cuál de las siguientes afirmaciones resumiría mejor las ideas presentadas en la fuente auditiva?
   (A) Da una historia reciente de la exploración espacial.
   (B) Presenta opiniones sobre beneficios de viajes espaciales.
   (C) Cita estudios científicos sobre los riesgos de llegar al espacio.
   (D) Explica el interés renovado en los viajes espaciales.

9. ¿Qué tienen en común las dos fuentes?
   (A) Las medidas de seguridad para los astronautas
   (B) Las razones por las que se acabaron los viajes espaciales
   (C) Los diversos planes para explorar el espacio
   (D) El optimismo sobre el futuro de las exploraciones espaciales

10. ¿Qué aspecto se desarrolla mejor en la fuente auditiva que en el artículo?
    (A) Las misiones futuras al planeta Marte
    (B) La descripción de bases en la Luna
    (C) Las opiniones de científicos sobre el espacio
    (D) Las tragedias en la exploración espacial

ACTIVIDAD 9

Tema curricular: Las familias y las comunidades

Fuente número 1

Primero tienes 4 minutos para leer la fuente número 1.

Introducción

Este artículo nos presenta expresiones españolas y latinoamericanas. Proviene del portal de la BBC Mundo.

Expresiones latinoamericanas que a los españoles nos cuesta entender (y cómo llegué a adoptarlas)

Línea

Me gusta pensar que para aprender español tuve que irme a Londres. El castellano llevaba casi 30 años siendo mi lengua materna. La hablaba y la escribía a diario, pero de una forma limitada, como hacemos todos cuando tomamos nuestro entorno inmediato como única referencia.

(5) En Londres, en ese rincón de América Latina en la capital británica que es la redacción de BBC Mundo, me topé de frente con la amplitud y diversidad del español. Y de alguna manera aprendí de nuevo mi lengua.

Sabía que el castellano que debía utilizar en el trabajo era el "estándar latinoamericano" porque nuestra audiencia es fundamentalmente de ese origen y porque así lo estipulaba el contrato que firmé. "Algo fácil siempre y cuando se sigan unas reglas sencillas", pensé.

(10) Pero, ¿cuáles son esas normas? Las dos más claras consisten en dejarse el pretérito perfecto compuesto en casa y desterrar el vosotros, sustituirlo por el ustedes. Pasar —es solo un ejemplo— del "he llegado a la BBC y os he encontrado a todos vosotros" al "llegué a la BBC y los encontré a todos ustedes". El ustedes implica un trato de respeto, frente a la familiaridad del vosotros.

¿Por qué algunos países de América Latina usan el 'vos' en vez del 'tú'? No suele ser así en

(15) América Latina. Luego, casi con cada noticia, vinieron otras "adaptaciones idiomáticas" y, poco a poco, los "seísmos" se transformaron en "sismos", el "concienciar" en "concientizar" y el "automóvil", antes que "coche", empezó a ser "auto" o "carro". E incluso fuera de la redacción, sin darme cuenta, me empecé a "demorar" (en lugar de retrasarme) y a "extrañar a la familia" (en vez de echarla de menos).

(20) También dejé de discutir —y esto sí, con cierto dolor— sobre qué verbos llevan "de" antes de "que" cuando me di cuenta (de) que no nos íbamos a poner de acuerdo.

Pero, más allá de estos cambios obvios, pronto descubrí que el famoso "estándar latinoamericano" solo existe en el papel —en el caso de BBC Mundo en la pantalla— y en el habla de los periodistas que se dirigen a una audiencia regional.

(25) En nuestra redacción, como en la propia América Latina, cada persona tiene su propio estándar o jerga, derivado de su lugar de procedencia. Y debajo de ese "español latinoamericano" encuentras un chileno, un argentino, un colombiano, un mexicano... O incluso más de una variante de cada uno de ellos. Lo bueno de esta fragmentación es que las posibilidades de aprendizaje son prácticamente ilimitadas.

(30)   Ahí llegaron nuevas palabras latinoamericanas —estas de uso no tan general— que después de la extrañeza inicial entraron a mi vocabulario.

En este contexto, uno acaba hablando raro.

Hasta el punto de que cuando regresaba de visita a mi ciudad, algunos amigos me miraban mal porque se me "escapaban" formas y expresiones que no comprendían o que les sonaban extrañas.
(35)   Para su tranquilidad, nunca perdí la "z" de mi habla.

Y cuando me fui de la redacción de BBC Mundo y regresé a España, uno de los bienes más preciados que llevé conmigo fueron esas palabras, dichos y expresiones nuevas aprendidas.

Fuente número 2

🔊 Tienes 2 minutos para leer la introducción y prever las preguntas.

Introducción

Esta grabación trata del nombre de México. La grabación apareció en el canal de YouTube de la BBC News Mundo. Dura aproximadamente dos minutos.

---

1. ¿Cuál es el propósito principal del artículo?
   (A) Destacar la riqueza del idioma español
   (B) Presentar una serie de modismos españoles
   (C) Exponer diferencias gramaticales entre idiomas
   (D) Examinar diferencias entre idiomas

2. Según el artículo, ¿a qué se refiere el autor al decir "me topé de frente" [línea 5]?
   (A) Se tropezó en la oficina.
   (B) Tuvo un accidente de auto.
   (C) Debió confrontarse con algo.
   (D) Se hizo daño en la frente.

3. Según el artículo, ¿qué encontró el autor durante su trabajo en Londres?
   (A) La amplitud y diversidad del castellano
   (B) A gente a la que le gusta hablar castellano
   (C) La manera de usar mejor el castellano
   (D) Los muchos usos de "vos" en España

4. Según el artículo, ¿qué se encuentra "debajo de 'ese español latinoamericano'" [línea 26]?
   (A) Los hablantes del idioma castellano
   (B) Las variaciones del idioma español
   (C) El estándar lingüístico latinoamericano
   (D) La diferencia entre español y castellano

5. Según la fuente auditiva, ¿qué origen tiene el nombre de México?
   (A) Español
   (B) Náhuatl
   (C) Quechua
   (D) Maya

6. Según la fuente auditiva, ¿quién determinó el cambio de "x" a "j" en las palabras?
   (A) La costumbre de los hablantes
   (B) El gobierno del estado mexicano
   (C) El ministerio de educación de México
   (D) La Real Academia Española de la Lengua

7. Según la fuente auditiva, ¿con qué coincidió el cambio de escritura de "x" a "j"?
   (A) Las protestas indígenas
   (B) La conquista española
   (C) La independencia mexicana
   (D) La decisión del gobierno

8. Según la fuente auditiva, ¿cuándo se permitió escribir "Méjico" con "x"?
   (A) 1815
   (B) 1922
   (C) 1992
   (D) 2000

9. Según la fuente auditiva, ¿por qué es importante que en la actualidad México se escriba con "x"?
   (A) Porque es una cuestión de identidad nacional
   (B) Porque a la gente no le gusta usar la letra "j"
   (C) Porque facilita la enseñanza en las escuelas
   (D) Porque está reconocido por el gobierno

10. ¿Qué tienen en común las dos fuentes?
    (A) Discuten temas lingüísticos.
    (B) Explican problemas gramaticales.
    (C) Enumeran diferencias culturales.
    (D) Detallan maneras de pronunciar.

11. Si desearas escribir un informe acerca de la información de las dos fuentes, ¿cuál de las siguientes publicaciones consultarías?
    (A) "Expresiones idiomáticas de la lengua española"
    (B) "Historia de la Real Academia de la Lengua española"
    (C) "El uso del castellano en la independencia mexicana"
    (D) "Contrastes entre el castellano y el náhuatl"

ACTIVIDAD 10
Tema curricular: Las familias y las comunidades
Fuente número 1
Primero tienes 4 minutos para leer la fuente número 1.

Introducción
Este artículo trata de temas relacionados con el sueño. Apareció en el portal de la BBC Mundo.

Ortosomnia: cómo la obsesión por dormir bien puede perjudicar tu sueño

Línea   Calcular cuánto descansas realmente cada noche, si hablas o te mueves mientras duermes, cuándo es tu sueño ligero o profundo, si roncas, si los ruidos te alteran, cuál es el momento idóneo para despertarte… La calidad del sueño depende de tantas cosas que puedes medir hoy en día gracias a las nuevas tecnologías, que resulta difícil pensar que, aun así, uno pueda descansar mal. Sin embargo,
(5)   ocurre.

De hecho, analizar todos esos parámetros puede perjudicar tu sueño y convertirse en una verdadera obsesión que los especialistas llaman "ortosomnia", un término que proviene de "orto" —del griego orthos, que significa correcto— y "somnia", sueño.

Según se lee en un estudio publicado en el *Journal of Clinical Sleep Medicine*, una revista mensual
(10)   de la Academia Estadounidense de Medicina del Sueño (AASM, por sus siglas en inglés), algunas personas "están llevando la 'autocuantificación' (de los parámetros para dormir bien) demasiado lejos".

Pero ¿cómo puede perjudicar la búsqueda del sueño perfecto a tu propio descanso?

"El uso de dispositivos de seguimiento del sueño se está expandiendo rápidamente y proporciona
(15)   una oportunidad para que los individuos se involucren en el monitoreo de sus patrones de sueño", explican Nancy Jao, Rebecca Mullen y otras tres especialistas de la Northwestern University, en Illinois, en el informe. "Pero hay un número creciente de pacientes que buscan tratamiento para trastornos del sueño autodiagnosticados", añaden.

Esa "búsqueda perfeccionista del sueño ideal" puede resultar en un incremento del cansancio
(20)   diurno ya que los dispositivos que se usan para medir todo tipo de constantes sobre el sueño pueden aumentar la ansiedad en algunos pacientes, explican. Además, advierten que hay varios estudios que dicen que los dispositivos que se usan para medir el sueño son "poco precisos" y que la "falta de transparencia" de esos aparatos imposibilita saber hasta qué punto son fiables.

Las aplicaciones que monitorean el sueño pueden ser contraproducentes; a veces nos empujan
(25)   a pasar demasiado tiempo en la cama para tratar de aumentar la duración del sueño que reporta la aplicación, "lo cual puede exacerbar el insomnio", advierten.

Quienes sufren ortosomnia a menudo padecen irritabilidad, problemas de concentración y apatía cuando al despertar comprueban en la aplicación que sus horas de sueño no fueron todo lo buenas que deberían.

(30)   Los expertos analizaron el uso de dispositivos para medir la calidad del sueño en Estados Unidos y concluyeron que los utilizan un 10% de la población en ese país y en torno al 50% considera comprarse uno. Existen cientos de aplicaciones, pero las marcas más usadas son Fitbit, Apple Watch, Nike o Jawbone. Su uso no se limita a EE.UU.; se está extendiendo por el mundo.

   La Organización Mundial de la Salud (OMS) dice que la falta de descanso es un problema global,
(35) por eso cada vez se le da más importancia en la salud pública.

   La falta de sueño puede convertirse en un problema grave para la salud, pero obsesionarse con lograr el descanso perfecto puede ser una fuente de estrés. Por eso los médicos del sueño prefieren recetar cambios de rutinas que aplicaciones.

Fuente número 2

🔊 Tienes 2 minutos para leer la introducción y prever las preguntas.

Introducción

Esta grabación trata de dispositivos para el deporte. La grabación fue publicada en el portal de la BBC Mundo. Dura aproximadamente dos minutos y medio.

---

1. ¿Cuál es el propósito principal del artículo?
   (A) Presentar información sobre tratamientos para el sueño
   (B) Contribuir a que las personas sepan cómo dormir mejor
   (C) Identificar las causas físicas del dormir mal
   (D) Proporcionar medidas exactas para descansar

2. Según el artículo, ¿qué es la ortosomnia?
   (A) La dificultad de dormir toda la noche
   (B) La diagnosis de la falta de sueño
   (C) La constante preocupación por dormir bien
   (D) La manera correcta de despertarse

3. Según el artículo, ¿cómo se sienten algunas personas que usan dispositivos para dormir mejor?
   (A) Satisfechos
   (B) Ansiosos
   (C) Relajados
   (D) Hartos

4. Según el artículo, ¿a qué se refiere la expresión "exacerbar el insomnio" [línea 26]?
   (A) A buscar maneras para descansar más tiempo
   (B) A quedarse demasiado tiempo en cama
   (C) A hacer más difícil el no poder dormir
   (D) A acostumbrarse a seguir recomendaciones

5. Según los expertos citados al final del artículo, ¿qué sucede con el uso de dispositivos para medir la calidad del sueño?
   (A) Se nota que están en aumento.
   (B) Solo se utilizan en pocos países.
   (C) No hay muchas aplicaciones para usarlos.
   (D) Los recomienda una organización mundial.

6. ¿Cuál es el propósito principal de la fuente auditiva?
   (A) Presentar maneras de medir el sueño
   (B) Exponer patrones de respiración durante el sueño
   (C) Aclarar cuánto se descansa durante la noche
   (D) Determinar cuánto tiempo de descanso se necesita

7. Según la fuente auditiva, ¿por qué usan dispositivos los entrenadores en la George Washington University?
   (A) Les permiten comunicarse regularmente con los jugadores.
   (B) Les ahorran mucho tiempo para entrenar a los jugadores.
   (C) Les facilitan supervisar la calidad del sueño de los jugadores.
   (D) Les permiten planear una dieta saludable para los jugadores.

8. Según los expertos citados en el audio, ¿cuál es la única forma de medir con precisión la calidad del sueño?
   (A) Medir el ritmo cardiaco en conjunto con los movimientos musculares
   (B) Medir la actividad cerebral en conjunto con los movimientos musculares
   (C) Medir la cantidad de sueño en conjunto con la actividad cerebral
   (D) Medir el ritmo cardiaco en conjunto con la cantidad de sueño

9. ¿En qué coinciden los expertos de las dos fuentes?
   (A) Los dispositivos para monitorear el sueño de alta calidad ayudan siempre.
   (B) Los dispositivos para monitorear el sueño solo son útiles para los deportistas.
   (C) Los dispositivos para monitorear el sueño ayudan con la duración del entrenamiento.
   (D) Los dispositivos para monitorear el sueño no siempre son precisos.

10. ¿Qué se puede afirmar sobre la fuente escrita y la fuente auditiva?
    (A) Presentan ventajas y desventajas de ciertas aplicaciones.
    (B) Recomiendan el uso de dispositivos para mejorar la salud.
    (C) Explican de manera detallada cómo dormir mejor.
    (D) Presentan información para mejorar los entrenamientos.

ACTIVIDAD 11
Tema curricular: La ciencia y la tecnología
Fuente número 1
Primero tienes 1 minuto para leer la fuente número 1.

Introducción
Esta selección trata del uso de teléfonos inteligentes. Fue publicada por el Centro de Investigaciones Pew (Pew Research Center).

% de adultos que poseen un teléfono inteligente

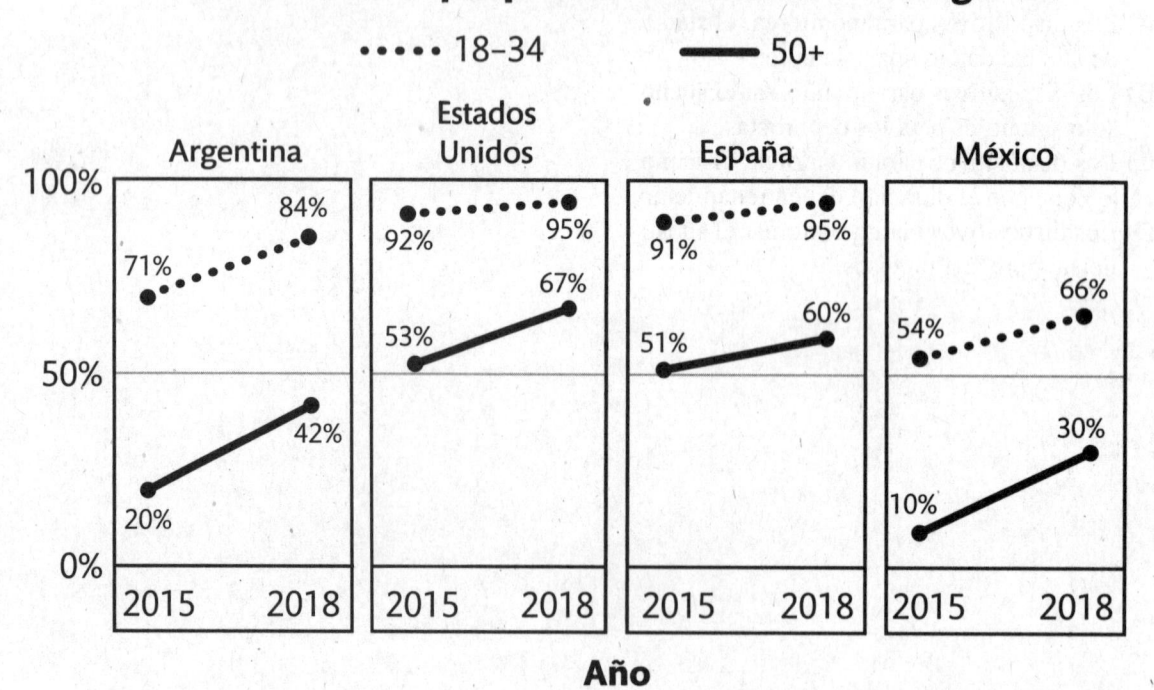

••••• 18–34   —— 50+

Argentina
- 18–34: 71% (2015) → 84% (2018)
- 50+: 20% (2015) → 42% (2018)

Estados Unidos
- 18–34: 92% (2015) → 95% (2018)
- 50+: 53% (2015) → 67% (2018)

España
- 18–34: 91% (2015) → 95% (2018)
- 50+: 51% (2015) → 60% (2018)

México
- 18–34: 54% (2015) → 66% (2018)
- 50+: 10% (2015) → 30% (2018)

Año

En muchos países, los teléfonos inteligentes han sido omnipresentes entre los adultos más jóvenes por varios años, pero las cohortes de mayor edad se están poniendo al día. Tanto en las economías emergentes como en las avanzadas, muchas veces son los jóvenes los que lideran en la posesión de teléfonos inteligentes.

Datos de: Elaborado con información de Pew Research Center

Fuente número 2

🔊 Tienes 1 minuto para leer la introducción y prever las preguntas.

Introducción

Esta grabación trata de la compra de un teléfono. Es una conversación entre un señor y un dependiente. La grabación dura aproximadamente dos minutos y medio.

1. Según la tabla, ¿qué porcentaje de jóvenes usaban el celular en Argentina en 2018?
   (A) 20%
   (B) 42%
   (C) 71%
   (D) 84%

2. ¿Qué puede concluirse de la información de la tabla?
   (A) Que los jóvenes en Argentina usan más el celular que en Estados Unidos
   (B) Que los jóvenes en Estados Unidos usan más el celular que en México
   (C) Que los jóvenes en España usan más el celular que en Estados Unidos
   (D) Que los jóvenes en Argentina usan más el celular que en España

3. Según la tabla, ¿a qué se refiere la expresión "se están poniendo al día"?
   (A) A que los teléfonos están siempre en todos lados
   (B) A que las personas mayores se están modernizando
   (C) A que los teléfonos se usan siempre de día
   (D) A que los mayores compran muchos teléfonos

4. De acuerdo con la conversación, ¿qué se puede deducir de lo que dice el comprador sobre su teléfono?
   (A) Tiene un teléfono un poco antiguo.
   (B) Tiene un teléfono muy inteligente.
   (C) Su teléfono le da acceso a internet.
   (D) Sabe usar muy bien los teléfonos.

5. En el contexto de la conversación, ¿qué se puede deducir acerca del uso de celulares en España?
   (A) Solamente los jóvenes los usan.
   (B) La mayoría de la gente ya los usa.
   (C) Los usan solo los abuelos con sus nietos.
   (D) Hay escasez de celulares para toda la población.

6. Según la conversación, ¿a qué se refiere el dependiente cuando dice "paso a paso"?
   (A) A que es necesario pasar por otra tienda
   (B) A que va a pedirle al comprador que camine
   (C) A que no va a apurar al comprador
   (D) A que no tiene los equipos solicitados

7. Basándote en la gráfica y en la conversación ¿cuál de las siguientes afirmaciones sería la más lógica con respecto a España?
   (A) Los españoles no desean usar teléfonos celulares.
   (B) Los mexicanos usan los celulares más que los españoles.
   (C) Sólo se usan los celulares en países latinoamericanos.
   (D) Los jóvenes usan mucho los teléfonos celulares.

ACTIVIDAD 12

Tema curricular: Las familias y las comunidades

Fuente número 1

Primero tienes 1 minuto para leer la fuente número 1.

Introducción

Esta selección trata de las cenas en familia. Fue realizada a partir de los datos recopilados por la Oficina del Censo de los EE. UU. con respecto a hábitos de la familia.

Porcentaje de padres e hijos* que cenaron juntos cinco veces o más semanalmente: 2018–2021

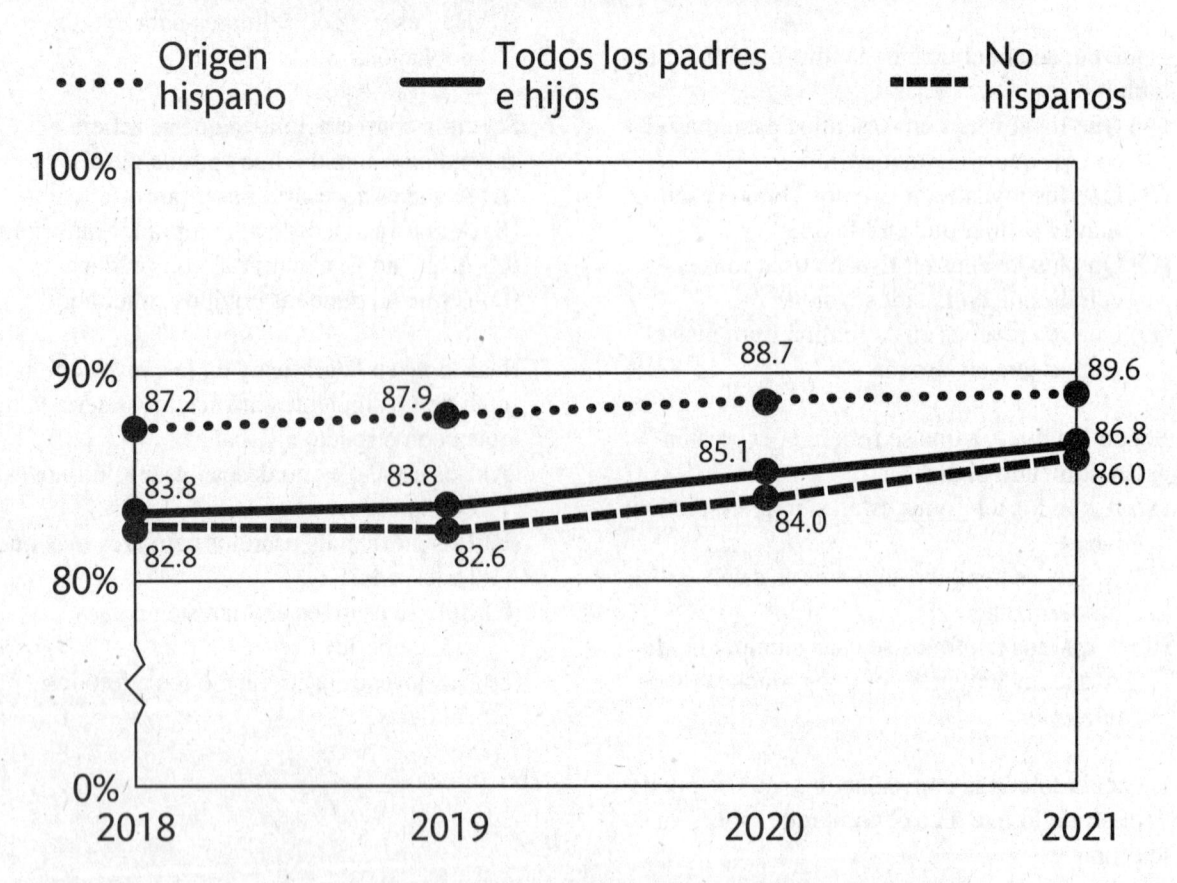

- ····· Origen hispano
- ——— Todos los padres e hijos
- – – – No hispanos

Año	Origen hispano	Todos los padres e hijos	No hispanos
2018	87.2	83.8	82.8
2019	87.9	83.8	82.6
2020	88.7	85.1	84.0
2021	89.6	86.8	86.0

*El vocablo "padres" se usa para referirse a madres y padres. "Hijos" se usa para referirse a hijos e hijas.

Datos de: Oficina del Censo de los Estados Unidos

Fuente número 2

🔊 Tienes 1 minuto para leer la introducción y prever las preguntas.

Introducción

Esta grabación trata de la vida ocupada de una familia. Es una conversación telefónica entre Raquel y su madre, Emma. La grabación dura aproximadamente dos minutos y medio.

1. Según la tabla, ¿a qué se refiere la palabra "padres"?
   (A) A solo hombres en familia
   (B) Al padre y a la madre
   (C) Al círculo familiar
   (D) A la familia paterna

2. Según la tabla, ¿qué afirmación sobre las cenas familiares en Estados Unidos es la más exacta?
   (A) Desde 2019 las familias comen juntos cada vez con más frecuencia.
   (B) Las cenas familiares son muy raras entre familias hispanas.
   (C) En 2021 las familias obligaron a sus hijos a comer juntos.
   (D) En 2020 las madres no participaron en las cenas.

3. Según la tabla, ¿qué porcentaje de familias no hispanas cenaron juntos en 2018?
   (A) 82.8%
   (B) 83.8%
   (C) 86.0%
   (D) 87.9%

4. De acuerdo con la conversación, ¿dónde está Raquel cuando su madre la llama?
   (A) En su casa esperando a los niños
   (B) En una práctica de voleibol
   (C) En un partido de baloncesto
   (D) En la escuela de sus hijos

5. ¿A qué se refiere Raquel cuando dice "una llamada de conferencia"?
   (A) A asistir a una conferencia en la escuela
   (B) A hablar por teléfono con varias personas
   (C) A una llamada con la directora de la escuela
   (D) A una conversación en persona con su madre

6. Según la conversación, ¿cuál de las siguientes razones por las que es importante que las familias coman juntas en la cultura puertorriqueña, no menciona Emma?
   (A) Permite disfrutar del tiempo con los hijos.
   (B) Ayuda a conocer sus necesidades físicas.
   (C) Ayuda a mostrar sus necesidades emocionales.
   (D) Permite trabajar en las tareas escolares.

7. Según la conversación, ¿qué hará Emma para la cena?
   (A) Llevará pollo, arroz y habichuelas.
   (B) Llevará pastas frescas y carnes.
   (C) Cocinará con ingredientes que traerá.
   (D) Pedirá a un negocio que traiga comida.

ACTIVIDAD 13
Tema curricular: La ciencia y la tecnología
Fuente número 1
Primero tienes 1 minuto para leer la fuente número 1.

Introducción
Esta selección trata de los hábitos tecnológicos de los trabajadores. Fue publicada por Adecco.

Encuesta Desconectar Para Reconectar

¿Les resulta fácil a los empleados desconectar del trabajo?

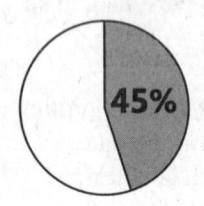

45% — 45% de los empleados se lleva trabajo a casa 3 días de media a la semana

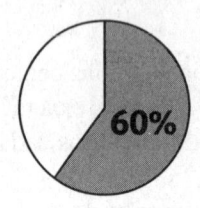

60% — 60% de los empleados comprueba el correo después del horario laboral normal 4 días de media a la semana

¿Cuántos días a la semana los trabajadores...?

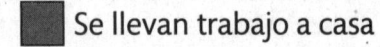

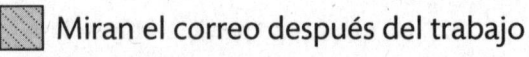

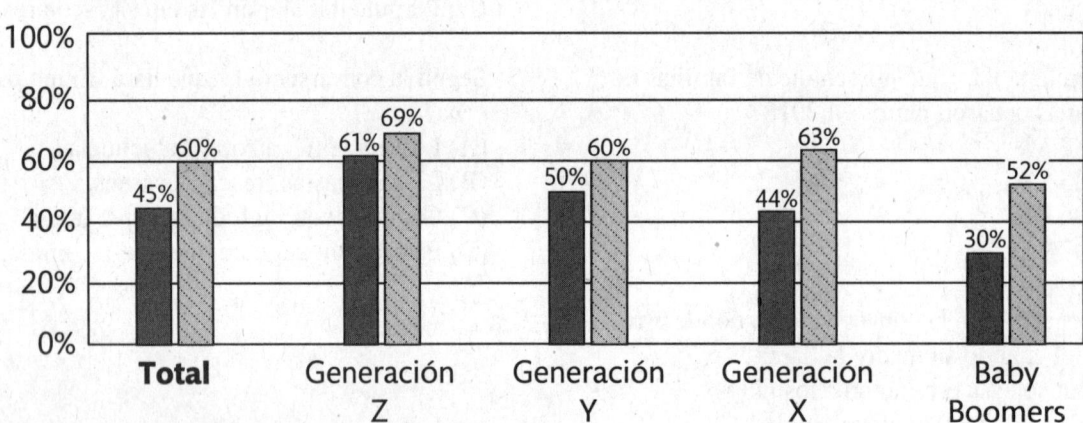

■ Se llevan trabajo a casa   ▨ Miran el correo después del trabajo

	Total	Generación Z	Generación Y	Generación X	Baby Boomers
Se llevan trabajo a casa	45%	61%	50%	44%	30%
Miran el correo después del trabajo	60%	69%	60%	63%	52%

Datos de: Elaborado con información de The Adecco Group

Fuente número 2

🔊 Tienes 1 minuto para leer la introducción y prever las preguntas.

Introducción
Esta grabación trata de carreras profesionales. Es una conversación entre Laura y Cristina, dos amigas que se encuentran en un restaurante para charlar. La grabación dura aproximadamente dos minutos y medio.

1. Según la tabla, ¿qué indica la palabra "desconectar"?
   (A) Desenchufar los aparatos eléctricos
   (B) Dejar de trabajar al salir de la oficina
   (C) Llevarse regularmente trabajo a la casa
   (D) Mirar el correo después del trabajo

2. Según la tabla, ¿cuál de las siguientes afirmaciones es correcta?
   (A) La Generación Z trabaja más en casa que la Generación Y.
   (B) Los *Baby Boomers* son quienes más trabajan.
   (C) La mayoría de los trabajadores no miran su correo.
   (D) La Generación X trabaja más en casa que la Generación Y.

3. Según la tabla, ¿qué porcentaje de días no se lleva trabajo a casa la Generación X cada semana?
   (A) 27%
   (B) 44%
   (C) 56%
   (D) 63%

4. De acuerdo con la conversación, ¿de qué se queja Laura?
   (A) De que su trabajo es estresante
   (B) De que la han echado de su trabajo
   (C) De que no puede conseguir trabajo
   (D) De que no le han dado un ascenso

5. En el contexto de la conversación, ¿a qué se refiere Laura cuando dice, "casi te cancelo hoy"?
   (A) Casi no le ofrecieron una entrevista.
   (B) Estuvo por anular su cita con Cristina.
   (C) Estuvo a poco de no ir a su trabajo.
   (D) Casi le cancelaron una entrevista.

6. Según la conversación, ¿qué tipo de empresas hay en Chile?
   (A) Sin fines de lucro
   (B) Multinacionales
   (C) Empresas pequeñas
   (D) Empresas familiares

7. Basándote en la conversación, ¿qué podría afirmar Laura sobre su conversación con Cristina?
   (A) Que a Cristina le estresa mucho su trabajo
   (B) Que Cristina desea buscar un trabajo en internet
   (C) Que Cristina le sugiere a Laura trabajar en un bufete
   (D) Que a Cristina le encanta su nuevo trabajo

ACTIVIDAD 14
Tema curricular: La belleza y la estética
Fuente número 1
Primero tienes 4 minutos para leer la fuente número 1.

Introducción
Esta selección trata de la obra del escritor guatemalteco Augusto Monterroso, reconocido internacionalmente por los microrrelatos. El artículo original fue escrito por Pedro Zuazua y apareció en el portal del diario español *El País*.

El microrrelato que se convirtió en *best seller*

Línea Alguien, en algún momento, lo decidió. Y de repente aquellas 43 letras, distribuidas en 7 palabras y divididas por una coma se convirtieron, supuestamente, en el cuento más
(5) corto del mundo en lengua española. "Cuando despertó, el dinosaurio todavía estaba allí", rezaba el microrrelato que se convirtió en *best seller*. Porque aquellas palabras de Augusto Monterroso (1921–2003) pasaron a ocupar
(10) un lugar en las preguntas de los juegos de mesa e incluso se colaron en los programas de televisión en forma de preguntas para los concursantes.
    Monterroso conseguía, con siete palabras,
(15) elevar el cuento a la categoría de contenido mediático. Un prodigio de comunicación. La gente hacía cábalas sobre qué significaría aquel dinosaurio, ¿a quién se referiría?, ¿qué querría decir? Quizá algún despistado pueda llegar a
(20) pensar que, en estos tiempos de brevedad e inmediatez, el microrrelato en cuestión es el *tweet* perfecto. Pero no. Lo escribió en 1959 y, más de 40 años después, el gran público lo conoció gracias a que el escritor ganó el Premio
(25) Príncipe de Asturias, un galardón que él mismo entendió como un reconocimiento al relato breve: "el cuento, un género que ha venido siendo relegado por las grandes editoriales, por algunos críticos, y aun por los mismos lectores.
(30) Pues bien, no tiene nada de extraño que así suceda. Las leyes del mercado son inexorables, y no somos los escritores de cuentos ni los poetas —hermanos en este negativo destino— quienes vamos a cambiarlas. Pero como decía el

Eclesiastés refiriéndose a la Tierra, generación (35) va y generación viene: mas el cuento siempre permanece", dijo el día que recibió el galardón.
    Ahora, justo cuando se cumplen 10 años de su muerte, Random House Mondadori edita *El Paraíso imperfecto, Antología tímida*, (40) una selección de cuentos y ensayos que, a lo largo de más de 200 páginas, dibujan un retrato de la personalidad del autor: irónicamente melancólico o, si se prefiere, melancólicamente irónico. Porque el libro tiene la esencia de lo (45) que es Monterroso: una prosa directa, sencilla, alegre y triste a la vez y en la que destaca el humorismo que, según el autor, es "el realismo llevado a las últimas consecuencias. Excepto mucha literatura humorística, todo lo que hace (50) el hombre es risible o humorístico".
    La media sonrisa que sus relatos dejan en la cara resulta ambigua. El primer instinto conduce a la risa, pero cuando se reflexiona sobre lo leído, la melancolía atrapa al lector. (55) Y es que, a pesar de ese humorismo que regía sus escritos, Monterroso siempre lo tuvo claro: "La vida es triste. Si es verdad que en un buen cuento se encuentra toda la vida, y si la vida es triste, un buen cuento será siempre triste". (60)

Fuente número 2

🔊 Tienes 2 minutos para leer la introducción y prever las preguntas.

Introducción

Este *podcast* trata de la denominación de obras como *best sellers*. La grabación es de Tamara León, una reportera del portal Trending Podcast, y dura aproximadamente tres minutos.

1. ¿Cuál es el propósito principal del artículo?
   (A) Presentar a un autor
   (B) Contar un cuento
   (C) Describir un dinosaurio
   (D) Comparar dos libros

2. ¿A qué se refiere la frase del artículo "Cuando despertó, el dinosaurio todavía estaba allí" [líneas 5–6]?
   (A) A un microrrelato olvidado
   (B) Al cuento en su totalidad
   (C) Al nombre de un programa de televisión
   (D) A un tema constante en las obras de Monterroso

3. Según el artículo, ¿por qué se elogia el talento de Monterroso en sus obras?
   (A) Los lectores se sienten intrigados al leerlas.
   (B) Sus tramas son muy comprensibles.
   (C) Son ideales para la televisión.
   (D) Ofrecen diferentes puntos de vista.

4. Según el artículo, ¿por qué es la obra de Monterroso el *tweet* perfecto?
   (A) Por su brevedad
   (B) Por la fuerza de las palabras
   (C) Por ser de alto interés
   (D) Por inspirar la comunicación

5. Según el artículo, ¿qué trata de resaltar Monterroso en las palabras que expresó cuando recibió el Premio Príncipe de Asturias?
   (A) La popularidad del cuento
   (B) La delicadeza del cuento
   (C) La perdurabilidad del cuento
   (D) La transformación del cuento

6. Según el artículo, ¿cómo explica Monterroso sus escritos?
   (A) Reflejan las cualidades de la vida.
   (B) Ayudan a idealizar la realidad.
   (C) Contribuyen a la moral de los lectores.
   (D) Rechazan la aparente ironía en la vida.

7. ¿Qué declara la locutora al principio de la grabación acerca de los *best sellers*?
   (A) Que ayudan a los lectores a escoger buenas obras
   (B) Que la identificación con ese nombre no siempre atrae a más lectores
   (C) Que la Real Academia Española rehúsa usar esa denominación
   (D) Que usan ese término para confundir a muchos de los lectores

8. Según la grabación, ¿de qué depende la denominación *best seller*?
   (A) De los comentarios de los críticos
   (B) Del género del libro y el lugar
   (C) De las ventas comparadas a otros libros
   (D) De la fama del autor y de su obra en general

9. Según la grabación, ¿qué comenta la locutora sobre algunos libros designados *best sellers*?
   (A) Son de una calidad inferior.
   (B) Solo atraen a lectores sofisticados.
   (C) Son predilectos de un público informado.
   (D) Son satisfactorios para los lectores intransigentes.

10. ¿Con qué propósito menciona la locutora de la grabación a Harry Potter?
    (A) Para criticar los libros de calidad inferior
    (B) Para comparar libros de diferentes géneros
    (C) Para enfatizar que las promociones dan resultado
    (D) Para demostrar que el éxito es difícil de predecir

11. Según la grabación, ¿qué opinión tenía John F. Kennedy sobre los libros de James Bond?
    (A) Le gustaban mucho.
    (B) Los consideraba inferiores.
    (C) Le hubiera gustado ser incluido en uno de sus libros.
    (D) Los consideraba como unos libros inolvidables.

12. ¿Qué se puede afirmar sobre el artículo y la grabación?
    (A) La fuente escrita y la auditiva definen lo que es un *best seller*.
    (B) La fuente escrita pone énfasis en la obra de un escritor en particular y la fuente auditiva no lo hace.
    (C) La fuente auditiva rechaza las ideas presentadas en la fuente escrita.
    (D) La fuente escrita apoya la importancia de la literatura extranjera.

13. ¿Qué aspecto destaca la fuente auditiva que no está presente en el artículo?
    (A) La influencia que una celebridad puede tener en la venta de un libro
    (B) La importancia de la literatura latinoamericana en la actualidad
    (C) La mención de un dinosaurio como tema literario
    (D) La influencia de los premios literarios en la venta de libros

ACTIVIDAD 15
Tema curricular: Los desafíos mundiales
Fuente número 1

Primero tienes 4 minutos para leer la fuente número 1.

Introducción

Este artículo describe el reto que enfrentan las mariposas monarca en México. El artículo apareció en el portal de la BBC Mundo.

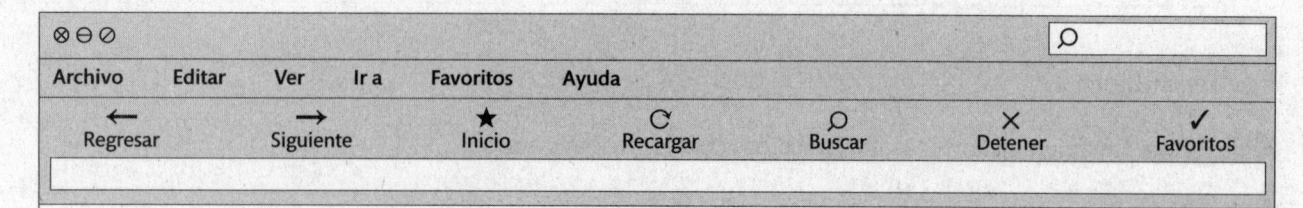

La brusca y peligrosa caída de la población de mariposas monarca en México

Las mariposas monarca se han ganado su espacio en la retina de los habitantes del continente americano. Sin embargo, el panorama hoy para la mariposa más famosa no es alentador.

Según el conteo de la temporada 2012–2013 realizado en el estado de Michoacán, donde se encuentra la región monarca, uno de los principales hábitats de la mariposa homónima, la superficie forestal ocupada por las colonias de estas mariposas en diciembre de 2012 ha sido la más baja de las últimas dos décadas.

Realizado durante la segunda quincena de diciembre de 2012 el monitoreo encontró nueve colonias de hibernación, que ocuparon una superficie total de 1,19 hectáreas (ha) de bosque, un 59% menos respecto a las 2,89 ha ocupadas en diciembre de 2011.

El reporte es "de mal agüero", según el entomólogo Lincoln Brower de Sweet Briar College en Virginia, quien ha estudiado las mariposas monarca durante los últimos 59 años.

"Esta no es solo la población más baja registrada en los últimos 20 años [...] es la continuación de una caída estadísticamente significativa de la población de la monarca que comenzó hace al menos una década", aseguró el entomólogo a través de un comunicado.

Las duras variaciones climáticas

Según el reporte del WWF (World Wide Fund for Nature), una de las razones que explican la disminución tiene que ver con los extremos cambios climáticos a los que estuvieron expuestas las generaciones reproductivas de mariposas en primavera y verano de 2012.

"Las fluctuaciones climáticas extremas en la primavera y el verano en los Estados Unidos y Canadá afectan la supervivencia y la fecundidad de los adultos", aseguró Omar Vidal, director General de WWF México.

[...] el ciclo de vida de la mariposa monarca depende de las condiciones climáticas de los sitios donde se desarrollan. Los huevos, larvas y pupas logran un desarrollo más rápido si las condiciones son templadas.

¿Mariposas en hambruna?

Otra de las razones que explican los bajos números de monarca está relacionada con la reducción de los algodoncillos (*Asclepias*), por el uso de herbicidas en los sitios de reproducción y alimentación de las mariposas en EE.UU.

(30) "Las mariposas que migran a México se alimentan de algodoncillos en los campos de cultivo de soja y maíz en los Estados Unidos. El uso de herbicidas para erradicar esta planta, considerada maleza tóxica para el ganado, ha reducido hasta 58% la disponibilidad de los algodoncillos", dijo Vidal.

"La conservación de la mariposa monarca es una responsabilidad compartida por México, Estados Unidos y Canadá. Al proteger los santuarios y prácticamente haber eliminado la tala ilegal de gran escala, México está cumpliendo su parte. Es necesario que Estados Unidos y Canadá cumplan con la (35) suya y protejan el hábitat de esta mariposa en sus territorios", sentenció Vidal. Sin embargo no todos los científicos coinciden en este punto.

"Los tres países tienen que hacer frente al hecho de que son nuestras actividades colectivas las que están afectando el fenómeno migratorio de la mariposa monarca", dijo.

Fuente número 2

🔊 Tienes 2 minutos para leer la introducción y prever las preguntas.

Introducción
Este *podcast* trata de la situación de las mariposas monarca en el estado de Michoacán en México. El audio proviene del portal de la BBC Mundo, y dura aproximadamente dos minutos.

1. ¿Cuál es el propósito principal del artículo?
   (A) Discutir un nuevo programa para la protección de las mariposas
   (B) Presentar la situación que afecta la reducción de la población de mariposas
   (C) Rechazar la idea de que las mariposas están desapareciendo aceleradamente
   (D) Dar a conocer el trabajo de los refugios para las mariposas

2. ¿Cuándo se volvió más agudo el problema que discute el artículo?
   (A) Hace más de veinte años.
   (B) Es imposible determinar.
   (C) Hace por lo menos diez años.
   (D) Está por determinarse.

3. Según el artículo, ¿por qué es difícil que últimamente las mariposas se reproduzcan?
   (A) Porque necesitan ciertas condiciones atmosféricas que han cambiado
   (B) Porque los huevos son destruidos por otros animales que viven ahora en el área
   (C) Porque la evolución del sistema reproductivo ha sido perjudicial
   (D) Porque las larvas no sobreviven en temperaturas frías

4. Según Omar Vidal en el artículo, ¿qué otro factor empeora la situación de las mariposas?
   (A) La constante interferencia por parte de los turistas
   (B) La distancia que tienen que viajar
   (C) La gran cantidad de lluvia en el área del santuario
   (D) Los productos químicos usados en los campos

5. Según el artículo, ¿qué medida ha tomado México para mejorar la situación?
   (A) Controlar el uso de pesticidas
   (B) Limitar el corte de árboles
   (C) Prohibir el ecoturismo en un área específica
   (D) Aumentar el cultivo de ciertas plantas

6. Según la fuente auditiva, ¿por qué se encuentran las mariposas en el estado de Michoacán?
   (A) Por las condiciones climáticas adversas
   (B) Por la abundancia de insectos
   (C) Para gozar de un lugar conocido
   (D) Para descansar del largo viaje

7. En la fuente auditiva, ¿cuál es el problema que se menciona como causa de la disminución del número de mariposas?
   (A) El ambiente demasiado frígido
   (B) La escasez de refugios
   (C) La falta de lluvia para las plantas
   (D) Los productos químicos en el aire

8. Según la fuente auditiva, ¿de qué se quejan los habitantes del área?
   (A) De la pérdida de beneficios económicos
   (B) De los problemas que traen los turistas
   (C) De la falta de ayuda financiera para proteger las mariposas
   (D) De la cantidad de insecticidas que se usa en el área

9. ¿Qué tienen en común las dos fuentes?
   (A) La declaración que Estados Unidos y Canadá se niegan a proteger los santuarios
   (B) La mención del efecto que la alimentación tiene en las mariposas monarca
   (C) La inclusión de los estudios sobre el efecto de los herbicidas en el ganado
   (D) La cita del aumento en la superficie donde las mariposas paran para descansar

10. Si deseas escribir un informe sobre las dos fuentes, ¿cuál de las siguientes obras sería útil consultar?
    (A) "Migración de animales en las Américas"
    (B) "Efectos de la sequía en México"
    (C) "Maravillas del estado de Michoacán"
    (D) "Efectos negativos del uso del plástico"

ACTIVIDAD 16
Tema curricular: La ciencia y la tecnología
Fuente número 1
Primero tienes 4 minutos para leer la fuente número 1.

Introducción

Este artículo trata de las golondrinas (*swallows*) y las consecuencias que sufren a causa del tráfico. El artículo apareció en el diario español *El País*.

El peligro de ser atropelladas impulsa la evolución de un tipo de golondrinas

Línea Los humanos no son, ni mucho menos, las principales víctimas del tráfico. Los animales de todo tipo, desde insectos a mamíferos, también tienen que evitar los atropellos. Solo en Estados
(5) Unidos se calcula que más de 60 millones de pájaros mueren al año atropellados. Tan intensa es la presión, que 100 años de automoción han bastado para que algunos animales evolucionen con el fin de esquivar los atropellos. Es lo que
(10) han hecho un tipo de golondrinas de Nebraska, las *Petrochelidon*. Ni casco ni cinturón de seguridad: la idea es correr más. O, mejor dicho, maniobrar mejor. Igual que los famosos mosquitos de la aviación de hace medio siglo,
(15) las aves han reducido su envergadura y así, con alas más cortas, maniobran más ágilmente, alzan el vuelo antes y evitan los accidentes.

El proceso ha sido sorprendentemente rápido. Nada de las islas aisladas durante milenios que
(20) alertaron a Darwin. En 30 años de estudio se ha podido medir el resultado, según publican Charles Brown, de la Universidad de Tulsa (Oklahoma) y Mary Bomberger Brown, de la Universidad de Nebraska-Lincoln, en *Current*
(25) *Biology*. La pareja ha medido el número de nidos de aves atropelladas y su tamaño. Y la relación es clara: las menores prosperan más y mueren menos.

Los investigadores afirman que desde 1982
(30) han recorrido las mismas carreteras de la misma zona parándose a recoger cada golondrina atropellada que encontraban. Esa fue la base del trabajo. El resultado es que ha habido una disminución continua de la envergadura media de las aves que se corresponde con una mayor (35) cantidad de golondrinas y un menor número de aves atropelladas. Y las que morían en un accidente tenían las alas más largas que la media.

Los autores admiten que esta atractiva explicación puede no ser la única. Según (40) escriben, ha habido otras condiciones, como el aumento de fuertes vientos, que pueden haber ayudado. También que las aves hayan aprendido a evitar los coches por observación directa. O —y esta opción es casi tan llamativa como la (45) evolutiva— que haya un proceso de aprendizaje entre las golondrinas. Sea cual sea la causa, que seguramente sea una mezcla de todo, por lo menos parece que esta vez los coches no han sido causa de extinción. El asunto da una nueva (50) dimensión al concepto de selección natural, al incorporar a los vehículos como depredadores. Darwin disfrutaría.

Fuente número 2

🔊 Tienes 2 minutos para leer la introducción y prever las preguntas.

Introducción
Este *podcast* es de Jorge Pedraza, un periodista peruano. Trata de un animal único que era residente de la reserva de las islas Galápagos. La grabación dura aproximadamente tres minutos y medio.

1. ¿Cuál es el propósito principal del artículo?
   (A) Explicar un proceso biológico actual
   (B) Presentar un descubrimiento de Darwin
   (C) Expresar preocupación por los animales
   (D) Dar a conocer estudios científicos recientes

2. Según el artículo, ¿qué se puede notar sobre ciertas golondrinas como resultado de los retos que tienen que enfrentar ante el tráfico?
   (A) Han alterado su cuerpo.
   (B) Han abandonado ciertos lugares.
   (C) La reproducción ha disminuido.
   (D) El vuelo es mucho más bajo.

3. Según el artículo, ¿qué se puede decir sobre las golondrinas hoy en día?
   (A) No pueden evitar los accidentes de tráfico.
   (B) No pueden volar tan rápido como antes.
   (C) Su facultad mental ha disminuido.
   (D) Su habilidad para guiarse ha aumentado.

4. ¿Por qué es extraordinario el proceso que se describe en el artículo?
   (A) Porque ha ocurrido en un lugar inesperado
   (B) Porque ha ocurrido en un corto tiempo
   (C) Porque ocurre solo en golondrinas viejas y más pequeñas
   (D) Porque ocurre solo en un período de tiempo determinado

5. Según los investigadores que se mencionan en el artículo, ¿qué caracteriza a las golondrinas que mueren ahora?
   (A) Sus alas no han cambiado.
   (B) Su expectativa de vida ha aumentado.
   (C) La trayectoria de su vuelo está bien definida.
   (D) El volumen de su cuerpo ha aumentado mucho.

6. Según el artículo, ¿a qué podría deberse el cambio en los accidentes que tienen las golondrinas?
   (A) Al cambio en los patrones del tráfico
   (B) Al aumento de autos en las carreteras
   (C) A una combinación de condiciones variables
   (D) A la mala memoria de las golondrinas

7. ¿A qué se refiere el artículo al hablar de "envergadura" [línea 15]?
   (A) Al tamaño de las aves
   (B) A la inteligencia de las aves
   (C) Al medio ambiente
   (D) A las investigaciones

8. Según la fuente auditiva, ¿cuál es una de las atracciones más populares en las islas Galápagos?
   (A) Los pájaros   (C) Las focas
   (B) Los peces   (D) Las tortugas

9. Según la fuente auditiva, ¿cómo se podrían describir los animales que se discuten en el artículo?
   (A) Inmensos   (C) Veloces
   (B) Feroces   (D) Domesticados

10. Según la fuente auditiva, ¿qué no pudo hacer George?
    (A) Cuidar sus crías
    (B) Reproducir la especie
    (C) Caminar muy lejos
    (D) Vivir en cautiverio

11. Según la fuente auditiva, ¿qué ha tratado de lograr la Dirección del Parque Nacional Galápagos?
    (A) Procrear un ejemplar similar a George
    (B) Animar a George a reproducirse
    (C) Evitar la muerte temprana de los animales recién nacidos
    (D) Encontrar nuevos métodos para el control de la natalidad

12. Según la fuente auditiva, ¿cuál es una de las dificultades para el proyecto del parque?
    (A) Existen pocos animales vivos de la especie.
    (B) Hay muy pocos grupos interesados en el proyecto.
    (C) El proceso del proyecto duraría mucho tiempo.
    (D) Los métodos para llevar a cabo el proyecto son deficientes.

13. Según la fuente auditiva, ¿qué ha permitido que las tortugas vivan por tanto tiempo?
    (A) Viven en un hábitat perfecto.
    (B) Han podido procrear a un ritmo constante.
    (C) Sobreviven muchas epidemias.
    (D) Se han podido adaptar a los cambios.

14. Según la fuente auditiva, ¿con que propósito llevaron a George a Nueva York?
    (A) Para exhibirlo   (C) Para preservarlo
    (B) Para curarlo   (D) Para buscarle pareja

15. ¿Qué tienen en común la fuente escrita y la fuente auditiva?
    (A) Destacan cómo las especies se reproducen con éxito.
    (B) Citan cómo varias especies se han adaptado a su ambiente.
    (C) Afirman, sin duda alguna, el fracaso de varios estudios.
    (D) Cuestionan los esfuerzos para la protección de cierta especie.

ACTIVIDAD 17
Tema curricular: Las identidades personales y públicas
Fuente número 1
Primero tienes 4 minutos para leer la fuente número 1.

Introducción
Este siguiente artículo nos presenta un proyecto iniciado en Inglaterra para ayudar a los jóvenes. El artículo apareció en el portal de la BBC Mundo.

Había una vez... o cómo la escritura ayuda a controlar emociones

Línea "Había una vez un dragón muy enfadado...": así empieza un proyecto de escritura que ayuda a los estudiantes de un colegio de Inglaterra a controlar sus emociones.

Con esta entrada, los jóvenes escriben sus historias que al final de la clase se leen en voz alta y se ilustran. Este programa forma parte de una iniciativa sobre enseñanza terapéutica que utiliza la
(5) escritura creativa para explorar los sentimientos.

El proyecto Young Minds (Mentes jóvenes) se creó a partir de investigaciones que indican que se puede aumentar la motivación de los estudiantes si se les ofrece la oportunidad de explorar sus emociones a través de la escritura, compartiendo el cuento con los demás y haciendo dibujos al final. También permite a los niños tomar el control de una situación y cambiar la forma en que manejan las
(10) cosas en el futuro.

Una sesión típica empieza con una "actividad mental" que ayuda a relajar a los estudiantes, seguida de una "revisión" de sentimientos donde los chicos se suben a una escalera para mostrar su estado emocional. Solo entonces se ofrece el enunciado para que escriban sus historias.

Sentimiento de orgullo

(15) "Creo que escribir es una manera muy buena de decirle a la gente cómo te sientes", le dijo a la BBC Jordan, un estudiante de octavo grado que participa en Young Minds. Con frecuencia, al final se hace un repaso de las emociones. Es entonces cuando el orientador ofrece un comentario sobre los trabajos.

Esto es muy importante porque valida sus historias y les ofrece a los estudiantes algo de que sentirse orgullosos. "A través de los cuentos podemos detectar las diferentes emociones con las que
(20) tienen que lidiar y las discutimos en grupo", le explica a la BBC la profesora Barnes, instructora del proyecto. Los chicos que participan en el proyecto aseguran que, en general, el ejercicio es algo bueno porque les ayuda a exteriorizar sus emociones.

Entran con rabia y salen contentos

Si se sienten con rabia, queda plasmado en la historia, lo que permite que al final de la clase salgan
(25) sintiéndose más felices.

"Me ayuda mucho a controlar mi rabia y las técnicas para tranquilizarme son muy útiles", señala Jordan.

"Si estás molesto, entonces describes a un personaje molesto y eso hace que te sientas aliviada. Y es divertido porque les puedes decir a los demás cómo te sientes", agrega otra estudiante que no quiso (30) decir su nombre.

La vida personal de los colegiales se preserva, pues solo si ellos quieren es que explican los motivos del enfado, y la historia se desarrolla de la forma que ellos desean.

Fuente número 2

🔊 Tienes 2 minutos para leer la introducción y prever las preguntas.

Introducción

Esta grabación de María Noel Raschetti, periodista de Radio LT3, Argentina, presenta el uso de la música en diferentes situaciones para asistir a personas que sufren de ciertas condiciones. La grabación dura aproximadamente tres minutos.

---

1. ¿Cuál es el propósito principal del artículo?
   (A) Presentar unos beneficios para la salud de una actividad
   (B) Describir varios estudios científicos sobre una actividad
   (C) Mostrar los procesos de maduración de jóvenes
   (D) Recomendar terapias mentales para jóvenes

2. Según el artículo, ¿cuál es uno de los beneficios de esta iniciativa?
   (A) Ayuda a reducir el abandono escolar.
   (B) Anima a los jóvenes a examinar sus emociones.
   (C) Inspira a los jóvenes a escribir mejor poco a poco.
   (D) Posibilita una mejor camaradería.

3. Según el artículo, ¿qué le da validez a lo que cuentan los jóvenes?
   (A) La crítica de otros chicos
   (B) El mejoramiento de la escritura
   (C) El deseo de seguir escribiendo
   (D) El diálogo con el guía

4. Según el artículo, ¿cómo expresan sus emociones los jóvenes que participan en este proyecto?
   (A) A través de los personajes de sus historias
   (B) A través de un diálogo franco con los guías
   (C) A través de juegos creativos
   (D) A través de actividades físicas

5. En tu opinión, ¿para quién sería beneficioso este programa?
   (A) Para jóvenes que han abandonado sus estudios
   (B) Para jóvenes que pueden superar los obstáculos
   (C) Para jóvenes que son incapaces de expresarse abiertamente
   (D) Para jóvenes que necesitan estructura en su vida diaria

6. Según la fuente auditiva, ¿cuándo se empezó a usar la música en la terapia?
   (A) A partir de los horrores de la guerra mundial
   (B) Al descubrir las tradiciones de los indígenas
   (C) Durante los últimos años
   (D) En tiempos prehistóricos

7. Según la grabación, ¿a quién ha beneficiado la musicoterapia recientemente?
   (A) A soldados que regresan de la guerra
   (B) A personas que pierden a un ser querido
   (C) A las madres que han dado a luz recientemente
   (D) A la gente que tiene problemas comunicándose

8. Según la grabación, ¿qué distingue al Pavarotti Music Center?
   (A) Promueve la importancia de la religión.
   (B) Incluye a personas de diferentes culturas.
   (C) Apoya la importancia de la autosuficiencia.
   (D) Promociona la necesidad de hacer concesiones.

9. ¿Qué tienen en común las dos fuentes?
   (A) El llamamiento a estudios más extensos
   (B) El testimonio de personas traumatizadas
   (C) La mención de métodos para obtener resultados terapéuticos
   (D) La descripción del efecto de las experiencias traumáticas

10. ¿Qué se puede afirmar sobre el artículo y la fuente auditiva?
    (A) Ambas fuentes se refieren al alma.
    (B) Ambas fuentes se refieren a jóvenes.
    (C) Ambas fuentes se refieren a la medicina.
    (D) Ambas fuentes se refieren a los nativo-americanos.

ACTIVIDAD 18

Tema curricular: La vida contemporánea

Fuente número 1

Primero tienes 1 minuto para leer la fuente número 1.

Introducción

Esta selección trata de la calidad de vida de las personas. Fue publicada por *Our World in Data*.

El mundo como 100 personas en los últimos dos siglos

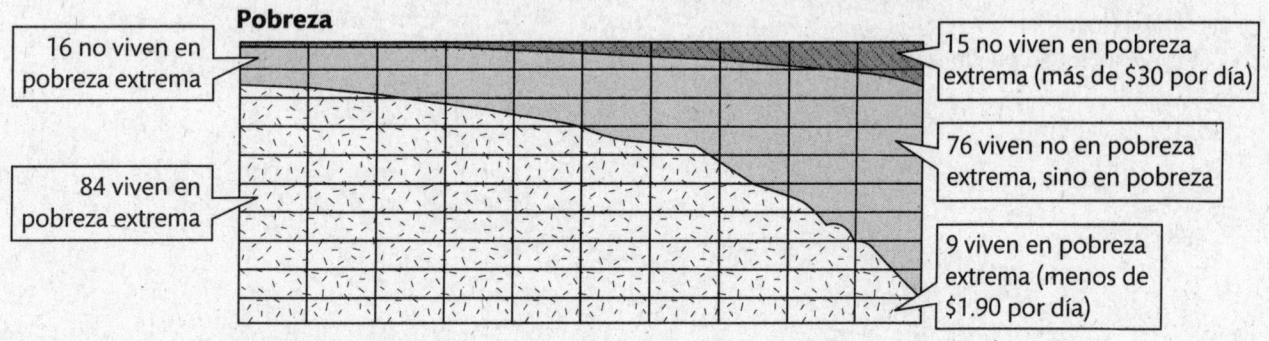

Pobreza

- 16 no viven en pobreza extrema
- 84 viven en pobreza extrema
- 15 no viven en pobreza extrema (más de $30 por día)
- 76 viven no en pobreza extrema, sino en pobreza
- 9 viven en pobreza extrema (menos de $1.90 por día)

1820 1840 1860 1880 1900 1920 1940 1960 1980 2000 2018

Datos de: Our World in Data

Fuente número 2

🔊 Tienes 1 minuto para leer la introducción y prever las preguntas.

Introducción

Esta grabación trata de la información en una clase universitaria. Es una conversación entre Edgar y Mónica, dos compañeros de clase, que hablan sobre una clase universitaria a la que acaban de asistir. La grabación dura aproximadamente dos minutos y medio.

1. Según la tabla, ¿qué porcentaje de gente extremadamente pobre existía en 1820?
   (A) 12%
   (B) 15%
   (C) 83%
   (D) 84%

2. Según la tabla, ¿cuál de las siguientes afirmaciones es la más adecuada?
   (A) Cada individuo ha experimentado un aumento en su nivel de vida.
   (B) Ya no existe la pobreza extrema.
   (C) Las sociedades humanas han mejorado.
   (D) Hay más pobreza hoy en día que antes.

3. De acuerdo con la conversación, ¿qué factores pueden afectar la expectativa de vida en un país?
   (A) El ejercicio
   (B) La atención médica
   (C) La alfabetización
   (D) La educación

4. En el contexto de la conversación, ¿cómo es la expectativa de vida en Bolivia?
   (A) Es menor que en Chile.
   (B) Es la más baja en el mundo.
   (C) Es la más alta de la región.
   (D) Es igual a la de Argentina.

5. ¿A qué se refiere Mónica cuando habla de "discrepancia" en la conversación?
   (A) A desorden
   (B) A diferencia
   (C) A altibajos
   (D) A desavenencia

6. Basándote en la conversación y en la tabla, ¿qué se puede deducir acerca del progreso humano?
   (A) Las sociedades humanas se ven estancadas.
   (B) Los problemas mundiales no pueden mejorar.
   (C) Podemos vivir tres veces más que nuestros abuelos.
   (D) La sociedad puede seguir mejorando.

7. Según la tabla y la conversación, ¿qué indica la expresión "calidad de vida"?
   (A) La duración de la vida que puede calcularse
   (B) La medición de las condiciones de vida
   (C) La cantidad de gente pobre en un país
   (D) La idea de que la vida debe ser de calidad

ACTIVIDAD 19
Tema curricular: La vida contemporánea
Fuente número 1
Primero tienes 1 minuto para leer la fuente número 1.

Introducción
Esta selección trata del tiempo que se toma para ir al trabajo. Fue publicada por el Instituto Sindical de Trabajo, Ambiente y Salud (ISTAS), en España.

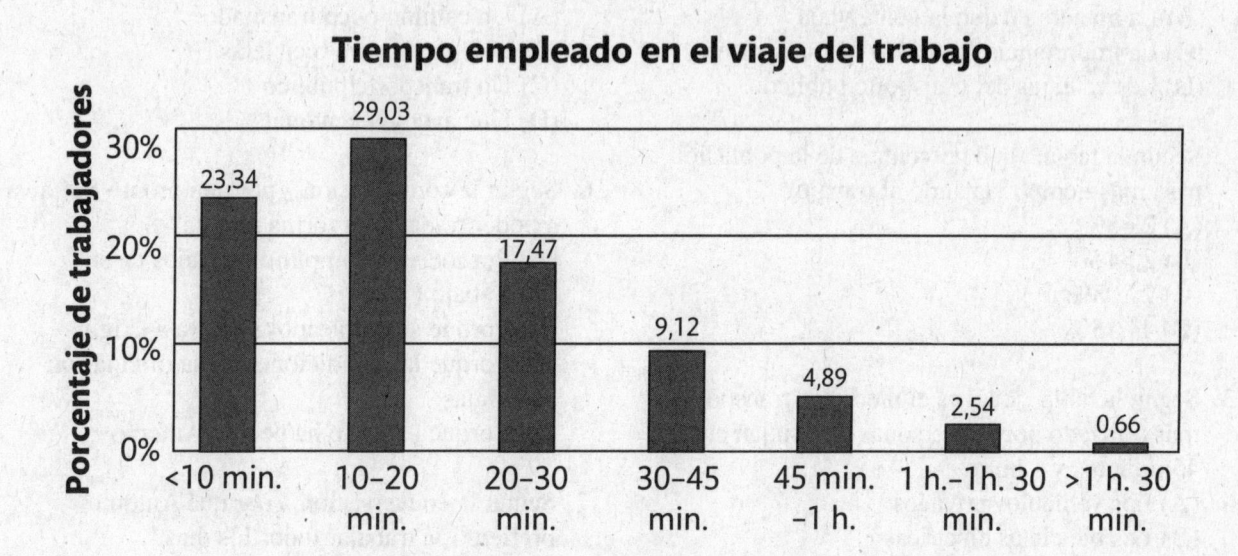

Tiempo empleado en el viaje del trabajo

Intervalo	Porcentaje de trabajadores
<10 min.	23,34
10–20 min.	29,03
20–30 min.	17,47
30–45 min.	9,12
45 min.–1 h.	4,89
1 h.–1h. 30 min.	2,54
>1 h. 30 min.	0,66

Distribución modal del tiempo de transporte al trabajo

	Vehículo privado	Transporte público	A pie	Bici	N/A
<10 min.	51,80%	1,51%	44,15%	0,89%	1,65%
10–20 min.	68,99%	9,70%	18,33%	0,55%	2,43%
20–30 min.	65,35%	24,85%	7,06%	0,26%	2,48%
30–45 min.	56,68%	38,67%	2,15%	0,11%	2,39%
45 min.–1h.	45,10%	51,74%	0,72%	0,05%	2,39%
1h.–1h. 30 min.	39,28%	57,94%	0,43%	0,04%	2,31%
>1h. 30 min.	46,56%	47,11%	1,77%	0,18%	4,38%

Datos de: Instituto Sindical de Trabajo, Ambiente y Salud (Istas.net)

Fuente número 2

🔊 Tienes 1 minuto para leer la introducción y prever las preguntas.

Introducción
Esta grabación trata de la compra de una casa. Es una conversación entre Sofía y Antonio mientras viajan en auto. La grabación dura aproximadamente dos minutos y medio.

1. Según la tabla, ¿qué indica la palabra "modal"?
   (A) Los medios de transporte en la ciudad
   (B) La manera en que la gente viaja
   (C) La importancia del modo de transporte
   (D) Las ventajas del transporte público

2. Según la tabla, ¿qué porcentaje de la población pasa más tiempo viajando al trabajo?
   (A) 0,66%
   (B) 2,54%
   (C) 29,03%
   (D) 44,15%

3. Según la tabla, ¿cuál es el medio de transporte más utilizado por las personas que viajan entre 45 minutos y 1 hora?
   (A) Los vehículos privados
   (B) Las bicicletas eléctricas
   (C) Los autos de alquiler
   (D) El transporte público

4. De acuerdo con la conversación, ¿cuánto se tardan Sofía y Antonio en llegar a la nueva casa, cuando no hay tráfico?
   (A) 10 minutos
   (B) 15 minutos
   (C) 30 minutos
   (D) 45 minutos

5. En el contexto de la conversación, ¿qué es una "ciclovía"?
   (A) Un camino poco transitado
   (B) Una senda para bicicletas
   (C) Un transporte público
   (D) Una avenida peatonal

6. Según la conversación, ¿por qué pronto Sofía va a poder trabajar en forma remota?
   (A) Porque va a cumplir cinco años en su trabajo
   (B) Porque su empleador se lo va a exigir
   (C) Porque las condiciones en su oficina son malas
   (D) Porque así se lo ha pedido Antonio

7. Según la conversación, ¿por qué Antonio prefiere ir a trabajar todos los días?
   (A) Prefiere salir de la casa y estar de viaje.
   (B) Le interesa comer fuera de casa.
   (C) Le gusta el aspecto social de su trabajo.
   (D) Su jefe le paga extra si va al trabajo.

ACTIVIDAD 20
Tema curricular: Las familias y las comunidades
Fuente número 1
Primero tienes 1 minuto para leer la fuente número 1.

Introducción
Esta selección trata del sistema educativo en España, incluyendo sus etapas y los requisitos pertenecientes. La información fue publicada por el bufete Balcells.

Sistema Educativo en España

Nivel	Edad	Obligatoria	Gratis	Horas
Educación infantil preescolar	0 - 3	No	No	9:00 - 13:00
Educación infantil	3 - 6	No, pero común	No	9:00 - 16:30
Educación primaria	6 - 12	Sí	Sí	9:00 - 16:30
Educación secundaria	12 - 16	Sí	Sí	9:00 - 16:30
Bachillerato	16 - 18	No	Sí	9:00 - 16:30

Datos de: Elaborado con información de Balcells Group

Fuente número 2

Tienes 1 minuto para leer la introducción y prever las preguntas.

Introducción
Esta grabación trata de una conversación entre una madre y un empleado de un Centro de Desarrollo Infantil. La madre quiere inscribir a su hijo pero no tiene un acta de nacimiento. La grabación dura aproximadamente tres minutos.

1. Según la tabla, ¿a cuál de las siguientes opciones se refiere la palabra "preescolar"?
   (A) A la edad de los niños
   (B) Al nivel de obligatoriedad
   (C) Al establecimiento educativo
   (D) A los profesores que enseñan

2. Según la tabla, ¿qué nivel de educación no es gratis?
   (A) Bachillerato
   (B) Primario
   (C) Secundario
   (D) Infantil

3. Según la tabla, ¿cuál de las siguientes afirmaciones es cierta?
   (A) Los niveles están en el mismo horario.
   (B) La educación infantil es común.
   (C) El bachillerato es de 12 a 16 años.
   (D) El bachillerato es obligatorio.

4. Según la fuente auditiva, ¿qué le sucedió a la señora Arias esa mañana?
   (A) Llegó tarde a la parada de autobuses.
   (B) Tuvo dificultad en llegar al centro.
   (C) Se le había perdido la dirección del centro.
   (D) Se le había olvidado que tenía una cita.

5. Según la fuente auditiva, ¿qué le preocupa al señor Ávila?
   (A) Que los autobuses directos no lleguen al centro
   (B) Que el programa de estudios no sea suficientemente riguroso
   (C) Que el tiempo para los deberes sea insuficiente para el niño
   (D) Que el niño se pierda cuando viaje al centro

6. Según la fuente auditiva, ¿qué explicación da la señora por no tener un acta de nacimiento?
   (A) El horario de oficina era muy inconveniente.
   (B) La solicitud era demasiado complicada.
   (C) La oficina de registro civil no existía entonces.
   (D) El nacimiento de su hijo tuvo lugar en su casa.

7. Según la fuente auditiva, ¿cuál es uno de los requisitos para ingresar en el centro?
   (A) Uno de los padres tiene que trabajar para la Secretaría de Educación.
   (B) Uno de los padres tiene que ganar suficiente dinero para la matrícula.
   (C) Los padres deben tener un horario flexible para recoger al niño al final del día.
   (D) Los padres deben asistir a un entrenamiento obligatorio antes de las clases.

8. Según la fuente auditiva, ¿qué sucede si los resultados de los análisis médicos no son satisfactorios?
   (A) El niño tendrá que esperar hasta el próximo año escolar.
   (B) El niño será matriculado, pero solo temporalmente.
   (C) Los padres tendrán tiempo para remediar la situación.
   (D) Los padres tendrán que buscar otro tipo de escuela.

9. ¿Cuál de las siguientes preguntas sería la más apropiada para que la madre continuara la conversación?
   (A) ¿Qué documentos voy a necesitar para obtener el acta?
   (B) ¿Por qué se terminan las clases tan tarde?
   (C) ¿Con qué frecuencia pasa el autobús escolar?
   (D) ¿Así que puedo inscribirlo sin el acta de nacimiento?

10. ¿Qué tienen en común las dos fuentes?
    (A) Mencionan requisitos para inscribirse.
    (B) Se refieren al sistema educativo.
    (C) Explican la exigencia de cursos.
    (D) Discuten el certificado de nacimiento.

ACTIVIDAD 21

Tema curricular: La ciencia y la tecnología

Fuente número 1

Primero tienes 4 minutos para leer la fuente número 1.

Introducción

El artículo a continuación discute una nueva versión del bastón (*cane*) y sus beneficios. El artículo apareció en el portal de la BBC Mundo.

Un bastón inteligente para los ancianos del futuro

¿Qué tienen en común Moisés y Charles Chaplin? Un trozo de madera que asociamos a su imagen cada vez que los nombran: un bastón.

Sin embargo, la imagen romántica del bastón que guía los pasos de los ancianos o es utilizado como símbolo de estatus podría estar a punto de desaparecer.

(5) La versión del futuro cuenta con navegación satelital, conexión 3G y *wifi*, está conectado a un computador central que le sigue la pista y vibra cuando el usuario se desvía de la ruta trazada. Se trata de un bastón superpoderoso, creado por el gigante tecnológico japonés Fujitsu. El nuevo *gadget* está diseñado para ayudar a los ancianos a encontrar su camino, además de monitorear ciertos signos vitales. Su ubicación se puede seguir en línea y se puede configurar para que envíe alertas por correo

(10) electrónico si registra señales de que el usuario sufrió una caída.

¿Miedo a envejecer?

El desarrollo de tecnología para personas mayores es una preocupación esencial en un país como Japón, que experimenta una acentuada tendencia al envejecimiento de su población. Fujitsu, al igual que varias empresas de la región, está buscando formas para ayudarlos a mantener su movilidad y,

(15) potencialmente, ampliar su capacidad para seguir trabajando.

El prototipo está equipado con distintas tecnologías de conexión, tales como GPS, 3G y *wifi*. Además, cuenta con una pantalla LED en la parte superior del mango. Si un cambio de dirección es necesario, el bastón vibra y aparece una flecha.

"Cliente maduro"

(20) Aunque está diseñado para las personas mayores, Fujitsu calcula que también podrá ser utilizado por personas discapacitadas.

El bastón envía datos a un computador central al que pueden estar conectados familiares o cuidadores del usuario. Estos pueden acceder a la ubicación exacta del adulto mayor, además de seguir su frecuencia cardíaca. Si el bastón detecta un latido del corazón irregular, automáticamente

(25) puede contactarse con los servicios de emergencia.

El bastón aún no tiene fecha de lanzamiento en el mercado. Sin embargo, otro dispositivo que la firma preparó para los adultos mayores saldrá a la venta en junio. Se trata de un teléfono inteligente diseñado para los adultos mayores o "clientes maduros" como los denomina la compañía.

(30) El Stylistic funciona con el sistema operativo Android de Google, pero en una versión modificada, pensando en personas que no han utilizado nunca un *smartphone*. La interfaz incluye signos de interrogación que permiten acceder a explicaciones de cada función. El teléfono también es capaz de cambiar la frecuencia de audio para que sea más fácil oír.

Fuente número 2

🔊 Tienes 2 minutos para leer la introducción y prever las preguntas.

Introducción

En este *podcast* de Sonia Marchesi, conductora de Telefe Noticias en Rosario, Argentina, se describe un nuevo tipo de casa que se está construyendo para beneficiar a las personas mayores. La grabación dura aproximadamente tres minutos y medio.

---

1. ¿Cuál es el propósito principal del artículo?
   - (A) Presentar una innovación tecnológica
   - (B) Divulgar ejemplos de vejez saludable
   - (C) Hablar de personas de edad avanzada
   - (D) Examinar ideas sobre computadoras

2. Según el artículo, ¿cómo cambiarán los bastones en el futuro?
   - (A) Servirán para demostrar el estatus de una persona.
   - (B) Serán tecnológicamente muy avanzados.
   - (C) Contarán con dispositivos invisibles.
   - (D) Asistirán también a personas capacitadas.

3. Según el artículo, ¿qué significa que el bastón sea "inteligente"?
   - (A) Que el bastón actúa sin instrucciones humanas
   - (B) Que el bastón puede pensar por sí mismo
   - (C) Que el bastón deja de ser de madera
   - (D) Que el bastón sólo es para ciertos clientes

4. Según el artículo, ¿cuál es uno de los beneficios de los bastones del futuro?
   - (A) Ayudarán a los usuarios a no desorientarse.
   - (B) Permitirán que el usuario se comunique por textos.
   - (C) Podrán registrar la distancia que camina el usuario.
   - (D) Ayudarán al usuario a hacer ejercicio.

5. Según el artículo, ¿qué otras posibilidades tienen los poderosos bastones que se describen?
   - (A) Pueden reconocer la voz y seguir instrucciones.
   - (B) Pueden detectar si la persona tiene un accidente.
   - (C) Pueden servir como teléfonos celulares.
   - (D) Pueden alertar al usuario cuando debe tomar medicamentos.

6. Según el artículo, ¿por qué está interesado Japón en desarrollar este tipo de tecnología?
   - (A) El conocimiento técnico de las empresas es ideal para este tipo de producto.
   - (B) El estímulo del gobierno permite hacer estudios que mejoran el producto.
   - (C) El beneficio económico será enorme.
   - (D) El número de habitantes mayores seguirá aumentando.

7. Según la fuente auditiva, ¿cuál es uno de los problemas que la sociedad tendrá que enfrentar en el futuro?
   - (A) La reducción de hogares para personas de tercera edad
   - (B) La disponibilidad de profesionales con experiencia en geriatría
   - (C) La falta de tiempo necesario para cuidar a los familiares mayores
   - (D) La insuficiencia de hogares diseñados para discapacitados

8. Según la fuente auditiva, ¿qué muestran muchas de las encuestas mencionadas en la narración?
   (A) Que la asistencia para personas mayores va a disminuir
   (B) Que la demanda por casas adecuadas va a aumentar
   (C) Que los ancianos necesitan más apoyo emocional que antes
   (D) Que los ancianos prefieren quedarse en sus propias casas

9. ¿Cuál es una de las soluciones que menciona la fuente auditiva?
   (A) Construir casas cerca de los familiares
   (B) Abrir más centros comunitarios
   (C) Entrenar a los familiares de los ancianos
   (D) Dar apoyo al personal de emergencia

10. Según la fuente auditiva, ¿cuál es la ventaja del tipo de casa que se describe?
    (A) Que el costo se mantiene muy bajo
    (B) Que la construcción se puede adaptar según las necesidades
    (C) Que los familiares controlan las actividades peligrosas
    (D) Que los ancianos pueden recibir toda la asistencia médica allí

11. Según la fuente auditiva, ¿qué se está haciendo en Francia con respecto a las casas para las personas mayores?
    (A) Adaptar las casas según el clima de la región
    (B) Proveer personal que defienda los derechos de los ancianos
    (C) Instruir a los ocupantes sobre los peligros de vivir solos
    (D) Establecer leyes para proteger la vida privada de ellos

12. Según la fuente auditiva, ¿cuál es una de las ventajas del robot Héctor?
    (A) Entiende los mandatos orales de una persona.
    (B) Es programado según la edad de la persona a quien asiste.
    (C) Puede detectar ciertos cambios físicos en una persona.
    (D) Puede reconocer los gestos de las personas.

13. ¿Qué tienen en común las dos fuentes?
    (A) La inclusión de una explicación de los aparatos que han fracasado
    (B) La referencia al mejoramiento de la calidad de vida de los ancianos
    (C) La mención de los beneficios de los hogares para personas de tercera edad
    (D) La observación sobre la falta de atención por parte de los familiares

14. ¿Qué se puede afirmar sobre el artículo y la fuente auditiva?
    (A) El artículo no toma en cuenta el papel de la familia y la fuente auditiva sí lo toma en cuenta.
    (B) La fuente auditiva no presenta ningún beneficio médico y el artículo sí lo presenta.
    (C) La fuente auditiva menciona aspectos que tienen implicaciones para la privacidad pero el artículo no lo hace.
    (D) El artículo identifica a personas famosas que se han beneficiado del aparato pero la fuente auditiva no lo hace.

ACTIVIDAD 22
Tema curricular: Los desafíos mundiales
Fuente número 1
Primero tienes 4 minutos para leer la fuente número 1.

Introducción

Este artículo trata de las sequías que azotan las Tablas de Daimiel, un parque nacional en España. Proviene del sitio oficial de *El País*.

España no solo se quema, se seca: ocho años de sequía en el parque nacional Tablas de Daimiel

Línea "La situación del humedal y parque nacional manchego es crítica por la falta de agua: el 80% de sus lagunas se ha secado en los últimos cuatro años.

　　La protección de las 1.750 hectáreas que conforman el humedal de las Tablas de Daimiel, en plena Mancha, no puede ser mayor: es parque nacional desde 1973. Se trataba de conservar un
(5) ecosistema de llanuras de inundación prácticamente único en Europa, cobijo de aves que recorren grandes distancias para nidificar, invernar o tomarse un respiro en su largo periplo migratorio. Pero, a pesar de la legislación, en la actualidad la situación de las Tablas de Daimiel es crítica, con solo el 3,4% (50 hectáreas) anegadas. En los últimos cuatro años, el 80% de las lagunas se ha secado y el resto se mantiene con bombeos de emergencia desde el acuífero que las debería alimentar de forma
(10) natural. Detrás del triste escenario aparece una pertinaz sequía, que comenzó hace ocho años, y las extracciones de agua del acuífero para abastecer a la agricultura intensiva, su principal lacra. El Estado declaró esta masa de agua subterránea sobreexplotada en 1994 y, sin embargo, la degradación prosigue inexorable.

　　Si se cumpliera la normativa del parque, a finales de verano deberían permanecer encharcadas
(15) como mínimo 600 hectáreas y 1.400 a principios de la primavera. Nada más alejado de la realidad. Con el funcionamiento natural roto, el humedal se encuentra a merced de las precipitaciones, siempre escasas en la zona y completamente impredecibles. Históricamente, las Tablas se llenaban debido al desbordamiento de los ríos Gigüela y Guadiana. Este último surge del afloramiento de las aguas del acuífero en el paraje conocido como los Ojos del Guadiana. Gracias al último periodo húmedo —con
(20) tres años de lluvias entre 2010 y 2013—, las Tablas de Daimiel revivieron. Pero duró lo que duró, hasta 2018.

　　Aunque hay una buena noticia: "El ecosistema todavía tiene resiliencia y recupera su estado natural en cuanto puede", explica Salvador Sánchez Carrillo, investigador del Consejo Superior de Investigaciones Científicas (CSIC), que trabaja en el parque desde 1994. Encontrar la solución a
(25) décadas de maltrato es complicado, sobre todo porque, añade Sánchez Carrillo, "la agricultura tiene un gran peso tanto en votos como económico, y falta una política de gestión del agua en la agricultura a

(30) largo plazo". El problema se extiende por todos los lagos, lagunas y humedales de la Mancha Húmeda (Albacete, Ciudad Real, Cuenca y Toledo), declarada reserva de la biosfera por la Unesco en 1981.

La sed de las Tablas es tal que el Ministerio para la Transición Ecológica autorizó en marzo la transferencia de tres hectómetros cúbicos del trasvase Tajo-Segura, la primera en 13 años. La aportación se queda corta para muchos expertos, porque está previsto que se puedan enviar hasta 20 hectómetros cúbicos al año.

Las asociaciones conservacionistas consideran que esta práctica perpetúa el mal uso del agua.

Fuente número 2

🔊 Tienes 2 minutos para leer la introducción y prever las preguntas.

Introducción

Esta grabación es una entrevista con Óscar Rojas, un agrometeorólogo de la Organización de la ONU para la Alimentación y la Agricultura (FAO). Discute el peligro de las sequías. Fue transmitida por Radio Naciones Unidas, y dura aproximadamente tres minutos y medio.

1. ¿Cuál es el propósito principal del artículo?
   (A) Proponer remedios contra catástrofes naturales
   (B) Describir la situación de un parque nacional español
   (C) Describir el lugar las Tablas de Daimiel
   (D) Destacar el futuro de las Tablas de Daimiel

2. Según el artículo, ¿desde cuándo es parque nacional las Tablas de Daimiel?
   (A) Desde 1973
   (B) Desde 1994
   (C) Desde 2010
   (D) Desde 2013

3. ¿A qué se refiere el artículo al hablar de "resiliencia" [línea 22]?
   (A) A la perduración del ecosistema
   (B) A los peligros del ecosistema
   (C) A los períodos del ecosistema
   (D) A la protección del ecosistema

4. ¿Por qué grupos ambientalistas se oponen a medidas para mantener el ecosistema de las Tablas de Daimiel?
   (A) Porque siempre se oponen al gobierno
   (B) Porque prefieren métodos alternativos
   (C) Porque no se los ha invitado a contribuir con ideas originales
   (D) Porque consideran que mantienen una mala explotación de recursos

5. Según el locutor Carlos Martínez en la fuente auditiva, ¿cómo se ve el futuro de las sequías?
   (A) Aumentarán, pero solo en ciertas regiones del globo.
   (B) Serán más frecuentes y de mayor magnitud.
   (C) Serán menos frecuentes que las inundaciones y los terremotos.
   (D) Causarán pocos daños como resultado de la preparación.

6. Según Óscar Rojas en la fuente auditiva, ¿qué se ha observado en los últimos años con respecto al fenómeno de las sequías?
   (A) Ha tenido una gran propagación a través del mundo.
   (B) Ha causado la ruina de varias economías latinoamericanas.
   (C) Ha contribuido a mejorar la condición del medio ambiente.
   (D) Ha forzado a varios países a transformar el abastecimiento del agua.

7. Según la fuente auditiva, ¿qué recomienda Óscar Rojas a los países en riesgo de sequías cuando propongan políticas?
   (A) Deben ser apoyadas con considerables inversiones.
   (B) Deben ser las mismas para los países vecinos.
   (C) Tienen que considerar el índice de ocurrencia.
   (D) Tienen que incorporar entrenamiento para los habitantes.

8. ¿Por qué menciona la fuente auditiva a los Estados Unidos y África?
   (A) Porque el sistema de aviso temprano no está perfeccionado en estas regiones
   (B) Porque el abastecimiento de agua en estas regiones está bien diseñado
   (C) Porque estas regiones ya comparten equipos de expertos que colaboran
   (D) Porque ya existe un monitoreo de la situación en estas regiones

9. ¿Qué se puede afirmar sobre la fuente escrita y la fuente auditiva?
   (A) La fuente auditiva discute la sequía a nivel mundial.
   (B) La fuente auditiva discute el impacto de la sequía en la salud.
   (C) La fuente escrita solo discute los problemas y no las soluciones.
   (D) La fuente escrita contradice alguna de la información de la fuente auditiva.

10. ¿Qué tienen en común las dos fuentes?
    (A) La referencia a los parques nacionales
    (B) El aumento de precios de cultivos
    (C) Los alarmantes efectos de las sequías
    (D) Los ejemplos de prácticas ecológicas

Part B-2
Interpretive Communication: Audio Texts

> In the AP® Spanish Language and Culture Examination, Part B includes both Print and Audio Texts (Combined) as well as Audio Texts on their own. However, for the purposes of this practice book, the exam's Part B has been divided into two parts, Part B-1: Print and Audio Texts (Combined) and Part B-2: Audio Texts.

In this portion of the AP® Spanish Language and Culture Examination, you will be tested on your ability to comprehend and interpret a variety of authentic audio materials chosen for their clarity, speed, diversity of regional accents, and speech patterns. The content of these audio selections relates to the curricular themes as set forth in the Course and Exam Description for the AP® Spanish Language and Culture Examination.

These audio segments will generally range from two to three minutes in length (although for practice purposes you may find some selections go slightly beyond three minutes) and are drawn from a number of sources including news broadcasts, interviews, conversations, presentations, and podcasts. Each segment is followed by multiple-choice questions that may ask you to identify the main idea of the segment and understand additional ideas, details, facts, conclusions, and inferences from the segment. These questions and the multiple-choice options appear in print.

When taking this portion of the exam, you will have a designated amount of time to read an introduction to the audio selection and then skim the questions that follow. Then you will listen to the audio selection. After listening the first time, you will have one minute to begin to answer the questions. You will then listen to the selection a second time. After that, you will have 15 seconds per question to finish answering the questions.

Because this section of the AP® exam emphasizes the honing of your listening skills, take the time to study and apply the listening strategies presented below. They will also be useful in several other parts of the exam: Part B-1, Part D, and Part E.

Strategies

1. **Determine the audio type.** This information is usually provided in the introduction to the segment. Knowing its format will help you anticipate the type of information you are about to hear. It could be a news report, an informational piece, a conversation, an interview, or a personal opinion or reflection.

2. **Follow a three-step listening process.** Practice for this section of the test can be described as a three-step process: before listening, listening, and after listening. As you become more proficient in the language and you enhance your listening comprehension skills, you will go through the process more quickly.
   - **Before listening:** Read the title and the introduction that precedes the audio selection and make predictions about what you are about to hear. Do you know anything about the theme? Start connecting thoughts to what you may already know about the subject. Remember that you can use some of the strategies you use in reading, such as reading the questions first, underlining key words, etc.

- **Listening:**
  - Be ready to determine the gist of what is being said. Remember you do not have to know every word to understand the selection. Do the people seem angry? Worried? Happy? Is it a news item? A dialogue? A narrative? An interview?
  - There may be sounds that will help you place the audio in a specific context, such as traffic noises, crowd voices, laughter, etc.
  - Visualize scenes and images that relate to the audio as you listen: it will help you understand what you hear.
  - Focus on associations and connections (background knowledge) triggered by the audio.
  - Pay attention to details. Do the voices in the dialogues or interviews communicate a certain mood? Is a person trying to persuade, demand, complain, convey a message, etc.?
  - Derive meaning from the context. This will allow you to draw inferences.
  - Do not focus on words you do not understand: it is not very productive, as it will prevent you from fully understanding what is being said.
  - Take notes by jotting down key words and facts as you listen.
  - If you hear a proper name with which you are not familiar, write the initials or look at the questions so that you can easily identify the person who is mentioned.
- **After listening:** As you answer the multiple-choice questions, reflect back on what you heard and use the notes you took to help you reconstruct the main ideas and specific details of the segment.

3. **Scan the multiple-choice options for answers before listening.** You have the opportunity to look at the questions as well as the options before and while you are listening, and additional time is built in for you to preview the questions. This helps you know what to listen for. The questions are usually in the same order as the information in the selection. Again, with practice, you will learn to work more efficiently. You must develop your own style. Some students do better when they concentrate first on the selection; others find it easier to read the questions while they are listening. When looking at the options or the questions, highlight or underline proper names. This will help you sort out the different people in the conversation or narrative. Keep in mind that some questions require that you make inferences or predictions based on the information you have heard.

4. **Listen to authentic spoken Spanish.**
   - Beyond the classroom, you should take any opportunity to listen to the radio, television, or podcasts. Usually, TV news is easier to understand because you can make a connection between what you are hearing and the visuals. Soap operas come from different parts of the Spanish-speaking world, so you must give yourself time to become accustomed to the different accents and regionalisms. (You will hear different regional accents in the actual exam.) Your teacher may also provide you with different sources you may use to practice.
   - If you are not used to listening to authentic audios, you may start listening for a few minutes at a time and then increase the time as you become more comfortable. This will avoid frustration on your part.
   - Always take notes on what you hear to help you summarize or synthesize the information.

5. **Keep focused.** Finally, it is easy to lose interest or give up. Don't give up! If your mind wanders for a few seconds, concentrate again and keep listening. Sometimes the information is repeated, paraphrased, or explained further, so you may have the opportunity to gather more information about certain details later on in the selection.

The following practice activities are arranged in order of increasing difficulty and are designed to give you practice in listening to and interpreting audio segments.

| You have 1 minute to read the directions for this part. | Tienes 1 minuto para leer las instrucciones de esta parte. |

| You will listen to several audio selections.

For each audio selection, first you will have a designated amount of time to read a preview of the selection as well as to skim the questions that you will be asked. Each selection will be played twice. As you listen to each selection, you may take notes. Your notes will not be scored.

After listening to each selection the first time, you will have 1 minute to begin answering the questions; after listening to each selection the second time, you will have 15 seconds per question to finish answering the questions. For each question, choose the response that is best according to the audio and mark your answer on your answer sheet. | Vas a escuchar varias grabaciones.

Para cada grabación, primero vas a tener un tiempo determinado para leer la introducción y prever las preguntas. Vas a escuchar cada grabación dos veces. Mientras escuchas, puedes tomar apuntes. Tus apuntes no van a ser calificados.

Después de escuchar cada selección por primera vez, vas a tener 1 minuto para empezar a contestar las preguntas; después de escuchar por segunda vez, vas a tener 15 segundos por pregunta para terminarlas. Para cada pregunta, elige la mejor respuesta según la grabación e indícala en la hoja de respuestas. |

ACTIVIDAD 1
Tema curricular: La ciencia y la tecnología

🔊 Primero tienes 1 minuto para leer la introducción y prever las preguntas.

Introducción
Esta grabación trata del océano Pacífico. La presentación original proviene de GEOenciclopedia.com. La grabación dura aproximadamente tres minutos.

1. ¿Cuál es el propósito principal de la presentación?
   (A) Enfatizar el decaimiento del océano Pacífico
   (B) Dar una visión general del océano Pacífico
   (C) Resaltar el interés por el estudio del océano Pacífico
   (D) Explicar los cambios climáticos en el océano Pacífico

2. ¿Por qué le dio Fernando de Magallanes el nombre de océano Pacífico?
   (A) Por la existencia de vientos frígidos
   (B) Por la extensión de sus aguas
   (C) Por las altas temperaturas del área
   (D) Por la serenidad de sus aguas

3. ¿Qué cantidad de la superficie terrestre ocupa el océano Pacífico?
   (A) Más de dos tercios
   (B) Casi un tercio
   (C) Veinticinco millones de kilómetros
   (D) Setecientos catorce millones de kilómetros

4. ¿Por qué es de gran importancia económica el océano Pacífico?
   (A) Por el constante tráfico de mercancías
   (B) Por la facilidad de navegar sus aguas
   (C) Por proveer más rapidez a las embarcaciones
   (D) Por ofrecer transporte muy barato

5. ¿Qué es la Isla de la Basura?
   (A) Una isla creada por desechos humanos
   (B) Una isla creada como una pausa en los viajes
   (C) Una isla donde se recicla la basura que dejan los barcos
   (D) Una isla donde habita una gran cantidad de especies comestibles

6. ¿Por qué se mencionan las tortugas marítimas y las ballenas?
   (A) Porque son animales de mucho valor alimenticio
   (B) Porque son animales que han emigrado a otros océanos
   (C) Porque son animales en peligro de extinción
   (D) Porque son animales que prosperan en la Isla de la Basura

7. ¿Cuál sería una pregunta apropiada para la presentadora?
   (A) ¿Qué efecto tienen los violentos terremotos en el área?
   (B) ¿Por qué no existen más reservas de combustibles?
   (C) ¿Cómo se puede llegar a la Isla de la Basura?
   (D) ¿Qué podemos encontrar en la Isla de la Basura?

ACTIVIDAD 2
Tema curricular: La ciencia y la tecnología

🔊 Primero tienes 1 minuto para leer la introducción y prever las preguntas.

Introducción
Esta grabación trata de nuestra participación en las redes sociales. La grabación proviene de protocolo.org. La grabación dura aproximadamente tres minutos.

---

1. ¿Cuál es el propósito principal de la presentación?
   - (A) Dar consejos a personas que quieren crear una página web
   - (B) Presentar recomendaciones para proteger la reputación en línea
   - (C) Explicar las consecuencias de navegar en internet sin conocimientos
   - (D) Discutir la diferencia entre conocer a una persona cara a cara y en internet

2. ¿A qué se refiere la reputación que se describe en la presentación?
   - (A) A la manera en que otras personas te ven en línea
   - (B) A los pasos a seguir para crear una página web respetuosa
   - (C) A la interpretación de ciertos comentarios sobre la etiqueta en la web
   - (D) A las atribuciones de la apariencia física de ciertas personas

3. Según la presentación, ¿cuál es una de las conclusiones a la que pueden llegar las personas sobre ti?
   - (A) Que la información que publicas es sospechosa
   - (B) Que tus conocimientos son de poca importancia
   - (C) Que la profundidad de tus comentarios es falsa
   - (D) Que eres una persona superficial

4. Según la presentación, ¿qué debemos tratar de ser en internet?
   - (A) Directos
   - (B) Sinceros
   - (C) Compasivos
   - (D) Tolerantes

5. Según la presentación, ¿qué son las reglas de la netiqueta?
   - (A) El reglamento que ayuda a comportarnos de manera respetuosa
   - (B) Los pasos a seguir para publicar información válida
   - (C) Las publicaciones que ayudan a aprender la etiqueta en internet
   - (D) Los informes que se publican regularmente sobre el comportamiento en la red

6. Según la presentación, ¿qué error cometen los adolescentes al publicar información en internet?
   - (A) Cuando publican referencias a personas que no conocen bien
   - (B) Cuando publican algo que les parece gracioso, pero luego no lo es
   - (C) Cuando la información que publican es provocativa
   - (D) Cuando critican la manera en que otras personas publican en la red

7. Según la presentación, ¿qué debemos controlar?
   - (A) Demostrar nuestros sentimientos
   - (B) Hacer demasiados chistes
   - (C) Mostrar estar frustrado
   - (D) Publicar cuando estamos enojados

8. ¿Con cuál de las siguientes afirmaciones estaría de acuerdo la presentadora?
   - (A) Las personas se enojan muchas veces por un mal entendimiento.
   - (B) El grado de educación es obvio en las informaciones que se publican.
   - (C) El comportamiento en internet refleja el tipo de persona que eres.
   - (D) Los valores de la gente joven son considerados sospechosos.

ACTIVIDAD 3
Tema curricular: La vida contemporánea

🔊 Primero tienes 1 minuto para leer la introducción y prever las preguntas.

Introducción
En esta grabación el argentino Damián López (Jamerboi) habla sobre sus bicicletas. La grabación apareció en Radioteca, un portal para el intercambio de audios, y dura aproximadamente tres minutos.

---

1. ¿Cuál es el propósito principal de la grabación?
   - (A) Informar sobre la mejor marca de bicicletas
   - (B) Cuestionar las ventajas de los viajes en bicicleta
   - (C) Presentar la relación de un joven y su novia
   - (D) Describir el hábito de un joven argentino

2. ¿Cuál es la tradición que tiene Damián?
   - (A) Referirse a su bicicleta por su marca
   - (B) Nombrar sus bicicletas con nombres de sus novias
   - (C) Darles nombre femenino a sus bicicletas
   - (D) Hablarle a su bicicleta como si fuera un ser humano

3. ¿Qué sucederá si nombra una bicicleta con el nombre de su novia?
   - (A) No se sentirá a gusto si termina la relación.
   - (B) No podrá hablar de ella con sus familiares.
   - (C) No querrá echarle la culpa si tiene problemas.
   - (D) No le parece bien porque su bicicleta es muy vieja.

4. ¿Por qué tiene que ser la bicicleta robusta?
   - (A) Tiene que durar muchos años.
   - (B) Tiene que tolerar mucho peso.
   - (C) Tiene que parecer lujosa.
   - (D) Tiene que viajar a altas velocidades.

5. ¿Qué le gusta a Damián sobre Maira?
   - (A) Pesa muy poco.
   - (B) Se rompe infrecuentemente.
   - (C) Está acostumbrado a manejarla.
   - (D) Es fácil de mantener.

6. Si quisieras saber más sobre el tema, ¿cuál de las siguientes preguntas le harías a Damián?
   - (A) ¿Por qué ha subido tanto el precio de las bicicletas robustas?
   - (B) ¿Cuál ha sido el mayor reto en sus viajes en bicicleta?
   - (C) ¿Qué conocimientos lingüísticos tuvo que obtener para comunicarse?
   - (D) ¿Qué tipo de transporte usa cuando envía la bicicleta al próximo lugar?

ACTIVIDAD 4
Tema curricular: La belleza y la estética

🔊 Primero tienes 1 minuto para leer la introducción y prever las preguntas.

Introducción

Esta grabación trata de un importante acontecimiento durante la Exposición Internacional de París en el año 1937 cuando Francisco Franco era el caudillo de España. La grabación fue transmitida por Radio Nacional de España y dura aproximadamente dos minutos.

1. ¿Cuál es el propósito principal de la grabación?
   - (A) Describir el recorrido de un cuadro de importancia
   - (B) Nombrar los dueños de un cuadro reconocido
   - (C) Explicar el proceso de la creación de un cuadro
   - (D) Presentar la falta de ayuda financiera de un artista

2. ¿Qué acontecimiento tuvo lugar durante la Exposición Internacional de París en 1937?
   - (A) El comienzo de la guerra civil española
   - (B) La primera vez que el público vio el cuadro de Picasso
   - (C) Una gran celebración por parte del gobierno de Franco
   - (D) La presentación de un premio al pabellón español

3. ¿Qué motivos tenía el gobierno republicano al pedirle a Picasso que pintara un cuadro?
   - (A) Recibir el interés y la comprensión del público internacional
   - (B) Revivir la fascinación por el arte español a nivel mundial
   - (C) Honrar la obra de un reconocido artista español
   - (D) Demostrar el impacto positivo de los republicanos en el arte

4. ¿Cuál parece ser un motivo por el cual Picasso demoró el trabajo?
   - (A) Sus problemas personales
   - (B) Su ideología política
   - (C) La falta de materiales
   - (D) La incapacidad de crear

5. ¿Qué sucedió dos meses antes de la exposición de París?
   - (A) La mudanza de Picasso a la ciudad de Guernica
   - (B) La renuncia por parte del gobierno a pagar por la obra
   - (C) El memorable ataque a la ciudad de Guernica
   - (D) Una reacción antagonista al papel de la religión

6. ¿Qué le sucedió al cuadro después de la exposición?
   - (A) No pudo regresar a España.
   - (B) No atrajo mucho interés.
   - (C) Fue vendido a un museo neoyorquino.
   - (D) Desapareció por muchos años.

7. ¿Qué permitió que el cuadro regresara a España?
   - (A) Así lo había decidido el artista.
   - (B) El gobierno español ya había pagado por él.
   - (C) Los dos países compartían un convenio.
   - (D) Había oposición a que se exhibiera en el extranjero.

ACTIVIDAD 5
Tema curricular: Los desafíos mundiales

🔊 Primero tienes 1 minuto para leer la introducción y prever las preguntas.

Introducción
Esta grabación trata de la producción de casabe de la mandioca o yuca y las mujeres kariña que lo producen. La grabación original apareció en el portal de Radio de las Naciones Unidas. La grabación dura aproximadamente dos minutos y medio.

---

1. ¿Cuál es el propósito principal de la narración?
   (A) Explicar el interés de un grupo indígena para darles más poder a las mujeres
   (B) Presentar los esfuerzos de un grupo de mujeres indígenas por proteger el bosque
   (C) Detallar los pasos a seguir para la producción del casabe
   (D) Enumerar los problemas de continuar produciendo casabe

2. ¿Cuál es una de las cualidades de la mandioca que se menciona en el audio?
   (A) La escasez del material disponible
   (B) La tolerancia a la sequía
   (C) La alta presencia de las plantas
   (D) La sencillez de su producción

3. ¿Cuál era la situación que enfrentaban las mujeres?
   (A) No poseían los medios para producir el casabe.
   (B) No tenían acceso a los bosques cercanos.
   (C) No se les permitía a participar en las decisiones.
   (D) No recibían apoyo para empezar un negocio.

4. En el año 2013, ¿a qué gran cambio se refiere la narración?
   (A) A darle más poder a las mujeres
   (B) A los procesos de producción de casabe
   (C) A permitir que las mujeres participaran en el cultivo de casabe
   (D) A aumentar la producción de casabe en toda la región

5. ¿Cuál es una de las metas que se propuso alcanzar Cecilia Rivas para su comunidad?
   (A) Facilitar el proceso de la producción del casabe
   (B) Incrementar el número de reservas forestales en Venezuela
   (C) Mejorar las condiciones de vida de las mujeres kariña
   (D) Aumentar el número de fábricas en la industria del casabe

6. ¿Cuál parece ser una de las preocupaciones de Cecilia Rivas?
   (A) Proteger los bosques en el área
   (B) Elegir a más mujeres como capitanas
   (C) Limitar la cosecha excesiva de la mandioca
   (D) Aumentar la población de animales en las reservas

ACTIVIDAD 6
Tema curricular: La vida contemporánea

🔊 Primero tienes 1 minuto para leer la introducción y prever las preguntas.

Introducción
Esta grabación trata de una cualidad muy importante para los seres humanos. La grabación proviene de protocolo.org. La grabación dura aproximadamente tres minutos.

1. ¿Cuál es el propósito principal de la presentadora?
   (A) Explicar las causas de perder la paciencia
   (B) Explicar el peligro de estar al tanto de las emociones
   (C) Explicar cómo se puede perder el respeto de otros
   (D) Explicar cómo desarrollar la paciencia con uno mismo

2. Según la presentación, ¿cuál es una de las ventajas de ser paciente?
   (A) Ayuda a controlar la ansiedad y la frustración.
   (B) Ayuda a que nos traten con respeto.
   (C) Ayuda a ver lo que está a nuestro alrededor.
   (D) Ayuda a resolver tareas de urgencia.

3. Según la presentación, ¿a qué nos ayuda reflexionar sobre lo que tenemos que hacer de prisa?
   (A) A evitar tener problemas
   (B) A ignorar los problemas del día
   (C) A decidir lo que es más importante
   (D) A cambiar nuestra rutina diaria

4. Según la presentación, ¿cuál es una de las consecuencias de hacer actividades de prisa?
   (A) Ayuda a evitar la impaciencia.
   (B) Se puede reflexionar con más tiempo.
   (C) Causa impaciencia y se actúa de manera irracional.
   (D) Ayuda a poder terminar las tareas con más eficiencia.

5. Según la presentación, ¿qué ayuda a evitar la impaciencia?
   (A) Utilizar palabras que no sean antagonistas
   (B) Hablar con uno mismo de manera serena
   (C) Expresar tus ideas directamente
   (D) Hacer el papel de una persona impaciente

6. Según la presentación, ¿cómo puedes aprender a tener paciencia?
   (A) Hablando claramente con tu pareja
   (B) Escuchando música clásica cuando conduces
   (C) Haciendo un esfuerzo para tener más amistades
   (D) Imitando a personas con paciencia

7. Según la presentación, ¿qué debemos hacer todas las mañanas para ser más pacientes?
   (A) Hacer una lista de las situaciones problemáticas
   (B) Sentarse a tomar café en un lugar tranquilo
   (C) Pensar en cómo te vas a comportar con paciencia
   (D) Definir el propósito de todas tus actividades

8. ¿A cuál de los siguientes grupos de personas podría interesar más esta presentación?
   (A) Personas que llevan una vida demasiado apresurada
   (B) Personas que usan la impaciencia para tener éxito
   (C) Personas que gozan de una vida solitaria
   (D) Personas que necesitan intensificar la manera como trabajan

ACTIVIDAD 7
Tema curricular: La ciencia y la tecnología

🔊 Primero tienes 1 minuto para leer la introducción y prever las preguntas.

Introducción
Esta grabación trata de una ayuda para las personas que no pueden oír. El *podcast* fue publicado por Sonia Marchesi, conductora de Telefe Noticias en Rosario, Argentina. La grabación dura aproximadamente dos minutos y medio.

---

1. ¿Cuál es el propósito principal de la grabación?
   (A) Informar sobre un nuevo idioma
   (B) Dar a conocer una cura para la sordera
   (C) Presentar una nueva invención
   (D) Discutir los estudios sobre la sordera

2. Según la fuente auditiva, ¿quiénes estarían interesados en la información del *podcast*?
   (A) Los ciegos
   (B) Los mudos
   (C) Los calvos
   (D) Los sordos

3. Según la fuente auditiva, ¿qué desventaja tiene el lenguaje de señas americano?
   (A) Es necesario saber bien las señas.
   (B) Toma mucho tiempo en aprenderlo.
   (C) Su sintaxis es bastante complicada.
   (D) Es usado muy poco alrededor del mundo.

4. Según la fuente auditiva, ¿cuándo desarrolló su invención José Hernández-Rebollar?
   (A) Mientras era estudiante de doctorado
   (B) Mientras trabajaba de ingeniero
   (C) Cuando perdió la habilidad de oír
   (D) Cuando aprendió el lenguaje de signos

5. Según la fuente auditiva, ¿qué es el AcceleGlove?
   (A) Un aparato que interpreta los signos
   (B) Un guante que ayuda con la escritura
   (C) Un dispositivo que detecta sonidos
   (D) Un mecanismo que transmite electricidad

ACTIVIDAD 8
Tema curricular: La vida contemporánea

🔊 Primero tienes 1 minuto para leer la introducción y prever las preguntas.

Introducción
Esta grabación trata de la publicidad en nuestras vidas y fue transmitida en Radio Nacional de España. Dura aproximadamente tres minutos.

1. ¿Cuál es el propósito principal de la grabación?
   (A) Discutir el impacto de las redes sociales en la publicidad
   (B) Enumerar las desventajas de la publicidad
   (C) Dar consejos para contactar las empresas con mala publicidad
   (D) Discutir el poder del consumidor ante la publicidad

2. ¿Cómo podríamos describir la actitud del locutor al principio de la fuente auditiva?
   (A) Formal
   (B) Didáctico
   (C) Irónico
   (D) Íntimo

3. Según la fuente auditiva, ¿por qué alaba el locutor la publicidad?
   (A) Por su ineficiencia
   (B) Por su entretenimiento
   (C) Por su seriedad
   (D) Por su evolución

4. Según la fuente auditiva, ¿por qué vivimos en un momento mágico?
   (A) Porque la industria muestra la mayor creatividad
   (B) Porque la tecnología ha creado compañías más responsables
   (C) Porque tenemos más variedad de anuncios
   (D) Porque podemos impactar la publicidad

5. Según la fuente auditiva, ¿qué aconseja el locutor para ver mejor publicidad?
   (A) Contactar a las empresas responsables
   (B) Compartir la buena publicidad
   (C) Apoyar a las compañías prudentes
   (D) Aplaudir la creatividad de los directores

6. ¿Qué les pide el locutor a los consumidores?
   (A) Criticar la publicidad considerada inferior
   (B) Tolerar los anuncios mediocres
   (C) No hacer ningún comentario sobre la mala publicidad
   (D) No contrariar a las compañías con anuncios malos

ACTIVIDAD 9
Tema curricular: La ciencia y la tecnología

🔊 Primero tienes 1 minuto para leer la introducción y prever las preguntas.

Introducción
Esta grabación trata de una condición que padecen muchas personas. La grabación proviene de un programa de Radio Nacional de España y dura aproximadamente tres minutos.

1. ¿Cuál es el propósito principal de la grabación?
   (A) Informar sobre los efectos de no dormir lo suficiente
   (B) Describir los síntomas de una enfermedad crónica
   (C) Presentar los diferentes estudios recientes sobre el sueño
   (D) Explicar una condición que afecta el sueño

2. Según el informe, ¿cómo se puede describir la manera en la que el cine y la televisión presentan a los sonámbulos?
   (A) Ficticia
   (B) Dañina
   (C) Aceptable
   (D) Seductora

3. ¿Cuál es una de las peculiaridades que muestran los sonámbulos?
   (A) No pueden hablar.
   (B) No pueden abrir los ojos.
   (C) No pueden mover los brazos.
   (D) No pueden oír.

4. En el informe, ¿qué se recomienda que una persona haga si está en presencia de un sonámbulo?
   (A) Intentar inmovilizar los brazos a cualquier costo
   (B) Mantenerse en silencio para evitar actos peligrosos
   (C) Tratar de que la persona se acueste de nuevo
   (D) Remover cualquier mueble que le pueda hacer daño

5. ¿Cuál es la diferencia entre un sonámbulo y una persona que duerme bien?
   (A) El sonámbulo tiene habilidades extraordinarias.
   (B) El sonámbulo olvida lo que ha hecho.
   (C) La persona que duerme bien está consciente siempre.
   (D) La persona que duerme bien puede tener sueños agradables.

6. Según el presentador, ¿qué afirma el estudio llevado a cabo en los Estados Unidos?
   (A) Que los niños y los adolescentes nunca padecen de esta condición
   (B) Que los adultos son los que sufren más de esta condición
   (C) Que el sonambulismo se puede evitar fácilmente
   (D) Que el número de sonámbulos es bastante alto

7. ¿Qué parece aumentar los episodios de sonambulismo en una persona?
   (A) La soledad
   (B) La depresión
   (C) El insomnio
   (D) El ambiente

8. ¿Cuál es una de las recomendaciones que ofrece el *podcast*?
   (A) Acostumbrarse a acostarse a la misma hora
   (B) Evitar los tratamientos contra la depresión
   (C) Hacer ejercicio un poco antes de acostarse
   (D) Ir a la cama tan pronto como tenga sueño

ACTIVIDAD 10
Tema curricular: La vida contemporánea

🔊 Primero tienes 1 minuto para leer la introducción y prever las preguntas.

Introducción

Esta grabación es parte de un diario que mantiene Damián López (Jamerboi), un argentino que habla de cómo nació su interés de viajar en bicicleta. El audio fue subido en Radioteca y dura tres minutos.

1. ¿Cuál es el propósito principal de la grabación?
   (A) Presentar recomendaciones para los viajes en bicicleta
   (B) Enumerar los artículos que debe llevar en un viaje en bicicleta
   (C) Informar sobre los retos de viajar en bicicleta
   (D) Describir cómo nació la pasión de un chico argentino

2. ¿Por qué decidió viajar en bicicleta Damián?
   (A) Ganaba muy poco dinero.
   (B) Necesitaba un descanso.
   (C) Era parte de su trabajo.
   (D) Beneficiaba sus estudios.

3. ¿Por qué fue difícil el primer viaje que hizo Damián?
   (A) Llevaba muy poca comida.
   (B) Tuvo inconvenientes con su bicicleta.
   (C) No conocía los lugares que atravesaba.
   (D) No estaba lo suficientemente preparado.

4. ¿Qué efecto tuvo su amigo suizo en su interés por los viajes?
   (A) Le causó un gran entusiasmo.
   (B) Aprendió la mejor manera de viajar.
   (C) Conoció la importancia de la amistad.
   (D) Comprendió el valor de ayudar a otros.

5. ¿Por qué fue duro el periodo de ocho años por el que pasó Damián?
   (A) Perdió todo el dinero que había ahorrado.
   (B) Le preocupaba mucho la crisis económica.
   (C) Tuvo que hacer muchos sacrificios.
   (D) Se vio forzado a dejar sus estudios.

6. ¿Por qué no se considera Damián un turista?
   (A) Porque su viaje es mucho más que pasajero
   (B) Porque él vive con los residentes de los lugares
   (C) Porque pasa mucho tiempo en cada lugar
   (D) Porque sufrió por la pérdida de su familia

7. ¿Cuál de las siguientes preguntas sería más apropiada para formular a Damián?
   (A) ¿Cuándo piensas regresar a la universidad para terminar tu doctorado en química?
   (B) ¿Por qué hiciste un viaje tan largo antes de comenzar el viaje que emprendes ahora?
   (C) ¿Qué recomendaciones le darías a una persona que quiera hacer lo que tú haces?
   (D) ¿Cómo te has beneficiado por llevar a algún familiar en tus viajes?

ACTIVIDAD 11
Tema curricular: Las familias y las comunidades

🔊 Primero tienes 1 minuto para leer la introducción y prever las preguntas.

Introducción
Esta grabación es de una entrevista con Aurora Carrillo Gullo, una mujer que trabaja en el área de la educación en Colombia. La grabación proviene de RFI (Radio Francia International) y dura aproximadamente tres minutos y medio.

1. ¿Cuál es el propósito principal de la entrevista?
   (A) Presentar un programa educativo de mucho éxito
   (B) Presentar un estudio de las comunidades vulnerables
   (C) Presentar la situación actual del sistema educativo
   (D) Presentar los efectos de la tecnología en la educación

2. Según la entrevista, ¿qué efecto ha tenido Transformemos Educando en los participantes?
   (A) Han sido entrenados para enseñar a otros.
   (B) Han ayudado a parar el conflicto armado.
   (C) Han aprendido a leer y a escribir.
   (D) Han creado nuevas empresas para la comunidad.

3. Según la locutora, ¿quiénes se benefician del sistema Transformemos Educando?
   (A) Personas que trabajan en instituciones educacionales
   (B) Personas que han residido fuera del país
   (C) Personas que no tienen acceso a la tecnología
   (D) Personas que no han continuado su educación

4. ¿Por qué se encuentra Aurora Carrillo Gullo en París?
   (A) Para recibir un homenaje
   (B) Para recaudar fondos
   (C) Para implementar el programa
   (D) Para presentar una conferencia

5. ¿A qué se refiere Aurora Carrillo Gullo cuando dice "estamos en deuda"?
   (A) Al dinero que los gobiernos del área no han podido pagar a los bancos
   (B) Al abandono de los jóvenes por parte de las instituciones educativas
   (C) A la falta de protección en los conflictos armados
   (D) A la necesidad de proveer una educación adecuada

6. ¿A qué se refiere Aurora Carrillo Gullo cuando dice "una versión renovada de la alfabetización"?
   (A) A que los métodos de aprendizaje deben incluir la tecnología
   (B) A que la educación debe ir más allá de la educación básica
   (C) A que los objetivos de la metodología deben permanecer como en el pasado
   (D) A que la adquisición de una educación básica representa el éxito del programa

7. Si quisieras presentarles la información a tus compañeros, ¿cómo titularías la presentación?
   (A) "La educación no es la única solución"
   (B) "Actuar con creatividad no es suficiente para seguir adelante"
   (C) "La población vulnerable puede triunfar a través de la educación"
   (D) "La transformación educativa es posible con la ayuda gubernamental"

8. ¿Cuál sería la pregunta más pertinente para hacerle a Aurora Carrillo Gullo?
   (A) ¿Cuánto tienen que pagar los participantes?
   (B) ¿Qué planes tiene la organización para tener un impacto más notable?
   (C) ¿Qué efectos ha tenido el sistema en los conflictos armados del país?
   (D) ¿Qué retos teme encontrar en París?

ACTIVIDAD 12
Tema curricular: La belleza y la estética

🔊 Primero tienes 1 minuto para leer la introducción y prever las preguntas.

Introducción
Esta grabación trata sobre el idioma español. La grabación original apareció en el portal de la BBC Mundo. La grabación dura aproximadamente tres minutos.

1. ¿Cuál es el propósito principal del informe?
   (A) Explicar el origen de los términos "español" y "castellano"
   (B) Explicar las diferencias entre el español y el castellano
   (C) Explicar por qué muy pocos usan el término "castellano"
   (D) Explicar por qué el término "español" es más preciso que "castellano"

2. ¿Por qué no se llama "español" al castellano en España?
   (A) Porque allí se hablan otros idiomas
   (B) Por la cantidad de países que usan el término
   (C) Por las variaciones que existen en diferentes países
   (D) Porque fue un término que se dejó de usar hace mucho tiempo

3. ¿De dónde proviene el término "castellano"?
   (A) De los antiguos documentos históricos
   (B) De la mezcla de varios idiomas
   (C) Del antiguo reino de Castilla
   (D) De los dialectos provenientes del latín

4. ¿Qué sucedió cuando llegaron los musulmanes a la península ibérica en el siglo VIII?
   (A) Se extendió la lengua árabe por toda la península.
   (B) La península dictó leyes para prohibir el uso del latín.
   (C) Se les obligó a que hablaran únicamente el latín vulgar.
   (D) La península quedó dividida en dos áreas lingüísticas.

5. ¿Qué ocurrió a partir de los siglos XI y XII?
   (A) Los musulmanes empezaron a mezclar el latín con el árabe.
   (B) La diversidad de lenguas se hizo más palpable.
   (C) Se produjo una campaña de unificación lingüística.
   (D) Se originó un plan para proteger la diversidad lingüística.

6. Según la información del audio, ¿cuándo fue declarado el castellano como lengua oficial?
   (A) Cuando los ciudadanos votaron a favor del castellano
   (B) Cuando el reino de Castilla aumentó su poder político, territorial y militar
   (C) Cuando los musulmanes empezaron a abandonar la península
   (D) Cuando los ciudadanos perdieron el derecho a usar otras lenguas

ACTIVIDAD 13
Tema curricular: La ciencia y la tecnología

🔊 Primero tienes 1 minuto para leer la introducción y prever las preguntas.

Introducción
Esta grabación trata de un producto alimenticio producido a base de vegetales. La grabación fue publicada en el portal de RFI (Radio Francia International) por Ivonne Sánchez. La grabación dura aproximadamente tres minutos.

1. ¿Cuál es el propósito principal de la entrevista?
   (A) Dar consejos sobre los efectos de alimentos saludables
   (B) Presentar técnicas para conservar la leche de vaca
   (C) Presentar las desventajas de ingerir demasiada azúcar
   (D) Describir un alimento comestible de gran popularidad

2. Según la entrevista, ¿cuál es parte del proceso para elaborar los productos?
   (A) Se mezclan con agua.
   (B) Se cocinan por horas.
   (C) Se mezclan con leche de soja.
   (D) Se les añaden nutrientes.

3. Según la entrevista, ¿en qué se diferencian estos productos de la leche de vaca?
   (A) Son más blancos que la leche de vaca.
   (B) Les faltan ciertos nutrientes.
   (C) Se obtienen de otros mamíferos.
   (D) Son casi transparentes o traslúcidos.

4. ¿A qué se refiere la entrevistadora cuando afirma que estos productos "en realidad no deberían llamarse leches"?
   (A) A que no están reguladas por la ley de cada país
   (B) A que son bebidas con propiedades dañinas
   (C) A que no provienen de animales mamíferos
   (D) A que cada país decide el nombre de estos alimentos

5. ¿Qué pregunta sería más apropiada para formular a la entrevistada al final de la entrevista?
   (A) ¿Hay una reglamentación uniforme para estos alimentos?
   (B) ¿Por qué a la gente no le gustan este tipo de bebidas?
   (C) ¿Cuál es el proceso de elaboración de estos productos?
   (D) ¿A qué alimentos pueden siempre llamarse leche?

ACTIVIDAD 14
Tema curricular: Los desafíos mundiales

🔊 Primero tienes 1 minuto para leer la introducción y prever las preguntas.

Introducción
Esta grabación trata de un problema de mucha importancia a nivel mundial. La grabación fue transmitida por Radio de las Naciones Unidas y dura aproximadamente un minuto y medio.

1. ¿Cuál es el propósito principal de la grabación?
   (A) Discutir una reunión sobre los desechos peligrosos
   (B) Presentar algunas soluciones para la pobreza
   (C) Anunciar la creación de una nueva organización
   (D) Informar sobre el aumento de desechos peligrosos

2. Según la fuente auditiva, ¿cuál es el propósito del evento?
   (A) Decidir qué países participarán en un nuevo programa de la ONU
   (B) Reanudar con metas alcanzables la cooperación de los gobiernos del área
   (C) Cuestionar y analizar de nuevo los resultados de estudios recientes
   (D) Examinar y tratar de cumplir los objetivos previamente determinados

3. Según la fuente auditiva, ¿en qué área pueden ser de importancia las sustancias químicas y la contaminación producida por ellas?
   (A) En la eliminación de la pobreza
   (B) En la erradicación de ciertas enfermedades
   (C) En el mejoramiento de los sistemas educativos
   (D) En el progreso de los estudios científicos

4. Según la fuente auditiva, ¿qué parece empeorar la situación?
   (A) Residuos hospitalarios
   (B) Instrumentos plásticos
   (C) Aparatos tecnológicos
   (D) Productos radioactivos

5. Según el locutor, ¿qué países enfrentan el mayor riesgo de exposición a productos químicos?
   (A) Países en vía de desarrollo
   (B) Países sin metas específicas
   (C) Países productores de nuevas tecnologías
   (D) Países fabricantes de sustancias químicas

6. Según la fuente auditiva, ¿cuál es una de las razones por la cual estos países se ven más afectados?
   (A) Carecen del financiamiento necesario para evitar el peligro.
   (B) Desconocen el verdadero impacto de las sustancias peligrosas.
   (C) Ignoran cómo deshacerse de los productos químicos.
   (D) Rechazan participar en esfuerzos para mejorar la situación.

ACTIVIDAD 15
Tema curricular: Las familias y las comunidades

🔊 Primero tienes 1 minuto para leer la introducción y prever las preguntas.

Introducción
Esta grabación trata de un medio de comunicación en América Latina. Fue transmitida por Radio de las Naciones Unidas. La grabación dura aproximadamente tres minutos.

1. ¿Cuál es el propósito principal del informe?
   (A) Describir el papel de la radio comunitaria
   (B) Presentar los retos de la radio comunitaria
   (C) Proponer la expansión de la radio comunitaria
   (D) Discutir los inicios de la radio comunitaria

2. Según el informe, ¿cómo se considera la comunicación?
   (A) Como un negocio
   (B) Como un derecho básico
   (C) Como una herramienta para la resistencia
   (D) Como una muestra de la capacidad humana

3. ¿Qué distingue a las comunidades donde existe la radio comunitaria?
   (A) Solo se comunican en su lengua nativa.
   (B) Han sido olvidadas por la sociedad.
   (C) Representan la máxima pobreza.
   (D) Están geográficamente aisladas.

4. ¿Qué permiten las radios comunitarias?
   (A) Servir como el medio principal de comunicación
   (B) Proveer comunicación directa con los líderes comunitarios
   (C) Entrenar a futuros líderes políticos de la comunidad
   (D) Mantener las creencias religiosas en vigor

5. Según la presentadora, ¿quiénes son responsables de las emisiones de las radios comunitarias?
   (A) Personas con vastos conocimientos de tecnología
   (B) Los propios miembros de la comunidad
   (C) Maestros entrenados con este propósito
   (D) Estudiantes que quieren ser periodistas

6. ¿A qué se opone María Isabel Miguel Vásquez?
   (A) A tener que pagar por la información
   (B) A establecer homogeneidad en la comunidad
   (C) A ser influenciada con ideas de fuera
   (D) A adaptarse a los avances modernos

7. ¿Qué pregunta sería más apropiada para formular a María Isabel Miguel Vásquez al final del informe?
   (A) ¿Cuánto le pagan por la transmisión de los programas?
   (B) ¿Por qué se transmite la radio en lenguas indígenas?
   (C) ¿Cuál es el incentivo que recibe por transmitir los programas?
   (D) ¿Cuándo piensa empezar a transmitir su programa?

ACTIVIDAD 16
Tema curricular: Las identidades personales y públicas

🔊 Primero tienes 1 minuto para leer la introducción y prever las preguntas.

Introducción
Esta grabación trata del héroe medieval español Rodrigo Díaz de Vivar, conocido como el Cid Campeador, quien murió en el año 1099. Proviene del programa *En días como hoy* de Radio Nacional de España. La grabación dura aproximadamente tres minutos.

1. ¿Cuál es el propósito principal del reportaje?
   - (A) Describir el recorrido de los restos del Cid Campeador
   - (B) Explicar cómo murió el Cid Campeador
   - (C) Informar sobre la autoridad de la esposa del Cid Campeador
   - (D) Presentar las causas de la muerte del Cid Campeador

2. ¿De dónde proviene el nombre "Cid"?
   - (A) De la palabra árabe *sayyid*
   - (B) De una vieja leyenda medieval
   - (C) Del nombre de una batalla
   - (D) De la lengua castellana

3. ¿Qué hizo la viuda del Cid Campeador, doña Jimena Díaz de las Asturias?
   - (A) Ordenó que enterraran al Cid en la Catedral de Burgos.
   - (B) Pidió protección del sepulcro a los invasores musulmanes.
   - (C) Mudó los restos del Cid a un monasterio en Burgos.
   - (D) Decidió enterrar al Cid al lado de sus hijos.

4. ¿Qué hicieron los franceses al llegar a tierras españolas?
   - (A) Ayudaron a restaurar muchas de las ciudades.
   - (B) Celebraron su inesperada victoria.
   - (C) Entregaron el sepulcro a los jefes militares españoles.
   - (D) Destruyeron la tumba del Cid y la de su esposa.

5. ¿Qué les sucedió a los restos del Cid y su esposa?
   - (A) Han sido dispersados por un sinnúmero de países.
   - (B) Fueron prestados a un museo en Checoslovaquia.
   - (C) Regresaron a España curiosamente intactos.
   - (D) Fueron declarados patrimonio cultural español.

6. Al escribir un informe sobre el mismo tema del informe, quisieras más información. ¿Cuál de los siguientes artículos sería más apropiado?
   - (A) "Autógrafos inéditos del Cid y de Jimena en dos diplomas de 1098 y 1101"
   - (B) "El primer testimonio cristiano sobre la toma de Valencia"
   - (C) "La imagen del Cid en la historia, la literatura y la leyenda"
   - (D) "Al-Andalus frente a la conquista cristiana: los musulmanes de Valencia, siglos XI–XIII"

ACTIVIDAD 17

Tema curricular: La ciencia y la tecnología

🔊 Primero tienes 1 minuto para leer la introducción y prever las preguntas.

Introducción

Esta grabación trata de la prevención de una enfermedad. La grabación fue publicada en RFI (Radio Francia International) por Ivonne Sánchez. La grabación dura aproximadamente dos minutos.

1. ¿Cuál es el propósito principal de la entrevista?
   (A) Dar a conocer nuevos medicamentos
   (B) Localizar voluntarios para un estudio científico
   (C) Detallar los beneficios de una dieta en particular
   (D) Investigar nuevas dietas en el mercado

2. Según la entrevista, ¿cuáles son algunos alimentos que pueden ayudar a prevenir la depresión?
   (A) Las frutas y verduras
   (B) Las carnes rojas
   (C) Los alimentos con azúcar
   (D) Los crustáceos y mariscos

3. Según la entrevista, ¿cuál es el vínculo entre la calidad de la dieta y la depresión?
   (A) Una buena dieta aumenta la posibilidad de estar deprimido.
   (B) Una dieta rica en vitamina D reduce la depresión.
   (C) Un claro vínculo entre la dieta y la depresión no existe, aún es hipótesis.
   (D) Una dieta mediterránea puede disminuir la posibilidad de estar deprimido.

4. ¿Qué se puede inferir del estudio presentado?
   (A) El estudio se hizo con muy pocos individuos.
   (B) El estudio se realizó solo en Estados Unidos.
   (C) El estudio compiló investigaciones previas.
   (D) El tema del estudio es poco conocido.

5. ¿Qué pregunta sería más apropiada para formular a la entrevistada al final de la entrevista?
   (A) ¿Es saludable una dieta mediterránea?
   (B) ¿Cuál es la evidencia que produjo este estudio?
   (C) ¿Cuántos estudios se compararon en el estudio?
   (D) ¿Se harán más estudios sobre el tema?

ACTIVIDAD 18
Tema curricular: Los desafíos mundiales

🔊 Primero tienes 1 minuto para leer la introducción y prever las preguntas.

Introducción
Esta grabación trata sobre los beneficios de un cierto tipo de dieta para la salud. La grabación dura aproximadamente tres minutos.

1. ¿Cuál es el propósito principal de la presentación?
   (A) Dar una explicación básica de la dieta keto
   (B) Presentar una lista de recetas keto fáciles de preparar
   (C) Proveer un análisis científico de la dieta keto
   (D) Presentar el relato de un individuo siguiendo la dieta keto

2. Según la presentación, ¿cuál es el órgano de mayor importancia en el estado de cetosis?
   (A) El cerebro
   (B) El hígado
   (C) El corazón
   (D) El intestino

3. Según la presentación, ¿cuál es una de las ventajas de la dieta keto para la salud?
   (A) El cuerpo quema carbohidratos en lugar de grasa saludable.
   (B) El cuerpo ingiere menos grasa que en una dieta regular.
   (C) El cuerpo presenta niveles mejores de azúcar en la sangre.
   (D) El cuerpo convierte proteínas en moléculas de energía.

4. Según la presentación, ¿cuál de los siguientes alimentos no se come en la dieta keto?
   (A) Carne de res
   (B) Aguacate
   (C) Arroz
   (D) Nueces

5. Según la presentación, ¿qué proporcionan los huevos revueltos?
   (A) Grasa saludable
   (B) Carbohidratos necesarios
   (C) Fibra nutricional
   (D) Proteínas de alta calidad

6. Según el contexto de la presentación, ¿qué significa "saciedad"?
   (A) Sentirse lleno de comida
   (B) Sentirse repleto de energía
   (C) Sentirse con mucha fuerza
   (D) Sentirse con satisfacción emocional

7. ¿Qué estrategias retóricas utiliza el presentador?
   (A) Da ejemplos de comidas saludables.
   (B) Cita muchos estudios científicos.
   (C) Habla de las costumbres de gente famosa.
   (D) Se refiere a libros sobre el tema.

8. ¿A cuál de los siguientes tipos de personas podría interesarle más esta presentación?
   (A) A personas que quieren aumentar su nivel de azúcar
   (B) A personas que intentan reducir su grasa corporal
   (C) A personas que buscan comer más frutas y verduras
   (D) A personas que quieren reducir su consumo de carnes

ACTIVIDAD 19

Tema curricular: La ciencia y la tecnología

🔊 Primero tienes 1 minuto para leer la introducción y prever las preguntas.

Introducción
Esta grabación trata de hallazgos recientes en la región patagónica. Apareció en el canal de YouTube de la CNN en Español. La grabación dura aproximadamente tres minutos y medio.

1. ¿Cuál es el propósito principal de la presentación?
   (A) Refutar mitos falsos sobre los descubrimientos de fósiles en Argentina
   (B) Cuestionar los estudios sobre descubrimientos de fósiles en Argentina
   (C) Presentar información sobre hallazgos de fósiles en Argentina
   (D) Ofrecer detalles sobre lugares óptimos para encontrar fósiles en Argentina

2. ¿Qué le parece curioso al presentador?
   (A) Que ambos descubrimientos fueran descubiertos el mismo día
   (B) Que ambos descubrimientos fueran en el mismo lugar
   (C) Que los paleontólogos ignoraran restos en su localidad
   (D) Que los paleontólogos desconocieran su existencia

3. ¿Cuál es una de las cualidades del primer dinosaurio descrito, Llukalkan aliocranianus, mencionada en el audio?
   (A) Su gran sentido auditivo
   (B) Su falta de talones
   (C) Su baja estatura
   (D) Su pequeño cráneo

4. ¿Qué tiene de significativo el descubrimiento del fósil Ninjatitan?
   (A) Es una de las especies más antiguas de titanosaurios.
   (B) Es una de las especies más pequeñas de titanosaurios.
   (C) Es una de las especies más comunes de titanosaurios.
   (D) Es una de las especies más investigadas de titanosaurios.

5. ¿Cuál es una de las razones por las que se encuentran tantos fósiles en la región patagónica?
   (A) Porque la región posee el clima favorable para las investigaciones
   (B) Porque los fósiles han sido protegidos por el suelo y la vegetación
   (C) Porque los habitantes de la región han protegido el área por mucho tiempo
   (D) Porque las rocas que contienen fósiles se encuentran en la superficie

ACTIVIDAD 20
Tema curricular: La vida contemporánea

🔊 Primero tienes 1 minuto para leer la introducción y prever las preguntas.

Introducción
Esta grabación trata sobre formas alternativas y naturales de refrescar el ambiente de los hogares. La grabación dura aproximadamente tres minutos.

1. ¿Cuál es el propósito principal del informe?
   - (A) Explicar métodos para crear ambientadores naturales
   - (B) Advertir sobre los peligros de ambientadores tóxicos
   - (C) Dar ideas para reciclar productos de decoraciones aromáticas
   - (D) Aconsejar sobre los aromas más saludables para la casa

2. Según la presentación, ¿cómo se activa el ambientador de limón y romero?
   - (A) Con agua destilada
   - (B) Con calor solar
   - (C) Con movimiento
   - (D) Con viento

3. Según la presentación, ¿con qué se deben combinar los aceites esenciales para crear un ambientador natural?
   - (A) Con frutas cítricas
   - (B) Con agua destilada
   - (C) Con hierbas secas
   - (D) Con flores aromáticas

4. Según la presentación, ¿qué hace el aceite de oliva en relación a las hierbas secas en el tercer método?
   - (A) Absorbe su aroma.
   - (B) Descompone las hojas.
   - (C) Calienta las ramas.
   - (D) Preserva su frescura.

5. Según la presentación, ¿cuánto tiempo toma la preparación del tercer método de ambientador natural?
   - (A) Dos horas
   - (B) Media hora
   - (C) Una semana
   - (D) Varios días

6. ¿Qué estrategias retóricas utiliza el presentador?
   - (A) Da ejemplos de su vida personal.
   - (B) Cita muchos estudios científicos.
   - (C) Habla de las costumbres de gente famosa.
   - (D) Se refiere a métodos sobre el tema.

7. ¿A cuál de los siguientes grupos de personas les podría interesar más esta presentación?
   - (A) Personas que buscan formas rápidas de refrescar sus hogares
   - (B) Personas que tienen sentidos del olfato sensibles
   - (C) Personas que quieren evitar los productos aromáticos sintéticos
   - (D) Personas a las que les suele desagradar el olor de las velas

ACTIVIDAD 21
Tema curricular: Los desafíos mundiales

🔊 Primero tienes 1 minuto para leer la introducción y prever las preguntas.

Introducción
Esta grabación trata de las finanzas. La grabación original apareció en el *podcast* 'Bolsillo' del periódico *La Vanguardia*. La grabación dura aproximadamente tres minutos.

1. ¿Cuál es el propósito principal de la presentación?
   (A) Presentar un portal que da consejos financieros
   (B) Mostrar los beneficios de buscar información financiera
   (C) Comentar sobre la importancia de portales informativos
   (D) Divulgar las últimas noticias sobre las finanzas

2. De acuerdo con la presentación, ¿con cuál de las siguientes frases se podría reemplazar "amortiguar" al principio de la presentación?
   (A) Hacer menos intensa
   (B) Bajar los precios
   (C) Evitar la inflación
   (D) Aumentar las ganancias

3. ¿Qué impulsó a Mapi Amela a iniciar su blog en el 2009?
   (A) La decisión de usar sus conocimientos en su negocio
   (B) El haber cumplido con su sueño de niña
   (C) El haber sido despedida de su trabajo por la crisis financiera
   (D) El haber recibido un anuncio determinante de sus familiares

4. ¿Cuál es el objetivo del blog de Mapi?
   (A) Generar interés por los estudios de finanzas
   (B) Compartir ideas para ahorrar dinero
   (C) Ofrecer un medio para conseguir trabajo en diferentes empresas
   (D) Crear un espacio para discutir el papel de la mujer en el mundo financiero

5. Según Mapi, ¿qué solía pasar antes de que ella comenzara su blog?
   (A) Muchas personas le pedían consejos sobre finanzas.
   (B) Le preocupaba que sus finanzas no estuvieran en orden.
   (C) Solo publicaba la información en la prensa.
   (D) Los usuarios no mostraban interés en sus publicaciones.

6. ¿Cómo empezó su devoción por las finanzas domésticas?
   (A) Por la enseñanza que recibió en la escuela
   (B) Por la experiencia de su último trabajo
   (C) Por la conducta que observó en sus padres
   (D) Por la necesidad de ganar más dinero

ACTIVIDAD 22
Tema curricular: La ciencia y la tecnología

🔊 Primero tienes 1 minuto para leer la introducción y prever las preguntas.

Introducción
Esta grabación trata de las grasas trans. Fue transmitida originalmente en Radio de las Naciones Unidas. La grabación dura aproximadamente tres minutos.

---

1. ¿Cuál es el propósito principal de la fuente auditiva?
   - (A) Enumerar los beneficios y los daños de las grasas trans
   - (B) Informar sobre los usos de las grasas trans en la cocina
   - (C) Explicar los usos de las grasas trans en la medicina
   - (D) Presentar los esfuerzos para producir más grasas trans

2. Según la grabación, ¿qué beneficios comerciales tienen las grasas parcialmente hidrogenadas?
   - (A) Dan mejor sabor a la comida.
   - (B) Hacen durar más la comida refrigerada.
   - (C) Poseen más valor nutritivo.
   - (D) Conservan los alimentos por más tiempo.

3. ¿Cuál es la opinión de Enrique Jacoby sobre las grasas trans?
   - (A) Están más disponibles para la población con problemas cardiovasculares.
   - (B) Se desconoce su verdadero impacto para la salud.
   - (C) Son peores que el tabaco por causar una muerte más rápida.
   - (D) Causan menos daños que otros alimentos a largo plazo.

4. Según la fuente auditiva, además de encontrar la grasa trans en los productos procesados, ¿dónde podemos encontrarlas también en menos cantidades?
   - (A) En alimentos naturales
   - (B) En bebidas dulces
   - (C) En algunos medicamentos
   - (D) En muchos condimentos

5. Según Enrique Jacoby, ¿quién tiene la responsabilidad de retirar las grasas trans del consumo popular?
   - (A) Los políticos
   - (B) Los fabricantes
   - (C) Los consumidores
   - (D) Los médicos

6. ¿Qué pregunta sería más apropiada para formular a Enrique Jacoby?
   - (A) ¿Cuál es la razón por la que muchos estudios no tienen suficiente validez en este campo?
   - (B) ¿Cuál ha sido el resultado de la eliminación de las grasas saturadas en la industria alimenticia?
   - (C) ¿Qué pueden hacer los agricultores para promover cambios sensatos en la industria alimenticia?
   - (D) ¿Por qué protegen las políticas actuales a los productores de alimentos con grasas trans?

7. Al querer obtener más información sobre el tema, ¿cuál de las siguientes publicaciones sería más apropiada?
   - (A) *Enfermedades cardiacas hereditarias*
   - (B) *La estructura de las proteínas*
   - (C) *Cómo prevenir la desnutrición*
   - (D) *Enfermedad cardiaca hipertensiva*

ACTIVIDAD 23
Tema curricular: La ciencia y la tecnología

🔊 Primero tienes 1 minuto para leer la introducción y prever las preguntas.

Introducción
Esta grabación trata del cine y sus usos. La grabación original proviene del Centro de Cooperación Regional para la Educación de Adultos en América Latina y el Caribe. La grabación dura aproximadamente tres minutos.

1. ¿Cuál es el propósito principal del informe?
   (A) Enumerar los diferentes usos del cine para proteger las lenguas indígenas
   (B) Presentar los diferentes programas que contribuyeron a la economía de Tennessee y Kentucky.
   (C) Explicar cómo las comunidades empezaron a crear películas para entretenimiento
   (D) Describir los esfuerzos de la UNESCO para ayudar el desarrollo de zonas marginadas

2. ¿Con qué propósito utilizó la UNESCO el cine?
   (A) Para promover los proyectos de salud pública
   (B) Para reforzar proyectos de alfabetización
   (C) Para darle a la comunidad la oportunidad para divertirse
   (D) Para instruir a las comunidades sobre métodos de agricultura

3. ¿Qué sucedió en 1931 con respecto al cine?
   (A) Hubo avances en la producción de películas.
   (B) Empezaron a usar el cine con fines educativos.
   (C) Construyeron espacios para mostrar las películas.
   (D) Impartían cursos para apreciar los dibujos murales.

4. ¿Cuál fue uno de los impactos de los institutos de cine creados en Brasil y Chile?
   (A) Fueron creados principalmente para los maestros universitarios.
   (B) Llegaron a ser un importante empleo para los jóvenes.
   (C) Disminuyeron las diferencias en la herencia cultural de los países.
   (D) Fomentaron el uso de las lenguas indígenas de ambas comunidades.

5. Según el informe, ¿quiénes se beneficiaban más del uso de la cinematografía?
   (A) Las comunidades aisladas
   (B) Los productores de parafina y otros materiales
   (C) Los maestros en las grandes ciudades
   (D) Los gobernantes de las comunidades

6. ¿Cuál era una de las ventajas de los cines móviles?
   (A) Eran producidos en las lenguas de las comunidades.
   (B) No necesitaban personas con conocimientos técnicos.
   (C) Estaban disponibles en todas las ciudades del área.
   (D) No necesitaban electricidad para que funcionaran.

ACTIVIDAD 24
Tema curricular: Los desafíos mundiales

🔊 Primero tienes 1 minuto para leer la introducción y prever las preguntas.

Introducción
Esta grabación trata de ciertos aspectos de la economía de América Latina y el Caribe. Apareció en el portal de Radio de las Naciones Unidas. La grabación dura aproximadamente tres minutos y medio.

1. ¿Cuál es el propósito principal de la fuente auditiva?
   (A) Recomendar programas para mejorar la economía mundial
   (B) Detallar el impacto de ciertas empresas en la economía
   (C) Proponer un programa para entrenar a los empresarios
   (D) Presentar el impacto negativo de la globalización de empresas

2. Según la fuente auditiva, ¿qué opinan los expertos en la economía mundial sobre las empresas pequeñas y medianas?
   (A) Que no se ha aprovechado su aporte
   (B) Que no han recibido ayuda adecuada
   (C) Que se han perjudicado a causa de la crisis económica
   (D) Que se necesita formular políticas que las apoyen

3. Según la fuente auditiva, ¿qué son las PyMES?
   (A) Políticas existentes en América Latina y el Caribe
   (B) Empresas de poco tamaño o tamaño moderado
   (C) Países participantes de la Unión Europea
   (D) Mecanismos de protección para empresas pequeñas

4. Según Álvaro Calderón, ¿cuál es uno de los rasgos de las empresas pequeñas y medianas?
   (A) Son muy sofisticadas.
   (B) Son muy insignificantes.
   (C) Son muy diversas.
   (D) Son muy lucrativas.

5. Según la fuente auditiva, ¿cuál es una de las recomendaciones que se encuentra en la resolución de la Cumbre de los jefes de estado?
   (A) Que se impulse más colaboración con industrias grandes e internacionales
   (B) Que se establezcan intercambios de expertos a nivel internacional
   (C) Que se den a conocer mejor dentro del país antes de participar en el mercado mundial
   (D) Que se incorporen resoluciones que favorezcan inversiones internacionales

6. Vas a dar una presentación que resume lo que escuchaste. ¿Cuál de los siguientes es el mejor título para tu presentación?
   (A) "América Latina y el descuido de las empresas pequeñas y medianas"
   (B) "América Latina y la vitalidad de las empresas pequeñas y medianas"
   (C) "El impacto económico de la incorporación de las empresas pequeñas y medianas existentes"
   (D) "Unidas pero separadas: las empresas pequeñas y medianas y sus retos para estimular la economía"

ACTIVIDAD 25
Tema curricular: La ciencia y la tecnología

🔊 Primero tienes 1 minuto para leer la introducción y prever las preguntas.

Introducción
Esta grabación trata de la extracción de las células madre (*stem cells*). La grabación proviene de un programa de Radio Nacional de España y dura aproximadamente tres minutos.

1. ¿Cuál es el propósito principal del reportaje?
   (A) Explicar la inferioridad de las células de embriones
   (B) Analizar la calidad de las células madre
   (C) Describir la importancia de un descubrimiento
   (D) Informar sobre las enfermedades causadas por la células madre

2. Según el reportaje, ¿qué han podido lograr unos científicos franceses del Instituto Pasteur?
   (A) Obtener nuevos métodos para tratar ciertas enfermedades
   (B) Revitalizar los estudios abandonados de las células madre
   (C) Analizar el comportamiento de células madre de cadáveres
   (D) Extraer células madre de personas que han muerto

3. ¿Qué han hecho después de dar con este descubrimiento?
   (A) Hacer renacer las células
   (B) Detener la duplicación de las células
   (C) Mejorar el medio en que crecen las células
   (D) Hacer que las células sobrevivan más tiempo

4. ¿Qué otro descubrimiento sobre las células madre hicieron los científicos del Instituto Pasteur?
   (A) Que no se podían usar para ciertos tratamientos de la leucemia
   (B) Que no morían cuando una persona fallecía
   (C) Que poseían cualidades desconocidas hasta ahora
   (D) Que tenían un tiempo limitado para sobrevivir

5. Según el presentador, ¿qué distingue a las células madre obtenidas de la piel?
   (A) No poseen los atributos necesarios.
   (B) No sobreviven fuera del órgano.
   (C) Solo se pueden usar para trasplantes a pacientes con leucemia.
   (D) Solo se pueden obtener después de un proceso bastante complicado.

6. ¿Cuál es el mejor lugar de donde se pueden extraer las células madre?
   (A) De células usadas anteriormente
   (B) De los músculos saludables
   (C) De los huesos
   (D) Del cabello

7. ¿Qué declara el informe sobre las células madre obtenidas de embriones?
   (A) Son muy difíciles de extraer.
   (B) Su uso es muy limitado.
   (C) Viven solo un corto tiempo.
   (D) Hay oposición a su uso.

8. Tienes que dar una presentación sobre el tema. ¿Cuál de los siguientes artículos sería apropiado citar?
   (A) "Terapia genética prometedora contra leucemia en adultos"
   (B) "Científicos crean células madre humanas a través de clonaciones"
   (C) "Nueva terapia evita uso de fármacos en trasplante de hígado"
   (D) "Bancos de células madre: ¿Vale la pena permitir inversiones extranjeras?"

SECTION II
FREE RESPONSE

Part C
Interpersonal Writing: E-mail Reply

In this portion of the AP® Spanish Language and Culture Examination, you will be tested on your ability to read an e-mail prompt and write a formal response to it. You will have 15 minutes to read the e-mail and write your e-mail in reply. The content of the e-mails you read relates to the curricular themes as set forth in the Course and Exam Description for the AP Spanish Language and Culture Examination.

Because this section of the AP exam emphasizes the honing of your reading and writing skills, take the time to study and apply the writing strategies presented below.

Strategies

1. **Define the task.** Read the e-mail prompt carefully so that you know what the e-mail is asking you to do. Begin your response to the e-mail by making reference to the reason why you received this message. This will show that you understand why you are involved in the task that is the subject of the e-mail. There will always be two questions you need to answer. Make sure you answer each question clearly and completely. Identify something in the message about which you can ask for details. Note that you are expected to request information that is directly related to the topic of the e-mail, and you must use elaboration and detail. Underline key words and phrases. You will see a bulleted list with items you need to address. It will be to your advantage to circle the items you need to address, and check them off as you finish addressing them. That way, you will make sure that you respond to each part of the task.

2. **Study the format and language of the e-mail prompt.** Your response will be of a similar length and level of address. You will use **usted** or **ustedes** forms, along with courtesy expressions in your reply. (See item 4.) When using **usted** or **ustedes** forms, remember to be consistent with your verb forms, subject pronouns, possessive adjectives, indirect object pronouns, and reflexive pronouns.

3. **Organize your ideas.** Once you have organized your thoughts, you can use them to create a clear and organized e-mail, not just respond to the questions.

4. **Use the appropriate vocabulary.** As you write, remember that formal e-mails often require specific types of formulaic language. Make use of some of the following expressions.
   - **To greet:**
     —(Muy) Estimado(a) señor / señora
     —(Muy) Estimados(as) señores / señoras
   - **When you know the name and title of the person you're addressing, you should use them in your greeting, for example:**
     —Estimado Profesor Vargas
     —Estimada Doctora Ruiz
   - **To refer to what has already been said:**
     —Muchas gracias por…
     —Con referencia a… / Con respecto a…
     —Le agradezco…
     —Como ya sabe…
     —He recibido… / Acabo de recibir su…

—Tengo entendido que…
—Según la información que solicita…

- **To present information:**
    —Antes que nada…
    —Adjunto…
    —Para darle una idea de…
    —Quisiera informarle que…
    —Es importante que usted sepa que…
    —Como se imaginará… / Como se puede imaginar…
    —En primer / segundo lugar, etc.…
    —Finalmente…
    —En respuesta a su correo electrónico del [fecha]…

- **To introduce the information you request:**
    —Por favor… / Haga el favor de…
    —Se lo agradecería si…
    —Si usted pudiera / quisiera…
    —Me gustaría que me dijera… / me informara sobre…
    —Le pido que…
    —Si fuera posible…

- **To conclude:**
    —A la / En espera de (la información)…
    —No dude en… / No deje de… / No olvide de…
    —Le / Les ruego me confirme(n)…

- **To sign off:**
    —Atentamente,
    —Saludos,
    —Un saludo,
    —Se despide,
    —Le saluda (cordialmente),
    —Un cordial saludo,
    —Respetuosamente,
    —Reciba(n) un saludo,
    —Cordialmente,
    —Esperando su pronta respuesta,
    —Un afectuoso saludo,
    —Note that the closing "Sinceramente," is not used in Spanish.

5. **As you write, monitor your work.** You may wonder how many words you should include in your response. There is not a set number of words you need to include. Rather, you should concentrate on making sure you address all the questions or requests for information. Don't forget that you are also required to request further information or ask questions. Be sure to stay within the topic. If you decide to include information that does not directly address what is being asked of you, you will not have enough time to complete the task. Always cross out the questions or instructions in the original e-mail as you complete each item you need to include in your response. Often a student's score is lowered because he or she has not included answers to all the information that is requested and has not given enough elaboration and detail in his/her response.

6. **After you finish writing, check your work for completeness and accuracy.** Always allow enough time to go over what you have written. Double check that you have included all the information requested and that you have addressed all the items that were mentioned in the original e-mail. Don't forget to reread your work to review:
   - subject and verb agreement
   - noun and adjective agreement
   - use of tenses
   - consistent use of possessive adjectives and pronouns
   - use of the preterite and the imperfect
   - use of the indicative and the subjunctive
   - sequence of tenses in **si** clauses
   - accent marks
   - capitalization, punctuation, and consistency of style throughout

7. **Learn how your work will be evaluated.** Become familiar with how your teacher scores the e-mail reply and/or the scoring guidelines that will be used to evaluate this part of the exam. This will allow you to know beforehand what is expected of you. If your teacher gives you a score for an e-mail, go back to the scoring guidelines and determine why you received that score. This will also help you to improve in those areas in which you may be lacking the skills you need to succeed in this task.

> The following practice activities are arranged in order of increasing difficulty and are designed to give you practice in reading and responding to e-mail messages.

You will write a reply to an e-mail message. You will have 15 minutes to read the message and write your reply.

Your reply should include a greeting and a closing and should respond to all the questions and requests in the message. In your reply, you should also ask for more details about something mentioned in the message. Also, you should use a formal form of address.

Vas a escribir una respuesta a un mensaje electrónico. Vas a tener 15 minutos para leer el mensaje y escribir tu respuesta.

Tu respuesta debe incluir un saludo y una despedida, y debe responder a todas las preguntas y peticiones del mensaje. En tu respuesta, debes pedir más información sobre algo mencionado en el mensaje. También debes responder de una manera formal.

ACTIVIDAD 1
Tema curricular: Las identidades personales y públicas

Introducción
Este mensaje electrónico es de María Eugenia Montes, Directora del Centro Latino. Has recibido este mensaje electrónico porque te inscribiste en una lista para trabajar como voluntario(a) en el Centro Latino.

De: María Eugenia Montes
Asunto: Voluntariado en el Centro Latino

Estimado(a) futuro(a) voluntario(a):

Gracias por haber mostrado interés en formar parte del grupo de voluntarios del Centro Latino. Somos una organización no lucrativa y dependemos de personas como usted para respaldar nuestros esfuerzos. Uno de los servicios principales que ofrecemos a través de los voluntarios es la enseñanza del inglés como segundo idioma. También ofrecemos entrenamiento laboral, traducción de documentos y apoyo para la integración legal y cultural a la comunidad estadounidense.

El programa de voluntariado es muy flexible. Puede enseñar una clase de inglés o simplemente acompañar a una familia inmigrante a una cita médica o para ir de compras. Por favor, proporcione la siguiente información:
- Infórmenos sobre el área en que le gustaría trabajar y por qué.
- Indique si tiene experiencia previa de voluntariado con hispanohablantes, y el contexto detallado.

Quedo a la espera de su respuesta para que pronto se incorpore a nuestro equipo. Estoy segura de que será muy gratificante y quizas una experiencia que le cambie la vida. No dude en enviarme cualquier pregunta que tenga.

Atentamente,
María Eugenia Montes
Directora del Centro Latino

ACTIVIDAD 2
Tema curricular: La vida contemporánea

Introducción
El siguiente mensaje electrónico es de David Alba, director de la Escuela de Surf Santander. Has recibido este mensaje porque vas a estar en Santander este verano y pediste más información sobre sus cursos.

De: David Alba
Asunto: Escuela de Surf Santander

Estimado(a) surfista:

Gracias por su solicitud de inscripción en los cursos de la Escuela de Surf Santander. Ofrecemos cursos de una o dos semanas para estudiantes de diferentes niveles. Los cursos tienen lugar en una hermosa playa de la bahía de Santander, en el norte de España. Debido a que está orientada al mar abierto, la playa recibe buenas olas durante todo el año, lo cual resulta ideal para hacer surf.

El alojamiento, el transporte y el desayuno están incluidos en el precio del curso. Los estudiantes se alojan en habitaciones de cuatro camas en nuestra residencia. Para asignarlo(la) a un grupo compatible con sus intereses, necesitamos la siguiente información:

- Primero infórmenos sobre su experiencia y nivel de surf.
- También describa brevemente su personalidad y algunas de las cualidades que busca en sus compañeros(as) de cuarto.

Esperamos su pronta respuesta para inscribirlo(la) en nuestro curso de surf. Aquí estamos por si necesita más información.

¡A coger olas!

Atentamente,
David Alba
Director
Escuela de Surf Santander

ACTIVIDAD 3
Tema curricular: La ciencia y la tecnología

Introducción
El siguiente mensaje electrónico es del señor Noel Torres, el presidente de la Asociación de Padres Latinos de tu escuela. Tú has recibido este mensaje porque el señor Torres quiere obtener la opinión de los estudiantes.

De: Noel Torres
Asunto: Uso de celulares en la clase

Estimado(a) estudiante:

Mi nombre es Noel Torres y soy presidente de la Asociación de Padres Latinos (APL). Nuestra misión es "colaborar con el desarrollo del proceso educativo" de la escuela. Representamos a los padres, abuelos y tutores de los estudiantes latinos, y participamos con voz y voto en algunas de las decisiones administrativas. La próxima votación que tendremos será sobre el uso de celulares en la escuela. Los celulares están ahora prohibidos y la pregunta es: El uso de los celulares, ¿debe seguir siendo prohibido o debe ser permitido?

La Asociación de Padres Latinos quiere votar teniendo en cuenta el beneficio propio de los estudiantes. Es por eso que les pedimos a los estudiantes que compartan sus ideas sobre este importante asunto.

- ¿Cuál es su opinión con respecto al uso de los celulares en la escuela? ¿Debe ser permitido? ¿Por qué sí o por qué no?
- ¿Qué reglas deberían acompañar su uso?

Muchas gracias por su participación en esta encuesta informal y por su pronta respuesta. No deje de hacer cualquier pregunta que tenga.

Respetuosamente su servidor,
Noel Torres
Presidente, APL

ACTIVIDAD 4
Tema curricular: Las familias y las comunidades

Introducción
El siguiente mensaje electrónico es de la señora Zulema Rojas Espinoza, la directora de un programa de intercambio en Chile. Has recibido este mensaje porque tú y tus padres solicitaron participar como familia anfitriona. La organización siempre le pide información preliminar al (a la) estudiante.

De: Zulema Rojas Espinoza
Asunto: Solicitud de familia anfitriona

Estimado(a) estudiante:

Muchas gracias por su interés y por estar dispuesto(a) a recibir a un estudiante de secundaria chileno por un año. Será una maravillosa experiencia para toda la familia.

Antes de seleccionar a su familia como anfitriona, debemos considerar una serie de factores para poder emparejar a cada estudiante con la familia idónea. Es por eso que solicitamos que nos escriba con la siguiente información:

- ¿Cuáles son las principales razones que lo motivan a usted a hospedar a un estudiante en su casa?
- ¿En qué pasatiempos y actividades participa su familia (deportes, artes, etc.) en los que el estudiante podría participar?

Después de recibir su respuesta y evaluarla, nos pondremos en contacto. Naturalmente, en cualquier momento del proceso, con gusto le doy respuesta a todas sus dudas y preguntas.

Cordialmente,
Zulema Rojas Espinoza
Directora
Organización Chilena de Intercambio Estudiantil

ACTIVIDAD 5
Tema curricular: Los desafíos mundiales

Introducción
Este mensaje electrónico es de Pablo Vidal, el cantante principal del grupo musical Café. Has recibido este mensaje electrónico porque el consejo estudiantil de tu colegio está organizando un concierto benéfico y tú le pediste al grupo musical Café que participara.

De: Pablo Vidal
Asunto: Concierto benéfico

Estimado(a) estudiante:

En nombre de la banda Café, acepto la invitación al concierto benéfico que se realizará en su colegio el próximo 15 de octubre. Todos los músicos de la banda creemos firmemente en contribuir al bienestar social de la comunidad, así que aportaremos nuestro grano de arena y tocaremos por una hora sin remuneración.

Debo admitir que no conozco el programa de asistencia comunitaria al que se ayudará por medio de este concierto. Desearía que me escribiera con mayor información.

- ¿En qué programa comunitario en particular decidió el consejo estudiantil participar?
- Explique a quiénes beneficia el programa y el impacto que tiene en la comunidad.

Espero que el tiempo y el talento que la banda Café brindará al evento ayude a alcanzar sus metas. También espero que nuestra presencia anime a todos los jóvenes a participar activamente en el mejoramiento de la sociedad. Envíeme cualquier pregunta que tenga sobre nuestro grupo o el concierto.

En espera de su respuesta,
Pablo Vidal
Banda Café

ACTIVIDAD 6
Tema curricular: La vida contemporánea

Introducción
Este mensaje electrónico es de Federico Ibáñez, Director del Programa de Mentores. Has recibido este mensaje porque has mostrado interés en su programa de mentores.

De: Federico Ibáñez
Asunto: Programa de Mentores

Estimado(a) futuro(a) voluntario(a):

Gracias por su interés en nuestro programa de voluntarios mentores. Como ya sabe, buscamos voluntarios que sirvan como consejeros y guías para estudiantes que necesitan ayuda académica y personal. Usted tiene la oportunidad de contribuir al éxito, así como enriquecer y formar la vida de un niño o de una niña.

En preparación para su primera entrevista, nos gustaría recibir la siguiente información:
- ¿Cuál es la razón por la que quiere participar en el programa?
- ¿Qué experiencia ha tenido hasta ahora que le hace el candidato o la candidata ideal para aconsejar a otro estudiante?

Si tiene alguna pregunta, no dude en consultarnos. Tan pronto recibamos la información, tomaremos el próximo paso en el proceso de selección. Esperamos que se pueda unir a nuestro equipo y que le sirva de inspiración a otro estudiante.

Atentamente,
Federico Ibáñez
Director
Programa de Mentores

ACTIVIDAD 7
Tema curricular: Las familias y las comunidades

Introducción
Este mensaje electrónico es del señor Ricardo Blanco, Director del Programa Extraescolar de la Escuela José Martí. Has recibido este mensaje porque mostraste interés en trabajar en este programa extraescolar.

De: Ricardo Blanco
Asunto: Programa Extraescolar de la Escuela José Martí

Estimado(a) candidato(a):

Agradezco su interés en formar parte de nuestro equipo de instructores de actividades extraescolares. En este momento estamos en busca de dos personas dinámicas y entusiastas con vocación para la enseñanza de niños pequeños. Ofrecemos trabajo a tiempo parcial en horario de tarde (de 3:15 p. m. a 5:15 p. m.). El Programa Extraescolar tiene lugar en las aulas de la Escuela José Martí y actualmente cuenta con 60 participantes entre las edades de 6 y 10 años.

Antes de programar una entrevista, le ruego que me escriba con las respuestas a las siguientes preguntas:

- ¿Qué prefiere enseñar: deporte, música, arte o computación? Por favor, explique el motivo de su preferencia, detallando su experiencia.
- ¿Qué cualidades posee para trabajar con niños entre 6 y 10 años?

En caso de tener dudas o preguntas, por favor no deje de incluirlas en su respuesta. Estaremos en contacto.

Atentamente,
Ricardo Blanco
Director, Programa Extraescolar
Escuela José Martí

ACTIVIDAD 8
Tema curricular: La ciencia y la tecnología

Introducción
Este mensaje es de Eduardo Valdez, Gerente de la compañía Videoplex. Has recibido este mensaje porque eres un aficionado a los videojuegos.

De: Eduardo Valdez

Asunto: Videojuegos

Estimado(a) consumidor(a):

Gracias por su interés en los videojuegos que nuestra compañía ofrece en línea. A nosotros nos importa mucho la opinión de nuestros clientes. En estos momentos tenemos planes para empezar un nuevo proyecto para incrementar nuestra lista de videojuegos disponibles para nuestros consumidores.

Con ese propósito, estamos investigando el tipo de videojuegos que les gustaría a las personas como usted que disfrutan de nuestros productos. Ya que usted ha mostrado interés en nuestros videojuegos en el pasado, quisiéramos que nos ayudara a entender mejor qué programas ofrecer en el futuro cercano. Para ello, le pedimos que conteste las siguientes preguntas:

- ¿Qué tipos de juegos le gustaría que nuestra compañía desarrollara? ¿Por qué?
- ¿Cuál sería una buena historia para el juego?

Al final del mes tendremos un sorteo para quienes respondan a nuestras preguntas, con el cual puede ganar acceso temprano a la versión Beta de dos de nuestros futuros juegos.

Le pedimos que nos envíe sus respuestas lo más pronto posible. No vacile en escribirnos con cualquier pregunta que tenga sobre nuestro proyecto.

Atentamente,
Eduardo Valdez
Gerente
Videoplex

ACTIVIDAD 9
Tema curricular: La vida contemporánea

Introducción
Este mensaje electrónico es de Mauricio Osvaldo, Director del Programa de Becas UDLA. Has recibido este mensaje porque solicitaste una beca para estudiar una carrera universitaria en Argentina.

De:	Mauricio Osvaldo
Asunto:	Finalistas de la Beca Académica UDLA

Estimado(a) estudiante:

Reciba nuestras felicitaciones por haber sido seleccionado(a) entre los diez finalistas para la Beca Académica UDLA. ¡Enhorabuena! Como usted sabe, esta beca cubre la totalidad de la matrícula de la universidad, asistencia médica y un estipendio mensual de mantenimiento de cinco mil pesos.

En el pasado realizábamos las entrevistas por medio de Internet, pero por dificultades causadas por problemas técnicos y por la diferencia horaria entre los países, este año decidimos pedirles a los finalistas que respondan a las preguntas de la entrevista por escrito. Por favor, envíenos un mensaje con la siguiente información lo antes posible:
- ¿Cuál es la razón por la que quiere estudiar en Argentina?
- ¿Qué cualidades personales y académicas lo (la) distinguen a usted de los demás estudiantes para que merezca la beca?

El Comité de Becas de UDLA tendrá en cuenta su información, así como también su desempeño académico, motivación personal y cartas de referencia. Le avisaremos de la decisión final dentro de quince días.

No vacile en incluir cualquier pregunta que tenga sobre la beca, el proceso de selección o la universidad.

¡Mucha suerte!
Cordialmente,
Mauricio Osvaldo
Director, Programa de Becas UDLA

ACTIVIDAD 10
Tema curricular: Las familias y las comunidades

Introducción
El siguiente mensaje electrónico es de Natalia Castro, administradora de la red social que utilizas. Has recibido este mensaje porque le habías enviado una queja.

De:	Natalia Castro
Asunto:	Denuncia de página de red social

Estimado(a) miembro:

Hemos recibido su queja, fechada el día 12. Según nos expresó, desea que corrijamos una de las páginas de nuestro portal cuyo contenido considera incorrecto. Nuestro equipo evaluará su queja y, si determina que la información en cuestión es incorrecta, la eliminaremos de forma inmediata. Sin embargo, antes de actuar responsablemente, necesitamos un poco más de información. Por favor, sírvase enviar la siguiente información:

- En primer lugar, describa la página en cuestión y explique por qué la información es incorrecta.
- En segundo lugar, díganos cómo podemos corregir la información.

Lamentamos mucho lo sucedido y le aseguramos que haremos todo lo posible para rectificar cualquier problema. No vacile en comunicarnos cualquier duda o pregunta que tenga.

Muy atentamente,
Natalia Castro
Administradora

ACTIVIDAD 11
Tema curricular: Los desafíos mundiales

Introducción
Este mensaje electrónico es del señor Jaime Vargas Yépez, coordinador de un foro en línea de economía. Has recibido este mensaje porque aceptaste su invitación para participar en dicho foro.

De: Jaime Vargas Yépez

Asunto: Foro en línea "Economía de los jóvenes"

Estimado(a) participante:

En primer lugar, le agradezco que haya aceptado la invitación para participar en el foro en línea que se realizará el próximo sábado a las diez de la mañana, hora del centro de México. Este foro es solo por invitación y abordará el tema de cómo la economía afecta a las personas jóvenes. Los tres ponentes serán el economista José Herrera, la empresaria Vanessa Duarte y el catedrático de economía aplicada Adrián Centeno. Cada uno tendrá 10 minutos para exponer sus ideas, y luego usted y los demás participantes tendrán 30 minutos en total para hacer preguntas.

En preparación para el foro, me gustaría que me aportara sus ideas. Específicamente:
- ¿De qué temas económicos que afectan a los adolescentes deben hablar los ponentes?
- ¿Por qué es este tema importante para los jóvenes de hoy en día y para usted en particular?

Le ruego contestación lo antes posible para implementar sus ideas en el foro. Si tiene alguna pregunta o duda sobre las reglas del foro, por favor, no dude en plantearla cuando me escriba. Gracias de nuevo por su participación y colaboración.

Un saludo cordial,
Jaime Vargas Yépez
Coordinador, Foro en línea "Economía de los jóvenes"

ACTIVIDAD 12
Tema curricular: La vida contemporánea

Introducción
Este mensaje electrónico es de Raquel Guzmán, gerente de la agencia de viajes Exploratur. Has recibido este mensaje porque participaste en un sorteo para ganar un viaje a un país de habla hispana.

De: Raquel Guzmán
Asunto: Sorteo de viaje

Estimado(a) ganador(a):

¡Felicitaciones! Usted ha sido seleccionado(a) como ganador(a) del sorteo del viaje a un país de habla hispana, patrocinado por la agencia de viajes Exploratur.

El premio consiste en un viaje para dos personas. Incluye el vuelo de ida y vuelta, transporte dentro del país, estancia de cinco días y cuatro noches en un hotel de cinco estrellas y tres recorridos turísticos. El viaje debe realizarse durante el mes de junio de este año.

Usted puede elegir como destino cualquier país hispanohablante. Para planificar el viaje, sírvase proporcionar la siguiente información:

- ¿Cuál país hispanohablante quiere visitar y por qué ha escogido ese país?
- ¿Qué tipo de actividades desea realizar mientras esté allí?

Confío que este será el mejor viaje de su vida. Quedo a su disposición para contestar sus preguntas y ampliarle los detalles que desee. Próximamente volveré a contactarle con más información.

Atentamente,
Raquel Guzmán
Gerente
Agencia Exploratur

ACTIVIDAD 13
Tema curricular: La belleza y la estética

Introducción
Este mensaje electrónico es de Teresa Moya, directora de la Alianza de Artes Visuales. Has recibido este mensaje porque estás en la lista de distribución de correo electrónico de esta organización.

De: Teresa Moya

Asunto: Nominación a "artista del año"

Estimado(a) amigo(a) de AAV:

La Alianza de Artes Visuales tiene el gusto de invitarle a nominar al (a la) "artista del año". Esta es la oportunidad en que usted puede exaltar las cualidades de quienes contribuyen de forma excepcional al ambiente artístico y creativo de nuestra comunidad.

Rogamos que nos haga llegar la siguiente información:
- el nombre del (de la) artista y la disciplina artística (pintura, dibujo, escultura, fotografía, diseño, video arte, instalación, etc.)
- una breve descripción de su arte y el motivo por el que merece el título de "artista del año"

Este es el primer paso. Más adelante le pediremos más información sobre el (la) artista y también fotos de sus obras. Al final del proceso, AAV nombrará al (a la) "artista del año", premiado(a) con cinco mil dólares y una exhibición individual.

Las nominaciones ya están siendo aceptadas y deben ser recibidas antes de fin de mes. Por favor, tenga en cuenta que los artistas nominados deben ser residentes de nuestra comunidad, pero no es necesario que sean artistas profesionales. Quisiéramos la nominación de artistas de todas las edades y de todos los ámbitos.

Quedo a la espera de su nominación. También estoy a su disposición para aclararle cualquier duda.

Atentamente,
Teresa Moya
Directora
Alianza de Artes Visuales

ACTIVIDAD 14
Tema curricular: Los desafíos mundiales

Introducción
Este mensaje electrónico es del Dr. Antonio Gutiérrez Navas, Director del Laboratorio Farmetic. Has recibido este mensaje porque has demostrado interés en los planes de diferentes compañías para proteger el medioambiente.

De: Antonio Gutiérrez Navas
Asunto: Protegiendo el medioambiente

Estimado(a) joven:

La compañía farmacéutica Farmetic ha recibido muchos premios a lo largo de su historia por ofrecer innovadores medicamentos y por realizar programas de asistencia social alrededor del mundo. Nos enorgullecemos de proveer productos de alta calidad que les garantizan una vida más larga y saludable a millones de personas.

Como director del laboratorio de investigación de Farmetic, es mi deber asegurar que nuestra compañía no contribuya a empeorar el medioambiente.

Le escribimos a usted para saber su opinión al respecto. Por favor, envienos las respuestas a las siguientes preguntas:

- ¿Qué podría hacer nuestra compañía para asegurarnos de que no contribuyamos de manera negativa al medioambiente?
- ¿Por qué piensa usted que es importante nuestra preocupación?

Tenga por seguro que valoramos a los jóvenes y escuchamos sus opiniones. Estoy a su disposición para cualquier aclaración.

Cordialmente,
Dr. Antonio Gutiérrez Navas
Director
Laboratorio de Investigación Farmetic

ACTIVIDAD 15
Tema curricular: Las identidades personales y públicas

Introducción
Este mensaje electrónico es de Eduardo Torres, Coordinador del Comité de Graduación de tu escuela. Has recibido este mensaje porque el comité necesita la participación de los estudiantes en una encuesta.

De: Eduardo Torres
Asunto: Encuesta

Estimado(a) estudiante:

Gracias por haber mostrado interés en ayudarnos en la encuesta que estamos conduciendo entre los estudiantes. Como ya sabe, todos los años escogemos a una persona que ha sobresalido en su profesión o actividad para que dé el discurso de graduación. Con ese fin, deseamos explorar los intereses de los estudiantes para elegir a la persona adecuada. Para ayudarnos en la encuesta, desearíamos que nos envíe las respuestas a las siguientes preguntas:

- ¿Qué persona le gustaría que diera el discurso durante la ceremonia y por qué?
- ¿Qué temas serían de interés para los estudiantes en este día tan importante?

Una vez que recibamos las sugerencias de los estudiantes, el comité formado de estudiantes y profesores hará la selección final. Si tiene alguna pregunta, por favor, no dude en enviarla cuando nos escriba con sus respuestas.

Eduardo Torres
Coordinador
Comité de Graduación

ACTIVIDAD 16
Tema curricular: Las familias y las comunidades

Introducción

Este mensaje electrónico es del señor Rodrigo Huanca Pérez, presidente de una fundación dedicada a la erradicación de la pobreza extrema. Has recibido este mensaje porque te apuntaste en su lista de contribuyentes.

De: Rodrigo Huanca Pérez
Asunto: Campaña para erradicar la pobreza

Estimado(a) ciudadano(a) global:

Quiero comenzar agradeciéndole su aporte monetario a nuestra pequeña fundación. La Fundación Esperanza está comprometida en la lucha contra la pobreza a través de programas de desarrollo económico y social. Gracias a la valiosa ayuda de personas como usted, hemos asistido a miles de familias marginadas.

Entiendo que usted va a recaudar fondos para esta causa. ¿Me puede proporcionar más detalles? En particular, dígame:

- ¿Por qué le parece importante ayudar a los demás, aun si estos viven en otro país?
- ¿Qué actividades piensa organizar para recaudar dinero y cuánto dinero cree que podrá recaudar?

Permítame darle las gracias de antemano de parte de la Fundación Esperanza. No vacile en hacerme llegar sus inquietudes y preguntas.

Cordialmente,
Rodrigo Huanca Pérez
Presidente
Fundación Esperanza

ACTIVIDAD 17
Tema curricular: La vida contemporánea

Introducción
Este mensaje electrónico es de la señora Carla Muñoz Echeverría, directora de admisión de la Universidad Santiago. Has recibido este mensaje porque solicitaste admisión a esa universidad.

De: Carla Muñoz Echeverría

Asunto: Solicitud de admisión: trabajo voluntario

Estimado(a) estudiante:

Por medio de la presente se le informa que hemos recibido su solicitud de admisión a la Universidad Santiago. A la vez se le advierte que la sección de "Trabajo voluntario" de su solicitud está en blanco.

Le ruego que me envíe lo antes posible la información para la sección de "Trabajo voluntario", la cual adjuntaré a su solicitud. Por favor, incluya los siguientes datos:

- ¿Qué experiencia ha tenido ayudando a los demás?
- ¿Qué beneficio/s logró de su experiencia de voluntariado?

Esta información es importante porque el comité de admisión no solo mira las calificaciones y los resultados de los exámenes. El trabajo voluntario que ha hecho nos ayuda a conocer quién es usted como persona y saber si posee las cualidades necesarias para tener éxito en nuestros programas académicos.

No se olvide de que puede enviarme cualquier pregunta que tenga.

Atentamente,
Carla Muñoz Echeverría
Directora de Admisión
Universidad Santiago

ACTIVIDAD 18
Tema curricular: La belleza y la estética

Introducción
Este mensaje electrónico es del señor Ochoa, gerente de la Librería Hispana. Has recibido este mensaje porque solicitaste empleo de verano en la librería.

De: Luis Miguel Ochoa
Asunto: Trabajo de verano

Estimado(a) solicitante:

Gracias por su solicitud de empleo de verano en Librería Hispana. Como sabe, Librería Hispana es la única librería en la comunidad especializada en literatura latinoamericana, española y chicana. Tenemos la mejor y la más completa colección de libros en español de toda la región. También ofrecemos conferencias y talleres creativos a personas de todas las edades.

He recibido un gran número de solicitudes para el puesto de verano, lo cual hará la labor de seleccionar a quiénes entrevistar bastante difícil. Es por eso que he añadido un paso adicional en el proceso de selección: un mensaje de correo electrónico en el cual me convenza de que usted es el (la) mejor candidato(a) para el puesto.

- Dígame las razones por las que le gusta la literatura hispana, incluyendo alguna obra o autor que conozca.
- ¿Cuáles son algunas de las cualidades que posee usted que son importantes en un(a) vendedor(a) de librería?

Finalmente, envíeme cualquier pregunta sobre Librería Hispana si le interesa obtener más información sobre el puesto de trabajo.

Le saluda cordialmente,
Luis Miguel Ochoa
Gerente
Librería Hispana

ACTIVIDAD 19
Tema curricular: Los desafíos mundiales

Introducción
Este mensaje electrónico es de la señora Calvo, asistenta del director de tu escuela. Tú has recibido este mensaje porque ella quiere saber tus opiniones.

De: Rosario Calvo
Asunto: Valores éticos fundamentales

Estimado(a) estudiante:

¡Bienvenido(a) al nuevo año escolar! Es un privilegio trabajar rodeada de jóvenes tan entusiastas, inteligentes y dedicados.

Los administradores y los maestros se esfuerzan por hacer de nuestros jóvenes no solo los mejores estudiantes, sino también los mejores ciudadanos, comprometidos con la sociedad en la que viven. Por este motivo, comenzaremos una serie de conferencias sobre los valores éticos fundamentales, como por ejemplo, responsabilidad, amistad, verdad y humildad. Los valores fundamentales que discutiremos dependen completamente de ustedes. ¡Necesitamos sus ideas y opiniones!

Por favor, envíeme por escrito:
- ¿Cuáles son algunos de los valores fundamentales que usted propone para la primera conferencia? ¿Cuál es la importancia de estos valores?
- ¿En qué actividades podrían participar los estudiantes de su curso para demostrar uno de los valores éticos?

Espero su respuesta cuanto antes. En nombre de la administración de la escuela, muchas gracias por su colaboración. Si tiene alguna pregunta o duda con respecto a esta nueva iniciativa, no dude en comunicármelo.

Atentamente,
Rosario Calvo
Asistenta del Director

ACTIVIDAD 20
Tema curricular: La ciencia y la tecnología

Introducción
Este mensaje electrónico es de Felipe Samaniego, Agente de Servicio de Ecompus, S.A. Has recibido este mensaje porque has devuelto un sistema de parlantes para tu computadora que compraste en Internet.

De: Felipe Samaniego

Asunto: Devolución de parlantes

Muy estimado(a) cliente:

Acabamos de recibir los parlantes para la computadora que usted nos devolvió. Sin embargo, no nos envió una explicación del problema. ¿El sistema de parlantes no funciona o está defectuoso? ¿O funciona pero usted no está satisfecho(a) con la calidad del sonido? Le suplicamos que tenga la bondad de explicar detalladamente la razón exacta por la cual ha devuelto el producto.

En Ecompus, la plena satisfacción de nuestros clientes es nuestra principal prioridad. Es por eso que nos complace ofrecer la mejor política de devoluciones y reembolso. Por favor, díganos detalladamente:

- ¿Cuál es el problema de los parlantes?
- Sírvase también decirnos si desea que le devolvamos el dinero o que le reemplacemos el artículo, ya sea por el mismo modelo u otro.

Nos interesa mucho que usted quede satisfecho(a) y continúe comprando nuestros accesorios para computadoras. Permítanos brindarle un cupón de descuento para una futura compra.

Sentimos mucha pena por el tiempo y la molestia que le hemos causado y le ofrecemos al mismo tiempo nuestra máxima cooperación en cualquier asunto. Por favor, incluya cualquier pregunta que tenga.

Quedamos muy atentamente a sus órdenes.

Cordialmente,
Felipe Samaniego
Agente de Servicio
Ecompus, S.A.

ACTIVIDAD 21
Tema curricular: La belleza y la estética

Introducción
Este mensaje electrónico es de Paulina Cabrera, dueña de la Tienda Equis. Has recibido este mensaje porque te anotaste para una encuesta de una nueva tienda de ropa.

De: Paulina Cabrera

Asunto: Encuesta de nueva tienda de ropa juvenil

Muy estimado(a) joven:

Fue un placer hablar con usted el sábado pasado. Gracias por anotarse para esta pequeña encuesta, la cual no le tomará más de 15 minutos. Sus respuestas me informarán sobre mi nueva tienda de ropa para chicos y chicas, que se abrirá al público a fines de año en el mismo centro comercial donde hablamos la semana pasada. Favor de responder de manera amplia y detallada.

- En primer lugar, me gustaría saber sus gustos en ropa y su opinión sobre los estilos que les gustan a los jóvenes de hoy.
- En segundo lugar, quisiera que me describiera la última experiencia que tuvo cuando salió a comprar ropa, lo que compró y los aspectos que consideró al comprarla (diseño, precio, originalidad, comodidad, etc.).

Le suplico que me envíe su mensaje lo más pronto posible e incluya cualquier pregunta que tenga. En agradecimiento por su colaboración, recibirá una invitación especial a la apertura de la tienda y una tarjeta de descuento válida para su primera compra en nuestra tienda.

Atentamente,
Paulina Cabrera
Tienda Equis

ACTIVIDAD 22
Tema curricular: Los desafíos mundiales

Introducción

Este mensaje electrónico es de Carmen Yanguas, directora de una organización dedicada a la conservación del medio ambiente. Has recibido este mensaje porque ofreciste ayudar en el lanzamiento de una nueva campaña ambiental.

De: Carmen Yanguas

Asunto: Lanzamiento de campaña contra el calentamiento global

Estimado(a) voluntario(a):

Mis felicitaciones y profundo agradecimiento por ayudar en el lanzamiento de "El calentamiento global: ¿qué puedo hacer?", una nueva campaña para concientizar a la comunidad latina sobre el calentamiento global. La intención es explicar que este problema común a todos los seres humanos es consecuencia de las elevadas emisiones de dióxido de carbono, y que cada persona puede hacer algo para combatirlo.

Para lanzar con éxito esta nueva campaña, necesitamos la colaboración de voluntarios como usted. Por favor, envíenos las respuestas a las siguientes preguntas:

- ¿Cuáles son algunos consejos prácticos —y creativos— de lo que la gente puede hacer para reducir la contaminación en el medioambiente, sea del aire o del agua?
- ¿Cuáles son algunas ideas para difundir los mensajes de esta campaña de publicidad?

Desde las entidades que conformamos este proyecto le damos las gracias de antemano por toda su ayuda y apoyo. Es grato encontrar a jóvenes que apoyen este tipo de iniciativas, que se preocupen y que participen.

Estoy a sus órdenes para cualquier información que necesite.

Cordialmente,
Carmen Yanguas
Directora
Organización para la Conservación del Medio Ambiente

ACTIVIDAD 23
Tema curricular: Las identidades personales y públicas

Introducción
Este mensaje electrónico es del señor Juan Vicente López, coordinador de la tertulia literaria en la que participas. Has recibido este mensaje porque te toca a ti escoger el próximo libro.

De: Juan Vicente López

Asunto: Tertulia literaria: un personaje histórico

Estimado(a) participante:

Tengo el agrado de invitarle a escoger el libro que discutiremos en la próxima tertulia literaria que se realizará, como siempre, el primer jueves del mes en la Biblioteca Central. Tal y como acordamos en la última reunión, el tema será la biografía de una figura histórica.

Tenga la amabilidad de darme por escrito su sugerencia. Indique:
- ¿Sobre qué personaje histórico quisiera que los participantes de la tertulia leyéramos? ¿Por qué cree que ese personaje nos interesaría?
- ¿Qué otros temas le gustaría que discutiéramos en el futuro?

Le agradeceríamos que nos enviara sus sugerencias lo antes posible. No vacile en enviarnos cualquier pregunta que tenga.

En espera de su respuesta, se despide cordialmente,
Juan Vicente López
Coordinador

ACTIVIDAD 24
Tema curricular: Las identidades personales y públicas

Introducción
Este mensaje electrónico es de Isabel Parra, productora de un programa de radio. Has recibido este mensaje porque aceptaste participar en un panel sobre el tema "Las responsabilidades de los jóvenes".

De: Isabel Parra

Asunto: Participación en el panel de Radio Juvenil

Estimado(a) joven:

Radio Juvenil y el programa *Brecha Generacional* agradecen su participación en nuestro próximo panel cuyo tema será "Las responsabilidades de los jóvenes". Dicho panel tendrá lugar el próximo miércoles a las 16:30 horas en los estudios de Radio Juvenil y tendrá una duración estimada de una hora. Se ruega confirmación.

Dos de los panelistas —el periodista Andrés Maldonado y la directora educativa Monserrat Bustamante— presentarán el punto de vista sobre las responsabilidades de los jóvenes. Usted y los otros jóvenes participantes tomarán la postura contraria. Antes de presentarse en nuestros estudios, le rogamos que nos escriba un resumen de su punto de vista. Para ayudarnos con la discusión nos gustaría que contestara las siguientes preguntas:

- ¿Cuáles son algunas de las responsabilidades que los jóvenes deberían tener en nuestra sociedad?
- ¿Por qué es importante que los jóvenes tengan responsabilidades en su vida diaria?

Quedo muy agradecida por su participación e interés. Para cualquier aclaración o pregunta que tenga, no dude en ponerse en contacto conmigo.

Cortésmente se despide,
Isabel Parra
Productora *Brecha Generacional*
Radio Juvenil

ACTIVIDAD 25
Tema curricular: La belleza y la estética

Introducción
Este mensaje electrónico es del profesor Óscar Valverde, organizador del Cine Club de tu colegio. Has recibido este mensaje porque te inscribiste al club.

De: Óscar Valverde
Asunto: Bienvenidos a Cine Club

Estimado(a) miembro:

Me da mucho gusto darle la bienvenida a Cine Club. Como sabe, Cine Club ofrece una amplia variedad de películas producidas en el mundo hispanohablante. Nuestro objetivo es valorizar el idioma español a través del cine, así como fomentar el interés por la cinematografía. Propongo reunirnos los viernes a las cuatro de la tarde en el auditorio.

Esta semana necesito finalizar la lista de las proyecciones. Por favor, díganos:
- ¿Qué película le gustaría que seleccionáramos? ¿Por qué deberíamos ver esa película este semestre?
- ¿Qué temas podríamos discutir después de ver la película y por qué escogió esos temas?

Le agradezco que me responda lo más pronto posible. También comuníqueme cualquier duda o comentario que tenga.

Es para mí un honor y un placer organizar las reuniones del Cine Club. Estoy seguro de que disfrutaremos enormemente de esta actividad extraescolar.

Le saluda cordialmente,
Óscar Valverde
Cine Club

Part D
Presentational Writing: Argumentative Essay

In this portion of the AP® Spanish Language and Culture Examination, you will be tested on your ability to read a print selection that presents one side of an issue, listen to an audio selection that presents a different viewpoint, and analyze the content of a visual, such as a graph or table, that provides data related to the issue. You will then write an argumentative essay that synthesizes the information from all three sources in order to present your own point of view. The content of these sources relates to the curricular themes as set forth in the Course and Exam Description of the AP® Spanish Language and Culture Examination.

You will begin this portion of the exam with six minutes to read and analyze the essay topic, the print selection, and the visual. After you read, you will hear the audio selection twice, and you may take notes while you listen. After listening, you will have 40 minutes to write your essay. In your essay, you must choose a position and use all the sources to argue that your point of view is the correct one. As you refer to the sources, identify them appropriately.

Because this section of the AP® exam emphasizes the honing of your reading, listening, and writing skills, take the time to review your reading strategies (Part A) and listening strategies (Part B-2), as well as the writing strategies below. (You may also want to review some of the writing strategies presented in Part C, Interpersonal Writing: E-mail Response.)

Strategies

1. **Become familiar with formats for argumentative essays.** There are many ways to write an argumentative essay. As you begin to write this type of essay, it may be a good idea to follow a standard format at first. As you become more at ease with your writing, you should try to be creative with the organization of your essay as long as you make sure that:
   - your thesis is clearly stated,
   - you present arguments to support your thesis,
   - you present specific examples and details as evidence to corroborate your argument.

   Before you start writing, you may want to read editorials that appear in the editorial section of Spanish-language newspapers online. Since your purpose in writing an argumentative essay is to convince your audience of a particular viewpoint, these editorials offer excellent examples of what strategies can be used for this task.

   Here is one standard way of organizing an argumentative essay.

   - **First paragraph:** State your opinion, which will become the thesis of your essay. Make sure that you clearly state your views and beliefs about the topic while enticing your audience to read more. Do not try to introduce too much information at this stage.
   - **Second, third, and fourth paragraphs (as needed):** Present arguments that validate and substantiate your opinion. Give specific examples and facts that support your argument. Try to anticipate opinions different from yours, and then state why your position is better. Depending on the number of examples and facts you have, you can vary the number of paragraphs accordingly.

- **Final paragraph:** Summarize your ideas by arriving at a conclusion or by leaving a final question or questions in the reader's mind. Go back and read the first paragraph of your essay again to see if you have accomplished the task or answered the question you presented there. Make sure that you quickly summarize the main ideas you stated without using the same wording as in the first paragraph.

2. **Follow a three-step approach to writing: before writing, while writing, and after writing.**
   - **Before writing**
     - Budget your time in advance so that you will have time to read, listen, organize, write, proofread, and review. As you practice for the exam, you should get used to writing essays in a forty-minute time period.
     - Try to understand exactly what the directions are asking you to do. Read the question carefully and underline the key words. Keep this information in mind while reading and listening.
     - Look for key verbs or words in the prompt and use them to help you plan your answer.
     - Read and listen to the sources provided. Take notes as you do so.
     - Examine what the three sources have in common and how they are different. Determine what position each source is presenting regarding the topic.
     - Decide upon the thesis for your essay, taking into account the information and perspectives provided in the three sources.
     - Use a graphic organizer of some kind to go back through the sources and take notes that will help you synthesize the information they contain. Use that information to provide supporting details, opposing points of view, and conclusions about the topic.
     - Choose a technique or techniques that will help you to support your thesis throughout your essay. Examples of these kinds of techniques include: citing brief quotations from the sources, referencing facts and figures, comparing and contrasting, and giving examples.
   - **While writing**
     - Write the introduction that presents the thesis (your answer to the prompt).
     - Concentrate on adapting the ideas you have read and heard to respond to the prompt. Compare and contrast ideas if necessary.
     - Incorporate and integrate pertinent, meaningful references from all the sources.
     - Quote only what is necessary to support your views. If you are quoting directly from the text or audio, use quotation marks. But keep your quotations to a minimum. Instead, use expressions such as: **Según la fuente número 1, 2, etc.; Según la fuente auditiva / escrita, etc.**
     - Avoid using a dictionary, or try to keep this practice to a minimum, since in the actual examination you will not be allowed to use one. If you cannot think of a specific word or words, describe what you want to communicate by using circumlocution.
     - Remember, organization is important. You must include a clear introduction and thesis, present supporting details, and arrive at a definite conclusion.
     - Make smooth transitions between the paragraphs of your essay, so that each section follows logically from the last.
     - Stay focused and keep on task.
     - Make sure you demonstrate that you have interpreted and synthesized the three sources to support your essay's thesis statement.
     - Avoid merely paraphrasing or repeating what the sources say in your own words. Instead, you must interpret the significance of their contents and then synthesize that significance with that of the other sources.
     - Make sure that your final paragraph is not just a restatement of your thesis, but rather a conclusion that takes into consideration what you have discussed throughout the essay.

- **After writing**
    - —Is your introductory paragraph clear and does it establish the essay's thesis topic?
    - —Have you developed your ideas clearly? Have you given enough examples to illustrate your point of view?
    - —Have you checked…
        - …the agreement of verbs and subjects?
        - …the agreement of adjectives and nouns?
        - …the use of **ser** and **estar**?
        - …the use of **por** and **para**?
        - …the use of the indicative and subjunctive moods?
        - …the use of the imperfect and preterite tenses?
        - …the use of the personal **a**?
        - …the sequence of tenses in the subjunctive?
        - …the use of accents, capital letters, and punctuation?
    - —Do not count words. You will be wasting time because the instructions do not ask you for a definite number of words. Instead, budget your time so that you can thoroughly complete the task and still have time to go over your work.

3. **Memorize words and phrases from Appendices B and G.** The terms in Appendix B are organized to help you with the various sections and tasks for the argumentative essay (such as presenting a thesis, citing sources, making comparisons, etc.). Those in Appendix G provide words you can use to make transitions and connect ideas. Build your vocabulary with items from these lists. Knowing them will make it easier for you to write smoothly and efficiently without having to work around too much unknown vocabulary. Increasing your "word power" is a powerful way to enhance your written (and oral) presentational skills.

4. **Learn how your work will be evaluated.** Become familiar with how your teacher scores the essay and / or the scoring guidelines that will be used to evaluate this part of the exam. This will allow you to know beforehand what is expected of you. If your teacher gives you a score for an essay, go back to the scoring guidelines and determine why you received that score. This will also help you to improve in those areas in which you may be lacking the skills you need to succeed in this task.

The following practice activities are arranged in order of increasing difficulty and are designed to give you practice in using print and audio selections as the basis of writing an argumentative essay.

You have 1 minute to read the directions for this task.	Tienes 1 minuto para leer las instrucciones de este ejercicio.

| You will write an argumentative essay to submit to a Spanish writing contest. The essay topic is based on three accompanying sources, which present different viewpoints on the topic and include both print and audio material. First, you will have 6 minutes to read the essay topic and the printed material. Afterward, you will hear the audio material twice; you should take notes while you listen. Then, you will have 40 minutes to prepare and write your essay.

In your essay, clearly present and thoroughly defend your own position on the topic. Integrate viewpoints and information you find in all three sources to support your argument. As you refer to the sources, identify them appropriately. Also, organize your essay into clear paragraphs. | Vas a escribir un ensayo argumentativo para un concurso de redacción en español. El tema del ensayo se basa en las tres fuentes adjuntas, que presentan diferentes puntos de vista sobre el tema e incluyen material escrito y grabado. Primero, vas a tener 6 minutos para leer el tema del ensayo y los textos. Después, vas a escuchar la grabación dos veces; debes tomar apuntes mientras escuchas. Luego vas a tener 40 minutos para preparar y escribir tu ensayo.

En un ensayo, debes presentar y defender tu propia opinión sobre el tema de una forma clara y completa. Integra los puntos de vista y la información presentada en las tres fuentes para apoyar tu postura. Al referirte a las fuentes, identifícalas apropiadamente. También debes organizar tu ensayo en distintos párrafos bien desarrollados. |

ACTIVIDAD 1

Tema curricular: Las familias y las comunidades

Primero tienes 6 minutos para leer el tema del ensayo, la fuente número 1 y la fuente número 2.

Tema del ensayo:
¿Es beneficioso que los abuelos cuiden a sus nietos?

Fuente número 1

Introducción

Este texto trata de la relación entre los abuelos y los nietos. El artículo original apareció en la revista digital *Guía Infantil*.

Los abuelos y los niños: un encuentro enriquecedor

Línea El nacimiento de un bebé transforma completamente el día a día de un hogar. A los compromisos y responsabilidades ya existentes, se suman otras muy distintas: la de educar al
(5) pequeño de la casa, y acompañar su desarrollo y crecimiento. Los placeres de tener un bebé son muchos, pero no se puede ignorar que el trabajo aumenta.

En muchas familias, conciliar trabajo, casa, e
(10) hijos, es una tarea que requiere mucha habilidad y, en muchos casos, algunos sacrificios. La llegada de un bebé no solo altera la vida de los padres, sino también la de muchos abuelos. Poder contar con ellos es un recurso muy
(15) valioso. La presencia de los abuelos es un consuelo y un desahogo para muchas familias. Los cambios que provoca el nacimiento del bebé les afectan menos que a los padres, y sus obligaciones están en un plano secundario,
(20) dependientes del "mando" de los padres del bebé, y de la disponibilidad que tengan para compartir los cuidados, el afecto y el tiempo del bebé con sus consuegros.

Los abuelos pueden proporcionar una
(25) asistencia práctica, apoyo y una cadena de consejos útiles para cuidar al bebé. El encuentro de los abuelos con sus nietos es siempre muy enriquecedor para ambas partes. A muchos niños les encantan estar con sus abuelos por
(30) diferentes y variadas razones. Algunos porque al lado de los abuelos no existen tantas órdenes ni obligaciones. Otros porque pueden hacer cosas distintas con ellos, como preparar galletas juntos, comer dulces, dar paseos, ir al parque y realizar una infinidad de actividades que hacen (35) que ellos se sientan más libres.

Algunos nietos ven a sus abuelos como un amigo, una especie de guía, como divertidos, cariñosos, mimosos y que les gusta estar con ellos. Pero, claro, todo depende de la forma (40) de ser de los abuelos. Hay también los que apenas envejecen y continúan tratando a los más pequeños de una manera muy autoritaria y demasiado exigente. Pero, por lo general, los abuelos sienten mucho placer con sus (45) nietos. Estar con ellos es también una forma de renovarse personalmente. Es tener más participación en la familia, y sentirse más jóvenes y actualizados. Se aprende mucho con los niños. (50)

Relación de los abuelos con los padres de sus nietos

No siempre se puede decir que la relación de los abuelos con los padres de sus nietos sea la mejor posible. Infelizmente, pueden existir (55) conflictos en cuanto al tipo de educación que es aplicada al niño. Las generaciones son diferentes; también lo son los criterios de educación. Los más jóvenes no pueden cambiar los razonamientos de los más mayores. Los (60) abuelos no están más para educar. Ya han educado, bien o mal, a sus hijos. Los abuelos están para dar cariño, echar una mano de vez en cuando y pasar un buen rato con sus nietos.

(65) Si los abuelos van a estar con los nietos, lo ideal es que haya un acuerdo entre las partes, para el bien del niño y de todos. Para eso, es necesario que entre los padres y los abuelos exista una relación tranquila, específica y verdadera, libre de celos, en la que reine el respeto a las exigencias y a los hábitos del otro. (70)

Fuente número 2

Introducción

Esta selección trata de las abuelas que cuidan a los nietos. Los gráficos fueron publicados por el periódico español *El País*.

El trabajo de las abuelas
■ MUJERES MAYORES DE 65 AÑOS QUE CUIDAN DE SUS NIETOS

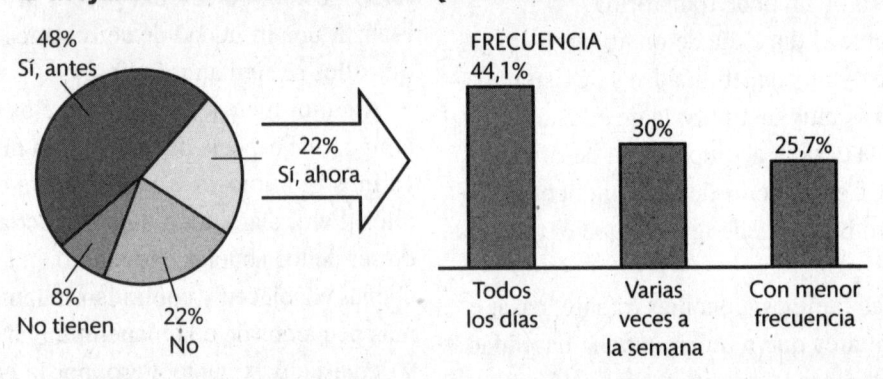

- 48% Sí, antes
- 22% Sí, ahora
- 8% No tienen
- 22% No

FRECUENCIA
- 44,1% Todos los días
- 30% Varias veces a la semana
- 25,7% Con menor frecuencia

Datos de: Elaborado con información de INMERSCO.CIS

Fuente número 3

🔊 Tienes 30 segundos para leer la introducción.

Introducción

Esta grabación trata de un libro, *El arte de ser abuelos*. Fue escrito por Franco Voli, presidente honorario de la Institución de Asuntos Culturales de España, quien discute los abuelos canguros, o sea abuelos que cuidan a sus nietos. La grabación apareció en el portal de la revista digital *Guía Infantil* y dura aproximadamente dos minutos.

ACTIVIDAD 2
Tema curricular: La belleza y la estética
Primero tienes 6 minutos para leer el tema del ensayo, la fuente número 1 y la fuente número 2.

Tema del ensayo:
¿Es la poesía relevante hoy en día?

Fuente número 1

Introducción
Este texto trata de la extinción de la lectura de poesía. El artículo original de Pablo Torche fue publicado por la revista chilena *Intemperie*.

¿Está muriendo la poesía?

Todo el mundo habla de la muerte del libro de papel a causa de los *e-books*, pero nadie habla abiertamente de algo que parece mucho más trascendente, que es la creciente extinción de la lectura de poesía.

La gradual declinación de la poesía como un hábito y una costumbre más o menos difundida o integrada a la vida cotidiana comenzó junto con las vanguardias, a comienzos del siglo XX, a través de las cuales el lenguaje poético se actualizó y "coloquializó", pero también se volvió más difícil, y su disfrute más exigente, a veces hermético.

En estas últimas tres o cuatro décadas la poesía se ha ido transformando cada vez más en una lectura exclusiva, reservada para ciertas personas, para ciertos momentos muy específicos, para ciertos estados de ánimo. ¿Quién, hoy por hoy, se sienta una tarde o noche, "bajo la luz de las estrellas o la luz de una lámpara" a saborear el ritmo o la cadencia de unas palabras caprichosamente entretejidas o rimadas, a preocuparse de extraer su sabor, resignarse a no comprender por completo su significado? Es un gesto que está muriendo, como darle cuerda al reloj.

Descontando los clásicos escolares, hoy por hoy, ¿quién lee poesía? Creo que casi exclusivamente los mismos poetas, o los académicos especializados. En muchas librerías ni siquiera venden libros de poesía, me da la impresión de que ese espacio en las estanterías ha sido ocupado gradualmente por los libros de autoayuda.

Más que la remembranza de un público estable, lo que me parece más significativo es la gradual desaparición de los momentos para leer poesía. La lectura de versos está confinada cada vez más a ciertos momentos muy específicos. Me da la idea también —pero no sé si estoy en lo correcto—, que incluso en privado la poesía se lee rápido, y mal, como en la búsqueda de algo, algún usufructo o ventaja concreta, aunque sea un remate sorprendente o una nota cómica. Creo que es por eso que una de las pocas poesías que se alaba hoy por hoy es la de Nicanor Parra, que lleva el último medio siglo publicando solo una especie de chistes, o frases ingeniosas y sorpresivas, acompañadas de caricaturas.

Fuente número 2

Introducción

Esta selección trata del género literario que prefieren los lectores de la encuesta. El gráfico fue publicado por el Observatorio Nacional de Lectura, un servicio de la Fundación Mempo Giardinelli.

Y cuando lee literatura, ¿qué género prefiere leer?

Categoría	Porcentaje
Leo de todo.	33,7
Me da lo mismo, no tengo preferencia.	23,2
Cuentos	17,7
Novelas	7,6
Poesías	4,3
No leo literatura.	2,8
Ensayos	1,9
No sabe.	8,9

Más de la mitad de los entrevistados (56,9%) no manifiestan una única predilección de género en lo relativo a la lectura de literatura. 33,7% declaran que leen todo tipo de literatura y un 23,2% que no tienen una preferencia específica.

En cuanto al universo de entrevistados que manifestaron una preferencia, un 17,7% corresponde al género «Cuentos», un 7,6% a «Novelas», un 4,3% a «Poesías» y un 1,9% «Ensayos».

Datos de: Observatorio Nacional de Lectura de la Fundación Mempo Giardinelli

Fuente número 3

Tienes 30 segundos para leer la introducción.

Introducción

Esta grabación trata de la trascendencia de la poesía. El segmento de audio original fue transmitida por Radio Naciones Unidas. La grabación dura aproximadamente un minuto y medio.

ACTIVIDAD 3
Tema curricular: La vida contemporánea
Primero tienes 6 minutos para leer el tema del ensayo, la fuente número 1 y la fuente número 2.

Tema del ensayo:
¿Es mejor la educación mixta o la educación separada?

Fuente número 1

Introducción
Este texto trata de los problemas causados por la educación separada. El artículo original fue escrito por Teresa Guerrero y publicado por el periódico español *El Mundo*.

La separación de niños y niñas en las aulas fomenta el sexismo y refuerza los estereotipos

Línea Elegir el colegio en el que estudiarán los hijos es una de las decisiones más importantes para los padres. Además del centro, hay que escoger entre la posibilidad de matricularlos en una
(5) escuela mixta o bien en un colegio en el que solo compartirán aula con estudiantes de su mismo sexo.

Cada opción tiene partidarios y detractores y, aunque se trata de una decisión personal
(10) que deben tomar los progenitores, en los últimos años diversos estudios científicos han respaldado una u otra opción. La última investigación, publicada esta semana en la revista *Science*, se decanta por los colegios
(15) mixtos públicos y refuta algunas de las ventajas que suelen atribuirse a las escuelas que separan a sus alumnos por sexos.

Sexismo institucional
El estudio, realizado en EE.UU., sostiene que
(20) la segregación en las aulas fomenta el sexismo entre los niños y refuerza los estereotipos de género. Los investigadores, liderados por Diane F. Halpern, del Claremont McKenna College (California), señalan que este tipo de colegios
(25) legitiman el sexismo institucional.

Además, aseguran que ir a clase con personas del mismo sexo no mejora los resultados académicos, como defienden los partidarios de separar a niños y niñas en la escuela. Para
(30) demostrarlo, citan un informe realizado por el Ministerio de Educación de EE.UU. para comparar los resultados académicos en centros mixtos y de un solo sexo. El estudio concluyó que el rendimiento de los alumnos era muy similar en los dos tipos de colegios (35) públicos. Conclusiones similares, aseguran los investigadores, se han obtenido en estudios parecidos y a gran escala llevados a cabo en Reino Unido, Canadá, Australia y Nueva Zelanda. (40)

Diferencias en el cerebro
El estudio hace referencia también a otras investigaciones en el campo de la neurociencia que no han encontrado pruebas de que las diferencias en los cerebros de chicos y chicas (45) justifiquen el uso de distintos métodos de enseñanza. Las diferencias halladas en la estructura cerebral de niños y niñas, señalan, no tienen relación con el aprendizaje.

Trabajar por la igualdad (50)
"Separar a chicos y chicas en la escuela pública convierte al género en un aspecto muy importante, y esto hace que se refuercen los estereotipos y el sexismo", afirma Richard Fabes, director de la Escuela de dinámicas sociales y (55) familiares de la Universidad de Arizona (UA) y uno de los autores de este estudio.

Y es que, según detectaron, los niños que están en ambientes donde los individuos son etiquetados y segregados en función de sus (60) características físicas, ya sea el género, el color de sus ojos o la camiseta que llevan, se comportaban de manera diferente.

Richard Fabes se pregunta si sería admisible (65) que los estudiantes fueran separados en la escuela en función de su raza o de sus ingresos. "No hay pruebas que demuestren los buenos resultados de separar y segregar. Cualquier forma de segregación mina la igualdad en lugar de promoverla", concluye. (70)

Fuente número 2

Introducción

Esta selección trata del porcentaje de estudiantes en diferentes tipos de escuelas que pasaron un examen de matemáticas. El gráfico fue tomado de un estudio realizado por Craig Erico Ogden de Georgia Southern University.

Porcentaje de estudiantes de la muestra que pasaron la parte matemática del GCRCT de 2007 a 2010 por grado y grupo

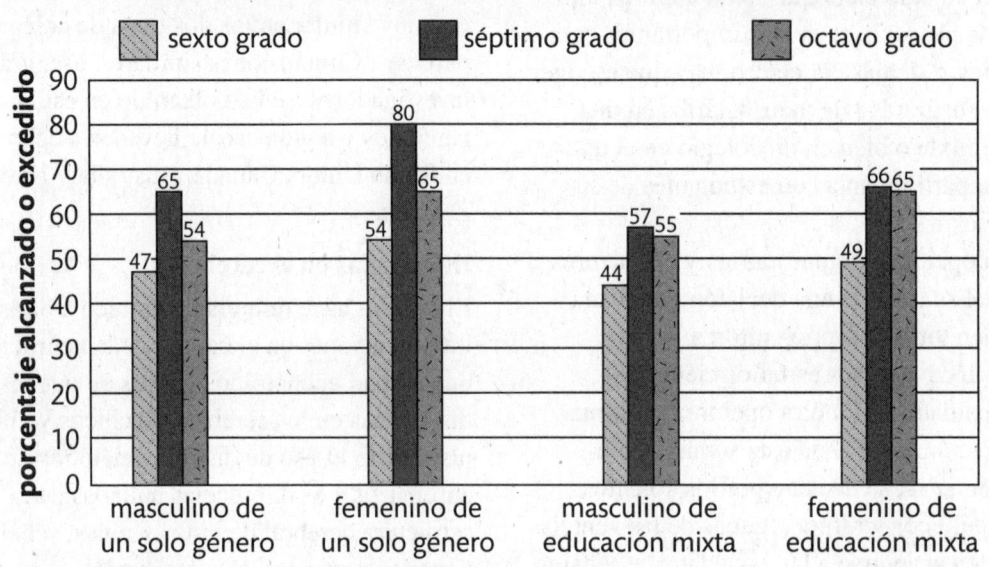

Grupo	sexto grado	séptimo grado	octavo grado
masculino de un solo género	47	65	54
femenino de un solo género	54	80	65
masculino de educación mixta	44	57	55
femenino de educación mixta	49	66	65

(porcentaje alcanzado o excedido)

Datos de: Digital Commons @ Georgia Southern University

Fuente número 3

🔊 Tienes 30 segundos para leer la introducción.

Introducción

Esta grabación trata de los beneficios de la educación separada, o "diferenciada". El segmento original fue transmitido por Rome Reports. La grabación dura aproximadamente dos minutos y medio.

ACTIVIDAD 4
Tema curricular: Las familias y las comunidades
Primero tienes 6 minutos para leer el tema del ensayo, la fuente número 1 y la fuente número 2.

Tema del ensayo:
¿Hay efectos negativos para los niños debido a ver la televisión?

Fuente número 1

Introducción
Este texto trata de la influencia de la televisión en el desarrollo de los niños. El artículo original fue publicado en el portal de la BBC Mundo.

Estudio cuestiona vínculo entre televisión y mal comportamiento infantil

Línea

Expertos señalan que pasar horas mirando la televisión o con juegos de computadora al día no afecta el desarrollo social de los niños.

Un equipo del Consejo de Investigación Médica del Reino Unido (MRC, por sus siglas en inglés), que estudió a más de 11.000 estudiantes en educación primaria, informó que es incorrecto relacionar
(5) el mal comportamiento con la televisión.

A pesar de que los especialistas descubrieron una pequeña correlación entre las dos, aseguran que otras influencias, como el estilo de educar de los padres, es probablemente la mejor explicación. No obstante aclararon que todavía aconsejan "limitar el tiempo frente a la pantalla".

Esta advertencia cautelar se debe a que, según los expertos, pasar mucho tiempo al día mirando la
(10) televisión podría reducir cuánto tiempo el niño utiliza en otras actividades importantes como jugar con amigos o hacer tareas. Un estudio publicado hace diez años había sugerido que mirar TV durante la primera infancia puede causar problemas de atención a la edad de siete años. En Estados Unidos, las directrices de pediatría recomiendan que los niños no deben ver más de dos horas al día de TV y que esos programas deben ser educativos y no violentos.

(15) **A las tres horas**

Para el estudio del MRC, publicado en la revista *Archives of Diseases in Childhood,* la doctora Alison Parkes y sus colegas le pidieron a madres de todos los estratos sociales, culturales y económicos que dieran detalles sobre los hábitos televisivos de sus hijos y sus comportamientos. Parkes, quien es jefa de la unidad de ciencias de la salud pública y social del MRC, dijo que era incorrecto culpar a la TV
(20) de los problemas sociales.

"Descubrimos que no había ningún efecto con el tiempo frente a la pantalla para la mayoría de los problemas sociales y de comportamiento que estudiamos, y que solo había un efecto muy pequeño en problemas de conducta como peleas e intimidación".

"Nuestro trabajo sugiere que limitar la cantidad de tiempo que el niño pasa frente al televisor es, en
(25) sí mismo, improbable que mejore los cambios psicosociales".

La especialista agregó que las intervenciones enfocadas en la dinámica familiar y el niño podían hacer más la diferencia y eso podría depender mucho de lo que mira el niño y si lo hace bajo la supervisión de sus padres.

(30) Por su parte, Sonia Livingstone, profesora de psicología social de la London School of Economics, dijo que el estudio ofrecía una buena oportunidad para preguntarnos "por qué algunos niños pasan tanto tiempo mirando la televisión".

La profesora Annette Karmiloff-Smith, de la Universidad de Londres, señaló que en vez de enfocarse en los posibles efectos adversos de la TV y los videojuegos, sería bueno estudiar los posibles impactos positivos que estos podrían tener en los niños.

(35) Mientras que Hugh Perry, miembro del cuerpo de salud mental y neurociencia del MRC, considera que "estamos viviendo en un mundo que está cada vez más dominado por el entretenimiento electrónico, y los padres están preocupados por el impacto que esto podría tener en el bienestar y la salud mental de sus hijos".

"Este estudio sugiere que la relación entre la TV y el videojuego con la salud es compleja y está
(40) influenciada por muchos otros factores sociales y ambientales".

Fuente número 2

Introducción

Esta selección trata del promedio de horas diarias que los menores pasan frente a la televisión en diferentes países. Los datos fueron recopilados por *Semana*, una publicación colombiana.

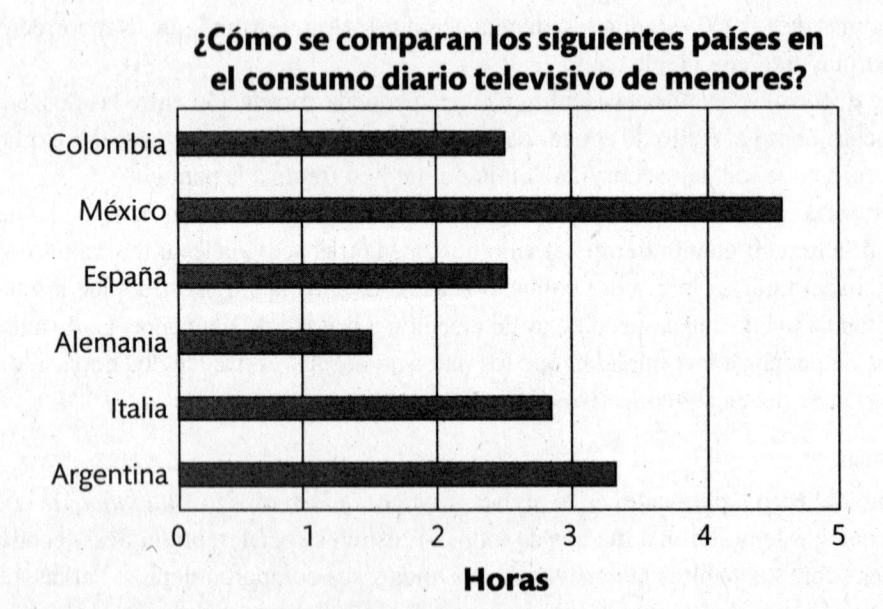

¿Cómo se comparan los siguientes países en el consumo diario televisivo de menores?

País	Horas
Colombia	~2.5
México	~4.5
España	~2.5
Alemania	~1.5
Italia	~2.8
Argentina	~3.3

Horas

Datos de: Elaborado con información de Semana S.A.

Fuente número 3

🔊 Tienes 30 segundos para leer la introducción.

Introducción

Esta grabación trata de los efectos de la televisión en el futuro de los niños. El reportaje proviene del portal de la BBC Mundo. La grabación dura aproximadamente tres minutos.

ACTIVIDAD 5

Tema curricular: La vida contemporánea

Primero tienes 6 minutos para leer el tema del ensayo, la fuente número 1 y la fuente número 2.

Tema del ensayo:
¿Deben las escuelas dar tarea para la casa?

Fuente número 1

Introducción
Este texto trata de los efectos de las tareas en los niños. El artículo original fue publicado en *El País* por Miguel Mora.

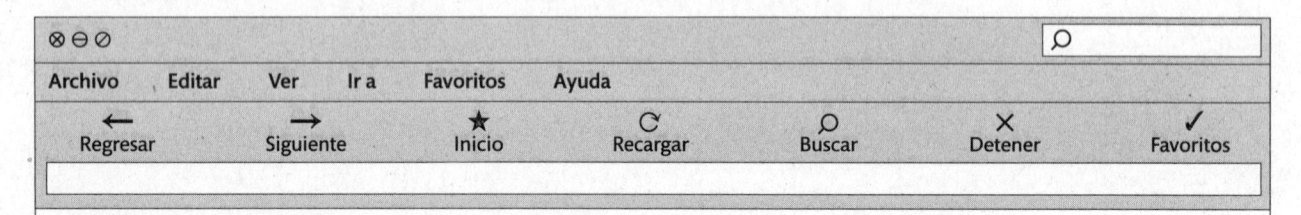

Rebelión contra los deberes para casa

Línea

     Hay un gran abanico de tareas que los profesores mandan a los estudiantes para que hagan en casa, fuera del horario lectivo —trabajos, ensayos, lectura de libros, ejercicios de matemáticas o análisis morfológicos de palabras—, y parece difícil de discutir que para adquirir cualquier habilidad sea de alguna manera beneficiosa su práctica. Pero el debate sobre si los deberes tienen más efectos positivos

(5) o negativos, sobre todo si son tantos que sobrecargan la vida del alumno, recorre desde hace años muchos sistemas educativos de todo el mundo, de Estados Unidos a España.

     Sin embargo, los más firmes detractores de estas tareas creen que deberían desaparecer, por lo menos en la escuela primaria. En Estados Unidos, es constantemente citado en las filas de los enemigos de esas tareas para casa el libro *Causa contra los deberes* (*The case against homework*).

(10) Una de sus autoras es Sara Bennett, una madre estadounidense que emprendió hace años su particular lucha:

     "Hay muy pocas evidencias que relacionen los deberes con mejores resultados, especialmente en los primeros cursos de la educación, y aun así dedican mucho tiempo a esas tareas en casa. Cuando los niños son pequeños, son incapaces de hacer los deberes ellos solos, con lo que al final

(15) lo que aprenden es a depender de sus padres. Así, en vez de aprender la automotivación, disciplina y responsabilidad (como dicen quienes los defienden), lo que aprenden es a depender de otros y a motivarse solo a base de negociaciones y castigos", escribe Bennett por correo electrónico.

     Jean Jacques Hazan, presidente de la FCPE[1], explica a este diario que "muchos profesores, sindicatos e inspectores de educación se han sumado a la protesta y a la discusión porque los deberes

(20) son uno de los síntomas de la degradación que vive la escuela pública en Francia". Según Hazan, "el tiempo lectivo está muy mal organizado, y los deberes solo añaden un trabajo suplementario de repetición que no ayuda a los alumnos a entender las materias. Si uno no ha entendido la lección en clase con el profesor, será un milagro que la aprenda en casa solo o con sus padres".

     Una de las quejas de los padres de Ceapa[2] es precisamente la lucha y el conflicto que supone en

(25) las familias perseguir a los chavales para que hagan los deberes. "Crean tensiones entre padres e hijos. Muchas veces, para poder hacer los deberes se quedan sin jugar, por lo que generan rechazo. Es

cierto que los niños y niñas tienen que saber cuáles son sus obligaciones, pero también deberían tener tiempo para jugar".

(30) Además, en los últimos años muchos expertos en psicología, como la Sociedad Española de Psiquiatría, han alertado del aumento del estrés entre unos niños cuyas agendas no dejan de crecer.

Preguntado hace unas semanas el catedrático de Sociología de la Complutense Julio Carabaña sobre la cultura del esfuerzo, comentaba con algunos compañeros que, en realidad, en la escuela española lo que hay hoy es "una cultura del estrés". "Cuando yo era estudiante, no me ponían deberes; ahora los alumnos están saturados", afirmaba.

[1] Federación de Consejos de Padres de Alumnos de Francia
[2] Asociación mayoritaria de padres y madres de alumnos en España

Fuente número 2

Introducción

Esta selección trata de la cantidad de horas que los padres dedican a ayudar académicamente a sus hijos. El gráfico fue hecho en base a datos de la Fundación Varkey.

En promedio, ¿cuánto tiempo dedica personalmente a ayudar a su hijo/a académicamente por semana (por ejemplo, ayudándole a leer o ayudándole con la tarea)?

País	Promedio de horas dedicadas a ayudar
Colombia	8.7
Perú	7.7
México	7.5
Argentina	7.5
Estados Unidos	6.2
España	4.8
Promedio Global	6.7

Datos de: Elaborado con información de la Fundación Varkey, Ipsos MORI

Fuente número 3

🔊 Tienes 30 segundos para leer la introducción.

Introducción

Esta grabación trata de las tareas. En esta entrada de su videoblog, la maestra española Petra Llamas opina sobre los beneficios que los estudiantes y las familias obtienen al hacer las tareas o deberes en casa, fuera del horario escolar. La grabación dura aproximadamente tres minutos.

ACTIVIDAD 6
Tema curricular: Desafíos mundiales
Primero tienes 6 minutos para leer el tema del ensayo, la fuente número 1 y la fuente número 2.

Tema del ensayo:
¿Es el turismo beneficioso para un país?

Fuente número 1

Introducción
Este texto, titulado "8 casos (evitables) en los que el turismo perjudica el medio ambiente", trata de las consecuencias negativas involuntarias del turismo. Cinco de los ocho casos se detallan en este extracto. El artículo fue publicado en *El Diario*.

Línea   Todos queremos viajar, conocer lugares exóticos y vivir nuevas experiencias, pero muchas veces no somos del todo conscientes del impacto que nuestra presencia puede tener en el medio
(5) ambiente, del tamaño de la huella que dejan los muchos millones de personas que nos desplazamos cada año.

Comprar recuerdos de procedencia animal
En muchos países el turismo mueve un oscuro
(10) negocio de tráfico de animales o elementos de procedencia animal. Por ejemplo, y a pesar de estar protegidas y en peligro de extinción, las tortugas carey siguen siendo cazadas para realizar diferentes adornos con sus caparazones,
(15) siendo el turismo su principal destinatario.

Produces carbono… y lo sabes
Es una realidad, el turismo es uno de los principales productores de gases de efecto invernadero del mundo y los millones de
(20) desplazamientos que implica viajar dejan una importante huella de carbono. La aviación tiene gran culpa de ello y los aviones son responsables de enormes cantidades de CO_2 y otros gases de efecto invernadero, como el
(25) óxido nítrico y el dióxido de nitrógeno. También lo son los vehículos que utilizas a lo largo de tu viaje, por lo que siempre le haremos un favor al medio ambiente si optamos por transportes colectivos o compartidos.

(30) **Las cremas solares no son "eco-friendly"**
Está demostrado que las cremas que utilizamos como protección solar contaminan el mar.
Son miles y miles los bañistas que se meten en el agua una vez que se han aplicado algún protector solar y éste termina flotando en el (35) agua, creando una película aceitosa. Estos productos producen peróxido de hidrógeno, altamente oxidante, que tiene efectos tóxicos sobre el fitoplancton marino, los crustáceos, las algas y los peces. (40)

Creamos residuos donde peor son gestionados
Que vivimos rodeados de plásticos que se producen de manera descontrolada no es ningún secreto, y que cantidades descomunales de (45) estos residuos terminan en el mar tampoco lo es. Como viajeros tenemos la responsabilidad de generar la menor cantidad de residuos posible, pero muchas veces no es fácil. Vasos, cubiertos y platos de plástico, pajitas, botellas, (50) bolsas, latas… Hemos de tener en cuenta además que en muchos países en vías de desarrollo la gestión de los residuos es aún muy deficiente, por lo que efectivamente todos esos desperdicios que se producen a nuestro paso (55) tienen altas posibilidades de terminar en el mar. Cuantos menos residuos generemos… mejor para el medio ambiente.

Todos queremos estar en el paraíso
El turismo puede causar grandes masificaciones, (60) con el consecuente impacto sobre el medio ambiente. La naturaleza ofrece lugares paradisíacos y todos queremos disfrutar de ellos, pero nuestra presencia constante en masa

(65) puede acabar con ellos. Algunos ejemplos los podemos encontrar en Tailandia, donde algunas playas de ensueño se ven amenazadas por su propio éxito, o donde los fondos marinos sufren por la presencia de miles de buceadores.
(70) Si como hemos visto el turismo produce desechos, utiliza cremas solares perjudiciales para el mar y se sirve de medios de transporte contaminantes… imagina si todo eso lo concentramos en pequeños espacios en los que las visitas se cuentan por millones cada año. (75)

Fuente número 2

Introducción

Esta selección trata de la cantidad de empleos en el sector turístico de diferentes países. El gráfico original fue publicado por el Centro Estratégico Latinoamericano de Geopolítica (CELAG).

Puestos de trabajo en el sector Turismo en miles de empleos, 2018

País	Empleos
México	2,290
Brasil	1,311
Argentina	1,013
Chile	438
República Dominicana	337
Cuba	273
Ecuador	135
Uruguay	80

Datos de: Elaborado con información de CELAG, Organización Mundial del Comercio

Fuente número 3

🔊 Tienes 30 segundos para leer la introducción.

Introducción

Esta grabación trata de los beneficios del turismo para la economía, la infraestructura y el papel internacional de un país. La grabación dura aproximadamente dos minutos y medio.

ACTIVIDAD 7
Tema curricular: La vida contemporánea
Primero tienes 6 minutos para leer el tema del ensayo, la fuente número 1 y la fuente número 2.

Tema del ensayo:
¿Es mejor aprender un idioma nuevo de niño o de grande?

Fuente número 1

Introducción
Este texto trata de las ventajas de aprender idiomas más tarde en la vida. El artículo original fue publicado en el portal de la BBC Mundo por Sophie Hardach.

Cuál es la mejor edad para aprender un idioma (y cuáles son las ventajas de empezar tarde)

Línea

Es una mañana fresca en la "Spanish Nursery", una guardería bilingüe en el norte de Londres, Reino Unido. Los padres ayudan a sus hijos a quitarse cascos y chaquetas de ciclismo, mientras los maestros saludan a los niños con un abrazo y un alegre "¡Buenos días!" En el patio de recreo, una niña pide, en español, que le recojan el cabello en una "coleta", y luego hace rodar una pelota y grita "¡Atrápala!"

(5) en inglés.

"A esta edad, los niños no aprenden un idioma, lo adquieren", dice la directora de la escuela, Carmen Rampersad. Eso parece resumir la envidiable falta de esfuerzo de los pequeños políglotas que la rodean. Y si uno compara esto con la lucha que para un adulto promedio implican las clases de idiomas, sería fácil concluir que es mejor comenzar desde muy joven.

(10) La ciencia, sin embargo, ofrece una visión mucho más compleja de cómo evoluciona nuestra relación con los idiomas a lo largo de la vida, y hay mucho para alentar a los principiantes tardíos. En términos generales, las diferentes etapas de la vida nos dan diferentes ventajas en el aprendizaje de idiomas. Como bebés tenemos un mejor oído para diferentes sonidos, y como niños pequeños podemos recoger acentos nativos con una velocidad asombrosa. Como adultos, sin embargo, tenemos

(15) períodos de atención más largos y habilidades cruciales, como la alfabetización, que nos permiten ampliar continuamente nuestro vocabulario, incluso en nuestro propio idioma.

Y una gran cantidad de factores más allá del envejecimiento, como las circunstancias sociales, los métodos de enseñanza e incluso el amor y la amistad, pueden afectar la cantidad de idiomas que hablamos y qué tan bien lo hacemos.

(20) "No todo empeora con la edad", dice Antonella Sorace, profesora de desarrollo lingüístico y directora del Centro de Asuntos de Bilingüismo de la Universidad de Edimburgo, Escocia.

Y como ejemplo ofrece lo que se conoce como "aprendizaje explícito": el estudiar un idioma en un salón de clases con un maestro explicando las reglas.

(25) "Los niños pequeños son muy malos en el aprendizaje explícito, porque no tienen el control cognitivo y las capacidades necesarias de atención y memoria", explica Sorace. Los adultos son mucho mejores en eso. "Eso puede ser algo que mejora con la edad", destaca la experta.

Y un estudio realizado por investigadores en Israel, por ejemplo, encontró que los adultos son mejores para comprender las reglas de un lenguaje artificial y aplicarlas a nuevas palabras en un entorno de laboratorio.

(30) Para ello los científicos compararon tres grupos diferentes: niños de 8 años, niños de 12 años y adultos jóvenes. Los adultos obtuvieron puntajes más altos que los dos grupos más jóvenes, y los niños de 12 años también obtuvieron mejores resultados que los más pequeños.

Esto coincidió con los resultados de un estudio a largo plazo de casi 2.000 estudiantes bilingües (hablantes de catalán y español) de inglés: los principiantes tardíos adquirieron el nuevo idioma más (35) rápidamente que los principiantes más jóvenes.

Para los investigadores israelíes, los adultos jóvenes que participaron en su experimento pueden haberse beneficiado de las habilidades que vienen con la madurez, como estrategias más avanzadas de resolución de problemas y una mayor experiencia lingüística. En otras palabras, los estudiantes mayores tienden a saber más sobre sí mismos y sobre el mundo, y pueden usar este conocimiento (40) para procesar nueva información.

Fuente número 2

Introducción

Esta selección trata de las tasas de aprendizaje de los estudiantes de idiomas, comparando estudiantes adultos con estudiantes menores. El gráfico proviene de un artículo del Tennessee Language Center.

Tasa de desarrollo estudiando un idioma en un salón de clases en un país donde no es el idioma mayoritario

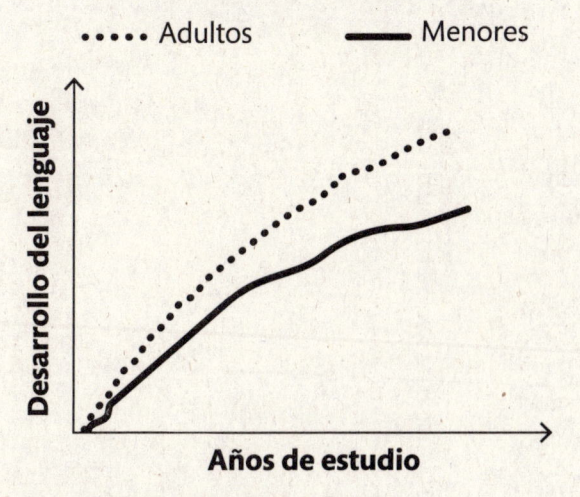

····· Adultos   ⸺ Menores

[Gráfico: eje Y "Desarrollo del lenguaje", eje X "Años de estudio". La línea punteada (Adultos) muestra un desarrollo del lenguaje mayor que la línea sólida (Menores) a lo largo del tiempo.]

Datos: Tennessee Language Center

Fuente número 3

🔊 Tienes 30 segundos para leer la introducción.

Introducción

Esta grabación trata de las razones por las cuales podría ser mejor enseñar a los niños una segunda lengua desde muy pequeños. Fue publicada por la Universidad de Castilla-La Mancha, en España. La grabación dura aproximadamente un minuto y medio.

ACTIVIDAD 8

Tema curricular: Desafíos mundiales

Primero tienes 6 minutos para leer el tema del ensayo, la fuente número 1 y la fuente número 2.

Tema del ensayo:
¿Deben seguir existiendo los zoológicos?

Fuente número 1

Introducción

Este texto trata de las contribuciones de los zoológicos para la conservación de los animales. El artículo fue publicado en el sitio web de la Secretaría del Medio Ambiente de México.

Zoológicos, herramienta para conservar especies en peligro de extinción

Línea

Las amenazas que enfrentan diferentes especies en su hábitat natural ha hecho necesario contar con estrategias alternativas para su conservación. En este sentido, los zoológicos de la Ciudad de México constituyen una herramienta fundamental para la conservación de las especies, ya que cuentan con proyectos de conservación *ex situ* (fuera de su hábitat natural).

(5) Dos de los grandes aportes de los zoológicos a la conservación de las especies silvestres incluyen: los programas de reproducción en cautiverio, para su posterior reintroducción a vida libre, y el aislamiento de amenazas que enfrentan en vida libre, como la cacería ilegal, las enfermedades y la competencia con otras especies no nativas.

Los equipos de los zoológicos de San Juan de Aragón, Los Coyotes y Chapultepec han sido líderes
(10) desde 1987, cuando se iniciaron los programas de crianza y manejo en cautiverio del Lobo Mexicano. En 31 años se han logrado reproducir varias parejas obteniendo numerosas camadas, a través de las cuales los zoológicos de la ciudad de México han aportado al programa de recuperación de esta especie un total de 85 lobeznos.

Las últimas 7 crías nacieron en el Zoológico Los Coyotes en mayo de este año, mismas que los
(15) visitantes pueden observar y disfrutar durante su recorrido por el zoológico. Desde el inicio del Programa de Recuperación Binacional (EUA y México) del lobo mexicano, en los zoológicos de la Ciudad de México se ha trabajado ininterrumpidamente en diversas actividades de cuidado médico veterinario, entrenamiento conductual, selección de linajes, investigación y capacitación de equipos profesionales para su cuidado y manejo.

(20) Los éxitos obtenidos en el programa de conservación del lobo mexicano no son un caso aislado en los zoológicos de la ciudad de México. En los últimos años también se han obtenido importantes logros en la conservación de Cóndor de California.

A partir del año 2007, el Zoológico de Chapultepec se involucró en este programa al recibir cóndores provenientes del Parque Safari de San Diego y, posteriormente, se formaron las parejas
(25) reproductivas con ejemplares del Zoológico de Santa Bárbara y nuevamente del Parque Safari de San Diego.

(30) A la fecha el Zoológico de Chapultepec ha contribuido con cinco cóndores que han sido enviados a la Sierra de San Pedro Mártir, en Baja California, para ser reintroducidos en su lugar de origen. Éste es un hecho inédito en la historia de los zoológicos en México, ya que es la primera vez que un zoológico de nuestro país aporta ejemplares de Cóndor de California nacidos en cautiverio, para ser liberados en su hábitat natural. Se espera que nazcan más cóndores en el zoológico para su posterior traslado a Baja California.

Ambas especies se encuentran en grave peligro de extinción y hace décadas se extinguieron en su hábitat natural, por lo que es importante dimensionar el aporte de los zoológicos de la Ciudad de (35) México en la conservación de estas especies.

Fuente número 2

Introducción

Esta selección trata de una encuesta en México sobre los zoológicos. El gráfico apareció en el sitio web Parametría.

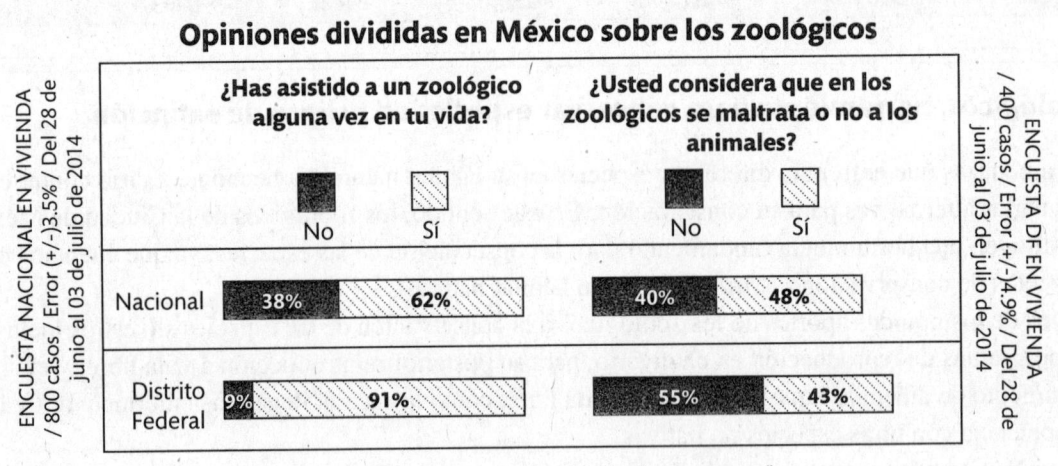

Opiniones divididas en México sobre los zoológicos

ENCUESTA NACIONAL EN VIVIENDA / 800 casos / Error (+/-)3.5% / Del 28 de junio al 03 de julio de 2014

ENCUESTA DF EN VIVIENDA / 400 casos / Error (+/-)4.9% / Del 28 de junio al 03 de julio de 2014

¿Has asistido a un zoológico alguna vez en tu vida?
- Nacional: No 38% / Sí 62%
- Distrito Federal: No 9% / Sí 91%

¿Usted considera que en los zoológicos se maltrata o no a los animales?
- Nacional: No 40% / Sí 48%
- Distrito Federal: No 55% / Sí 43%

Suma 100% agregando "no sabe" y "no contesta"

Datos de: Parametría, S.A. de C.V

Fuente número 3

🔊 Tienes 30 segundos para leer la introducción.

Introducción

Esta grabación trata del tratamiento de animales en los zoológicos. Fue producida a partir de información de Anima Naturalis y dura aproximadamente tres minutos y medio.

ACTIVIDAD 9

Tema curricular: Las identidades personales y públicas

Primero tienes 6 minutos para leer el tema del ensayo, la fuente número 1 y la fuente número 2.

Tema del ensayo:
¿La tecnología es buena o mala para la preservación de las lenguas indígenas?

Fuente número 1

Introducción

Este texto trata de la pérdida de las lenguas "pequeñas" causada por el aumento de la tecnología global. El artículo original apareció en el portal de la BBC Mundo.

Cuáles son los idiomas que están en peligro de extinción por culpa de los *smartphones*

Línea   En el mundo se hablan más de 7.000 lenguas, pero no todas sobrevivirán a la era digital. Unas 2.500 de ellas están en peligro. Y gran parte de la culpa la tienen los *smartphones*.

     El lingüista y matemático húngaro András Kornai lleva años investigando este fenómeno, que define como la "muerte digital de los idiomas".

(5)   Internet tiene sus claras favoritas. Son las lenguas que dominan el escenario virtual y que Kornai llama "hiperconectadas". Hay una docena de ellas, como el inglés, el español, el japonés, el árabe y el portugués. Y, sobre todo, el chino mandarín —con sus mil millones de hablantes—, cuyo uso en el mundo digital superará al del inglés.

Extinción digital

(10)   El universo online, con sus más de mil páginas web, está creando toda una revolución idiomática potenciada por el uso de nuevas tecnologías en nuestra vida diaria, como el GPS o el uso de comandos de voz en el celular. Ha llegado incluso a imponer un nuevo lenguaje plagado de tecnicismos informáticos y anglicismos. Y el desarrollo de nuevos dispositivos y tecnologías que no reconocen todos los idiomas agudiza el problema.

(15)   "Se calcula que al menos 2.000 idiomas se enfrentan a la extinción en las próximas décadas", dicen los analistas. "La brecha entre las lenguas 'grandes' y las 'pequeñas' es cada vez mayor".

     Solamente en Europa encontraron "más de 20 lenguas en riesgo de extinción digital". Entre ellas, el croata, el gaélico irlandés, el letón, el maltés o el lituano. También el euskera, el catalán, el rumano, el búlgaro y el islandés[1], entre otras.

(20) ### El caso del islandés

Si eres una de las apenas 350.000 personas en el mundo que hablan islandés sabrás que se trata de una lengua compleja (tiene tres formas verbales diferentes y adjetivos para géneros y números).

     Por eso muchos *smartphones* ni siquiera la hablan.

(25)   El uso del islandés en tecnología del lenguaje se volvió prácticamente inexistente en 1999. Todo lo que había era un corrector ortográfico y un sintetizador del lenguaje. Pero la situación apenas ha mejorado con los años. Los navegadores GPS de los automóviles no detectan los nombres de calles y las autopistas islandesas, y asistentes digitales como Siri (de Apple) o Alexa (de Amazon) no comprenden el idioma, según explicó META en su informe.

   Ásgeir Jónsson, profesor de economía en la Universidad de Islandia dice que la nación nórdica
(30) está experimentando una fuga de cerebros y que muchos sistemas informáticos están diseñados para reconocer el inglés, pero no el islandés.

   El lingüista islandés Eiríkur Rögnvaldsson dice que muchos niños en el país ya no lo aprenden. El especialista dice que la influencia del inglés es "enorme" debido a la explosión del turismo, el aumento de trabajadores extranjeros y la influencia de *smartphones*, canales de YouTube y juegos
(35) online interactivos.

   "Todos los equipos y aplicaciones en el futuro serán comandados por tecnologías de voz. No poder usar islandés en este tipo de dispositivos significará que perdemos una parte importante del día a día a favor del inglés".

[1] Idioma que se habla en Islandia

Fuente número 2

Introducción

Esta selección trata del uso de idiomas en sitios web, comparado con el uso de idiomas en el mundo. Los datos provienen del portal de W3Techs y la revista digital *Babbel*.

Porcentajes de sitios web que utilizan varios idiomas de contenido*

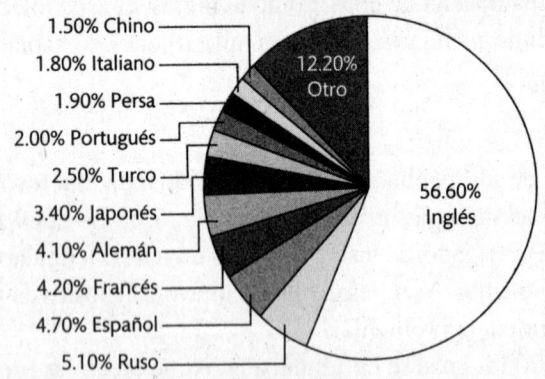

- 1.50% Chino
- 1.80% Italiano
- 1.90% Persa
- 2.00% Portugués
- 2.50% Turco
- 3.40% Japonés
- 4.10% Alemán
- 4.20% Francés
- 4.70% Español
- 5.10% Ruso
- 12.20% Otro
- 56.60% Inglés

*El "idioma del contenido" de un sitio web es el idioma natural del texto.

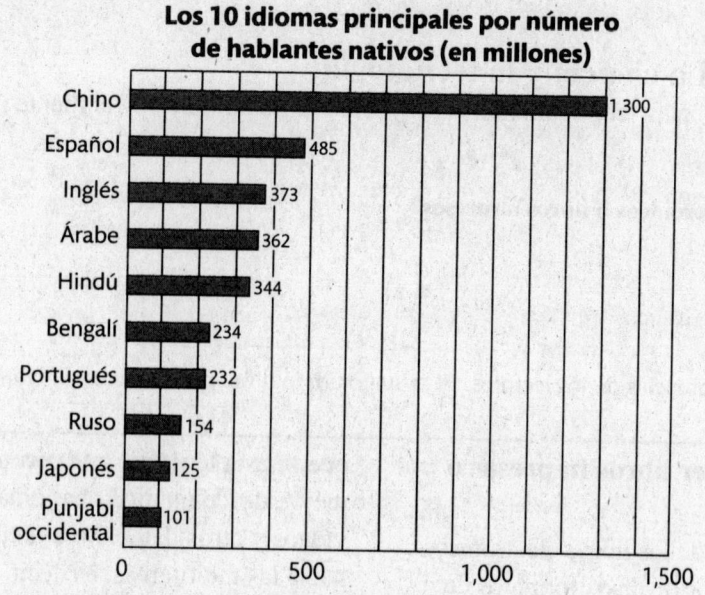

Los 10 idiomas principales por número de hablantes nativos (en millones)

Chino	1,300
Español	485
Inglés	373
Árabe	362
Hindú	344
Bengalí	234
Portugués	232
Ruso	154
Japonés	125
Punjabi occidental	101

Datos de: Elaborado con información de W3techs Web Technology Surveys, Babbel GmbH

Fuente número 3

Tienes 30 segundos para leer la introducción.

Introducción

Esta grabación trata de una nueva plataforma, "Lenguas en peligro de extinción". La grabación viene de un video que apareció en el programa de *NCI Noticias* de Radio y Televisión Española y dura aproximadamente tres minutos.

ACTIVIDAD 10
Tema curricular: La ciencia y la tecnología

Primero tienes 6 minutos para leer el tema del ensayo, la fuente número 1 y la fuente número 2.

Tema del ensayo:
¿Es mejor leer libros electrónicos o libros impresos?

Fuente número 1

Introducción
Este texto trata de las preferencias de los lectores. El artículo original fue publicado en *El Diario*.

¿Qué es mejor, leer libros impresos o electrónicos?

Desde el desarrollo de los libros electrónicos en particular, y de los diversos formatos de lectura digital en general, se han publicado innumerables artículos para destacar las (5) ventajas y flaquezas de cada uno de esos sistemas en relación con el otro. Los defensores del *e-book* valoran sobre todo posibilidades como la de llevar una biblioteca entera en el bolsillo, la de adecuar el tamaño de las letras a (10) la necesidad de cada persona y el acceso a los textos por muy bajo costo o incluso gratis.

Sin embargo, no todo pasa por simples gustos o conveniencias. La lectura de un texto impreso en papel parece tener efectos distintos (15) que si se realiza desde una pantalla. Lo dice la experiencia de muchos lectores, y también varios estudios científicos realizados en los últimos años.

Naomi Baron, experta en lingüística de la (20) American University, con sede en Washington D.C., Estados Unidos, investigó el tema durante dos años. Reunió datos de 429 estudiantes universitarios de Estados Unidos, Japón, Alemania, India y los países escandinavos. (25) Cuando se les preguntó con cuál de ambos soportes se concentraban mejor, el 92 % de los alumnos respondió que con los textos impresos. Muchos señalaron también que, al leer en papel, entienden más y se distraen menos.

(30) Muchos dispositivos digitales cuentan con una característica que es un arma de doble filo: el hipertexto. Puede ser una gran ventaja para acceder a información relacionada con lo que se está leyendo, que permita entenderlo mejor, desde un diccionario hasta artículos, (35) vídeos y otros datos. Pero también es una vía hacia las multitareas, es decir, atender a varias cosas a la vez, lo cual suele dar como resultado distracción y baja concentración. El 67 % de los estudiantes dijeron sentir que los soportes (40) digitales promueven las actividades múltiples mientras leen, mientras que solo el 41 % experimentó esa sensación al leer del papel.

Y otra cuestión importante es la relacionada con la noción espacial de la lectura. Según el (45) estudio de Baron —que sirvió como base para su libro *Words Onscreen: The Fate of Reading in a Digital World*, 'Palabras en pantalla: el destino de la lectura en un mundo digital', de 2015—, los textos impresos dan una sensación de "dónde (50) estás" en el libro: los alumnos que formaron parte de la investigación dijeron poder "ver" y "sentir" en qué parte del texto se hallaban, cosa que no ocurre con la lectura digital. Algunos estudiantes destacaron el placer del olor del (55) papel y hasta señalaron que la "lectura real" es la que se hace de los textos impresos.

En 2013, un trabajo realizado por científicos de Estados Unidos y Corea del Sur llegó a la conclusión de que los lectores de noticias (60) impresas recuerdan "significativamente más" que los de artículos online. Y esto también está relacionado con la concentración. Los investigadores dieron a un grupo de estudiantes ejemplares de un periódico en papel, y a otro (65) grupo les dijeron que leyeran la web del mismo periódico. Los del primer grupo recordaban luego más y mejor las noticias.

(70) Poco antes, investigadores noruegos habían obtenido resultados que apuntaban en una dirección parecida. Comprobaron que un grupo de estudiantes adolescentes comprendía mejor lo leído cuando lo habían hecho desde un material escrito sobre papel que si eran archivos digitales en formato PDF. La diferencia en este caso también fue "significativa" entre los niveles de comprensión de ambos grupos. (75)

Fuente número 2

Introducción

Esta selección trata de las preferencias de lectores en cuanto al formato de libros. El gráfico original fue publicado por el Centro de Investigaciones Pew (Pew Research Center).

% de adultos estadounidenses que dicen haber _____ en los últimos 12 meses

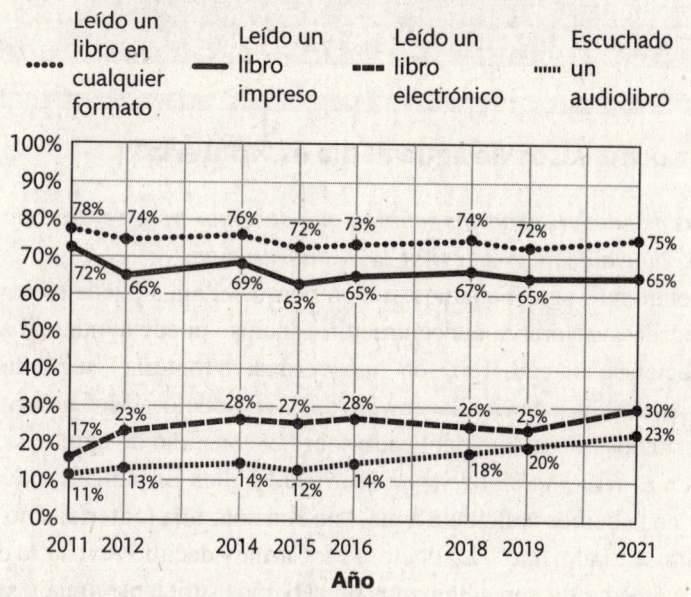

- ...... Leído un libro en cualquier formato
- —— Leído un libro impreso
- — — Leído un libro electrónico
- ┄┄┄ Escuchado un audiolibro

Año	Cualquier formato	Impreso	Electrónico	Audiolibro
2011	78%	72%	17%	11%
2012	74%	66%	23%	13%
2014	76%	69%	28%	14%
2015	72%	63%	27%	12%
2016	73%	65%	28%	14%
2018	74%	67%	26%	18%
2019	72%	65%	25%	20%
2021	75%	65%	30%	23%

Nota: No se muestran los que no respondieron.
Datos de: Pew Research Center

Fuente número 3

🔊 Tienes 30 segundos para leer la introducción.

Introducción

Esta grabación trata de los libros electrónicos, o *e-books*, en Extremadura, España. El segmento original proviene de Radio y Televisión Española. La grabación dura aproximadamente tres minutos y medio.

ACTIVIDAD 11
Tema curricular: La ciencia y la tecnología
Primero tienes 6 minutos para leer el tema del ensayo, la fuente número 1 y la fuente número 2.

Tema del ensayo:
¿Es bueno para la salud tomar un determinado número de vasos de agua al día?

Fuente número 1

Introducción
Este texto trata de la idea de que ocho vasos al día no son necesarios para la salud. El artículo original fue publicado en el portal de la BBC Mundo.

Consejo de tomar ocho vasos de agua al día es "tontería"

Línea

Las recomendaciones de muchos expertos señalan que debemos beber entre seis y ocho vasos de agua -unos 2,5 litros- diariamente para evitar la deshidratación.

De hecho, dicen, entre más agua bebamos, mejor, porque el agua puede evitar una variedad de trastornos y enfermedades, mejorar la concentración e incluso puede ayudar a bajar de peso.

(5) Todas estas afirmaciones, sin embargo, son "una verdadera tontería", según la doctora Margaret McCartney, médico general basada en Glasgow, Escocia. La doctora McCartney llevó a cabo una revisión de los estudios que se han publicado sobre el consumo de agua y la deshidratación. Y tal como expresa en *British Medical Journal* (Revista Médica Británica), todos los consejos y afirmaciones de que no bebemos suficiente agua, "no son sólo una tontería, sino son una tontería

(10) que puede desacreditarse totalmente". La doctora McCartney decidió revisar la evidencia científica disponible sobre si realmente los seres humanos no bebemos suficiente agua y si debemos consumir más.

"La iniciativa, creada para promover el consumo de agua, ha demostrado su fervor por el agua en anuncios publicitarios recientemente publicados en las revistas médicas, incluida la Revista Médica

(15) Británica" afirma la investigadora.

Falta de evidencia

La doctora McCartney, sin embargo, encontró que "no hay evidencia publicada de alta calidad que apoye estas afirmaciones". Varios estudios, dice, muestran que no hay una clara evidencia de los beneficios de beber cantidades grandes de agua. E incluso sugieren que podría haber riesgos no

(20) intencionados al obligar a la gente a beber más agua.

Por ejemplo, cita un estudio publicado en 2002 en *American Journal of Physiology* que concluyó que "no sólo no hay evidencia científica de que necesitamos beber tanta agua".

"Sino la recomendación podría ser perjudicial, tanto al precipitar una hiponatremia (un trastorno causado por la baja concentración de sodio en la sangre) como al exponer al individuo a tóxicos".

(25) "Y también por hacer sentir culpable a mucha gente por no beber suficiente agua", afirmaba la investigación.

Más recientemente, en 2008, el *Journal of the American Society of Nephrology*, publicó un editorial con la misma conclusión.

"No hay evidencia clara de los beneficios de beber grandes cantidades de agua", decía la revista.

(30) ¿Cuánta agua, entonces, es buena para la salud?

Para la doctora McCartney lo que es claro es que "el agua no es una solución simple para múltiples problemas de salud", porque ni mejora la concentración, ni las funciones mentales, ni ayuda a los niños a bajar de peso. Aunque la experta subraya que los pacientes que sufren ciertos trastornos, como cálculos renales, pueden beneficiarse tomando más agua, no hay pruebas de que mucho líquido
(35) prevenga enfermedades.

Un mito

Tal como Margaret McCartney le dijo a BBC Mundo "los ocho vasos de agua al día como algo necesario para la salud, es un mito".

"El agua de grifo es una buena bebida y debemos beber todo lo que deseamos o necesitemos
(40) cuando tenemos sed".

"Pero la idea de que hay una cantidad "perfecta" que debemos beber no está basada en evidencia" agrega la investigadora.

En efecto, otros expertos están de acuerdo en que debemos tomar el agua que nos pida el organismo y ésta puede estar incluida en todas las bebidas líquidas que tomamos en el día.

(45) El doctor Aaron Carroll, de la Escuela de Medicina de Indiana, ha estado investigado la falsedad o evidencia de los "mitos médicos", incluida la necesidad de beber ocho vasos de agua. Tal como explicó a BBC Mundo el mito de beber ocho vasos de agua es uno de los más populares y propagados no sólo entre el público y los medios de comunicación, sino entre los mismos expertos.

"De hecho pensamos que este número -ocho- ha sido hasta cierto punto inventado", dice el doctor
(50) Carroll, quien tampoco ha encontrado evidencia científica que apoye la necesidad de tomar tanta agua al día.

Tal como afirma el investigador, lo que sí está comprobado es que en nuestra dieta, principalmente en una dieta balanceada, podemos obtener suficiente agua con los alimentos que consumimos y también en bebidas como jugos, leche, e incluso té o café.

(55) "No es que necesitemos tomar agua pura, lo que necesitamos es tener líquido en nuestra dieta", señala el experto.

Lo importante, dice, es beber agua cuando nos la pide nuestro cuerpo y esto dependerá de muchos factores como el clima, el lugar donde vivimos, las actividades que realizamos y el estado de nuestra salud.

(60) "De hecho -señala el investigador- los estudios demuestran que nuestro cuerpo es muy bueno para regular cuánta agua necesitamos y por eso siempre nos está indicando cuando tenemos sed".

Fuente número 2

Introducción
Esta selección trata del consumo de diferentes tipos de bebidas envasadas en Estados Unidos. El gráfico fue publicado por la International Bottled Water Association.

Consumo en Estados Unidos por tipo de bebida, 2010-2020

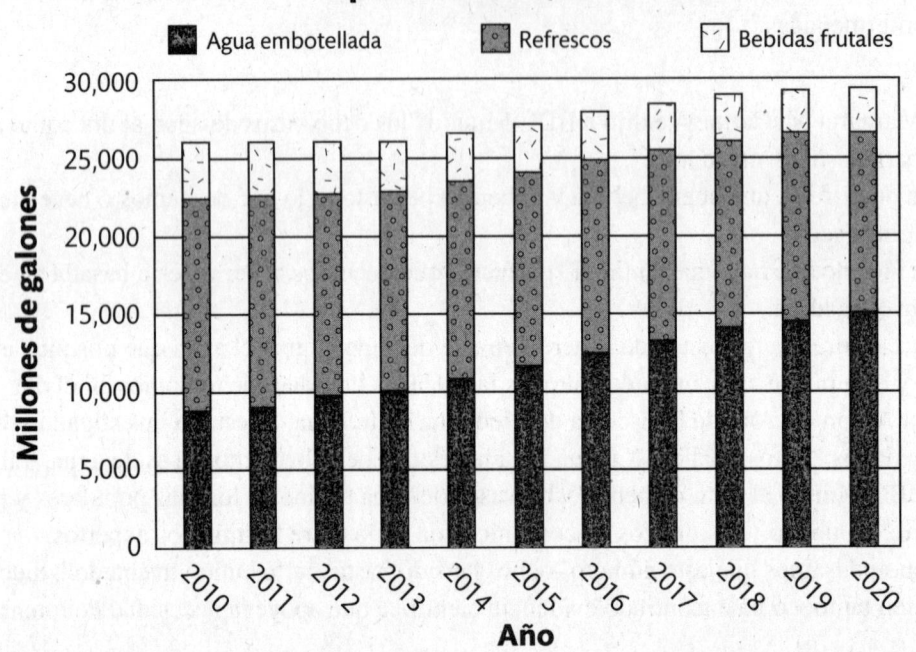

[Gráfico de barras apiladas que muestra el consumo en millones de galones de Agua embotellada, Refrescos y Bebidas frutales desde 2010 hasta 2020. El agua embotellada aumenta de aproximadamente 9,000 millones de galones en 2010 a más de 15,000 millones en 2020, mientras que los refrescos disminuyen gradualmente y las bebidas frutales se mantienen relativamente estables.]

Datos de: Beverage Marketing Corporation

Fuente número 3

🔊 Tienes 30 segundos para leer la introducción.

Introducción
Esta grabación trata de los beneficios del agua. El segmento original fue transmitido por Nuevo Paradigma en Venezuela. La grabación dura aproximadamente dos minutos y medio.

ACTIVIDAD 12

Tema curricular: La ciencia y la tecnología

Primero tienes 6 minutos para leer el tema del ensayo, la fuente número 1 y la fuente número 2.

Tema del ensayo:
Los robots, ¿son aliados o rivales de las personas en el trabajo?

Fuente número 1

Introducción
Este texto trata sobre el uso de robots en el lugar de trabajo. El artículo original fue publicado en el sitio web de *El País*.

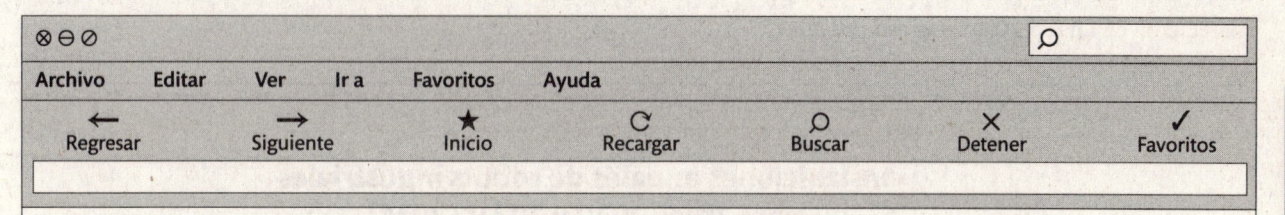

Los nuevos robots europeos podrían convertirse en los mejores aliados de los trabajadores, en lugar de ocupar sus puestos

Línea

Durante décadas, la presencia de robots en los lugares de trabajo ha sido una fuente de preocupación para la ciudadanía por el temor a que sustituyan el trabajo humano y aumenten el desempleo. Ahora, con la creación de robots más sofisticados y humanoides, el panorama está cambiando y ya hay quienes los consideran prometedores compañeros de trabajo en vez de indeseables competidores.

(5) Un ejemplo es el de la empresa italiana de automatización industrial Comau. Esta empresa ha desarrollado un robot que puede colaborar con el personal. Esta innovación se ha bautizado como robot colaborativo o *cobot*.

El *cobot* de Comau es un brazo robótico diseñado para llevar a cabo tareas de manipulación y ensamblaje, que pasa de una velocidad industrial a un modo de velocidad reducida cuando una (10) persona entra en el área de trabajo. Esta nueva característica permite usar un solo robot en vez de dos, lo que maximiza la productividad y brinda protección al personal.

La robótica puede ayudar a la sociedad liberando a las personas de las tareas más repetitivas y tediosas para que puedan dedicarse a actividades más creativas. Además, las tecnologías robóticas que pueden colaborar eficazmente con las personas, podrían hacer que los lugares de trabajo fueran más (15) inclusivos, por ejemplo, ayudando al personal con discapacidad.

CO-ADAPT, otro proyecto financiado por la UE que finalizó este año, ha hecho uso de *cobots* para ayudar a las personas de más edad a desenvolverse en los lugares de trabajo digitalizados.

El equipo del proyecto desarrolló una estación de trabajo adaptable equipada con un *cobot* para ayudar al personal en tareas de ensamblaje, como la fabricación de un teléfono, un coche o un (20) juguete. La estación puede adaptar la altura y la iluminación de la mesa de trabajo a las características físicas y habilidades visuales de cada persona. También incluye otras funciones, como las gafas de seguimiento ocular, que recogen información sobre la carga de trabajo mental.

Según afirma el profesor Giulio Jacucci, coordinador de CO-ADAPT e informático de la Universidad de Helsinki (Finlandia), esto aporta información valiosa sobre las necesidades de todo (25) tipo de personas. "En función de las habilidades de cada uno, existen diferencias interesantes en cuanto al trabajo que debe hacer la máquina y el que debe hacer la persona, así como a la cantidad de orientación que debe aportar la máquina y el modo de hacerlo", explica Jacucci.

El profesor Jacucci destaca la importancia de centrarse en las personas para lograr un futuro que integre bien las herramientas digitales y la robótica.

(30) Esencialmente, lo que el proyecto intenta transmitir es que todavía existen muchas posibilidades de mejorar y enriquecer los entornos de trabajo. "Demuestra que hay muchísimo potencial aún por explotar", concluye Jacucci.

Fuente número 2

Introducción

Esta selección muestra las cantidades reales y proyectadas de unidades robóticas industriales a nivel mundial. Los datos aparecieron en un reportaje de *World Robotics*.

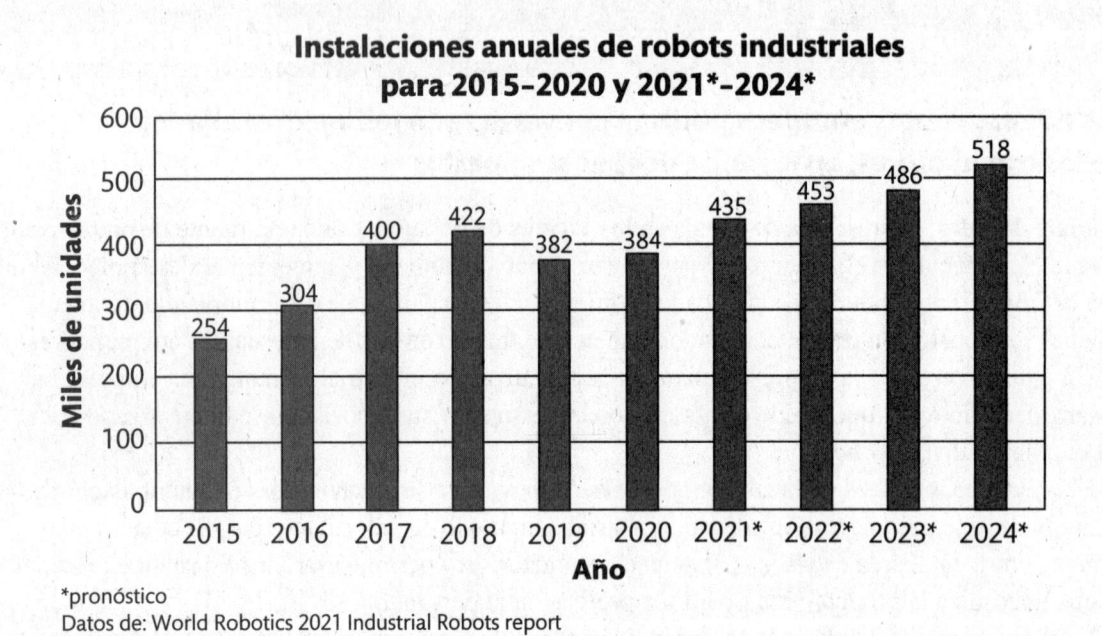

Instalaciones anuales de robots industriales para 2015-2020 y 2021*-2024*

Año	Miles de unidades
2015	254
2016	304
2017	400
2018	422
2019	382
2020	384
2021*	435
2022*	453
2023*	486
2024*	518

*pronóstico
Datos de: World Robotics 2021 Industrial Robots report

Fuente número 3

🔊 Tienes 30 segundos para leer la introducción.

Introducción

Esta grabación trata de cómo el rápido progreso tecnológico ha permitido que los robots se dediquen a trabajos que antes debían realizar los humanos. El audio proviene del canal de YouTube Curiosamente y dura aproximadamente tres minutos.

ACTIVIDAD 13
Tema curricular: Las identidades personales y públicas
Primero tienes 6 minutos para leer el tema del ensayo, la fuente número 1 y la fuente número 2.

Tema del ensayo:
¿Deben seguir existiendo los concursos de belleza?

Fuente número 1

Introducción
Este texto trata de la defensa de los concursos de belleza. El artículo original fue escrito por Erika Uribe para *El Sol de México*.

Defienden realización de concursos de belleza

Línea Ante la iniciativa que propone la eliminación del financiamiento público de los concursos de belleza al considerarlos como violencia simbólica de género, el director general del
(5) certamen estatal de turismo y cultura Señorita Perla del Guadiana, Eduardo Estrada, aseguró que esta postura generaliza un mundo en el que su propósito es empoderar a las mujeres que participan.
(10) En entrevista telefónica, el también diseñador de trajes estilizados y vestidos mexicanos señaló que la misión de estos certámenes de belleza se enfoca en el desarrollo de las habilidades de cada una, en el que a través de capacitación y el
(15) dominio de un mundo mediático y globalizado puede causar una influencia positiva en la sociedad.
"No hay que olvidar que incluso las Miss Universo tienen una labor de apoyo a las
(20) grandes organizaciones como la ONU y otras que llevan a cabo actividades en pro de la niñez, de la violencia contra la mujer", comentó, de ahí que este tema lejos de violentar los derechos de ellas su labor principal es empoderarlas y
(25) hacerlas crecer.
Eduardo Estrada explicó que si bien estas son las bases principales que cumple a cabalidad con los objetivos de un concurso de belleza formal y serio; no niega que se han dado casos
(30) donde se ha dado un tipo de violencia contra las concursantes, sin embargo, llama a no generalizar la situación y anteponer esta visión a todos los certámenes de ese tipo.
"Como en todo, hay plataformas que han hecho mal uso del funcionamiento; tenemos (35) casos documentados de violencia contra la mujer que se han presentado, pero hablamos de algunos, no podemos generalizarlo", comentó Eduardo Estrada.
Por su parte, el representante del concurso (40) Mexicana Universal en el estado, Tito Ávalos, dijo estar preocupado pues el primer paso para la eliminación de este tipo de concursos es quitarle los recursos públicos bajo una supuesta violencia de género en contra de las (45) participantes, sin embargo, esta es toda una estructura que mueve incluso al turismo de cada región a través de la promoción de la cultura y tradiciones.
Tito Ávalos se dijo en contra de dicha (50) iniciativa ya que coincide con Eduardo Estrada y la propia Lupita Jones al señalar que los legisladores parten de un desconocimiento de los certámenes de belleza, pues cada uno de estos tiene características y objetivos distintos. (55)
Hoy en día, este tipo de concursos han modificado las convocatorias y actualmente no sólo se evalúa la belleza física sino la inteligencia, la historia de vida y la perseverancia de cada participante; en general, (60) les da seguridad y desenvolvimiento a quienes participan en ellos.
Eduardo Estrada, quien por muchos años ha participado en la organización de estos eventos,

(65) señaló que en la propuesta que ya fue votada sólo se disfraza el tema de la violencia, pues se advierte sólo la eliminación del recurso económico que aportan los entes públicos para no financiarlos, sin embargo, consideró que hay temas más trascendentales en el país como la (70) trata de personas, en la que se debe poner más atención en su combate y eliminación que en los certámenes de belleza donde las concursantes acuden por su propia voluntad.

Fuente número 2

Introducción
Esta selección trata de la opinión de adultos estadounidenses sobre los concursos de belleza. La encuesta fue realizada por YouGov America.

Tres mujeres se han hecho cargo de la organización que dirige el concurso de belleza Miss América. En general, ¿piensas que los concursos de belleza son buenos o malos para las mujeres?

	Total	Masculino	Femenino
Buenos	29%	35%	23%
Malos	32%	27%	37%
No estoy seguro/a / Otra respuesta	39%	38%	40%

Fuente: Elaborado con información de YouGov America

Fuente número 3

🔊 Tienes 30 segundos para leer la introducción.

Introducción
Esta grabación trata sobre los concursos de belleza en Ecuador. El audio proviene de un segmento de *Zoom a la Noticia* de NTN24 de Ecuador y dura aproximadamente tres minutos.

Part E
Interpersonal Speaking: Conversation

In this portion of the AP® Spanish Language and Culture Examination, you will be tested on your ability to respond to recorded conversational prompts and participate in an informal conversation. The content of these simulated conversations relates to the curricular themes as set forth in the Course and Exam Description for the AP Spanish Language and Culture Examination.

These simulated conversations integrate three skills: reading, listening, and speaking. Before you begin, you will have one minute to read an introduction and an outline of the conversation. Then the recorded conversation will begin with its first prompt, following the outline. You will respond five times during the conversation and each time you will be expected to speak for 20 seconds.

Because this section of the AP exam emphasizes the honing of your reading, listening, and speaking skills, take the time to review your reading strategies (Part A) and listening strategies (Part B-2), as well as the speaking strategies below.

Strategies

1. **Read the conversational outline carefully before beginning.** Perhaps the most important part of this task is recognizing the context in which the conversation takes place. This information is presented in the **Introducción** that appears before the conversation outline. It is very important that you understand this context and recall the vocabulary and grammatical forms you will need to express yourself in that situation.

2. **Use the correct form of address.** Remember that this section practices your ability to speak in an *informal* situation. Use **tú** verb forms throughout, as well as the corresponding possessive, indirect object, and reflexive pronouns.

3. **While you read the outline, pay attention to the verbs that describe what you will communicate.** Jot down some vocabulary dealing with the topic and a few expressions to express your emotions and reactions, as well as to connect your ideas (see Appendices C and G) that you can integrate while responding to the prompts. Here are some descriptive verbs you may see in the outlines; as you come across others, add them to the list:

   - Acepta…
   - Aconseja…
   - Agradece…
   - Anima…
   - Comunica…
   - Convence…
   - Cuenta…
   - Da…
   - Describe…
   - Despídete…
   - Di…
   - Explica…
   - Expresa…
   - Finaliza…
   - Incluye…
   - Insiste…
   - Menciona…
   - Ofrece…
   - Pide…
   - Pregunta…
   - Propón…
   - Reacciona…
   - Recomienda…
   - Saluda…
   - Sugiere…
   - Termina…
   - Trata de…

4. **Pay careful attention to the introduction and the written prompts.** Even if you don't understand every single word of the speaker's recorded comments, the outline of the conversation will help you get an idea of what the conversation is about. As you respond to each written prompt, it's a good idea to cross it out so that you do not lose your place in the conversation.

5. **Put yourself in the situation that is described to you.** As you respond to each recorded comment or question, think about the situation as if it were real, and pretend you are in it. You do not have to say things that are factual or real to you or your life, but rather say something that is appropriate in that situation, something that shows your ability to express yourself in Spanish within that context.

6. **Use your imagination.** This is a task to show your ability to speak in Spanish. It is simulated, so it doesn't have to be factual. Just focus on responding appropriately!

7. **Make sure you stay within the general theme of the conversation.** Going into a different direction, although it may be appropriate, may be construed as you are not understanding the question or statement to which you are responding.

8. **If you make a mistake, go ahead and correct yourself.** Just keep in mind that you have a total of 20 seconds for each response, so do not spend too much time on self-correction.

9. **Pay attention to verb tenses.** It helps to stay within the same verb tense of the recorded statement or question, although it is not necessary as long as the tense you choose is appropriate and grammatically correct.

10. **Make sure you say something when prompted, even if you are not sure you understood.** The possibilities that you will say something that may be appropriate are good, especially if you have focused on the idea of the setting.

11. **Draw upon your thematic vocabulary in Spanish.** It will help if, before you take the exam, you become familiar with some expressions you may need to react easily in different situations in Spanish (see Appendix C).

12. **Speak clearly and loudly.** You want to make sure that your voice records well, which will make it easier for your teacher to evaluate your work.

13. **Learn how your work will be evaluated.** Become familiar with how your teacher scores the simulated conversation and/or the scoring guidelines that will be used to evaluate this part of the exam. This will allow you to know beforehand what is expected of you. If your teacher gives you a score for a conversation, go back to the scoring guidelines and determine why you received that score. This will also help you to improve in those areas in which you may be lacking the skills you need to succeed in this task.

The following practice activities are arranged in order of increasing difficulty and are designed to give you practice in participating in a simulated informal conversation.

You have 1 minute to read the directions for this task.	Tienes 1 minuto para leer las instrucciones de este ejercicio.
You will participate in a conversation. First, you will have 1 minute to read a preview of the conversation, including an outline of each turn in the conversation. Afterward, the conversation will begin, following the outline. Each time it is your turn to speak, you will have 20 seconds to record your response. You should participate in the conversation as fully and appropriately as possible.	Vas a participar en una conversación. Primero, vas a tener 1 minuto para leer la introducción y el esquema de la conversación. Después, comenzará la conversación, siguiendo el esquema. Cada vez que te corresponda participar en la conversación, vas a tener 20 segundos para grabar tu respuesta. Debes participar de la manera más completa y apropiada posible.

ACTIVIDAD 1
Tema curricular: La vida contemporánea

Tienes 1 minuto para leer la introducción.

Introducción
Esta es una conversación con tu amiga Lucía, quien quiere hacer trabajo voluntario en Costa Rica este verano. Vas a participar en una conversación con ella porque quiere compartir una noticia contigo.

Lucía:	Te saluda y te habla sobre su día.
Tú:	Salúdala y pídele detalles.
Lucía:	Explica la situación.
Tú:	Reacciona y dale tu opinión.
Lucía:	Te da más información.
Tú:	Dale tu opinión.
Lucía:	Te da más información.
Tú:	Propón una posible solución.
Lucía:	Continúa la conversación.
Tú:	Anímala y despídete.

You have 1 minute to read the directions for this task.	Tienes 1 minuto para leer las instrucciones de este ejercicio.

You will participate in a conversation. First, you will have 1 minute to read a preview of the conversation, including an outline of each turn in the conversation. Afterward, the conversation will begin, following the outline. Each time it is your turn to speak, you will have 20 seconds to record your response. You should participate in the conversation as fully and appropriately as possible.	Vas a participar en una conversación. Primero, vas a tener 1 minuto para leer la introducción y el esquema de la conversación. Después, comenzará la conversación, siguiendo el esquema. Cada vez que te corresponda participar en la conversación, vas a tener 20 segundos para grabar tu respuesta. Debes participar de la manera más completa y apropiada posible.

ACTIVIDAD 2
Tema curricular: Las identidades personales y públicas

🔊 Tienes 1 minuto para leer la introducción.

Introducción
Esta es una conversación con Leticia, una amiga de la escuela. Vas a participar en esta conversación porque ella tiene un problema con un animal que acaba de encontrar.

Leticia:	Te explica lo que pasó ayer.
Tú:	Reacciona y haz un comentario.
Leticia:	Explica su problema.
Tú:	Dale algunos consejos.
Leticia:	Reacciona y te hace una pregunta.
Tú:	Expresa tu opinión.
Leticia:	Te hace otras preguntas.
Tú:	Responde a las preguntas con detalles.
Leticia:	Reacciona y te propone algo.
Tú:	Finaliza los planes y despídete.

| You have 1 minute to read the directions for this task. | Tienes 1 minuto para leer las instrucciones de este ejercicio. |

| You will participate in a conversation. First, you will have 1 minute to read a preview of the conversation, including an outline of each turn in the conversation. Afterward, the conversation will begin, following the outline. Each time it is your turn to speak, you will have 20 seconds to record your response.

You should participate in the conversation as fully and appropriately as possible. | Vas a participar en una conversación. Primero, vas a tener 1 minuto para leer la introducción y el esquema de la conversación. Después, comenzará la conversación, siguiendo el esquema. Cada vez que te corresponda participar en la conversación, vas a tener 20 segundos para grabar tu respuesta.

Debes participar de la manera más completa y apropiada posible. |

ACTIVIDAD 3
Tema curricular: Las familias y las comunidades

Tienes 1 minuto para leer la introducción.

Introducción
Esta es una conversación con Mario, uno de tus mejores amigos. Vas a participar en una conversación con él porque no puede asistir a tu fiesta.

Mario:	Te saluda y te hace una pregunta.
Tú:	Responde y explica por qué.
Mario:	Te comenta sobre un problema.
Tú:	Reacciona y pídele una explicación.
Mario:	Continúa la conversación.
Tú:	Ofrécele algunas sugerencias.
Mario:	Continúa la conversación.
Tú:	Responde con elaboración.
Mario:	Continúa la conversación.
Tú:	Acepta y sugiere una actividad.

You have 1 minute to read the directions for this task.	Tienes 1 minuto para leer las instrucciones de este ejercicio.

| You will participate in a conversation. First, you will have 1 minute to read a preview of the conversation, including an outline of each turn in the conversation. Afterward, the conversation will begin, following the outline. Each time it is your turn to speak, you will have 20 seconds to record your response.

You should participate in the conversation as fully and appropriately as possible. | Vas a participar en una conversación. Primero, vas a tener 1 minuto para leer la introducción y el esquema de la conversación. Después, comenzará la conversación, siguiendo el esquema. Cada vez que te corresponda participar en la conversación, vas a tener 20 segundos para grabar tu respuesta.

Debes participar de la manera más completa y apropiada posible. |

ACTIVIDAD 4
Tema curricular: La belleza y la estética

🔊 Tienes 1 minuto para leer la introducción.

Introducción
Esta es una conversación con tu amiga Julia. Ella te ve en el pasillo de la escuela. Vas a participar en una conversación con ella porque quiere invitarte a un concierto.

Julia:	Te saluda y te hace unas preguntas.
Tú:	Acepta y comenta sobre el cantante.
Julia:	Reacciona y te hace una pregunta.
Tú:	Responde a su pregunta y explícale por qué.
Julia:	Continúa la conversación.
Tú:	Responde con detalles.
Julia:	Te hace un comentario y una pregunta.
Tú:	Responde negativamente y explícale por qué.
Julia:	Continúa la conversación.
Tú:	Confirma el plan y despídete.

| You have 1 minute to read the directions for this task. | Tienes 1 minuto para leer las instrucciones de este ejercicio. |

| You will participate in a conversation. First, you will have 1 minute to read a preview of the conversation, including an outline of each turn in the conversation. Afterward, the conversation will begin, following the outline. Each time it is your turn to speak, you will have 20 seconds to record your response.

You should participate in the conversation as fully and appropriately as possible. | Vas a participar en una conversación. Primero, vas a tener 1 minuto para leer la introducción y el esquema de la conversación. Después, comenzará la conversación, siguiendo el esquema. Cada vez que te corresponda participar en la conversación, vas a tener 20 segundos para grabar tu respuesta.

Debes participar de la manera más completa y apropiada posible. |

ACTIVIDAD 5
Tema curricular: La ciencia y la tecnología

🔊 Tienes 1 minuto para leer la introducción.

Introducción
Estás en el centro comercial para devolver un teléfono móvil cuando te encuentras con tu amigo Guillermo. Vas a participar en una conversación con él porque te quiere ayudar.

Guillermo:	Te saluda y te hace una pregunta.
Tú:	Responde y explica por qué.
Guillermo:	Reacciona y te hace otra pregunta.
Tú:	Contéstale con detalles.
Guillermo:	Continúa la conversación.
Tú:	Contesta su pregunta.
Guillermo:	Te hace otra pregunta.
Tú:	Responde y explica por qué.
Guillermo:	Reacciona y te hace otra pregunta.
Tú:	Responde negativa y cortésmente y despídete.
Guillermo:	Se despide.

You have 1 minute to read the directions for this task.	Tienes 1 minuto para leer las instrucciones de este ejercicio.

| You will participate in a conversation. First, you will have 1 minute to read a preview of the conversation, including an outline of each turn in the conversation. Afterward, the conversation will begin, following the outline. Each time it is your turn to speak, you will have 20 seconds to record your response.

You should participate in the conversation as fully and appropriately as possible. | Vas a participar en una conversación. Primero, vas a tener 1 minuto para leer la introducción y el esquema de la conversación. Después, comenzará la conversación, siguiendo el esquema. Cada vez que te corresponda participar en la conversación, vas a tener 20 segundos para grabar tu respuesta.

Debes participar de la manera más completa y apropiada posible. |

ACTIVIDAD 6
Tema curricular: La belleza y la estética

🔊 Tienes 1 minuto para leer la introducción.

Introducción

Recibes un mensaje telefónico de tu amiga Cecilia, quien te pide que la llames por teléfono. Escucha el mensaje. Luego vas a participar en una conversación con ella porque necesita escribir un informe sobre una obra literaria.

Cecilia:	Contesta el teléfono.
Tú:	Salúdala y explica por qué la has llamado.
Cecilia:	Te explica la tarea y te pide una idea.
Tú:	Dale una sugerencia y explica por qué te gusta.
Cecilia:	Continúa la conversación.
Tú:	Responde a la pregunta con detalles.
Cecilia:	Reacciona y te hace otra pregunta.
Tú:	Responde a la pregunta con detalles.
Cecilia:	Te agradece y termina la conversación.
Tú:	Ofrécele tu ayuda y despídete.

You have 1 minute to read the directions for this task.	Tienes 1 minuto para leer las instrucciones de este ejercicio.

You will participate in a conversation. First, you will have 1 minute to read a preview of the conversation, including an outline of each turn in the conversation. Afterward, the conversation will begin, following the outline. Each time it is your turn to speak, you will have 20 seconds to record your response. You should participate in the conversation as fully and appropriately as possible.	Vas a participar en una conversación. Primero, vas a tener 1 minuto para leer la introducción y el esquema de la conversación. Después, comenzará la conversación, siguiendo el esquema. Cada vez que te corresponda participar en la conversación, vas a tener 20 segundos para grabar tu respuesta. Debes participar de la manera más completa y apropiada posible.

ACTIVIDAD 7
Tema curricular: La vida contemporánea

Tienes 1 minuto para leer la introducción.

Introducción
Recibes un mensaje telefónico de tu amigo Ricardo, quien te pide que lo llames por teléfono. Escucha el mensaje. Luego vas a participar en una conversación con Ricardo porque él quiere contarte algo sobre sus amigos Ignacio y Gloria.

Ricardo:	Contesta el teléfono.
Tú:	Salúdalo y dile por qué no respondiste cuando él te llamó.
Ricardo:	Continúa la conversación.
Tú:	Reacciona y pídele detalles.
Ricardo:	Continúa la conversación.
Tú:	Reacciona y aconséjalo.
Ricardo:	Continúa la conversación.
Tú:	Reacciona y sugiere algo apropiado.
Ricardo:	Reacciona a tu idea y se despide.
Tú:	Termina la conversación y despídete.

You have 1 minute to read the directions for this task.	Tienes 1 minuto para leer las instrucciones de este ejercicio.

| You will participate in a conversation. First, you will have 1 minute to read a preview of the conversation, including an outline of each turn in the conversation. Afterward, the conversation will begin, following the outline. Each time it is your turn to speak, you will have 20 seconds to record your response.

You should participate in the conversation as fully and appropriately as possible. | Vas a participar en una conversación. Primero, vas a tener 1 minuto para leer la introducción y el esquema de la conversación. Después, comenzará la conversación, siguiendo el esquema. Cada vez que te corresponda participar en la conversación, vas a tener 20 segundos para grabar tu respuesta.

Debes participar de la manera más completa y apropiada posible. |

ACTIVIDAD 8
Tema curricular: Las identidades personales y públicas

🔊 Tienes 1 minuto para leer la introducción.

Introducción
Vas a participar en una conversación telefónica con tu amiga Camila. Vas a hablar con ella porque tiene un problema con sus padres y necesita tu consejo.

Camila:	Te saluda.
Tú:	Salúdala y averigua qué le pasa.
Camila:	Continúa la conversación.
Tú:	Expresa tu opinión.
Camila:	Continúa la conversación y te hace unas preguntas.
Tú:	Responde a sus preguntas.
Camila:	Reacciona y te hace otra pregunta.
Tú:	Dale tu opinión.
Camila:	Muestra agradecimiento y se despide.
Tú:	Anímala y despídete.

You have 1 minute to read the directions for this task.	Tienes 1 minuto para leer las instrucciones de este ejercicio.

| You will participate in a conversation. First, you will have 1 minute to read a preview of the conversation, including an outline of each turn in the conversation. Afterward, the conversation will begin, following the outline. Each time it is your turn to speak, you will have 20 seconds to record your response.

You should participate in the conversation as fully and appropriately as possible. | Vas a participar en una conversación. Primero, vas a tener 1 minuto para leer la introducción y el esquema de la conversación. Después, comenzará la conversación, siguiendo el esquema. Cada vez que te corresponda participar en la conversación, vas a tener 20 segundos para grabar tu respuesta.

Debes participar de la manera más completa y apropiada posible. |

ACTIVIDAD 9
Tema curricular: Las familias y las comunidades

🔊 Tienes 1 minuto para leer la introducción.

Introducción
Esta conversación es con Amanda, una reportera del periódico escolar. Vas a participar en una entrevista con ella porque tú quieres ser presidente(a) del consejo estudiantil.

Amanda:	Empieza la entrevista.
Tú:	Explica con detalles.
Amanda:	Continúa la entrevista.
Tú:	Responde y da un ejemplo.
Amanda:	Te hace otra pregunta.
Tú:	Sugiere algunas ideas.
Amanda:	Continúa la conversación.
Tú:	Responde a su pregunta con elaboración.
Amanda:	Te pregunta sobre tus planes.
Tú:	Explícale lo que piensas hacer.
Amanda:	Muestra agradecimiento y se despide.

You have 1 minute to read the directions for this task.	Tienes 1 minuto para leer las instrucciones de este ejercicio.

You will participate in a conversation. First, you will have 1 minute to read a preview of the conversation, including an outline of each turn in the conversation. Afterward, the conversation will begin, following the outline. Each time it is your turn to speak, you will have 20 seconds to record your response. You should participate in the conversation as fully and appropriately as possible.	Vas a participar en una conversación. Primero, vas a tener 1 minuto para leer la introducción y el esquema de la conversación. Después, comenzará la conversación, siguiendo el esquema. Cada vez que te corresponda participar en la conversación, vas a tener 20 segundos para grabar tu respuesta. Debes participar de la manera más completa y apropiada posible.

ACTIVIDAD 10
Tema curricular: Los desafíos mundiales

🔊 Tienes 1 minuto para leer la introducción.

Introducción
Esta es una conversación con tu amigo Ángel. Vas a participar en una conversación con él porque quiere comprarse una tableta, pero no tiene dinero.

Ángel:	Te saluda y te pide tu opinión.
Tú:	Salúdalo y responde a la pregunta.
Ángel:	Continúa la conversación.
Tú:	Expresa tu opinión.
Ángel:	Continúa la conversación y te hace una pregunta.
Tú:	Responde y ofrécele algunas sugerencias.
Ángel:	Reacciona y te hace una propuesta.
Tú:	Responde afirmativamente y explícale por qué es buena idea.
Ángel:	Continúa la conversación y se despide.
Tú:	Confirma y despídete.

You have 1 minute to read the directions for this task.	Tienes 1 minuto para leer las instrucciones de este ejercicio.

| You will participate in a conversation. First, you will have 1 minute to read a preview of the conversation, including an outline of each turn in the conversation. Afterward, the conversation will begin, following the outline. Each time it is your turn to speak, you will have 20 seconds to record your response.

You should participate in the conversation as fully and appropriately as possible. | Vas a participar en una conversación. Primero, vas a tener 1 minuto para leer la introducción y el esquema de la conversación. Después, comenzará la conversación, siguiendo el esquema. Cada vez que te corresponda participar en la conversación, vas a tener 20 segundos para grabar tu respuesta.

Debes participar de la manera más completa y apropiada posible. |

ACTIVIDAD 11
Tema curricular: La belleza y la estética

🔊 Tienes 1 minuto para leer la introducción.

Introducción
Esta es una conversación con Jorge, un estudiante universitario de bellas artes, quien viene a visitar tu escuela. Vas a participar en una conversación con él porque te interesa estudiar bellas artes.

Jorge:	Te saluda y empieza la conversación.
Tú:	Salúdalo y responde a la pregunta.
Jorge:	Continúa la conversación y te hace una pregunta.
Tú:	Responde a su pregunta con detalles.
Jorge:	Continúa la conversación.
Tú:	Responde con detalles.
Jorge:	Te ofrece una gran oportunidad.
Tú:	Acepta y pide más información.
Jorge:	Te hace una sugerencia y se despide.
Tú:	Reacciona y despídete.

| You have 1 minute to read the directions for this task. | Tienes 1 minuto para leer las instrucciones de este ejercicio. |

| You will participate in a conversation. First, you will have 1 minute to read a preview of the conversation, including an outline of each turn in the conversation. Afterward, the conversation will begin, following the outline. Each time it is your turn to speak, you will have 20 seconds to record your response.

You should participate in the conversation as fully and appropriately as possible. | Vas a participar en una conversación. Primero, vas a tener 1 minuto para leer la introducción y el esquema de la conversación. Después, comenzará la conversación, siguiendo el esquema. Cada vez que te corresponda participar en la conversación, vas a tener 20 segundos para grabar tu respuesta.

Debes participar de la manera más completa y apropiada posible. |

ACTIVIDAD 12
Tema curricular: Las identidades personales y públicas

🔊 Tienes 1 minuto para leer la introducción.

Introducción
Esta es una conversación con Sofía, la hermana menor de una amiga tuya. Vas a participar en una conversación con ella porque estás ayudándola con su tarea.

Sofía:	Inicia la conversación.
Tú:	Reacciona y pídele más información.
Sofía:	Continúa la conversación y te hace una pregunta.
Tú:	Responde a su pregunta con detalles.
Sofía:	Reacciona positivamente y te hace otra pregunta.
Tú:	Responde y dale algunas sugerencias.
Sofía:	Continúa la conversación.
Tú:	Responde a la pregunta apropiadamente.
Sofía:	Continúa la conversación.
Tú:	Termina la conversación y despídete.

You have 1 minute to read the directions for this task.	Tienes 1 minuto para leer las instrucciones de este ejercicio.

You will participate in a conversation. First, you will have 1 minute to read a preview of the conversation, including an outline of each turn in the conversation. Afterward, the conversation will begin, following the outline. Each time it is your turn to speak, you will have 20 seconds to record your response. You should participate in the conversation as fully and appropriately as possible.	Vas a participar en una conversación. Primero, vas a tener 1 minuto para leer la introducción y el esquema de la conversación. Después, comenzará la conversación, siguiendo el esquema. Cada vez que te corresponda participar en la conversación, vas a tener 20 segundos para grabar tu respuesta. Debes participar de la manera más completa y apropiada posible.

ACTIVIDAD 13
Tema curricular: La vida contemporánea

🔊 Tienes 1 minuto para leer la introducción.

Introducción
Esta es una conversación con tu padre. Hablas con él sobre los planes que él tiene para las vacaciones de verano.

Tu padre:	Inicia la conversación con una noticia.
Tú:	Reacciona negativamente y ofrece una alternativa.
Tu padre:	Trata de convencerte.
Tú:	Explica por qué te parece mejor tu idea.
Tu padre:	Continúa la conversación.
Tú:	Expresa tu reacción y explica por qué.
Tu padre:	Continúa la conversación.
Tú:	Reacciona y trata de convencerlo.
Tu padre:	Continúa la conversación.
Tú:	Responde y termina la conversación.

You have 1 minute to read the directions for this task.	Tienes 1 minuto para leer las instrucciones de este ejercicio.

| You will participate in a conversation. First, you will have 1 minute to read a preview of the conversation, including an outline of each turn in the conversation. Afterward, the conversation will begin, following the outline. Each time it is your turn to speak, you will have 20 seconds to record your response.

You should participate in the conversation as fully and appropriately as possible. | Vas a participar en una conversación. Primero, vas a tener 1 minuto para leer la introducción y el esquema de la conversación. Después, comenzará la conversación, siguiendo el esquema. Cada vez que te corresponda participar en la conversación, vas a tener 20 segundos para grabar tu respuesta.

Debes participar de la manera más completa y apropiada posible. |

ACTIVIDAD 14
Tema curricular: La ciencia y la tecnología

🔊 Tienes 1 minuto para leer la introducción.

Introducción
Esta es una conversación telefónica con tu amiga Mayra. Vas a hablar con ella porque hay alerta de tornado y está un poco preocupada.

Mayra:	Te saluda y explica la razón de la llamada.
Tú:	Reacciona y pídele más información.
Mayra:	Continúa la conversación y te hace una pregunta.
Tú:	Responde a su pregunta con detalles.
Mayra:	Continúa la conversación.
Tú:	Reacciona y explícale por qué es mala idea.
Mayra:	Continúa la conversación y te hace otra pregunta.
Tú:	Responde con detalles.
Mayra:	Continúa la conversación.
Tú:	Dale otros consejos y despídete.

You have 1 minute to read the directions for this task.	Tienes 1 minuto para leer las instrucciones de este ejercicio.

| You will participate in a conversation. First, you will have 1 minute to read a preview of the conversation, including an outline of each turn in the conversation. Afterward, the conversation will begin, following the outline. Each time it is your turn to speak, you will have 20 seconds to record your response.

You should participate in the conversation as fully and appropriately as possible. | Vas a participar en una conversación. Primero, vas a tener 1 minuto para leer la introducción y el esquema de la conversación. Después, comenzará la conversación, siguiendo el esquema. Cada vez que te corresponda participar en la conversación, vas a tener 20 segundos para grabar tu respuesta.

Debes participar de la manera más completa y apropiada posible. |

ACTIVIDAD 15
Tema curricular: Los desafíos mundiales

🔊 Tienes 1 minuto para leer la introducción.

Introducción

Esta es una entrevista con Alicia Robledo, ganadora del concurso "Ayuda a tu comunidad" del año pasado. Vas a participar en una conversación con ella porque tu propuesta es una de las tres finalistas en el concurso. Alicia te va a hacer la entrevista.

Alicia:	Te da la bienvenida.
Tú:	Salúdala y expresa tu reacción a la entrevista.
Alicia:	Te pide más detalles de tu proyecto.
Tú:	Describe tu proyecto detalladamente.
Alicia:	Te hace otra pregunta.
Tú:	Responde a la pregunta con detalles.
Alicia:	Continúa la entrevista.
Tú:	Ofrece tu explicación.
Alicia:	Termina la entrevista.
Tú:	Reacciona y despídete.
Alicia:	Se despide.

| You have 1 minute to read the directions for this task. | Tienes 1 minuto para leer las instrucciones de este ejercicio. |

| You will participate in a conversation. First, you will have 1 minute to read a preview of the conversation, including an outline of each turn in the conversation. Afterward, the conversation will begin, following the outline. Each time it is your turn to speak, you will have 20 seconds to record your response.

You should participate in the conversation as fully and appropriately as possible. | Vas a participar en una conversación. Primero, vas a tener 1 minuto para leer la introducción y el esquema de la conversación. Después, comenzará la conversación, siguiendo el esquema. Cada vez que te corresponda participar en la conversación, vas a tener 20 segundos para grabar tu respuesta.

Debes participar de la manera más completa y apropiada posible. |

ACTIVIDAD 16
Tema curricular: Los desafíos mundiales

🔊 Tienes 1 minuto para leer la introducción.

Introducción

Recibes un mensaje telefónico de tu amiga Valeria, quien te pide que la llames por teléfono. Escucha el mensaje. Luego vas a participar en una conversación con ella porque está preocupada por sus padres.

Valeria:	Contesta el teléfono.
Tú:	Salúdala y averigua por qué te llamó.
Valeria:	Te explica la situación.
Tú:	Reacciona a la noticia.
Valeria:	Continúa la conversación.
Tú:	Comenta sobre la situación económica.
Valeria:	Expresa su preocupación.
Tú:	Anímala y propón una distracción.
Valeria:	Sugiere otra opción.
Tú:	Finaliza los planes y despídete.

You have 1 minute to read the directions for this task.	Tienes 1 minuto para leer las instrucciones de este ejercicio.

| You will participate in a conversation. First, you will have 1 minute to read a preview of the conversation, including an outline of each turn in the conversation. Afterward, the conversation will begin, following the outline. Each time it is your turn to speak, you will have 20 seconds to record your response.

You should participate in the conversation as fully and appropriately as possible. | Vas a participar en una conversación. Primero, vas a tener 1 minuto para leer la introducción y el esquema de la conversación. Después, comenzará la conversación, siguiendo el esquema. Cada vez que te corresponda participar en la conversación, vas a tener 20 segundos para grabar tu respuesta.

Debes participar de la manera más completa y apropiada posible. |

ACTIVIDAD 17
Tema curricular: Las familias y las comunidades

🔊 Tienes 1 minuto para leer la introducción.

Introducción

Esta es una conversación con Federico, un amigo de la escuela. Vas a participar en una conversación con él porque tiene un pequeño problema en casa.

Federico:	Te saluda y te hace una pregunta.
Tú:	Salúdalo y contesta la pregunta.
Federico:	Continúa la conversación.
Tú:	Reacciona y pregunta por qué.
Federico:	Explica la situación.
Tú:	Expresa tu opinión.
Federico:	Reacciona y menciona un problema.
Tú:	Ofrécele algunas sugerencias.
Federico:	Reacciona y continúa la conversación.
Tú:	Acepta y despídete.

You have 1 minute to read the directions for this task.	Tienes 1 minuto para leer las instrucciones de este ejercicio.

| You will participate in a conversation. First, you will have 1 minute to read a preview of the conversation, including an outline of each turn in the conversation. Afterward, the conversation will begin, following the outline. Each time it is your turn to speak, you will have 20 seconds to record your response.

You should participate in the conversation as fully and appropriately as possible. | Vas a participar en una conversación. Primero, vas a tener 1 minuto para leer la introducción y el esquema de la conversación. Después, comenzará la conversación, siguiendo el esquema. Cada vez que te corresponda participar en la conversación, vas a tener 20 segundos para grabar tu respuesta.

Debes participar de la manera más completa y apropiada posible. |

ACTIVIDAD 18
Tema curricular: La belleza y la estética

🔊 Tienes 1 minuto para leer la introducción.

Introducción
Esta es una conversación con Jorge, un empleado en el Museo Nacional de Arqueología y Etnología en Guatemala. Vas a participar en una conversación con él porque quieres comprar una entrada para el museo.

Jorge:	Te saluda y te hace una pregunta.
Tú:	Responde apropiadamente.
Jorge:	Continúa la conversación y te hace otra pregunta.
Tú:	Responde a su pregunta con detalles.
Jorge:	Continúa la conversación.
Tú:	Responde negativamente y explica por qué.
Jorge:	Continúa la conversación.
Tú:	Agradece la información y haz un comentario.
Jorge:	Termina la conversación.
Tú:	Termina la conversación y despídete.

You have 1 minute to read the directions for this task.	Tienes 1 minuto para leer las instrucciones de este ejercicio.

| You will participate in a conversation. First, you will have 1 minute to read a preview of the conversation, including an outline of each turn in the conversation. Afterward, the conversation will begin, following the outline. Each time it is your turn to speak, you will have 20 seconds to record your response.

You should participate in the conversation as fully and appropriately as possible. | Vas a participar en una conversación. Primero, vas a tener 1 minuto para leer la introducción y el esquema de la conversación. Después, comenzará la conversación, siguiendo el esquema. Cada vez que te corresponda participar en la conversación, vas a tener 20 segundos para grabar tu respuesta.

Debes participar de la manera más completa y apropiada posible. |

ACTIVIDAD 19
Tema curricular: La ciencia y la tecnología

🔊 Tienes 1 minuto para leer la introducción.

Introducción
Esta es una conversación con Fernando, un estudiante universitario que necesita hacer una investigación para su clase de sociología. Hablas con él porque aceptaste participar en una encuesta sobre el impacto de la tecnología.

Fernando:	Inicia la encuesta pidiéndote información.
Tú:	Responde con detalles.
Fernando:	Continúa la encuesta.
Tú:	Responde con detalles.
Fernando:	Continúa la encuesta.
Tú:	Contesta y explícale por qué.
Fernando:	Te pide tu opinión.
Tú:	Responde con detalles.
Fernando:	Termina la entrevista.
Tú:	Reacciona y despídete.

You have 1 minute to read the directions for this task.	Tienes 1 minuto para leer las instrucciones de este ejercicio.

You will participate in a conversation. First, you will have 1 minute to read a preview of the conversation, including an outline of each turn in the conversation. Afterward, the conversation will begin, following the outline. Each time it is your turn to speak, you will have 20 seconds to record your response. You should participate in the conversation as fully and appropriately as possible.	Vas a participar en una conversación. Primero, vas a tener 1 minuto para leer la introducción y el esquema de la conversación. Después, comenzará la conversación, siguiendo el esquema. Cada vez que te corresponda participar en la conversación, vas a tener 20 segundos para grabar tu respuesta. Debes participar de la manera más completa y apropiada posible.

ACTIVIDAD 20

Tema curricular: Los desafíos mundiales

🔊 Tienes 1 minuto para leer la introducción.

Introducción

Javier, un compañero de clase, te habla sobre un informe que tiene que escribir para una de sus clases. Vas a participar en la conversación porque tuviste que escribir un informe similar el año pasado.

Javier:	Te saluda y te hace una pregunta.
Tú:	Salúdalo y responde a su pregunta.
Javier:	Te da más información y te hace una pregunta.
Tú:	Dale algunas sugerencias.
Javier:	Continúa la conversación.
Tú:	Responde a su pregunta con detalles.
Javier:	Expresa una preocupación.
Tú:	Tranquilízalo y dale algunas sugerencias.
Javier:	Te da las gracias y te ofrece algo.
Tú:	Comenta sobre lo que dice y despídete.
Javier:	Se despide.

Part F
Presentational Speaking: Cultural Comparison

In this portion of the AP® Spanish Language and Culture Examination, you will be tested on your ability to create an oral presentation that makes a cultural comparison in response to a written question. The content of the cultural comparisons you will make relates to the curricular themes as set forth in the Course and Exam Description for the AP® Spanish Language and Culture Examination.

You will begin this portion of the exam with four minutes to read the topic and prepare your presentation. You will then have two minutes to record your presentation. The topics give you the opportunity to show what you know about Spanish-speaking cultures and are broad enough for you to interpret in a variety of ways, reflecting an abundance of possible content directions. For example, in some cases the community you are comparing could be your family, your town or city, your state, etc., or a different community with which you are familiar.

Because this section of the AP® exam emphasizes the honing of your speaking skills, take the time to review the speaking strategies below. You may also want to review the speaking skills presented in Part E, Interpersonal Speaking: Conversation.

Strategies

1. **Understand the format of the presentation.** You will be expected to answer the question and show the following:
   - an effective treatment of the topic,
   - a clear comparison of your own community with the target culture,
   - an understanding of the target culture.

2. **Read the question prompt carefully.** Make certain that you understand the question and its requirements so that you know exactly what you need to do. Your presentation must compare your community with a cultural product, practice, or perspective of the Spanish-speaking world or with another community. You should explain how the cultural topic relates to your own community or the other community, and include supporting details, specific examples, and other relevant information to substantiate your explanation. Make sure your response makes a clear cultural comparison between your community or another community, and the Spanish-speaking world, using transitional elements as needed to highlight the similarities and differences.

3. **Take notes strategically.** As time permits, use simple outlines and graphic organizers to help you plan your response. You may want to jot down some key words and phrases as you outline, but do not waste time writing out long phrases and sentences that you will recall anyway.

4. **Pay attention to verb tenses.** Try to maintain a consistent framework of tenses and to use tenses that are appropriate for the theme.

5. **Include references, allusions, and opinions.** Mention books and stories that you have read or tell about famous people and events with which you are familiar or have studied. The more details and examples you can provide to support and clarify your comparison, the better.

6. **Review transition words in Appendix G of this book and use them in your presentation.** Transition words make your presentation sound smoother, and they help you link thoughts and ideas or signal a slight shift in direction.

7. **Listen to yourself speak.** If you make an error, correct yourself. This will show that you do know the correct speech pattern.

8. **Speak clearly and enunciate.** Speaking quickly is not a sign of fluency, and you want to make sure that your recording is clear enough for your teacher (and the person who will eventually score your presentation on the actual exam) to be able to evaluate it.

9. **Learn how your work will be evaluated.** Become familiar with how your teacher scores the cultural comparisons and/or the scoring guidelines that will be used to evaluate this part of the exam. This will allow you to know beforehand what is expected of you. If your teacher gives you a score for an oral presentation, go back to the scoring guidelines and determine why you received that score. This will also help you to improve in those areas in which you may be lacking the skills you need to succeed in this task.

10. **Practice speaking about cultural topics related to the various themes of the AP® Spanish Language and Culture curriculum guidelines.** Practicing in advance of the exam will help you learn to organize your ideas under time pressure and to gauge your time in order to make a two-minute presentation. Frequent practice will help you determine how much information and how much detail you will need to include in your presentation.

The following practice activities are arranged in order of increasing difficulty and are designed to give you practice in preparing an oral presentation that is focused on cultural comparisons.

You have 1 minute to read the directions for this task.	Tienes 1 minuto para leer las instrucciones de este ejercicio.

| You will make an oral presentation on a specific topic to your class. You will have 4 minutes to read the presentation topic and prepare your presentation. Then you will have 2 minutes to record your presentation.

In your presentation, compare a Spanish-speaking community with which you are familiar to your own or another community. You should demonstrate your understanding of cultural features of this Spanish-speaking community. You should also organize your presentation clearly. | Vas a dar una presentación oral a tu clase sobre un tema específico. Vas a tener 4 minutos para leer el tema de la presentación y prepararla. Después vas a tener 2 minutos para grabar tu presentación.

En tu presentación, compara una comunidad del mundo hispanohablante que te sea familiar con la tuya propia o con otra comunidad. Debes demostrar tu comprensión de aspectos culturales de esta comunidad del mundo hispanohablante y organizar tu presentación de una manera clara. |

ACTIVIDAD 1
Tema curricular: La vida contemporánea
Tema de la presentación:
¿Cómo beneficia el trabajo voluntario (por ejemplo, ayudar en un centro comunitario, servir de mentor para niños en la primaria, llevar comida a ancianos en sus casas, etc.) a las personas en una comunidad del mundo hispanohablante que te sea familiar? Compara cómo beneficia el trabajo voluntario en una región del mundo hispanohablante que te sea familiar con el beneficio del trabajo voluntario en tu comunidad o en otra comunidad. En tu presentación, puedes referirte a lo que has estudiado, vivido, observado, etc.

ACTIVIDAD 2
Tema curricular: Las identidades personales y públicas
Tema de la presentación:
¿Qué evento histórico (por ejemplo, una elección, una pandemia, etc.) ha tenido gran efecto en la vida de las personas en una comunidad del mundo hispanohablante que te sea familiar? Compara el efecto del evento histórico en una región del mundo hispanohablante que te sea familiar con el efecto de ese evento histórico en tu comunidad o en otra comunidad. En tu presentación, puedes referirte a lo que has estudiado, vivido, observado, etc.

ACTIVIDAD 3
Tema curricular: Los desafíos mundiales
Tema de la presentación:
¿Qué papel juegan los espacios públicos (por ejemplo, los parques, las plazas, etc.) en la vida de las personas en una comunidad del mundo hispanohablante que te sea familiar? Compara el papel que los espacios públicos juegan en una región del mundo hispanohablante que te sea familiar con el papel que juegan en tu comunidad o en otra comunidad. En tu presentación, puedes referirte a lo que has estudiado, vivido, observado, etc.

ACTIVIDAD 4
Tema curricular: La ciencia y la tecnología
Tema de la presentación:
¿Cómo han afectado los fenómenos naturales (por ejemplo, las tormentas, los terremotos, las temperaturas extremas, etc.) la vida de las personas en una comunidad del mundo hispanohablante que te sea familiar? Compara el efecto de los fenómenos naturales en una región del mundo hispanohablante que te sea familiar con el efecto de los fenómenos naturales en tu comunidad o en otra comunidad. En tu presentación, puedes referirte a lo que has estudiado, vivido, observado, etc.

ACTIVIDAD 5
Tema curricular: Las familias y las comunidades
Tema de la presentación:
¿Cuál es el rol de la familia en la vida de las personas en una comunidad del mundo hispanohablante que te sea familiar? Compara el rol de la familia en una región del mundo hispanohablante que te sea familiar con el rol de la familia en tu comunidad o en otra comunidad. En tu presentación, puedes referirte a lo que has estudiado, vivido, observado, etc.

ACTIVIDAD 6
Tema curricular: La belleza y la estética
Tema de la presentación:
¿Qué importancia tienen las instituciones culturales (por ejemplo, los museos, los teatros, etc.) en promover la cultura de una comunidad del mundo hispanohablante que te sea familiar? Compara la importancia de las instituciones culturales en una región del mundo hispanohablante que te sea familiar con la importancia de las instituciones culturales en tu comunidad o en otra comunidad. En tu presentación, puedes referirte a lo que has estudiado, vivido, observado, etc.

ACTIVIDAD 7
Tema curricular: Las identidades personales y públicas
Tema de la presentación:
¿Cuál es el rol de la mujer en la vida de las personas en una comunidad del mundo hispanohablante que te sea familiar? Compara el rol de la mujer en una región del mundo hispanohablante que te sea familiar con el rol de la mujer en tu comunidad o en otra comunidad. En tu presentación, puedes referirte a lo que has estudiado, vivido, observado, etc.

ACTIVIDAD 8
Tema curricular: La ciencia y la tecnología
Tema de la presentación:
¿Cuál es la actitud de las personas de una comunidad del mundo hispanohablante que te sea familiar con respecto a mantener la comunidad saludable y el acceso a la medicina? Compara la actitud de las personas de una comunidad del mundo hispanohablante que te sea familiar con la actitud de tu comunidad u otra comunidad. En tu presentación, puedes referirte a lo que has estudiado, vivido, observado, etc.

ACTIVIDAD 9
Tema curricular: Las identidades personales y públicas
Tema de la presentación:
¿Cuál es el papel de las celebraciones históricas (por ejemplo, el día de independencia, el día de la raza, etc.) en la vida de las personas en una comunidad del mundo hispanohablante que te sea familiar? Compara el papel de las celebraciones históricas en una región del mundo hispanohablante que te sea familiar con el papel de las celebraciones históricas en tu comunidad o en otra comunidad. En tu presentación, puedes referirte a lo que has estudiado, vivido, observado, etc.

ACTIVIDAD 10
Tema curricular: Los desafíos mundiales
Tema de la presentación:
¿Cómo se manifiestan los esfuerzos (por ejemplo, manifestaciones, publicar folletos, recaudar fondos, etc.) de los miembros en una comunidad del mundo hispanohablante que te sea familiar para garantizar los derechos humanos? Compara los esfuerzos de los miembros de una región del mundo hispanohablante que te sea familiar con los esfuerzos en tu comunidad o en otra comunidad. En tu presentación, puedes referirte a lo que has estudiado, vivido, observado, etc.

ACTIVIDAD 11
Tema curricular: Las familias y las comunidades
Tema de la presentación:
¿Cuál es el papel de los eventos festivos (por ejemplo, desfiles, celebraciones, etc.) en unir a las personas de una comunidad del mundo hispanohablante que te sea familiar? Compara el papel de los eventos festivos en una región del mundo hispanohablante que te sea familiar con el papel de los eventos festivos en tu comunidad o en otra comunidad. En tu presentación, puedes referirte a lo que has estudiado, vivido, observado, etc.

ACTIVIDAD 12
Tema curricular: La belleza y la estética
Tema de la presentación:
¿Qué importancia tienen las artes (por ejemplo, la pintura, la fotografía, la música, la escultura, etc.) en la vida de las personas en una comunidad del mundo hispanohablante que te sea familiar? Compara la importancia de las artes en una región del mundo hispanohablante que te sea familiar con la importancia de las artes en tu comunidad o en otra comunidad. En tu presentación, puedes referirte a lo que has estudiado, vivido, observado, etc.

ACTIVIDAD 13
Tema curricular: La ciencia y la tecnología
Tema de la presentación:
¿Qué efecto han tenido los avances tecnológicos (por ejemplo, la inteligencia artificial, los móviles, los robots, etc.) en la calidad de vida de las personas en una comunidad del mundo hispanohablante que te sea familiar? Compara el efecto de los avances tecnológicos en una región del mundo hispanohablante que te sea familiar con el efecto de los avances tecnológicos en tu comunidad o en otra comunidad. En tu presentación, puedes referirte a lo que has estudiado, vivido, observado, etc.

ACTIVIDAD 14
Tema curricular: La vida contemporánea
Tema de la presentación:
¿Cómo han contribuido los deportistas profesionales al bienestar de las personas en una comunidad del mundo hispanohablante que te sea familiar? Compara la contribución de los deportistas profesionales en una región del mundo hispanohablante que te sea familiar con la contribución de los deportistas profesionales en tu comunidad o en otra comunidad. En tu presentación, puedes referirte a lo que has estudiado, vivido, observado, etc.

ACTIVIDAD 15
Tema curricular: Las familias y las comunidades
Tema de la presentación:
¿Cuáles son los desafíos del sistema educativo (por ejemplo, fondos, materiales, docentes, etc.) en una comunidad del mundo hispanohablante que te sea familiar? Compara los desafíos del sistema educativo en una región del mundo hispanohablante que te sea familiar con los desafíos del sistema educativo en tu comunidad o en otra comunidad. En tu presentación, puedes referirte a lo que has estudiado, vivido, observado, etc.

ACTIVIDAD 16
Tema curricular: La belleza y la estética
Tema de la presentación:
¿Cuál es la importancia de la música como expresión de la identidad cultural de las personas en una comunidad del mundo hispanohablante que te sea familiar? Compara la importancia de la música en una región del mundo hispanohablante que te sea familiar con la importancia de la música en tu comunidad o en otra comunidad. En tu presentación, puedes referirte a lo que has estudiado, vivido, observado, etc.

ACTIVIDAD 17
Tema curricular: Los desafíos mundiales
Tema de la presentación:
¿Qué efecto económico han tenido los inmigrantes en la vida de las personas en una comunidad del mundo hispanohablante que te sea familiar? Compara el efecto económico de los inmigrantes en una región del mundo hispanohablante que te sea familiar con el efecto económico de los inmigrantes en tu comunidad o en otra comunidad. En tu presentación, puedes referirte a lo que has estudiado, vivido, observado, etc.

ACTIVIDAD 18
Tema curricular: Las identidades personales y públicas
Tema de la presentación:
¿Cómo afectan las figuras políticas (o la política) la vida de las personas en una comunidad del mundo hispanohablante que te sea familiar? Compara cómo afectan las figuras políticas (o la política) la vida de las personas en una comunidad del mundo hispanohablante que te sea familiar con cómo afectan las figuras políticas (o la política) la vida de las personas en tu comunidad o en otra comunidad. En tu presentación, puedes referirte a lo que has estudiado, vivido, observado, etc.

ACTIVIDAD 19
Tema curricular: Los desafíos mundiales
Tema de la presentación:
¿Cómo afecta la economía (por ejemplo, el presupuesto del gobierno federal y estatal, la tasa de interés, el desempleo, etc.) la vida de las personas en una comunidad del mundo hispanohablante que te sea familiar? Compara el efecto de la economía en la vida de las personas en una región del mundo hispanohablante que te sea familiar con el efecto de la economía en tu comunidad o en otra comunidad. En tu presentación, puedes referirte a lo que has estudiado, vivido, observado, etc.

ACTIVIDAD 20
Tema curricular: La vida contemporánea
Tema de la presentación:
¿Cuál es la importancia de participar en actividades durante el tiempo libre (por ejemplo, jugar deportes, ir al cine, cenar juntos, etc.) para los miembros de una comunidad del mundo hispanohablante que te sea familiar? Compara la importancia de participar en actividades durante el tiempo libre en una región del mundo hispanohablante que te sea familiar con la importancia de participar en actividades durante el tiempo libre en tu comunidad o en otra comunidad. En tu presentación, puedes referirte a lo que has estudiado, vivido, observado, etc.

ACTIVIDAD 21
Tema curricular: La ciencia y la tecnología
Tema de la presentación:
¿Cómo afecta la participación en las redes sociales la vida de las personas en una comunidad del mundo hispanohablante que te sea familiar? Compara el efecto de las redes sociales en una región del mundo hispanohablante que te sea familiar con el efecto de las redes sociales en tu comunidad o en otra comunidad. En tu presentación, puedes referirte a lo que has estudiado, vivido, observado, etc.

ACTIVIDAD 22
Tema curricular: Las identidades personales y públicas
Tema de la presentación:
¿Cuál es la importancia de mostrar su independencia (por ejemplo, tener un trabajo, conducir su carro, salir solos con sus amigos, etc.) para los jóvenes de una comunidad del mundo hispanohablante que te sea familiar? Compara la importancia de mostrar su independencia en una región del mundo hispanohablante que te sea familiar con la importancia de mostrar su independencia en tu comunidad o en otra comunidad. En tu presentación, puedes referirte a lo que has estudiado, vivido, observado, etc.

ACTIVIDAD 23
Tema curricular: Los desafíos mundiales
Tema de la presentación:
¿Qué efecto cultural han tenido los inmigrantes en una comunidad del mundo hispanohablante que te sea familiar? Compara el efecto cultural en una región del mundo hispanohablante que te sea familiar con el efecto cultural en tu comunidad o en otra comunidad. En tu presentación, puedes referirte a lo que has estudiado, vivido, observado, etc.

ACTIVIDAD 24
Tema curricular: La vida contemporánea
Tema de la presentación:
¿Qué importancia tiene la celebración de las diferentes tradiciones culturales (por ejemplo, el día de la independencia, días festivos religiosos, etc.) en la vida de las personas en una comunidad del mundo hispanohablante que te sea familiar? Compara la importancia de la celebración de las diferentes tradiciones culturales en una región del mundo hispanohablante que te sea familiar con la importancia de la celebración en tu comunidad o en otra comunidad. En tu presentación, puedes referirte a lo que has estudiado, vivido, observado, etc.

ACTIVIDAD 25
Tema curricular: La belleza y la estética
Tema de la presentación:
¿Cómo contribuye la arquitectura (por ejemplo, las casas, los rascacielos, etc.) al carácter de una comunidad del mundo hispanohablante que te sea familiar? Compara la contribución de la arquitectura en una región del mundo hispanohablante que te sea familiar con la contribución de la arquitectura en tu comunidad o en otra comunidad. En tu presentación, puedes referirte a lo que has estudiado, vivido, observado, etc.

ACTIVIDAD 26
Tema curricular: La ciencia y la tecnología
Tema de la presentación:
¿Cómo han afectado los avances médicos la calidad de la vida de las personas en una comunidad del mundo hispanohablante que te sea familiar? Compara los efectos que han tenido los avances médicos en una región del mundo hispanohablante que te sea familiar con los efectos que han tenido en tu comunidad o en otra comunidad. En tu presentación, puedes referirte a lo que has estudiado, vivido, observado, etc.

ACTIVIDAD 27
Tema curricular: Los desafíos mundiales
Tema de la presentación:
¿Qué papel juega la religión en la vida de las personas en una comunidad del mundo hispanohablante que te sea familiar? Compara el papel de la religión en la vida de las personas en una región del mundo hispanohablante que te sea familiar con el papel de la religión en tu comunidad o en otra comunidad. En tu presentación, puedes referirte a lo que has estudiado, vivido, observado, etc.

ACTIVIDAD 28
Tema curricular: Las familias y las comunidades
Tema de la presentación:
¿Cuál es el papel de las oportunidades educacionales en mejorar la vida de las personas en una comunidad del mundo hispanohablante que te sea familiar? Compara el papel de las oportunidades educacionales en una región del mundo hispanohablante que te sea familiar con el papel de las oportunidades educacionales en tu comunidad o en otra comunidad. En tu presentación, puedes referirte a lo que has estudiado, vivido, observado, etc.

ACTIVIDAD 29
Tema curricular: La belleza y la estética
Tema de la presentación:
¿Qué papel juega la literatura (por ejemplo, novelas, poesía, obras dramáticas, etc.) en la vida de las personas en una comunidad del mundo hispanohablante que te sea familiar? Compara el papel que la literatura juega en una región del mundo hispanohablante que te sea familiar con el papel que la literatura juega en tu comunidad o en otra comunidad. En tu presentación, puedes referirte a lo que has estudiado, vivido, observado, etc.

ACTIVIDAD 30
Tema curricular: Los desafíos mundiales
Tema de la presentación:
¿Cómo se ha visto afectada una comunidad del mundo hispanohablante por el ritmo de vida (por ejemplo, el horario de trabajo, el horario escolar, falta de tiempo libre, etc.) que llevan sus miembros? Compara el efecto del ritmo de vida en una región del mundo hispanohablante que te sea familiar con el efecto del ritmo de vida en tu comunidad o en otra comunidad. En tu presentación, puedes referirte a lo que has estudiado, vivido, observado, etc.

ACTIVIDAD 31
Tema curricular: Los desafíos mundiales
Tema de la presentación:
¿Cuál es el papel de cada persona con respecto a enfrentar la pobreza en una comunidad del mundo hispanohablante que te sea familiar? Compara el papel de cada persona en una región del mundo hispanohablante que te sea familiar con el papel de cada persona en tu comunidad o en otra comunidad. En tu presentación, puedes referirte a lo que has estudiado, vivido, observado, etc.

ACTIVIDAD 32
Tema curricular: Las identidades personales y públicas
Tema de la presentación:
¿Qué importancia han tenido los personajes históricos en la identidad o el bienestar en una comunidad del mundo hispanohablante que te sea familiar? Compara la importancia que los personajes históricos han tenido en la identidad o el bienestar en una región del mundo hispanohablante que te sea familiar con la importancia que los personajes históricos han tenido en tu comunidad o en otra comunidad. En tu presentación, puedes referirte a lo que has estudiado, vivido, observado, etc.

ACTIVIDAD 33
Tema curricular: Las familias y las comunidades
Tema de la presentación:
¿Cómo se manifiestan las tradiciones familiares en las celebraciones en una comunidad del mundo hispanohablante que te sea familiar? Compara las manifestaciones de las tradiciones familiares en las celebraciones en una región del mundo hispanohablante que te sea familiar con las manifestaciones en tu comunidad o en otra comunidad. En tu presentación, puedes referirte a lo que has estudiado, vivido, observado, etc.

ACTIVIDAD 34
Tema curricular: La belleza y la estética
Tema de la presentación:
¿Cómo se define el concepto de la belleza en una comunidad del mundo hispanohablante que te sea familiar? Compara el concepto de la belleza en una región del mundo hispanohablante que te sea familiar con el concepto de la belleza en tu comunidad o en otra comunidad. En tu presentación, puedes referirte a lo que has estudiado, vivido, observado, etc.

ACTIVIDAD 35
Tema curricular: La vida contemporánea
Tema de la presentación:
¿Cómo afectan los deportes (por ejemplo, correr, el ciclismo, la natación, etc.) la vida de las personas en una comunidad del mundo hispanohablante que te sea familiar? Compara el efecto de los deportes en una región del mundo hispanohablante que te sea familiar con el efecto de los deportes en tu comunidad o en otra comunidad. En tu presentación, puedes referirte a lo que has estudiado, vivido, observado, etc.

ACTIVIDAD 36
Tema curricular: Los desafíos mundiales
Tema de la presentación:
¿Cómo ha afectado la diversidad cultural (por ejemplo, celebraciones, vestimenta, comida, etc.) la vida de las personas en una comunidad del mundo hispanohablante que te sea familiar? Compara el efecto de la diversidad cultural en una región del mundo hispanohablante que te sea familiar con el efecto de la diversidad cultural en tu comunidad o en otra comunidad. En tu presentación, puedes referirte a lo que has estudiado, vivido, observado, etc.

ACTIVIDAD 37

Tema curricular: Las identidades personales y públicas

Tema de la presentación:

¿Cuál es el papel de los valores (por ejemplo, valorar el trabajo, ganar mucho dinero, etc.) en determinar el éxito de alguien en una comunidad del mundo hispanohablante que te sea familiar? Compara el papel de los valores en una región del mundo hispanohablante que te sea familiar con el papel de los valores en tu comunidad o en otra comunidad. En tu presentación, puedes referirte a lo que has estudiado, vivido, observado, etc.

ACTIVIDAD 38

Tema curricular: Las familias y las comunidades

Tema de la presentación:

¿Cuáles son los desafíos más grandes que enfrentan las familias (por ejemplo, el cuidado de niños, la educación, asistencia médica, etc.) en una comunidad del mundo hispanohablante que te sea familiar? Compara los desafíos en una región del mundo hispanohablante que te sea familiar con los desafíos en tu comunidad o en otra comunidad. En tu presentación, puedes referirte a lo que has estudiado, vivido, observado, etc.

ACTIVIDAD 39

Tema curricular: La belleza y la estética

Tema de la presentación:

¿Cómo se refleja la identidad en el modo de vestir de la gente en una comunidad del mundo hispanohablante que te sea familiar? Compara cómo se refleja la identidad en el modo de vestir en una región del mundo hispanohablante que te sea familiar con la identidad en el modo de vestir en tu comunidad o en otra comunidad. En tu presentación, puedes referirte a lo que has estudiado, vivido, observado, etc.

ACTIVIDAD 40

Tema curricular: Los desafíos mundiales

Tema de la presentación:

¿Cómo se ve manifestada la desigualdad y la igualdad de género en la vida cotidiana de las personas en una comunidad del mundo hispanohablante que te sea familiar? Compara la manifestación de la desigualdad y la igualdad en una región del mundo hispanohablante que te sea familiar con la manifestación en tu comunidad o en otra comunidad. En tu presentación, puedes referirte a lo que has estudiado, vivido, observado, etc.

Appendix A

Reading Tables and Graphs

Tipos de gráficos y tablas

gráfica	chart
gráfico de barras (m)	bar graph
gráfico de líneas (m)	line graph
gráfico de sectores / circular (m)	pie graph
tabla	table

Elementos de los gráficos y tablas

altura	height
ancho, anchura	width
barra	bar
celda, casillero	cell in a table
cifra, dígito	number
columna	column
curva	curve
dato	fact, piece of information
eje (m) horizontal / vertical	horizontal / vertical axis
elemento	element
estadísticas	statistics
fila	row
intervalo	interval
longitud, largo	length
línea	line
parte	part
punto	point
variable	variable

Para interpretar las cifras

ascender	to ascend
aumentar	to increase
cambiar	to change
cambio	change
caer por debajo	to fall below
comparación (f)	comparison
constantemente	constantly
correlación (f)	correlation
crecer	to grow
creciente	increasing
crecimiento	growth
de forma continua	continuously
decreciente	decreasing
diferir	to be different
disminuir	to decrease
distribución (f)	distribution
(es) equivalente a	equivalent to
fluctuación (f)	fluctuation
fluctuar	to fluctuate
frecuencia	frequency
índice (m)	index; rate
máximo	maximum
mayoría	majority
medida	measurement
mínimo	minimum
minoría	minority
mostrar	to show
nivel (m)	level
patrón (m)	pattern
porcentaje (m)	percentage
proporcional	proportional
reducción (f)	decrease, reduction
reflejar	to reflect
representar	to represent
restante	remaining
seguir cayendo / aumentando	to continue falling / increasing
ser proporcional	to be proportional
subir	to climb
superar	to exceed
tasa	rate
tendencia	trend
variación (f)	variation
valor (m)	value (mathematics)

Las cantidades y cifras

decimal (m)	decimal
fracción (f)	fraction
mil	one thousand
mil millones	one billion (1,000,000,000*)
millón	one million (1,000,000)
por ciento	percent
porcentaje	percentage
promedio, medio	average, mean; mid point
total (m)	the whole

1/2 un medio, 1-1/2 uno y medio, etc.
1/3 un tercio, 2/3 dos tercios, etc.
1/4 un cuarto, 2/4 dos cuartos, etc.
1/5 un quinto, 2/5 dos quintos, etc.
1/6 un sexto, 2/6 dos sextos, etc.
1/7 un séptimo, 2/7 dos séptimos, etc.
1/8 un octavo, 2/8 dos octavos, etc.
1/9 un noveno, 2/9 dos novenos, etc.
1/10 un décimo, 2/10 dos décimos, etc.

---

*En muchos países hispanohablantes se usa un punto (.) en vez de una coma (,) con los números: 1,000,000 = 1.000.000. También se puede usar una coma en vez de un punto con los decimales: 1.5 = 1,5.

Appendix B

Words and Expressions Used to Write an Argumentative Essay

Para analizar y establecer conexiones entre las fuentes

ambas / las dos fuentes	both sources
el artículo	article
la entrevista	interview
la (primera, segunda, tercera) fuente	(first, second, third) source
la fuente auditiva	audio source
la grabación	recording
la gráfica	graph / chart
el gráfico	graph
la tabla	table / chart
Como afirma / describe / indica / muestra la fuente (etc.)…	As the source (etc.) states / describes / indicates / shows…
Con referencia a…	With reference to…
Con relación a…	With relation to…
Con respecto a… / En cuanto a…	With respect to…
De acuerdo con… / Según…	According to…
Referente a lo que dice/relata la fuente (etc.)…	Referring to what the source (etc.) says…

Para presentar y apoyar una opinión

A mi parecer… / En mi opinión…	In my opinion…
A pesar de (que)…	In spite of…
Al analizar / examinar las fuentes, creo que…	Upon analyzing / examining the sources, I think that…
Dado que…	Given that…
En primer (segundo, tercer) lugar…	In the first (second, third) place…
En vista de que…	Considering that…
Es cierto / evidente / obvio / seguro que…	It's true / evident / obvious / certain…
La razón por la que…	The reason for which…
La verdad es (que)…	The truth is…
Lo más importante es (que)…	The most important (thing) is…
Los datos de (la fuente, etc.)… muestran que…	The facts from (the source, etc.)… show…
No hay duda de que…	There is no doubt…
Para ilustrar con un ejemplo…	To illustrate with an example…
Queda claro…	It remains clear…
Teniendo en cuenta que…	Taking into consideration…

También hay que considerar…	It's also important to consider…

Para comparar ideas

A diferencia de…	Unlike…
Al contrario…	To the contrary…
Así como… / De igual modo…	Just like / in the same way…
De la misma manera…	In the same way…
De este modo…	In this way…
De otra manera… / De otro modo…	In another way…
En cambio… / Por otra parte…	On the other hand…
Esta idea (etc.) se diferencia de…	This idea (etc.) is different from…
Está(n) relacionado(s) / relacionada(s) con…	It is / They are related to…
(La fuente) expresa la misma / otra idea…	(The source) expresses the same / another idea…
Igual que…	The same as…
Por un lado… / Por otro lado…	On one hand… / On the other hand…
Sin embargo…	Nevertheless…
Sino (que)…	But (rather)…
Tanto… como…	Both… as well as…

Para concluir

A fin de cuentas…	After all / Anyway…
Así que…	So that, thus, therefore…
Como consecuencia / resultado…	As a consequence / result…
De todas formas / maneras…	In any case…
Debido a…	Due to…
En conclusión / resumen…	In conclusion / summary…
En fin…	Anyway…
En todo caso…	In any case…
Esto demuestra que…	This shows that…
Finalmente…	Finally…
Para atar cabos…	To wrap up the loose ends…
Para concluir / finalizar / resumir…	To conclude / finish / summarize…
Por consiguiente…	As a result…
Puesto que… / Ya que…	Since…
Resulta que…	It turns out…
Sobre todo…	Above all…

Appendix C

Useful Expressions for Informal Speaking (Simulated Conversation)

As you prepare for the simulated conversations in the exam, the following expressions will help you express different ideas more effectively. Study a few expressions from each list regularly and try to incorporate them into your communication in class with your classmates, or when practicing this type of exercise on your own. This is far from an exhaustive list, but as you master these expressions, you will be able to add more to your repertoire. You will see that some words may appear more than once according to the situation.

To accept an invitation

¡Claro!	Of course!
¡Claro que sí!	Of course!
¡Cómo no!	Of course!
¡Con mucho gusto!	It will be a pleasure!
¡Desde luego!	Of course!
¡Por supuesto!	Of course!

To turn down an invitation

¡De ninguna manera!	No way!
Lo siento, pero…	I am sorry, but…
No voy a poder…	I am not going to be able to…
Ya tengo planes.	I already have plans.

To express apathy

Como quieras.	Whatever you say.
(Me) Da igual.	It makes no difference (to me). / It's all the same (to me).
(Me) Da lo mismo.	It makes no difference (to me). / It's all the same (to me).
No (me) importa.	It doesn't matter (to me).

To express agreement

Creo que sí.	I believe so.
(Estoy) De acuerdo.	I agree.
En efecto.	Yes, indeed.
Es verdad.	It is true. It is so.
Eso es.	That's it.
No cabe duda.	There's no room for doubt.
Por supuesto que sí.	Agreed. Of course.
Tienes razón.	You are right.

To express disagreement

¡Claro que no!	Of course not!
De ninguna manera.	No way.
Estás equivocado(a).	You are wrong.
Ni hablar.	No way.
¡Ni lo sueñes!	Don't even think about it!
No estoy de acuerdo.	I do not agree.
No puede ser.	It is impossible (can't be done).
¡Por supuesto que no!	Of course not!
¡Qué va!	No way!

To express surprise

¿De verdad?	Is that true?
¿En serio?	Seriously?
¡Figúrate!	Imagine!
Lo dudo.	I doubt it.
¡Mentira!	You are kidding me!
¡No lo puedo creer!	I can't believe it!
¡No me digas!	You don't say!
Parece mentira.	It's hard to believe.
¡Qué bárbaro!	I can't believe it!
¡Qué raro!	That's odd/weird!

To express an alternative

¿Has pensado que…?	Have you thought about…?
¿No te parece que…?	Don't you think that…?
¿Por qué no consideras…?	Why don't you consider…?
¿Qué te parece si…?	What do you think if…?
Sería mejor que…	It would be better that…

To express preferences

A mí me parece que…	It seems to me that…
Después de pensarlo, yo…	After thinking about it, I…
Para mí…	For me…
Personalmente, yo prefiero…	Personally, I prefer…

To express uncertainty or indecision

Estoy un poco confundido(a).	I am a little confused.
No estoy seguro(a) de lo que dijiste, pero…	I am not sure what you said, but…

To express indignation or disbelief

¡Eso es el colmo!	*That is the last straw!*
¡Ni lo sueñes!	*Don't even think about it!*
¡No es posible!	*It can't be!*
¡No puedo más!	*I can't take it anymore!*
¡Qué barbaridad!	*Good grief!*
¡Qué horror!	*That's terrible!*

To express concern

¡Cuánto lo siento!	*I am so sorry!*
¡Qué lástima!	*What a shame!*
¡Qué pena!	*What a pity!*

To ask for another opinion or suggestions

¿Qué te parece si…?	*What do you think if…?*
Y tú, ¿qué piensas?	*And what do you think?*

To explain further

Como…	*As…*
Por esa razón…	*For that reason…*
Por lo tanto…	*Therefore…*
Ya que…	*Because…*

To express acquiescence

Está bien.	*O.K., It's all right.*
No hay más remedio.	*There is no other solution.*

To express disbelief

¿En serio?	*Seriously?*
Lo dudo.	*I doubt it.*
Parece mentira.	*It's hard to believe.*

To express regret

Lo siento.	*I'm sorry.*
¡Qué lástima!	*What a pity!*
¡Qué pena!	*What a pity!*

To express dissatisfaction or frustration

Eso no vale.	*That's not fair.*
No puedo más.	*I can't stand it anymore.*

To express an opinion

Creo (Pienso) que…	*I think that…*
(Me) Parece que…	*It seems (to me) that…*
Que yo sepa…	*As far as I know…*

To express probability

Debe de ser…	*It is probably…*
Es probable que…	*It's likely that…*

To explain or clarify what you have said

A mí me parece que…	*It seems to me that…*
En otras palabras…	*In other words…*
Es decir…	*That is to say…*
Es que…	*The fact is (that)…*
O sea…	*That is to say…*

To ask for an opinion or a suggestion

¿Qué crees (piensas) tú?	*What do you think?*
¿Qué harías tú?	*What would you do?*
¿Qué te parece?	*How do you like it? What about it? What do you think of…?*
¿Te importa?	*Do you mind?*
¿Te parece bien?	*Do you like the suggestion?*

To suggest an alternative

¿No crees que…?	*Don't you think that…?*
Propongo que…	*I propose that…*
Sería mejor…	*It would be better to…*
Sugiero que…	*I suggest that…*

To ask for permission

¿Me permites (dejas)…?	*May I…?*
¿Se puede…?	*May I…?*
¿Te molesta que…?	*Do you mind if…?*

Appendix D

Thematic Vocabulary

The vocabulary lists that appear here have been grouped thematically in order to make it easier for you to learn new words and review already familiar ones. Your teacher may add additional words and themes depending on what other topics or themes arise in the classroom.

Please note that within each theme's list of nouns, sometimes verbs and other words related with the subject are included. Although this is far from an exhaustive list, it is a good way to review useful vocabulary and learn some new words.

Los animales, pájaros e insectos

abeja	bee
águila	eagle
araña	spider
ballena	whale
búho	owl
burro	donkey
caballo	horse
cerdo, puerco	pig
cisne (m)	swan
conejo	rabbit
cordero	lamb
elefante (m)	elephant
gallina	hen
gallo	rooster
gato	cat
golondrina	sparrow
gusano	worm
jirafa	giraffe
león (m)	lion
lobo	wolf
loro	parrot
mariposa	butterfly
mono	monkey
mosca	fly
oso	bear
oveja	sheep, ewe
paloma	dove
pato	duck
pavo	turkey
perico	parakeet
perro	dog
rana	frog
rata	rat
ratón (m)	mouse
sapo	toad
serpiente (f)	serpent, snake
tigre (m)	tiger
toro	bull
tortuga	turtle
vaca	cow
venado	stag, deer
zorro	fox

Los árboles y las flores

árbol (m)	tree
arbusto	bush, shrub
corteza	bark, peel
espina	thorn
hoja	leaf
palmera	palm tree
pétalo	petal
raíz (f)	root
rama	branch
ramo	bouquet, bunch
semilla	seed
tallo	stem
tronco	trunk

La casa

alfombra	carpet, rug
almohada	pillow
ascensor (m)	elevator
aspiradora	vacuum cleaner
balcón (m)	balcony
bandeja	tray
baño	bathroom
barrer	to sweep
batidora	blender, mixer
bombilla	light bulb
calefacción (f)	heating
cazuela, cacerola	pan
césped (m)	lawn
cesto, canasta	basket
chimenea	fireplace, chimney
cocina	kitchen
colchón (m)	mattress
comedor (m)	dining room
cortina	curtain
cubiertos	cutlery
desván (m)	attic
dormitorio, alcoba	bedroom
ducha	shower
entrada	hall, entrance
escalera	staircase, stepladder
escoba	broom

espejo	mirror	flaco	skinny
estufa, cocina	stove	fuerte	strong
florero	vase	gordo	fat
fregadero	kitchen sink	grande	big
fregar	to wash the dishes	guapo	handsome
garaje (m)	garage	hermoso	beautiful
grifo	faucet	joven	young
habitación (f), cuarto	room	lento	slow
horno	oven	listo	clever
lámpara	lamp	negro	black
lavamanos (m)	bathroom sink	blanco	white
lavaplatos (m)	dishwasher	manco	one-armed, one-handed
lavar	to wash	moreno	dark-skinned
limpiar	to clean	mudo	mute
llave (f)	key	pálido	pale
luz (f)	light	pequeño	small
manta	blanket	pelirrojo	redheaded
mantel (m)	tablecloth	pesado	heavy
nevera	icebox, refrigerator	rápido	quick
olla	pot	robusto	robust
pared (f)	wall	rubio	fair, blond
pasillo	hall	sano	healthy
persiana	blind	sordo	deaf
piscina	pool	tuerto	one-eyed
piso	floor (as in level or story)	viejo	old
plancha	iron	zurdo	left-handed
planchar	to iron		
refrigerador (m)	refrigerator	**Características de la personalidad e inteligencia**	
sábana	sheet (of a bed)		
sacudir	to dust	aburrido	boring
sala	living room	agradable	pleasant
sartén (m/f)	frying pan	alegre	happy
sótano	basement, cellar	antipático	unpleasant, disagreeable
suelo, piso	floor	cortés	polite, courteous
techo	ceiling	cuerdo	sane
tejado	roof	culto	well educated, cultured
teléfono	telephone	descortés	impolite
timbre (m)	doorbell	diligente	diligent, laborious
toalla	towel	distraído	absentminded
trapear	to mop	encantador	charming
vajilla	table service, dinner service	generoso	generous
ventana	window	grosero	rude
vestíbulo	vestibule, hall	hablador	talkative
		honrado	honest, trustworthy
Características físicas		inteligente	intelligent
		listo	clever
ágil	agile, nimble	loco	mad, crazy
alegre	happy	malcriado	spoiled
alto	tall	mentiroso, embustero	liar
anciano	elderly	nervioso	nervous
bajo	short	perezoso	lazy
bizco	cross-eyed	quieto	calm
calvo	bald	responsable	responsible
canoso	gray-haired	sensato	sensible
ciego	blind	sensible	sensitive
cojo	having a limp	serio	serious
corpulento, grueso	stout, portly	simpático	nice
delgado	slim, thin	sincero	sincere
elegante	elegant	terco, testarudo	stubborn
enfermo	sick	tonto	foolish, silly, dumb
esbelto	slender	trabajador	hard-working
feo	ugly	tranquilo	calm

triste	sad	archivo	file
valiente	courageous	asignatura, materia	subject
vanidoso, engreído	conceited	aula, salón de clase (m)	classroom
		biblioteca	library

El cuerpo humano

		bolígrafo	ballpoint pen
		borrador (m)	blackboard eraser
barba	beard	calculador (m)	calculator
barbilla	chin	computadora	computer
bigote (m)	mustache	conferencia	lecture
boca	mouth	copiadora	copy machine
brazo	arm	cuaderno, libreta	notebook
cabeza	head	curso	course
cadera	hip	dibujar	to draw
cara, faz (f), rostro	face	director/directora	principal
ceja	eyebrow	ejercicio	exercise
cerebro	brain	enseñar	to teach
cintura	waist	escritorio	desk
codo	elbow	escuela, colegio	school
corazón (m)	heart	estante (m)	bookcase
cuello	neck	examen (m), prueba	test
cuerpo	body	goma de borrar	eraser
dedo	finger, toe	impresora	printer
diente (m)	tooth	lápiz (m)	pencil
espalda	back	lectura	reading
estómago	stomach	libro	book
frente (f)	forehead	móvil, celular (m)	cellphone
garganta	throat	nota, calificación (f)	grade, mark
hombro	shoulder	papel (m)	paper
hueso	bone	papelera	wastepaper basket
labio	lip	pizarra	chalkboard
lágrima	tear	pluma	pen
lengua	tongue	pupitre (m)	school desk
mano (f)	hand	regla	ruler
mejilla	cheek	reprobar	to fail an examination
muela	molar, tooth	sello	stamp
muñeca	wrist	sobre (m)	envelope
nariz (f)	nose	sujetapapeles (m)	paper clip
oído	inner ear	suspender	to fail
ojo	eye	tableta	tablet
ombligo	navel, belly button	tarea	homework
oreja	outer ear	tiza	chalk
párpado	eyelid		
patillas	sideburns	## La familia	
pecho	chest		
pelo, cabello	hair	abuelo/abuela	grandfather/grandmother
pestaña	eyelash	ahijado/ahijada	godson/goddaughter
pie (m)	foot	bebé (m/f)	baby
piel (f)	skin	bisabuelo/bisabuela	great-grandfather/great-grandmother
pierna	leg		
pulmón (m)	lung	bisnieto/bisnieta	great-grandson/great-granddaughter
rodilla	knee		
sangre (f)	blood	casado/casada	married
seno	breast	cuñado/cuñada	brother-in-law/sister-in-law
sudor (m)	sweat	esposa, mujer	wife
talón (m)	heel	esposo, marido	husband
tobillo	ankle	hermano/hermana	brother/sister
uña	nail	hermanastro/hermanastra	stepbrother/stepsister
		hijastro/hijastra	stepson/stepdaughter

La escuela y la oficina

		hijo/hija	son/daughter
		madrastra	stepmother
alumno/alumna, estudiante (m/f)	student	madre	mother
aprobar	to pass	madrina	godmother

nieto/nieta	grandson/granddaughter
novio/novia	boyfriend/girlfriend
nuera	daughter-in-law
padrastro	stepfather
padre	father
padres	parents
padrino	godfather
pariente(s) (m)	relative(s)
primo/prima	cousin
sobrino/sobrina	nephew/niece
soltero/soltera	single
solterón/solterona	bachelor/spinster
	bachelor/old maid
suegro/suegra	father-in-law/mother-in-law
tío/tía	uncle/aunt
viudo/viuda	widower/widow
yerno	son-in-law

Los materiales

algodón (m)	cotton
cuero	leather
hule (m), caucho	rubber
lana	wool
lino	linen, flax
mezclilla	denim
pana	corduroy
piel (f)	fur
seda	silk
tela	material / fabric
terciopelo	velvet

Los metales y los minerales

acero	steel
aluminio	aluminum
bronce (m)	bronze
cinc (m)	zinc
cobre (m)	copper
hierro	iron
mármol (m)	marble
oro	gold
plata	silver
platino	platinum

Los muebles y las partes de los muebles

armario	wardrobe, cupboard
butaca, sillón (m)	armchair
cajón (m)	drawer, case, chest
cama	bed
cómoda	chest of drawers, bureau
cuadro	picture
escritorio	desk
espejo	mirror
estante (m)	shelf
gaveta	drawer
lámpara	lamp
librero	bookcase
mesa	table
mueble (m)	piece of furniture
silla	chair
sofá (m)	sofa
tocador (m)	dressing table
vitrina	display case

Las profesiones y los oficios

abogado/abogada	lawyer
acomodador/acomodadora	usher
actor/actriz	actor/actress
albañil	bricklayer
ama de casa	housewife
arquitecto/arquitecta	architect
artesano/artesana	artisan, craftsperson
autor/autora	author
bailarín/bailarina	dancer
banquero/banquera	banker
barbero	barber
bombero/bombera	firefighter
botones	bellhop
cajero/cajera	teller, cashier
camarero/camarera	waiter/waitress
cantante (m/f)	singer
carnicero/carnicera	butcher
carpintero/carpintera	carpenter
cartero/cartera	postman, mail carrier
cirujano/cirujana	surgeon
cocinero/cocinera	cook
comerciante (m/f)	merchant, shopkeeper
conductor/conductora	conductor, driver
contador/contadora	accountant
criado/criada, sirviente (m/f)	servant
cura, padre, sacerdote	priest
dentista (m/f)	dentist
dependiente (m/f)	clerk
desempleo	unemployment
despedir	to fire
diseñador/diseñadora	designer
empleado/empleada	employee
empleo	employment, job
empresario/empresaria	agent, businessperson
enfermero/enfermera	nurse
escritor/escritora	writer
escultor/escultora	sculptor
farmacéutico/famacéutica	pharmacist
florista (m/f)	florist
fontanero/fontanera, plomero/plomera	plumber
fotógrafo/fotógrafa	photographer
gerente (m/f)	manager
guía (m/f)	guide
huelga	strike
informática	computer technology
ingeniero/ingeniera	engineer
intérprete (m/f)	interpreter
jardinero/jardinera	gardener
joyero/joyera	jeweler
juez/jueza	judge
locutor/locutora	announcer
maestro/maestra	teacher
marinero/marinera	sailor
mayordomo/mayordoma	butler
mecánico/mecánica	mechanic

mecanógrafo/mecanógrafa	typist
médico/médica	doctor
modisto/modista	dress designer, dressmaker
músico/música	musician
oculista (m/f)	occulist
odontólogo/odontóloga	dentist
oficio	occupation
panadero/panadera	baker
paro	lockout, unemployment
pastor/pastora	shepherd/shepherdess
peluquero/peluquera	hair stylist
periodista (m/f)	journalist
pescador/pescadora	fisherman/fisherwoman
pianista (m/f)	pianist
piloto (m/f)	pilot
pintor/pintora	painter
poeta (m/f)	poet
profesor/profesora	professor, teacher
reportero/reportera	reporter
sastre/sastra	tailor
secretario/secretaria	secretary
soldado (m/f)	soldier
sueldo	salary
taxista (m/f)	taxi driver
tenedor/tenedora de libros	bookkeeper
trabajo	work, job
traductor/traductora	translator
vendedor/vendedora	salesperson
zapatero/zapatera	shoemaker

El restaurante

alimento	food
almuerzo	lunch
azucarero	sugar bowl
camarero/camarera, mozo/moza	waiter/waitress
cena	supper, dinner
cocinero/cocinera	cook, chef
comida	meal, food
copa	wine glass
cubiertos	utensils, cutlery
cuchara	spoon, tablespoon
cucharita	teaspoon
cuchillo	knife
cuenta	bill, check
desayuno	breakfast
entremeses (m)	hors d'oeuvres, appetizers
mantel (m)	tablecloth
merienda	light meal, snack
plato	dish, plate
postre (m)	dessert
servilleta	napkin
taza	cup
tenedor (m)	fork
vaso	glass

La ropa y los artículos personales

abrigo	coat, overcoat
anillo	ring
anteojos, lentes (m), espejuelos, gafas	eyeglasses
arete (m), pendiente (m)	earring
bastón (m)	walking stick, cane
billetera	wallet, billfold
blusa	blouse
bolsa, bolso	purse, handbag
bolsillo	pocket
bota	boot
botón (m)	button
calcetín (m)	sock
calzoncillos	underpants, boxer shorts
camisa	shirt
camiseta	undershirt, t-shirt
cartera	purse, wallet
cepillo	brush
cepillo de dientes	toothbrush
cepillo para el pelo	hairbrush
chaleco	vest
chaqueta	jacket
cinturón (m)	belt
collar (m)	necklace
corbata	necktie
cuello	collar
falda	skirt
gorra, gorro	cap
guante (m)	glove
maleta	suitcase
pantalón (m)	pants
pañuelo	handkerchief
paraguas (m)	umbrella
peine (m)	comb
pijama (m)	pajamas
pulsera	bracelet
ropa	clothes
sandalia	sandal
sombrero	hat
traje (m)	suit
vestido	dress
zapato	shoe

El tiempo

aguacero, chaparrón (m)	heavy shower, downpour
arcoíris (m)	rainbow
brillar	to shine
brisa	breeze
calor (m)	heat
cielo	sky
clima (m)	climate
despejado	cloudless, clear
estrella	star
frío	cold
gota	drop
granizo	hail
helar	to freeze
hielo	freeze, ice
huracán (m)	hurricane
llover	to rain
llovizna	drizzle
lloviznar	to drizzle
lluvia	rain
lluvioso	rainy

neblina	*mist*	camino	*road, path*
nevar	*to snow*	camión (m)	*truck*
niebla	*fog, mist*	coche (m), carro, automóvil (m)	*car*
nieve (f)	*snow*		
nube (f)	*cloud*	equipaje (m)	*luggage*
nublado	*cloudy*	estación (f)	*station*
ola	*wave*	ferrocarril (m)	*railway, railroad*
rayo	*thunderbolt*	horario	*schedule*
relámpago	*lightning*	itinerario	*itinerary*
relampaguear	*to flash with lightning*	llegada	*arrival*
sol (m)	*sun*	maleta	*suitcase*
soleado	*sunny*	mapa (m)	*map*
tormenta	*storm*	metro	*subway*
tronar	*to thunder*	motocicleta	*motorcycle*
trueno	*thunder*	parada	*bus stop*
viento	*wind*	pasajero/pasajera	*passenger*
		pasaporte (m)	*passport*
		pensión (f)	*inn*
		puente (m)	*bridge*

Los medios de transporte y los viajes

aduana	*customs*	puerto	*port, harbor*
aeropuerto	*airport*	sala de espera	*waiting room*
asiento	*seat*	salida	*departure*
asistente de vuelo (m/f)	*flight attendant*	senda	*path*
		tranvía (m)	*street car, tram*
autobús (m)	*bus*	tren (m)	*train*
autopista, carretera	*highway*	viaje (m)	*trip, journey*
avión (m), aeroplano	*airplane*	volar	*to fly*
barco	*ship, boat*	vuelo	*flight*
bicicleta	*bicycle*		

Appendix E

Useful Idiomatic Expressions

The following is not an exhaustive list of idiomatic expressions, but instead, a useful starting place for learning these kinds of vocabulary items. You should add new expressions to your list as you come across them. You should focus on ten to fifteen expressions a week, try to memorize them, and then use them in class in your conversations and in your written work. They will not only help you express yourself with ease, but they will also be useful in many parts of the examination.

Using dar(se)

dar a	to face, to look out on
dar con	to run into
dar a conocer	to make known
dar cuerda	to wind (up)
dar gritos	to shout, to scream
dar la hora	to strike (the hour)
dar las gracias	to thank
dar recuerdos a	to give regards to
dar un abrazo	to hug
dar un paseo	to take a walk
dar un paseo (una vuelta) en coche	to go for a ride
dar una vuelta	to take a walk
darse cuenta de (que)	to realize (that)
darse la mano	to shake hands
darse prisa	to hurry

Using echar

echar (una carta, una tarjeta, etc.)	to mail (a letter, a card, etc.)
echar la culpa	to blame
echar(se) a perder	to spoil, to ruin, to lose its good taste
echar de menos a alguien	to miss someone
echarse a reír	to burst out laughing

Using estar

estar a punto de	to be about to
estar al día	to be up to date (current)
estar bien enterado	to be well-informed
estar de acuerdo	to agree unanimously
estar de buen (mal) humor	to be in a good (bad) mood
estar de moda	to be in style (fashionable)
estar de pie	to be standing
estar de vuelta	to be back
estar enamorado de	to be in love with
estar harto de	to be fed up with
estar muerto de hambre	to be starving
estar muerto de cansancio	to be dead tired
estar muerto de sueño	to be very sleepy
estar para + infinitive	to be about to, to be at the point of
(no) estar para bromas	(not) to be in the mood for jokes
estar por	to be in favor of
estar seguro	to be sure

Using hacer

(no) hacer caso a	(not) to pay attention, not) to listen to, to ignore
hacer el papel de	to play the part (role) of
hacer escala	to stop over
hacer hincapié	to emphasize
hacer la cama	to make the bed
hacer la maleta	to pack one's suitcase
hacer pedazos	to smash, to tear into pieces
hacer un viaje	to take a trip
hacer una pregunta	to ask a question
hacer una visita	to pay a visit
hacerle daño a alguien	to hurt someone
hacer(le) falta	to lack, to be in need of, to be lacking
hacer(le) saber	to inform, to let someone know (something)
hacerse cargo	to take charge of
hacerse daño	to get hurt, to hurt (oneself)
hacerse tarde	to get late (in the day/in time)

Using hacer to talk about weather

¿Qué tiempo hace?	What is the weather like?
Hace buen tiempo.	The weather is good.
Hace (mucho) calor.	It is (very) hot/warm.
Hace (mucho) fresco.	It is (very) cool.
Hace (mucho) frío.	It is (very) cold.
Hace mal tiempo.	The weather is bad.
Hace (mucho) sol.	It is (very) sunny.
Hace (mucho) viento.	It is (very) windy.

Using ir

ir al centro	to go downtown
ir de compras	to go shopping
ir de tiendas	to go shopping

Using llegar

llegar a ser	to become (goal achieved over time)
llegar a tiempo	to be (arrive) on time
llegar atrasado	to be (arrive) late
llegar con atraso	to be (arrive) late
llegar con retraso	to be (arrive) late
llegar tarde	to be (arrive) late
llegar temprano	to be (arrive) early

Using ponerse

ponerse de acuerdo	to agree, to come to an agreement
ponerse de pie	to stand
ponerse de rodillas	to kneel (down)

Using tener

tener… años	to be…years old
tener buena (mala) cara	to look good (bad)
tener (mucha) calma	to be (very) calm
tener (mucho) calor	to be/feel (very) hot
tener (muchos) celos (de)	to be (very) jealous (of)
tener (mucho) cuidado	to be (very) careful
tener deseos de	to feel like, to have an urge to
tener dolor de (garganta, cabeza, etc.)	to have a (sore throat, headache, etc.)
tener en cuenta	to take into account
tener (mucha) envidia (de)	to be (very) envious (of)
tener (mucho) éxito	to be (very) successful
tener (mucho) frío	to be/feel (very) cold
tener ganas de	to feel like, to have an urge to
tener (mucha) hambre	to be (very) hungry
tener la culpa (de)	to be blamed (for), to be one's fault
tener la palabra	to have the floor
tener (mucha) lástima de	to feel (very) sorry for
tener lugar	to take place
tener (mucho) miedo (de)	to be (very much) afraid (of)
tener mucho gusto en	to be pleased to
tener presente	to keep in mind, to take into account
tener (mucha) prisa	to be in a (big) hurry
tener que + infinitive	to have to
tener que ver con	to have to do with
(no) tener razón	to be right (wrong)
tener (mucha) sed	to be (very) thirsty
tener (mucho) sueño	to be (very) sleepy
tener (mucha) suerte	to be (very) lucky
tener (mucha) vergüenza (de)	to be (very much) ashamed (of)

Using other verbs

andar mal (de salud, de dinero, etc.)	to be (sick, broke, etc.)
aprender de memoria	to memorize, to learn by heart
caerle bien (mal) a alguien	to make a good (bad) impression on someone
caerse muerto	to drop dead
cambiar de idea	to change one's mind
contar con	to rely on
costarle trabajo	to be difficult for someone
creer que sí (no)	(not) to think so
cumplir… años	to turn…years old
deberse a	to be due to
decir (muchos) disparates	to talk (a lot of) nonsense
decir que sí (no)	to say yes (no)
dejar caer	to drop
dormir a pierna suelta	to sleep like a log (soundly)
ganarse la vida	to earn one's living
llamar a la puerta	to knock on the door
llevar a cabo	to carry out, to accomplish, to finish
llevarse bien (mal) con	(not) to get along with
mantener el interés	to hold one's interest
morirse de risa	to die laughing
no servir para nada	to be good for nothing
pagar al contado (en efectivo)	to pay cash
pasar lista	to call the roll
pasarlo bien (mal)	to have a good (bad) time
pedir prestado	to borrow
perder el tiempo	to waste one's time
ponerse de acuerdo	to agree
ponerse de pie	to stand (up)
portarse bien (mal)	to behave (misbehave)
prestar atención	to pay attention
quedar(le) bien (mal) a alguien	to look good (bad) (on somebody)
querer decir	to mean
saber a	to taste like
sacar una nota	to get a grade (on a paper or assignment)
sacar una foto(grafía)	to take a picture
sentarle bien	to agree with, to suit
ser aficionado a	to be a fan of, to be fond of
ser hora de	to be time to
tocarle a uno	to be one's turn
tomar el sol	to sunbathe
tomarle el pelo a alguien	to pull someone's leg, to fool someone
valer la pena	to be worthwhile, to be worth the trouble
volverse loco	to go crazy

Other idiomatic expressions

¡Basta!	Enough!
a (algunas) veces	sometimes, at times
a bordo	on board
a ciegas	blindly
a diario	daily
a fin de cuentas	in the end, after all (is said and done), in the final analysis
a fondo	thoroughly, in detail
a la + nationality (f)	in (nationality) style
a la carrera	quickly, on the run
a la fuerza	by force
a la larga	in the long run

302 **AP® SPANISH** | Preparing for the Language and Culture Examination

a la vez	at the same time	de ningún modo	by no means, on no account, absolutely not
a lo largo	throughout, along		
a lo lejos	in the distance, far off, at a distance	de ninguna manera	by no means, on no account, absolutely not
a más tardar	at the latest	de noche	by night
a menudo	often, frequently	de nuevo	again
a mi parecer	in my opinion	de otra manera	in another way
a pie	on foot, walking	de otro modo	otherwise
a propósito	by the way	de par en par	wide open
a solas	alone	de postre	for dessert
a su vez	in turn	de prisa	quickly
a tiempo	on time	de pronto	suddenly, all of a sudden
a tropezones	by fits and starts	de repente	suddenly, all of a sudden
a última hora	at the last minute	de todos modos	at any rate, anyway, anyhow
a ver	let's see	de última moda	in the latest style
ahora mismo	right now, right away, at once	de una vez	at once, at one time
al aire libre	outdoors	de veras	really, truly, honestly
al amanecer	at dawn, at daybreak	de vez en cuando	from time to time, once in a while
al anochecer	at dusk, at nightfall		
al contado	cash, for cash	dentro de poco	in a short while, in a little while
al contrario	on the contrary	derecho	straight ahead
al fin	finally, at last	desde luego	of course
al fin y al cabo	in the end, after all (is said and done)	día de fiesta (m)	holiday
		en alguna parte	somewhere
al menos	at least	en balde	in vain
al mismo tiempo	at the same time	en broma	in fun, jokingly
al parecer	apparently, seemingly	en casa	at home
al pie de la letra	literally	en cuanto	as soon as
al por mayor	wholesale	en efecto	as a matter of fact, indeed
al por menor	retail	en el acto	immediately
al principio	at first, at the beginning	en el fondo	at heart
al revés	upside down, inside out, backwards	en fin	finally, in short, lastly
		en la actualidad	presently
así es que	so	en primer lugar	in the first place
así, así	so-so	en punto	on the dot, sharp (telling time)
cada vez	each time	en realidad	actually, in fact
cada vez más	more and more	en resumidas cuentas	in short
cada vez menos	less and less	en seguida	immediately, at once
claro que sí (no)	of course (not)	en serio	seriously
como siempre	as usual	en todas partes	everywhere
con (sin) cuidado	carefully (carelessly)	en todo caso	in any case
con (su) permiso	excuse me, with your permission	en voz alta (baja)	aloud (in a low voice)
con frecuencia	frequently	entre paréntesis	in parentheses, by the way
con mucho gusto	gladly	hace poco	a (short) while ago
Creo que no.	I don't think so.	hasta la fecha	up until now
Creo que sí.	I think so.	hoy día	nowadays
cuanto antes	as soon as possible	hoy mismo	this very day
de antemano	beforehand	lo de menos	the least important thing
de aquí en adelante	from now on	lo de siempre	just as usual, the same old story
de buena (mala) gana	willingly (unwillingly)	lo más pronto posible	as soon as possible
de costumbre	usually	lo mismo	the same thing
de día	by day	lo que importa	what matters
de ese (este) modo / de esa (esta) manera	in that way, so	mejor dicho	in other words, rather
		mejor que nunca	better than ever
de excursión	on an excursion	menos mal	so much the better, it's a good thing that…
de frente	facing forward, from the front		
de golpe	all at once, suddenly	mientras tanto	meanwhile, in the meantime
de hecho	in fact, as a matter of fact, actually	ni siquiera	not even
		no obstante	nevertheless, however
de hoy en adelante	from now on, henceforth	otra vez	again, once more
de memoria	by heart	para siempre	forever
de nada	you're welcome	peor que nunca	worse than ever

pocas veces	*rarely*	por lo visto	*apparently*
poco a poco	*little by little, gradually*	por más que	*no matter how much*
por ahora	*for now, for the present*	por otra parte	*on the other hand*
por allí	*that way, around there, through there*	por otro lado	*on the other hand*
		por poco	*almost, nearly*
por aquí	*this way, around here, through here*	por supuesto	*of course, naturally*
		por teléfono	*by phone*
por casualidad	*by chance, by any chance*	por todas partes	*everywhere*
por cierto	*by the way, incidentally*	por un lado	*on one hand*
por consiguiente	*therefore, consequently*	rara vez	*rarely*
por desgracia	*unfortunately*	sano y salvo	*safe and sound*
por ejemplo	*for example*	sin duda	*without a doubt*
por el (lo) contrario	*on the contrary*	sin embargo	*however, nevertheless*
por escrito	*in writing*	sin querer	*unintentionally, without meaning to*
por ese motivo	*for that reason*		
por eso	*therefore, that's why, because of that*	sobre todo	*above all, especially*
		tal como	*such as*
por favor	*please*	tal vez	*perhaps*
por fin	*finally, at last*	tanto mejor	*so much the better*
por la mañana	*in the morning*	tarde o temprano	*sooner or later*
por la noche	*in the evening*	todavía no	*not yet*
por la tarde	*in the afternoon*	todo el mundo	*everyone, everybody*
por lo común	*as a rule, usually*	un poco de	*a little (bit of)*
por lo general	*generally, usually*	una vez que	*as soon as*
por lo menos	*at least*	uno(a) por uno(a)	*one by one*
por lo mismo	*for that very reason*	vivo o muerto	*dead or alive*
por lo pronto	*for the time being, in the meantime*	ya	*already*
		ya lo creo	*I should say so, of course*
por lo tanto	*so, therefore, consequently*	ya no	*no longer*

Appendix F

Deceptive Words and Important Spanish Verbs with More than One Translation

Deceptive words: Spanish-English

actual	current, of the present time (day)
actualmente	at present, at the present time
anciano/anciana	old man (woman)
antiguo	ancient, former, old
apoyar	to support
arena	sand
asistir a	to attend, to be present at, to take care of someone
atender	to take care of, to attend to, to pay attention to
auditorio	audience
bien educado	well mannered
campo	field, countryside
carácter (m)	character
collar (m)	necklace
colorado	red
conferencia	lecture
confidencia	secret, trust
constipado	common cold
copa	wine glass
calidad (f)	quality
cualidad (f)	quality, attribute, characteristic
cuenta	bill
dato	fact
decepcionado	disappointed
diario	newspaper
disgusto	unpleasantness, annoyance, displeasure
editor/editora	publisher, editor
embarazada	pregnant
en realidad	actually
éxito	success
fábrica	factory
funcionar	to work (device, apparatus, machine)
grande	large
idioma (m)	language
ignorar	not to know
introducir	to insert, to usher in
largo	long
lectura	reading
letra	letter (alphabet)
librería	bookstore
mantel (m)	tablecloth
mayor	older
pan (m)	bread
pariente(s) (m)	relative(s)
personaje (m)	character (in a play)
presentar	to introduce (a person)
realizar	to fulfill, to carry out, achieve
realmente	actually
recordar	to remember
restar	to subtract, to deduct
sano	healthy
sensible	sensitive
sopa	soup
soportar	to tolerate, to bear, to endure
suceso	event, happening
tabla	board, plank, table of contents
tinta	ink
vaso	glass

Deceptive words: English-Spanish

actually	en realidad, realmente
assist (to)	ayudar
attend, take care of	atender
attend, be present at	asistir
audience (formal interview with somebody important)	audiencia
auditorium	auditorio, salón de actos
blind (window)	persiana
camp	campamento
carry out, fulfill	realizar
collar	cuello
confidence	confianza
cup	taza
date (calendar)	fecha
disgust	asco
editor	redactor/redactora
embarrassed	avergonzado
event, happening	suceso
exciting	emocionante
exit	salida
fabric	tela
factory	fábrica
hearing (trial)	audiencia
idiom	modismo
introduce a person (to)	presentar
large	grande
lecture	conferencia
letter (missive)	carta
library	biblioteca

Appendix F 305

mayor	alcalde/alcaldesa	*know (be acquainted with a person, place, thing)*	conocer
memory	recuerdo, memoria		
older	mayor	*know (facts)*	saber
parents	padres	*know how to* + infinitive	saber + *infinitive*
present (day)	actual		
publisher	editor/editora	*leave (behind)*	dejar
realize (become aware of)	darse cuenta de	*leave (go away)*	irse
record	grabar	*leave (go out)*	salir
relative(s)	pariente(s) (m)	*move (change location of something)*	mudar
sane	cuerdo(a)		
sensitive	sensible	*move (change place of residence, work, etc.)*	mudarse
soap	jabón (m)		
soup	sopa	*move (put in motion)*	mover
story	cuento	*move (to put oneself in motion)*	moverse
succeed (in)	lograr		
success	éxito	*spend (money)*	gastar
vase	florero, jarrón (m)	*spend (time)*	pasar
well mannered	bien educado	*play (sport/game)*	jugar
		play (a musical instrument/music)	tocar

Important Spanish verbs with more than one translation

ask (a question)	preguntar, hacer una pregunta	*return (come back)*	volver
ask for (inquire about)	preguntar por	*return (give back what has been borrowed)*	devolver
ask for (request)	pedir		
be	ser/estar	*take (carry from place to place)*	llevar
become (change in physical or emotional state)	ponerse + *adjective*	*take (catch, grasp, seize, take in)*	tomar
become (change through conscious effort)	hacerse	*think of/about (used to ask for an opinion)*	pensar de
become (goal achieved over time)	llegar a ser	*think of/about (used to express what is on someone's mind)*	pensar en
become (sudden, involuntary change)	volverse + *adjective*		

Appendix G

Some Words and Expressions Used to Connect Ideas

Conjunctions

A conjunction is a word that is used to link sentences, clauses, phrases, or words. Some conjunctions require the use of the subjunctive—in some cases always; in others only when there is doubt.

Some common conjunctions are:

*a condición de que	on condition that, provided that
*a fin de que	so that, in order that
*a menos que	unless
*a no ser que	unless
a pesar de que	in spite of
*antes (de) que	before
así que	as soon as
aun	even
aun cuando	even when
aunque	even if, even though, although
cada vez que	each time that
como	as, since
*como si	as if
*con tal (de) que	provided that
cuando	when
de manera que	so, so that, in such a way that
de modo que	so, so that, in such a way that
desde que	since
después de que	after
*en caso de que	in case that
en cuanto	as soon as
hasta que	until
luego que	as soon as, after
mientras	while
*mientras que	while, so long as, as long as
mientras tanto	meanwhile
ni… ni	neither…nor
ni siquiera	not even
***o	or
*para que	so that, in order that
pero	but
por más que	no matter how, however much
porque	because
puesto que	since, inasmuch as, seeing that
que	that
si	if, whether
siempre que	whenever, provided that
sin embargo	nevertheless, however
*sin que	without
sino	but, but rather
sino que	but that, but rather that
tan pronto como	as soon as
una vez que	once
**y	and
ya que	since, seeing that

---

*always followed by the subjunctive
**when followed by a word that begins with *i* or *hi*, use *e* instead of *y* (*padre e hijo*)
***when followed by a word that begins with *o* or *ho*, use *u* instead of *o* (*septiembre u octubre*)

Connecting words and expressions

The following words and expressions allow you to connect your thoughts and show the relationship between different parts of a sentence. The lists are by no means exhaustive, but they will help you to connect ideas, to summarize, to emphasize, and so on. Learning them will enrich your vocabulary and help you to speak and write more fluently.

1. **To begin to introduce an idea,** you may use the following:

a partir de	beginning with
al + *infinitive*	upon (action); for example, upon learning = al saber, upon leaving = al salir, etc.
al principio	at the beginning
como punto de partida	as a point of departure
en primer lugar	in the first place
para empezar	to begin

2. **To add another idea,** or if you are telling a story and want **to add the next step or express sequence** (ideas that were taking place before, after, or at the same time), you may use the following:

a la (misma) vez	at the same time
además	besides, furthermore
ahora mismo	right now
al mismo tiempo	at the same time
antes de + *infinitive*	before (action)
con respecto a	with respect to, regarding

de antemano	beforehand, in advance
de aquí (ahora, hoy) en adelante	from now on
dentro de poco	shortly, in a short while
hace poco	a short while ago
después de + *infinitive*	after (action)
durante	during
en cuanto	as soon as
en la actualidad	presently
entonces	then
hasta el momento / la fecha	until now
hoy día	nowadays
luego	then, later
mientras	while
mientras tanto	meanwhile
para continuar	to continue
primero	first
también	also
tampoco	neither, not…either
tan pronto como	as soon as
y	and

3. **To express a contrasting point of view or to restrict another one** previously expressed, you may use the following:

a pesar de (que)	in spite of (the fact that)
aunque	although
como	as, in as much as
de lo contrario	otherwise
de ninguna manera	by no means
en cambio	on the other hand
pero	but
por el / al contrario	on the contrary
sin embargo	however, nevertheless
sino	but
sino que	but rather

4. **To present different aspects of a topic or to make transitions,** you may use the following:

así que	so, therefore
con relación a	in relation to
con respecto a	with respect to
conviene indicar/ señalar	it is suitable to indicate/ point out
de ese modo	in that way, so
de modo/manera que	so (that)
en cuanto a	regarding
hablando de	speaking of, in reference to
no… sino (que)	not…but rather
por lo común	as a rule, usually
por lo general	generally
por otro lado	on the other hand
por un lado	on the one hand
también viene al caso	it is also relevant

5. **To emphasize,** you may use the following:

a mi parecer	in my opinion
además	furthermore, in addition
de hecho	in fact, as a matter of fact
en otras palabras	in other words
en realidad	actually, in fact
es decir	that is to say, in other words
hay que tomar en cuenta que	one must realize (take into account) that
lo importante es que	what is important is that
lo que importa es que	what matters is that
o sea	that is to say, in other words
sin duda	without a doubt
sobre todo	above all

6. **To give examples,** you may use the following:

para ilustrar	to illustrate
por ejemplo	for example

7. **To draw a conclusion or show cause and effect,** you may use the following:

a causa de	on account of, because of
a fin de cuentas	in the end, after all
al fin	finally, at last, in the end
al fin y al cabo	in the end, after all (is said and done)
al parecer	apparently, seemingly
así que	so, therefore
como	because
como consecuencia	as a consequence
como resultado	as a result
de todos modos	at any rate, anyhow
debido a	owing to, because of
en conclusión	in conclusion
en definitiva	in conclusion, definitively, finally
en fin	finally, in short, lastly
en resumen	in summary
en resumidas cuentas	in short
en todo caso	in any case
finalmente	finally
para concluir	to conclude
para resumir	to summarize
para terminar	to end
por	because of
por consiguiente	therefore
por ese motivo	for that reason
por fin	finally, at last
por lo mismo	for the same reason
por lo tanto	therefore, consequently
porque	because
puesto que	since, inasmuch as, seeing that
ya que	since, seeing that

Source Acknowledgments

PHOTOGRAPHY
Cover: Hali Sowle/500Px/Getty Images

PART A
20: Smolaw/Shutterstock; 28T: Singha Songsak P/Shutterstock; 28C: Marc Dietrich/Shutterstock; 28B: Valentina Proskurina/Shutterstock

TEXT ACKNOWLEDGEMENTS
FRONT MATTER
iv: Table courtesy of the College Board's AP® Spanish Language and Culture Course and Exam Description.

PART A
5-6: Courtesy of Ana Segui-Schiller; 7–8: © *Ecos de España y Latinoamérica*. November, 2022. www.ecos-online.de.; 8: Instituto Nacional de Estadisticas, Chile; 10: Silvina Ocampo © 1982, 1996; 11: © *Ecos de España y Latinoamérica*. septiembre 2022. www.ecos-online.de.; 13-14: "Para La Divulgación" by Miguel Cardona, 3 de marzo, 2021; 16: Copyright Carlos Ruiz Zafón 2001; DragonStudios LLC 2017. Reprinted with permission from Antonia Kerrigan Literary Agency.; 22: "Amor Secreto" de Manuel Payno. (1810-1894); 24-25: BBC © 2021. Reproduced by permission.; 26: Copyright Sucesión Manuel Rojas. Reprinted with permission from Daniel Muñoz Rojas.; 30-31: "El reencuentro póstumo de los Gabos en Cartagena" por Camila Osorio. *El País*, January 13, 2022. Used by permission of Ediciones El País.; 34: Property of the General Secretariat of the Organization of American States; Reproduced with Permission. All rights reserved.; 36: "¿Por qué los mexicanos usamos tantos diminutivos?" por Alejandro Navarro. ® *México Desconocido* / Impresiones Aéreas, S.A. de C.V.; 38: Copyright Agencia EFE. All Rights Reserved.; 39: Data from: Blackbaud Institute "2021 Charitable Giving Report".; 41-42: "Volver a la tierra: La Revolución de los Nuevos Chefs de América Latina". *El País*, 28 julio 2022. Used by permission of Ediciones El País.; 44: OFFICE OF THE DIRECTOR Washington, DC 20233-0001 UNITED STATES DEPARTMENT OF COMMERCE U.S. Census Bureau Economics and Statistics Administration; 46-47: "Gilberto Bosques, el Schindler mexicano". ® *México Desconocido* / Impresiones Aéreas, S.A. de C.V.; 49: "Imaginar América Latina", *ECOS*, May 2021© *Ecos de España y Latinoamérica*. www.ecos-online.de; 51-52: Material proporcionado por Fototeca, Hemeroteca y Biblioteca Mario Vázquez Raña / Organización Editorial Mexicana S.A. de C.V.; 53: Silvina Ocampo © 1982, 1996; 55: Text copyright © 2015 Dr. Jane Goodall. Used by permission of J. Boylston & Company, Publishers.; 57-58: Taller Internacional con el Maestro Juan Cristóbal Botero (Colombia). Liga Profesional de Improvisación.; 59: Alfredo Bryce Echenique. "Antes de la Cita con los Linares", *LA FELICIDAD JA, JA*. Copyright © 1974, Alfredo Bryce Echenique. Reprinted with permission.; 61-62: © *Ecos de España y Latinoamérica*. septiembre 2022. www.ecos-online.de.; 64: Silvina Ocampo © 1982, 1996; 65: © *ECOS de España y Latinoamérica* April 2004, www.ecos-online.de. Used by permission.; 67: Property of the General Secretariat of the Organization of American States; Reproduced with Permission. All rights reserved.; 69: "A través de las ondas" (Ollero & Ramos, 1998): © Soledad Puértolas. Reprinted with permission from RDC Agencia Literaria S.L.; 71: Excerpt from "El viaje de Lucio" by María Esther Vázquez. Copyright © María Esther Vázquez.; 73: "Feria de la Piñata de Acolman", from mexicodesconocido.com. ® *México Desconocido* / Impresiones Aéreas, S.A. de C.V.; 75: Copyright José María Merino, 1998. Reprinted with permission from Antonia Kerrigan Literary Agency.; 77: "La narrativa dominicana empieza a ser conocida", by Juana Vera. October 2003. © *Ecos de España y Latinoamérica*. www.ecos-online.de.; 79-80: Material provided by the Fototeca, Hemeroteca y Biblioteca Mario Vázquez Raña/ ORGANIZACIÓN EDITORIAL MEXICANA S.A. de C.V.; 80: Data from: Hannah Ritchie and Max Roser (2018) - "Plastic Pollution". Published online at OurWorldInData.org. Retrieved from: 'https://ourworldindata.org/plastic-pollution' [Online Resource]; 82: "El traje flamenco", by Luisa Moreno. July 2002. © *Ecos de España y Latinoamérica*. www.ecos-online.de.; 84: "Libros viejos" (*XLSemanal*, January 2000): © Arturo Pérez-Reverte. Reprinted with permission from RDC Agencia Literaria S.L.; 86: Copyright United Nations. Reprinted with permission.; 87: Instituto Nacional de Estadística y Geografía (INEGI) México.; 89-90: "Alertan sobre la presencia de pingüinos en costas

uruguayas debido a una migración anticipada" from *Diario Correo de Punta del Este*, Copyright © February 22, 2022. All Rights Reserved.; 90: Gallacher © (2019) Possible causes for the decline in Adélie Penguin population numbers at anvers island, Western antarctic Peninsula. Ann Mar Sci 3(1): 006-010. DOI: 10.17352/ams.000013; 92: Excerpt from "El lobizón" by Silvina Bullrich. Copyright © Silvina Bullrich. Used by permission of Dr. Daniel Palenque Bullrich.; 94: Copyright Agencia EFE. All Rights Reserved.; 96-97: "El futuro de la novela está en los videojuegos (o eso dice Pérez-Reverte)" por Jorge Morla. *El País* March 18, 2022. Used by Permission of Ediciones El País.; 97: Data from: GamingScan.org, CIA.gov.; 99: Property of the General Secretariat of the Organization of American States; Reproduced with Permission. All rights reserved.; 100: Instituto Nacional de Estadística: Estado Plurinacional de Bolivia; 102: Property of the General Secretariat of the Organization of American States; Reproduced with Permission. All rights reserved.; 104: "El mayor tesoro anterior al dominio inca" by Javier Munera. Reprinted with permission from Unidad Editorial Información General, S.L.U.

PART B-1

105: Data from: Culturas del Antiguo Perú durante más de 4 milenios; © 2020, El Brujo; 109: Kantar, www.kantar.com: From ¿Cómo celebrarán los mexicanos esta Navidad?; 111: M. GOMEZ El Café Latino, 63, rue du Maréchal Leclerc, 94410 Saint-Maurice, France.; 114: BBC © 2018. Reprinted by permission.; 117: BBC © 2013. Reproduced by permission.; 120: BBC © 2020. Reprinted by permission.; 123: BBC © 2022. Reproduced by permission.; 126: Copyright *México Desconocido*. Reprinted with permission; 129: BBC © 2022. Reproduced by permission.; 132: © BBC 2016; 135: BBC © 2019. Reproduced by permission.; 138: "Smartphone Ownership Is Growing Rapidly Around the World, but Not Always Equally." Pew Research Center, Washington, D.C. (February 5, 2019). https://www.pewresearch.org/global/2019/02/05/smartphone-ownership-is-growing-rapidly-around-the-world-but-not-always-equally/. "Pew Research Center has published the original content in English but has not reviewed or approved this translation."; 140: U.S. Census, www.census.gov: From "90 % de los padres hispanos comen frecuentemente con sus hijos e hijas" by Yerís Mayol-García, United States Census Bureau, Oct 2022.; 142: Adecco, www.adecco.com.ec: Encuesta Desconectar para reconectar: Estudio realizado a través del panel de clientes y candidatos del grupo Adecco, June 2022.; 144: By Pedro Zuazua Gil (3/20/2013). Used by permission of Ediciones El País.; 147: BBC © 2013. Reproduced by permission.; 150: "El peligro de ser atropelladas impulsa la evolución de un tipo de golondrinas," by Emilio de Benito Cañizares, *El País* 3/18/2013. Used by permission of Ediciones El País.; 152: BBC © 2013. Reproduced by permission.; 155: Our World in Data, www.ourworldindata.org: From The short history of global living conditions and why it matters that we know it, by Max Róser, 2020.; 157: ISTAS, www.istas.net: From El tiempo de transporte es tiempo de trabajo.; 159: Balcells Group, www.balcellsgroup.com/es: From Sistema Educativo en España: Cómo Funciona, Etapas, Calendarios y Más.; 161: BBC © 2013. Reproduced by permission.; 164: "España no solo se quema, se seca: ocho años de sequía en las tablas de Daimiel" by Esther Sánchez. August 9, 2022. Used by permission of Ediciones El País.

PART D

229: Guiainfantil.Com; 230: Elaborado con información de INMERSO.CIS; 231: Copyright Pablo Torche. Reprinted with permission.; 232: Data from Observatorio de Lectura © Fundación Mempo Giardinelli; 233: "La separación de niños y niñas en las aulas fomenta el sexismo y refuerza los estereotipos" by Teresa Guerrero. Reprinted with permission from Unidad Editorial Información General, S.L.U.; 234: Ogden, Craig Erico, "A Comparison of Student Performance in Single-Sex Education and Coeducational Settings in Urban Middle Schools" (2011). Electronic Theses and Dissertations. 361. https://digitalcommons.georgiasouthern.edu/etd/361; 235: BBC © 2013. Reproduced by permission.; 236: Data from: "¿Sabe cuántas horas pierde su hijo frente al televisor?"; © 2016, *Semana*.; 237: BBC © 2010. Reproduced by permission.; 238: Rebelión contra los deberes para casa, by Miguel Mora and J.A. Aunión. April 2, 2012. Used by permission of Ediciones El País.; 239: Data from: Global Parents' Survey: 2017, The Varkey Foundation.; 240: "8 casos (evitables) en los que el turismo perjudica el medio ambiente" by Roberto Ruiz, June 5, 2018. elDiario.es; 241: Data from sources Mencías, Jameson Alejandro, Oglietti, Guillermo, "Covid-19 y el desplome del turismo en Latinoamérica"; © 2020, celag.org. Organización Mundial del Comercio.; 242: BBC © 2020. Reproduced by permission.; 243: Data from "Who Learns Languages Faster: Adults or Kids?"; November 6, 2018, Tennessee Language Center (TLC).; 245: "Zoológicos, herramienta para conservar especies en peligro de extinción"; ©

2018, Secretaría del Medio Ambiente, Gobierno de la Ciudad de México.; 246: Data from "Opiniones divididas sobre el uso de animales en los circos 21," July 8, 2014, Parametria.; 247: © BBC 2017; 248: Data from "Usage Statistics of Content Languages for Websites," April 20, 2023, W3Techs.com.; 249: Data from "The 10 Most Spoken Languages in the World," by James Lane, February 9, 2023, babbel.com.; 250: Centers for Disease Control and Prevention.; "¿Qué es mejor, leer libros impresos o electrónicos?" by Cristian Vázquez, August 30, 2017. elDiario.es; 251: "Three-in-Ten Americans Now Read E-Books." Pew Research Center, Washington, D.C. (January 5, 2022). https://www.pewresearch.org/fact-tank/2022/01/06/three-in-ten-americans-now-read-e-books/ft_2022-01-06_bookreaders_01/. Pew Research Center has published the original content in English but has not reviewed or approved this translation.; 252: BBC © 2012. Reproduced by permission.; 253: Data from International Bottled Water Association (IBWA).; Beverage Marketing Corporation, 2021.; 254: "Los nuevos robots europeos podrían convertirse en los mejores aliados de los trabajadores, en lugar de ocupar sus puestos" by Gareth Willmer.https://elpais.com/tecnologia/2022-12-12/los-nuevos-robots-europeos-podrian-convertirse-en-los-mejores-aliados-de-los-trabajadores-en-lugar-de-ocupar-sus-puestos.html. This article was originally published in *Horizon, the EU Research and Innovation Magazine*.; 255: Source: World Robotics 2021.; 256: Material Provided by the Fototeca, Hemeroteca y Biblioteca Mario Vázquez Raña/ ORGANIZACIÓN EDITORIAL MEXICANA S.A. de C.V.; 257: Source: "YouGov America, 2018, © All rights reserved" in relation to https://today.yougov.com/topics/lifestyle/survey-results/daily/2018/05/21/a34b4/1.

AUDIO
PART B-1
112: AFP; 115: BBC © 2012. Reproduced by permission.; 118: "Aprender sin libros", by Daniel Canelo Soria. Copyright Daniel Canelo Soria. Reprinted with permission.; 121: Monitor fantasma. "La historia del café y otros hechos curiosos." YouTube, 30 June 2018, youtube.com/watch?v=S28hA3ZUmDY.; 124: Ivoox. "Con la muerte de las lenguas indígenas, los pueblos pierden gran parte de su identidad." Noticias ONU, United Nations, 17 December 2019, https://www.ivoox.com/en/con-muerte-lenguas-indigenas-los-audios-mp3_rf_45604553_1.html.; 127: "Tarahumaras en el siglo XXI", by Tamara León. Reprinted with permission from the author. All rights reserved.; 130: Material provided by the Fototeca, Hemeroteca y Biblioteca Mario Vázquez Raña / ORGANIZACIÓN EDITORIAL MEXICANA S.A. de C.V.; 133: © BBC 2019; 136: BBC © 2014. Reproduced by permission.; 145: "El best seller, ¿nace o se hace?", by Tamara León. Reprinted with permission from the author. All Rights Reserved.; 148: BBC © 2013. Reproduced by permission.; 150: "Lonely George", by Jorge Pedraza Acuña. Reprinted with permission by the author.; 153: "Música: Un remedio para el alma" by Sonia Marchesi; 162: "Mayores cuidados", by Sonia Marchesi.; 165: Copyright United Nations. Reprinted with permission.

PART B-2
170: GEOenciclopedia.com; 171: RNE Archive; 172: Radioteca.net; 173: RNE Archive; 174: Copyright United Nations. Reprinted with Permissions.; 175: RNE Archive; 176: "Palabras al alcance de la mano" by Sonia Marchesi.; 177-178: RNE Archive; 179: Radioteca.net; 180: "Aurora Carrillo, transformando a Colombia a través de la educación" by María Carolina Piña from El invitado de RFI, Sept. 12 2009. All rights reserved.; 181: BBC © 2019. Reproduced by permission.; 182: France Medias Monde; 183: Copyright United Nations. Reprinted with permission.; 184: Copyright United Nations. Reprinted with permission.; 185: RNE Archive; 186: Radio France Internationale; 188: Courtesy of CNN.; 190: © LA VANGUARDIA. Reprinted with permission.; 191: "Los graves daños de consumir grasas trans en la dieta", 4/3/2013. Copyright United Nations. Reprinted with permission.; 192: Canal Crefal. "El Cine en la Educación Fundamental." YouTube, 8 Dec. 2021, youtube.com/watch?v=79xeR4S82yk.; 193: Copyright United Nations. Reprinted with permission.; 194: RNE Archive

PART D
230: Guiainfantil.Com; 232: Copyright United Nations. Reprinted with permission.; 234: Rome Reports en Español. "¿Colegio mixto o educación diferenciada?" YouTube, 28 Apr. 2009, https://www.youtube.com/watch?v=Ymyt-slfZbH8.; 239: "La Importancia de las Tareas Escolares"; © 2022, Reflexiones de la Maestra Petra Llamas.; 244: Universidad de Castilla-La Mancha. "¿A qué edad conviene empezar a enseñar a los niños una segunda lengua?" Youtube, 24 Nov.2017, https://www.youtube.com/watch?v=hX2e9gJkVi8.; 246: AnimaNaturalis.org; 249: RNE

Archive; 251: RNE Archive; 253: Radioteca.net; 255: Ramos, Manuel Tonatiuh Moreno. "¿Los ROBOTS nos reemplazarán?" YouTube, uploaded by CuriosaMente, 2020; 257: NTN24. "¿Se deben acabar los concursos de belleza?" YouTube, 19 Jul. 2019, https://www.youtube.com/watch?v=3hd8ZpMQILw.